JN170669

叢書・ウニベルシタス　1058

自己意識と他性

現象学的探究

ダン・ザハヴィ
中村拓也 訳

法政大学出版局

Dan ZAHAVI
SELF-AWARENESS AND ALTERITY: A Phenomenological Investigation
Copyright © 1999 by Northwestern University Press.
Published 1999. All rights reserved.
Japanese translation published by arrangement with
Northwestern University Press
through The English Agency (Japan) Ltd.

問題はつねに……いかにして私を規定し、すべての異他的現前を条件づける自己自身への現前（原現前）が同時に脱現前化（脱現在化）であり、私を私自身の外へと投げ出すのか……を知ることなのである。

モーリス・メルロ－ポンティ

感覚的体験において、私は、私自身と世界を同時に体験するが、私自身を直接的にではなく、他者を推論によってでもなく、私自身を他者以前にではなく、私自身を他者なしにでもなく、他者を私自身なしにでもない。

エルヴィン・シュトラウス

目次

序

志向性の詳細にわたる探究は、二〇世紀の哲学の主要な成果である。しかしながら、主観性自身とは異なる対象に向かい関わる主観性の能力への取り組みは、主観性が他の重要であるが、明らかに正反対の特徴、つまり、自己意識をもつという事実を曖昧なままにすべきではない。明らかに、私は花咲く木々、雨の朝、あるいは遊んでいる子どもの声を意識することができるが、これらが見られている、匂われている、聞かれているということを、さまざまな知覚が生じているということを、さらに、ちょうど私がおなかが減っていたり、疲れていたり、幸せであったりということを意識するだろうように、私がそれらを体験している者であるということを私は意識することもできる。

しかしながら、意識が自己自身を意識している（あるいはするようになることがある）と言うことは、それ自体重要な哲学的洞察ではない。つまり、それはむしろ多くの厄介な問題に名前を与えることである。このことはまもなく十二分に明確になるだろう。しかし、すぐに思い浮かぶことにちょっと言及させてほしい。もし志向性と自己意識の両方が意識の本質的特徴であるならば、それらの関係はどのようなものなのか。自己意識は実際には、私が私の知覚作用を反省し、志向し、私の志向的対象と捉えるときのように、特別な高次の志向的作用なのか、あるいは、むしろまったく異なる意識の様態なのか。後者の場合は、一方が他方よりもいっそう根本的なのか。両者は分離して存在することができるのか、すなわち、自己意識的である無意識的体験あるいは非志向的体験が存在するのか。それらは独立しているのか、あるいは、ひょっとするとむしろ示唆されてきたように、相互に両立不可能なのか。だから、時としてこう主張されてきた。もし意識が志向性によって、すなわち、自己自身と異なる何かへのその自己超越的関係や従事によって真に定義されるならば、意識がさらに根本的自己現前によって満たされることはないし、逆もまた真である、と。リクールの定式化ではこうである。「われわれは、反省を、まず自己自身の外側にあり、そうして自己自身へと回帰し、その外側への方向定位を中止する意識の方向転換としてしばしばイメージしている。このことがわれわれに他のものに向けられた意識を自己自身についての無意識とみなし、自己意識を自己自身とは異なる何かに向けられた意識を腐食させるものとみなすように強いる。反省は、回－顧（retro-spection）となり、企－投（pro-ject）にとって破滅的となる」[1]。

本書のねらいは、自己意識という争点を明確にすることであり、書名が示唆しているように、究極的には、自己意識と他性の間の関係を照明することである。しかしながら、さらによく調べてみるならば、自己意識がかなり曖昧な概念であることが明らかになる。自己意識は数多くの異なる脈絡で数多くの異なる争点を明示するために用いられている。自己意識を数多くの、関係してはいるが、代替可能な企図と対照することによって私が関心をもっている論題を特定してみることにしよう。基本的に、私は自己意識という現象に関心がある。私は、意識がどのように自己自身を意識するのか、すなわち、意識がどのように自己自身を体験しているのか、意識が自己自身にどのように与えられているのかを明らかにしたい。自己顕現のもつ現象学的構造を扱うこうした特定の問いは、人格的同一性の問題、心と身体の関係性、自己**意識**の経験的発生、自己**意識**の認識的、根本的重要性に関する諸々の問いから区別されるべきである。

（一）自己**意識**の問題への一つの明らかな取り組みは心理学的である。一つの例を取り上げるなら、発達心理学は、大体は以下の類型の問いに答えようとする。すなわち、幼児はいつ自分自身と世界の間を見分けることができるようになるのか。幼児はいつ私秘的な心的状態の担い手であることを認知するのか。幼児はいつ自分自身へのある種の分離されたパースペクティヴを主張することができるのか。幼児は、いつ自分自身の鏡像を認知するのか。そして、幼児はいつ一人称の用法を修得するのか。こうした問いのすべては極めて重要であるが、それらのどれも私が探求したい特定の争点、すなわち、主観性の自己顕現には取り組んでいない。それらは自己**意識**が何を意味するかについての特定の理解をすっかり前提しており、自己**意識**のはるかにずっと複雑かつ基礎づけられた形式に一般に関心がある。そうして、それらは自己**意識**が経験的にいつ（ついにはいかにして）幼児の発達において初めて生起するのかを確立することを求めている。事実、それは非常に難しいのでこう問われさえするかもしれない。そもそも議論中の論題と同じ論題であるのか、と。しかしながら、こうした留保にもかかわらず、私はまさにこう考えている。経験的研究から利益を得る可能性を前もって排除することは哲学的分析にとって生産的ではないだろうし、私自身の探求の方向を考慮すれば、後になって発達心理学における何らかの最近の研究[2]を利用することはまったくもって自然なことだろう、と。

（二）自己**意識**についての伝統的哲学的議論の実質的な部分は、デカルト的－カント的パラダイムによって支配されてきた。自己**意識**はそれ自身のために分析されてきたのではなく、疑うことのできない認識的基礎という形式においてであれ、超越論的な可能性の条件としてであれ、アルキメデス的出発点を見つける試みに関連している。だから、中心的問いは、「自己意識とは何か」ではなく、「自己意識はどれほど確実かつ／あるいは根本的であるか」であった。私はこの優位性を逆転したい。以下の分析は、議論のもつ伝統的認識論的かつ超越論的局面をそれ自体で追及することはない。なぜなら、こうした企図は、本当の争点、自己意識という具体的現象についての理解から注意をそらす傾向があったからである。しかしながら、そうはいってもやはり、私はこう付け加えねばならない。事実、私自身の探求が私を自己意識と志向性の間の関係性を扱う問いにも、自己顕現と異他顕現の間の関係性を扱う問いにも至らせたからだけではなく、ある点では、純粋な自己意識や超越論的自己意識を含む、さまざまな類型の自己意識を自然的自己意識や内世界的自己意識から区別することが必要になるがゆえに、諸々の議論を完全に分離することは困難であった、と。しかしながら、本来これは問題を提起しはしない。なぜなら、目下の争点を解明するのに寄与するかぎりで、超越論的考察を放棄するいかなる理由も認められないからである。

（三）自己意識が意識の中心的で非常に根本的な特徴を構成していると伝統的に捉えられてきたかぎりで、自己意識を心身問題と関連して議論する傾向がしばしばあった。心的状態の還元不可能な一人称的所与が自然主義の対処できない問題を構成しているとみなしてきた、最近の心の分析哲学においてとりわけそう言える。しかし、もちろん、一方で自己顕現の構造を分析することと、他方で心と脳の間の関係を解明することとの間に差異があることはほとんど指摘する必要もないだろう。どのように私の体験（欲望、知覚、信念）が私に与えられるのかを探求することと、私の体験（とその所与）が神経生理学的過程のような非心的要因によって条件づけられているのかどうか、どの程度条件づけられているのかを問い尋ねることとはまったく別のことである。別様に言えば、私は自己意識についての現象学的説明に関心があるのであり、神経学的説明に関心があるのではない。しかしながら、前者の探求が後者にとって重要ではないといっているわけではない。ネーゲルが指摘したように、成功を収めたあらゆる還元主義にとっての必要条件は、還元することができるものが適格に理解されていることなのである。しかし、意識についての自然主義的説明は、後者のもつ主観的本性を軽視するかぎりで、初めから失敗している。[3] しかしながら、私のねらいは、まさに意識の主観性を分析することなのである。

（四）**自己意識**を議論する際に人格的同一性という論題を切り出すことはまったく自然なことであるように見えるかもしれない。しかし、再びまた私はこう考える。これらの争点は分けておいたほうがよい、と。一方で、私は、デルフォイの汝自身を知れ（*gnothi seauton*）によって引き起こされたり、特定の人格性や具体的主観の物語的同一性にかかわる「私は誰なのか」という問いによって分節化される類型の**自己意識**を探求するつもりはない。私の論題は先に例示された種類の**自己意識**、コギトやわれわれの体験の一人称的所与と伝統的に関連し、最近では「無媒介的認知的自己**意識**」[4]と呼ばれているものである。そして、深遠な実存論的重要性をもつのはまさに第一の類型の自己**意識**だけであると主張されてきたけれども、それゆえ本当に哲学的な探求の価値がある唯一の自己**意識**であると結論づけることは深刻な誤謬である、と私は考える。[5] 他方で、明らかに、われわれの体験の特定の一人称的所与は通時的人格的同一性という古典的問題（とりわけこの問題が、t_2でのP_2がt_1でのP_1と同一であることが要求される種類の因果連関について問う場合のような、三人称パースペクティヴから吟味される場合には）から切り離して探求することができる。[6] しかしながら、こう言われる場合には、私はこう付け加えるだろう。私は自己**意識**の本性の解明を先に言及したどちらの意味でも人格的同一性についての説得的な分析にとっての前提条件とみなしている、と。もし人格であるような何かがないならば、すなわち、もし当該の生物が自己意識的でないならば、通時的物理的同一性と対照的に、通時的人格的同一性という別個の問題について語ることにあまり意味はないように思える。

これまでのところ私は、私が分析したい論題が何であるかについて述べてきた。私がどのように進めていくつもりなのかについて二、三言付け加えることにしたい。先に言及したように、私は自己意識という現象に関心があるのだが、またいっそう具体的に言えば、現象学の内部で、とりわけフッサールの現象学の内部で見いだされた自己意識の解明への寄与に関心がある。私は多くの中心的現象学的思想家(フィンク、グールヴィッチ、サルトル、メルロ－ポンティ、リクール、レヴィナス、アンリ、デリダ)の著述を自由に利用するつもりではあるけれども、それにもかかわらず、私の分析は具体的に言えば、フッサールの自己意識理論に焦点を当てることになる。私はこう思っている。現象学的伝統には、自己意識についての理解ということになれば、現代の議論への多くの参加者が考えているよりももっとたくさんの提供すべきものがある、と。(7) さらには、現象学は、私特有の関心を論じる次元、つまり、自己意識と他性の間の関係に伝統的に焦点を当ててきたし、自己顕現は異他顕現なしに、他者としての私自身への関係や自己としての他者への関係なしに生じることができるのかどうかのような、私が追求したい種類の問題を問い尋ねてきた。

自己意識の問題が現象学にとって決定的な重要性をもってきたということはほとんど驚くべきことではない。現象学は、あまりにも広範に反省を使用しているので、反省的自己意識の本性を吟味するように強いられてきた。(自己意識の解明もまた主観性の記述の可能性の条件への探求でもあるということを忘れるべきではない。)さらに言えば、もし——ミシェル・アンリが論じたように——現象学の明確な課題が顕現の可能性の条件を開示することであり、そして、もしこの条件が超越論的主観性と同定されたならば、現象学はついには以下の問いに直面しなければならないことになる。すなわち、顕現の可能性の条件はそれ自体顕現するのか、と。すべての現象を条件づけるものは現象そのものになることができるのか。伝統的な答えは否であった。もし超越論的条件が現象そのものとなることができたならば、それはもはや条件づけるものではなく、それ自体条件づけられるものだろう。しかし、超越論的主観性が顕現することができるということを否定することは、きっぱりと超越論的主観性についての現象学的吟味を不可能にするだろう。したがって、現象学は自己顕現の次元を探求するように強いられてきた。もし現象学が、事実、構成される対象の現象性と構成する主観性の現象性との間に決定的かつ根底的な差異があるということ、すなわち、対象顕現と自己顕現の間に根底的差異があるということを示すことができないならば、現象学の全計画が脅かされるだろう。

私の大望は体系的議論を厳選した著者たちの注意深い解釈と結びつけることだった。私は、こうした二つの取り組みが排他的選択肢であるとは考えない。反対に、私はこう考える。実り多い解釈は体系的関心によって導かれていなければならず、体系的議論は古典的テクストの注意深い読解を通して獲得された洞察から決定的に利益を得ることができる、と。別様に言い表すならば、私のねらいは三重である。私はフッサールの自己意識理論についての体系的かつ包括的説明を呈示したい。私は現象学におけるいくつかの中心的論題を議論し、解明したい。そして最後には、私は自己意識についての現行の哲学的議論に寄与したい。

この三重の企図は本書の構成に反映されている。中心的部分は自己意識の問題に関する数多くの現象学的洞察についての議論と吟味に充てられることになるけれども、私は別のところから始めることにする。最初の導入的部門では、私は自己意識の本性についての最近の非現象学的省察を要約し体系化することにする。私の陳述は三つの章に分割される。第一章では、私は、アンスコム、カスタネダ、シューメーカーによるすでに古典的な寄与を手短に説明する。彼らは皆さまざまな仕方で一人称パースペクティヴの還元不可能性と代替不可能性にかかわっている。議論される主な争点は「私」が指示する仕方（あるいは、いっそう正確には、「私」が指示しない仕方）になる。[8] そうしてこの論述は、ほぼ間違いなく最も重要な現代の**自己意識**理論、つまり、ヘンリッヒ、フランク、ポタースト、クラーマーからなるドイツの哲学者の集団によって提供される**自己意識**理論についての私の吟味を含む第二章への道を準備することになる。第一章で言及された洞察を用いることによって、彼らは、ドイツ観念論という哲学的資源もまた用いながら、議論の枠組みを転換し、拡張する。ここで問題となる主要な争点は、反省的**自己意識**と先反省的**自己意識**の間の関係となる。最後の導入的章では、私はもし**自己意識**理論が説得的であることを証明することができるならば（少なくとも暫定的に）答えられる必要のある数多くの中心的な問いを定式化しようと試みることになる。

　第二部は、すでに獲得された成果を用い、現象学に向かうことによって諸々の問いに答えようと試みることになる。だから、私の準備的論述は現象学についての私の後続の踏査にとっての枠組みと背景を構成することになる。**自己意識**についての現象学的説明は、現象学の外部に見出すことができる概念的明晰さと問題に定位した分析から利益を得ることができると私は思う。しかし、現象学の内部に見出すことができる哲学的資源は**自己意識**の本性についてのさらなる理解を許すということを示すことを私は望んでいる。第一部の最後に立てられた諸々の問いは、現象学によって提供することができる将来の仕上げと解明を必要とする**自己意識**の問題の諸局面にかかわる。この意味で、本書はまさしく現象学が**自己意識**についての現行の議論に寄与することを示す試みでもある。

謝辞

本書は一九九五年から一九九七年に書かれた。その時期、私はフランス、ベルギー、ドイツ、日本、合衆国、デンマークで多くの人々と議論する機会と恩恵を得た。私は、私が巡り会った哲学的寛容と励ましに大変感謝している。

何よりもまず、ジム・ハートに感謝したい。彼は、本書をさまざまな段階を通して変わらない励ましと有益な示唆と共に見守ってくれた。私はまたナタリー・デプラとリュック・クレアセンに議論と鋭い批判とをとりわけ負っている。最後に、私はフィリップ・カベステン、リチャード・カブ－スティーヴンス、クラウス・ヘルト、クレメンス・カッペル、クルト・ケラー、セーレン・ハルナウ・クラウセン、C・H・コッホ、永井晋、ジョセフ・パーナス、ヘイコ・シュルツ、フレデリク・スタンフェルド、谷徹、山形頼洋に感謝を表したい。彼らは皆示唆と有益なコメントを寄せてくれた。

私は、現象学・解釈学研究センター長、ジャン－フランソワ・クルティヌにエコール・ノルマル・シュペリウール（パリ）で施設をもちいる親切な許可を負っている。

私は、ベルギー、ルーヴァンのフッサール文庫の前所長サミュエル・アイセリングにフッサールの未公刊の草稿を閲覧する許可に対して、現所長のルドルフ・ベルネットにそれらを引用する許可に対して感謝したい。私は、ルーヴァンのフッサール文庫のスタッフ（ルドルフ・ベルネット、アンヌ・モンタヴォン、ウルリッヒ・メレ、ローランド・ブルール）に議論と草稿に関する助力に対して感謝している。

本計画の最初の二年を資金的に援助してくれたデンマーク人文学研究会議と、私に本書を完成することを可能にしてくれたイタリア滞在をさせてくれたサン・カタルド・インスティテュートに感謝したい。

最後に、私はダヴィッド・コッカーハムに、テクストを検討し数多くの文法的、言語的改善の提案をしてくれたことに対して感謝したい。

第一部

準備的反省

第一章　「私」

「私は疲れている」や「私はおおぐま座を見ている」といった文のように、自己意識が言語的に表現される仕方を手短に見てみることから私の探求を始めることにしよう――これがそれ自体でその現象を説明することになると思っているからでも、こうした取り組みを特別に根本的であると捉えているからでもなく（私は一人称をうまく身につけることが自己意識にとっての必要な前提条件であるとは考えていない）、「私」の自己言及についての意味論的分析と指標的分析とが、後で説明しなければならないことになる自己意識のもついくつかの特異な特徴を開示することになるからである。言語の分析哲学に見出すことができる考察を利用することで、私は、自己意識がまさに実際に問題を構成していることを示すことで始めることにしたい。自己意識は、対象志向性と対象指示という標準的モデルを用いては、説明することができない。究極的には、一人称的自己言及はその独自性を、われわれが対象を直知する仕方とは根本的に異なる仕方でわれわれ自身の主観性を直知するという事実に負っている。

「私」は話し手によって彼自身や彼女自身を指示するために用いられる。しかし、「私」はどのようにして指示し、精確には「私」は何を指示しているのか。こうした問いに対する間接的な答えは「私」を固有名、確定記述、指示代名詞と置き換えようとするならば、与えられるかもしれない。なぜなら、こうした試みはその根絶しがたい差異を開陳するからである。(1)

「私」という指示

「私」は固有名や確定記述と同じ仕方では指示や機能をしないことは比較的に明らかである。後者の指示は、対象が存在しないかあるいはその名を担っているあるいは記述に適合する対象が一つ以上存在するかのどちらかであるので、失敗に終わるかもしれないが、これは「私」にとって問題ではない。正確に用いれば「私」が、指示しようとする対象への指示に失敗することはありえないし、したがって、すべての名と記述とに対する「私」の存在論的優位性と指示的優位性について語ることができる。(2) さらに言えば、この絶対確実な指示は、話し手が自分自身の経験的同一性や経歴に関して完全な無知であったり誤ったりする際、すなわち、話し手に適合し、話し手を三人称パースペクティヴから同定する記述に関して無知であったり誤ったりする際ですら生じる。完全な記憶喪失の状態にあることは、自己意識の喪失も、「私」を用いる自己自身を絶対確実に指示する能力の喪失も伴わない。(3) 逆に、私が私自身を確実に指示しているのに対して、私は「私」と言うことによってなお私自身を指示しているだろう。ニール・アームストロングであると誤って信じていたならば、「月に立った最初の人」がほかの誰かを

こうしたことを背景にして、「私」を「これ」や「あれ」のように指示詞として理解する試みは、とりわけ指示詞が直接的にその対象を指示するだけではなく、すなわち、どんな記述からも独立して、的

確に指示するとしばしば捉えられているので、いっそう見込みがあるように思える。しかしながら、こうした想定のどちらも問題になることがある。何よりもまず、正確に用いられる「これ」は与えられた脈絡の内部での数多くの事柄をなお指示することができる。したがって、何も特定のものを志向することができない場合に、「これ何」という問いに対する答えを知る必要がある。[4] だから、（「ここ」と「今」と一緒に）「私」が純粋な指標であるのに対して、指示代名詞によってなされる指示は直示的支持や記述的支持によって特定されねばならず、それはまた指示代名詞を聞き手による可能的な誤解に対して脆弱にする。第二に、「これ」の指示するものは、現前的である必要はなく、現実存在してさえいないかもしれない。これは以下の例によって例証することができる。ようやく国境に到着し、難民はこう言いながら兵士に宝石箱を与えようとするかもしれない。「もし私を逃がしてくれるなら、この貴重な宝石はあなたの報酬になるだろう」。ここで話し手は可視的な箱を指示しているのではなく、内側の宝石を指示している。すなわち、指示代名詞は体験的に現前している何かを指示するのではない。さらには、話者には知られていないけれども、箱は空かもしれない。こうした状況では、あらゆる錯覚の際と同様に、正確に用いられた指示詞の指示するものは本当は現実存在していない。「私」ではそれは異なる。「私」と言うその人格は、その現実存在を保証するだけではなく、「私」と口に出したとき「私」の指示するものの無媒介的、体験的現前、デカルトの直観を確証する論点もまた保証するのであり、そのために、「私はいま現実存在していない」という立言は自己矛盾的であり、内的に一貫性がないのである。[5]

こうした根本的特質をもつことから離れて、「私」はまた数多くのいっそう些細な仕方で「これ」とも異なる。もし同じ人が発話したならば、「これ」の指示するものは、脈絡から脈絡で変化するが、それに対して「私」の指示するものは同じであり続ける。もしさまざまな人が発話したならば、「これ」

の指示するものは同じ対象を指示するかもしれないが、それに対して、何人かの人々が「私」と言うことによって同じものを指示することはできない。だから、それぞれの話し手は「私」と言う際には一つの指示するものしか、つまり、自分自身しか指示することができず、もちろん「これ」の場合には、そうは言うことができない。

　こうしたことを背景にして描き出されてきた結論のうちの一つは、一人称言明はいわゆる誤同定の誤謬に免疫があるということである。しかしながら、この洞察は、二つの異なる「私」の用法の最初の区別を前提する。すなわち、対象としての用法と、主観としての用法である。(6) 第一の例は、「私は出血している」「私は体重が減った」「私は足が汚れている」である。第二の例は、「私は悲しい」「私はカナリアを見ている」「私は地球は平らであると信じている」である。第一の種類の言明は、他者もまた私を指示することができる仕方と異ならない諸々の類型の自己言及を分節化しており、第一の種類の言明は、知覚的観察を前提し、その後の自己自身としての何かの認知や同定を前提し、したがって誤同定の誤謬をしがちである。私の身体が他者の身体ともつれあうような事故にあったら、実際には他の誰かのものである血の出ている足を見て、それを私のものと誤って同定し、私が出血していると推論するかもしれない。この類型の誤謬は、「私」の主観用法ということになれば、排除される。「私はかゆい」や「私はしかじかと考える」や「私は痛みを感じている」と私が言うとき、誰かが痛みを感じているのを（内観的に）観察し、その後でその人を自己自身と同定するがゆえに、私はこのことを知っているとは言えない。特定の対象を指示あるいは同定するときにはいつでも、何かとしてのそれを指示あるいは同定する。xをyであると同定するときは、xがyに妥当する数多くの同定的特性をもつと捉えられるがゆえにそうするのである。この同定の過程は、基準があり、可謬的であるが、それに対して、「私」の主観用法はそのどちらでもない。私が痛みを感じていながら、誰が痛みを感じているかについて誤ることは不可能である。[7] 同じように、私が見ているものがカナリアである、あるいは、(幻覚の場合では) 私が見ているものがまったくもって存在しないと考える際に間違うことがあるので、私は「私はカナリアを見ている」と言う際に誤ることがあるけれども、私がカナリアを見ている人を私自身として誤同定するがゆえにこう言う際に間違うことはありえない。[8] 私がそれを見ている人であるということは確かかどうかを問い尋ねること、あるいは、その知覚が事実私のものであるかどうかを決定するために私が用いる基準の特定を要求することは無意味である。私が誰であるかについて真剣に疑うことさえ、その疑いを抱いている者が私であることについての疑いを伴う。

もし「私」の主観用法はけっして失敗に終わらず、したがって、自己意識的であると主張する際にけっして誤ることはないということが真であるならば、中心的問題は明らかに「なぜ」である。否定的な応答の一部はすでに与えられている。あらゆる可謬的な対象同定とは対照的に、一人称体験帰属における「私」という指示は、無媒介的で、非基準的で、非推論的である。[9] 事実、ある人が自分の思考、感情、信念、欲望を意識しているときには、自己自身が対象として与えられているとはまったく思わない。[10] こうした極めて重大な洞察は、私が詳細に呈示することになる二つのさらなる論証によって支えることができる。すなわち、(一) 自己意識は基準となる自己同定の結果として生じることはない。なぜなら、これは無限背進に至るだろうからである。(二) 自己意識は基準となる自己同定に基づくことはない。なぜなら同定的知識の所有は「私」の成功した使用の必要条件でも十分条件でもないからである。

一・自己意識は基準となる自己同定の結果として生じることはない。なぜなら、これは無限背進に至るだろうからである。何かを自己自身として同定するためには、すでに自己自身に当てはまることを知っているものに当てはまる何かを明らかに心に抱いていなければならない。この自己認識は、いくつかの事例では、あるさらなる同定に基づけられているかもしれないが、自己認識のあらゆる項目が同定によっているという仮定は無限背進に至る。[11] このことは内観を通してえられる自己同定にさえもあてはまる。すなわち、それは、内観が、内観の対象がそれを私であると無媒介的に同定する特性をもつという事実によって区別されると主張しようとするのではない。なぜなら、他の自己がもしかするとそれを、つまり、まさしく私の内観の私秘的かつ排他的対象であるという特性をもつことができたかもしれないからである。この説明はうまくいかないだろう。なぜなら、もし私が、それが私の内観の対象であると知っていないならば、すなわちこの内観を企てているのが、まさしく事実〔内観の対象である〕私（*me*）であるということを私が知っているのでないならば、私は、それが私によって内観的に観察されるという事実によって、内観される自己を私自身と同定することはできないだろうからであり、この認識は、もし無限背進を回避するべきならば、それ自体同定に基づくことはできないからである。[12] いっそう一般的には、伝統的な対象意識モデルに忠実であり、そうして外的対象を内的対象と単純に置き換えるだけでは、自己意識のもつ独自の特徴を説明することはできない。シューメーカーは以下のように述べている。

自己意識において自己自身が「対象として」現前呈示されない理由は、自己意識は知覚的意識ではない、すなわち、対象が現前呈示される種類の意識ではないということである。それは対象についての意識によって媒介されない事実についての意識である。しかし、注意すべきなのは、もしそうした場合に（鏡のなかの自己自身を見るときに対象としての自己自身を事実意識するように）自己自身を対象として意識していたならば、これはある人の自己認識を説明する役には立たないだろうということである。というのは、現前呈示される対象はφであったという意識は、もしその対象を自己自身と同定しなかったならば、あるひとに、あるひとがφ自体であったと告げないだろうからである。つまり、あるひとは、もしすでに何らかの自己認識を、つまり、あるひとが、それが自分自身のものであることを示すと捉えられた現前呈示される対象のもつどのような一連の特性であれそれの独自の所有者であるという認識をすでにもっていたのでなかったならば、こうしたことをすることはできないだろう。知覚的自己認識は非知覚的自己認識を前提するのであり、だからすべての自己認識が知覚的であるとはかぎらない。(13)

この論証は、以下の章でいっそう十全的に詳述されることになるのだが、自己自身を対象として捉えることに実際に成功したとき、先行する非対象化的自己意識をその可能性の条件として前提する自己対象化が扱われているということもまた示している。この論証は、もし「私」の主観用法と対象用法をもう一度比較するならば、さらなる支持をえることができる。「私は血が出ている」のような「私」の対象用法は、ある一定の特性を身体に帰することとして理解することができる。しかしながら、なぜ、こうした場合に、自己言及について語ることにこだわるのか。明らかに、私の身体について語っているからである。しかしながら、ある物体を「私の身体」と呼ぶことによって何が意味されているのかを説明しようとするとき、これは、私の身体が、それによって私が見て、聞いて、語り、動き、行為する身体であるというときのように、「私」を主観として用いることなしには不可能であるということを認識しなければならない。(14)したがって「私」の対象用法、そしていっそう一般的にはありとあらゆる類型の(対象化的)自己言及は、先行する非対象化的自己意識によって支持されている場合にだけ、自己帰属の一例とみなされる。

二．同定的記述の所有が自己言及と自己直知のための必要条件ではないということはすでに示唆されてきた。たとえ私が完全な記憶喪失状態にあり、暗い部屋のなかで動けなくされており、したがって、私を（私自身の物理的現出についての知覚的意識を含む）三人称パースペクティヴから同定するすべてのそうした特性を知らないときでさえ、私は昏睡しておらず、自己意識を所有し続けており、例えば「私は変な感じがする」という思想をもつことができる。こうした場合には、「私」はどんな特定の特性も帰属させることなしに当該の存在者を指示しており、したがって私自身についての私の意識はどんな同定的特性についての意識によっても媒介されていない。私は私自身を、名前、性別、物理的現出、家族、国籍、職業、知識、記憶のような基準を通して同定するのではない。したがって

自分自身を「私」と考えるためにもつと考えねばならない三人称特有の性格特徴はない。確かに、「私」と、いい、してのあるひとは、自分自身を自己、人格、あるいは、思想家として――ましてや人間、女性、あるいは、どんなものであれ自己意識をもつことができるすべての存在者に当てはまるものとして――分類しない。わかりやすく言うと、二歳ぐらいの小さな子どもはそうしたカテゴリーを含む知識を完全に欠いている完全な一人称指示をすることができる。……あるひとが私であるかないかを決定することに適用できる基準などまったくない。あるひとは単純に私なのである。この原初的事実は、私である思想家によって原初的かつ無媒介的に統握される。(15)

しかしながら、ある人格が自己自身についての同定的記述を所有し、彼自身が当該の人格であるとい

うことをなお認識しそこなうことがあるから、それはまた十分条件ではない。クィントス・リンゲンスという著名な画家が完全な記憶喪失を患っていると想定することにしよう。たまたま、彼は書店に行き、『クィントス・リンゲンス――その真実にして完全な物語』という新しいベストセラーにふと行き当たった。たとえ彼が本全部を読み、記憶することができたとしても、彼自身が当該の人格であると認識するように強いるものは何もない[16]。一定の三人称記述がある人格に適用されるということを把握することと、私がその人格であるということを把握することの間にはつねに隔たりがあるから、すなわち、それがある一定の人格に適合することを把握することが、私がその人格であると私が認識することを保証するような三人称記述はないから、自己意識はどんな三人称記述による対象の同定を含むものとみなすことができない[17]。

カスタネダは、人格が自己意識的であるためには、あらゆる種類の三人称指示なしで済ますことはできないだけではなく、もし彼女が本当に自分自身を自分自身とみなすことができるならば、実際そうしなければならないというテーゼのための古典的な論証を行ってきたひとである。「彼――自己意識の論理学についての研究」という彼の論文で、カスタネダは、自己意識を誰かに、すなわち自己意識の「彼」、あるいは、カスタネダの概念を用いれば、「彼*」が「彼、彼自身」を表す場合の「彼*」に帰属させるのに用いられる「彼（彼に、彼の）」という三人称を吟味している。「Xが彼自身がφであることを知っている」と言うことは、Xに彼が「私はφである」と言うことによって分節化することができ、分節化しなければならないという認識を帰することである[18]。カスタネダの中心的主張は、「彼*」と「私」が、どんなほかの類型の指示的機序によっても分析可能ではない独自の論理的カテゴリーを構成しているということである[19]。例証として以下の言明を比較することにしよう。

1a.　私は私がコペンハーゲンに住んでいることを知っている。
1b.　『志向性と構成』の著者は彼*がコペンハーゲンに住んでいることを知っている。
2.　『志向性と構成』の著者は『志向性と構成』の著者がコペンハーゲンに住んでいることを知っている。

こうした言明は同義ではない。なぜなら、1aと1bは、2が偽であるときに、真であることができ、逆もまた真であるからである。『志向性と構成』の著者は、彼*がコペンハーゲンに住んでいることを知っているかもしれないが、彼*は『志向性と構成』という題名の本をかつて書いたことを忘れてしまったかもしれない。そして、逆に『志向性と構成』の著者は、記憶喪失を患い、『志向性と構成』の著者がコペンハーゲンに住んでいることを知っているかもしれないが、それが彼自身*に当てはまることを認識しそこなうかもしれない。したがって、「彼*」（と「私」）は「『志向性と構成』の著者」を表す代用品ではありえないし、いっそう一般的には「彼*」（と「私」）は、「彼*」（あるいは「私」）のトークンをすでに含んでいるのではないどんなほかの名前や記述によっても置き換えることはできない[20]。自己意識の本性についてのわれわれの理解にとってのこの例のもつ重要性は、カスタネダの結論を通してすぐに照らし出される。N. N. が「『志向性と構成』の著者が、彼*がコペンハーゲンに住んでいると思っている」と立言するとき、N. N. は著者に、「私」という代名詞を使用する能力や彼自身を意識する能力は別として彼自身を指示するどんな方法の所有も帰属させない。後者の能力は、N. N. が著者に著者の言明が真であるために帰属させねばならない彼自身への唯一の指示の仕方である[21]。

換言すれば、自己意識を誰かに帰属させることは、成功した基準となる自己同定を当該の人格に帰属させることを含まない。『志向性と構成』の著者について、彼は、彼*がコペンハーゲンに住んでいるということを知っていると言うことは、当該の人格が確定記述によって世界のなかの対象を成功裏に同定し、そうして「コペンハーゲンに住んでいる」という述語を（著者が、著者はコペンハーゲンに住んでいると思っている場合にそう言えるだろうように）対象に帰属させるということを含意することはできない。いっそう一般的には、それは当該の人格が彼自身*を、あらゆる特有の同定する三人称特質を**意識**することによって**意識**しているということを含意することはできない。

「彼*」が記述や名前によって置き換えることができないのに対して、「彼」の直示的用法によって理解することができないのかなお不思議に思うかもしれない。例えば、あるひとは、もし人格Xが、「彼」を純粋に直示的にXを指示するために用いることで、「彼はφである」と立言するならば、Xは彼*がφであると思っていると提案するかもしれない。しかし、この提案はうまくいかないだろう。なぜなら、自分自身こそが血を流していることを認識することなしに「彼は血を流している」と言うことで、ある人自身の血が出ている足を指さすことはまったくもって可能であるからである。同じように、Xはある人格を見て彼を指さすかもしれない。同じように、Xは、ある人格を見て、彼を指し示し、彼が鏡を見ており、だから彼自身を指示しているということを認識することなしに「彼は恐ろしい」と叫ぶかもしれない[22]。

この論証は直接的には「私」の用法にかかわっている。「私」と言うことは、単に話者にとって与えられた脈絡の中で特定の人格を単離するだけではない。つまり、話者は、彼自身こそが指示されているということを**意識**してもいなければならない。「私」の用法が自己**意識**を含意しているので、「私」は、それぞれが自分自身について語る際に用いる語として単純に定義することはできない。なぜなら、（固有名、確定記述、あるいは、指示詞という仕方によって）それが自分自身であることを認識することなしに自己自身について語り、自己自身を指示することは可能であるからであり、こうした無知は「私」の適格な用法と両立不可能であるからである。[23] ノージックを引用しておこう。

というのは、人格Xにとって反射的に自己言及することは、単にXにとって現実にXに言及する術語を用いることではないからである。つまり、これは、指示する作用に内的なものとして、彼が指示しているのはまさに彼自身であるということを省略している。エディプスが「その行為がテーベに災いをもたらした人格」を見つけることに向かい、彼はエディプスを指示しているが、彼は必須の反射的仕方で彼自身を指示しているのではない。彼は、彼自身が咎人であることを知らない。そのために、彼は「私」「私を」「私の」を用いる何らかの適切な一人称言明を考える、あるいは、知らなければならないだろう。[24]

ペリーによるよく知られた例もまたこうした結論を例証することがある。私がスーパーマーケットの床に砂糖の痕跡を突然発見すると想定してみよう。私のカートを背の高い商品台の一方の側の通路に押して他の通路の側へと通路を戻り、私は、買い物客に、散らかしていることを伝えるために、破れた袋をもった買い物客に追いつこうとする。どの曲がり角でも、痕跡はますます太くなるが、私は追いつくことができない。突然私は、私が追いつこうとしている買い物客が私自身であることを認識し、そして、結果として私はカートを止め、袋を置きなおす。[25] 私が探索を始めたとき、私は破れた砂糖袋をもった買い物客を探していた。私はその間中ずっと私自身を指示していたが、最後になってはじめて私はこのことを認識した。重要なことは、もし私が抱くようになった信念、つまり、「私が散らかしているひとである」が私自身についての三人称記述で置き換えられるならば、われわれはもはやなぜ私がショッピング・カートを止めたのかについてもはや説明しようとはしない。例えば、もしわれわれが私の認識を「私は、ダン・ザハヴィがこれを散らかしたということを認識した」あるいは「私は『志向性と構成』の著者が散らかしたということを認識した」あるいは――鏡のなかの誰かを指さしながら――「私は彼が散らかしたということを認識した」と記述するならば、もし「そして、私は私がダン・ザハヴィ」「……『志向性と構成』の著者」あるいは「……鏡のなかの男」「であると思っている」と付け加えないならば、すなわち、もし私が散らかした買い物客を私と考えているという事実を捕らえないならば、われわれは説明がまだわかっていない。[26] 私自身についての記述を含まない「私」(私を、私の、私のもの)は、私に、私がその人格であることを認識することを要求しない。[27] ちなみに、ペリーの例もまた、実践的な論法において決定的な役割を演じることが、一人称信念の顕著な特徴であるということを例示している。行為者性は主観的観点を必要とする。三人称パースペクティヴから一人称パースペクティヴへの変化はわれわれに行動を変化させることができるので、自己意識は単なる付随現象ではありえない。

要約すれば、他者が固有名、指示詞、確定記述のような同定的あるいは示差的手段を用いる私を指示するのに対して、こうした三人称指示は、私が私自身を私自身として、すなわち、適格な一人称の仕方で考えることができるならば、単に不必要であるだけではなく、究極的には不十分なのである。

「私」の指示するもの

これまで、どのようにして「私」が指示しないのかが示されてきた。何を「私」が指示するのかに関するいくつかの結論に達することは可能なのか。三つの選択肢が可能であるように思える。

一、「私」はまったく指示しない。これはアンスコムが引き出した根底的（極端とまでは言わないが）結論である。彼女にはデカルト的解釈に対する確かな共感があるけれども、こうも強調する。デカルトは、事実「私」が指示表現であった場合にだけ、指示されるもののもつ性格と本性とについて正しかったただろう、と。しかしながら、アンスコムによれば、デカルトの立場には、異なる「私」志向において同じ指示されるものの同定を要求するという容認できない困難がある。彼女はこう思っている。この困難は乗り越えられないので、異なる解決を最終的に選ぶ、と。すなわち、「間違った対象を手に入れる」ことは排除され、それがわれわれにこう考えさせる。正しい対象を手に入れることが保証される、と。しかし、その理由はなんらかの対象を手に入れることなどそもそも存在しないということである。名前や（ラッセルの意味での）外延的表現には、把握される二つの事柄、すなわち、用法の種類と時としてそれらを適用するものが存在する。「私」には、用法が存在するだけである。……「私」は名前でも、その論理的役割が指示を行う別の種類の表現でもまったくない」[28]。したがって、アンスコムはウィトゲンシュタインの結論を採用することで終わっている。「「私は痛い」と言うことは、特定の人格についての言明でないのと同じく、うめき声があるということでもない」[29]――そして、こう主張する。主観‐私の現実存在へのわれわれの信念は言語‐イメージの犠牲になってきたことに負っている、と。しかしながら、この結論は、いくつかの問題に直面する。何よりもまず、「私は痛みを感じる」という立言は、

「誰も痛みを感じない」[30]という立言と置き換えることができず、とりわけアンスコムが、デカルトの立場はアポリア的であるという彼女の主張に対するどんな詳細な論証も与えていないから、こう思われるかもしれない。問題を単純に解消するよりもむしろデカルトに直面するという困難を解決する試みのほうがもっと実り豊かであったのではないか、と。[31]第二に、「ここ」や「今」の正真正銘の指標的用法は、誤同定の誤謬に対する免疫を「私」と共有している。しかし、誰もまさにそうした理由で「ここ」や「今」はまったく指示しないと結論づけはしないだろうし、したがって、その結論が「私」の場合に適切であるのかどうかを疑問視するかもしれない。[32]

アンスコムの立場には、いわゆる無所有者論とのある一定の親近性がある。それによれば、体験は没主観的あるいは没自我的である。[33]体験は誰かの状態や特性ではなく、単純に生起する心的状態であり、それゆえ、適格に言えば、自己意識は、意識が自己自身についてもつ匿名的直知として理解されねばならず、考え、熟慮し、解決し、行為し、熟するものとしての自己自身についての意識として理解されてはならない。この立場の古典的変奏は、以下の言明によって有名なヒュームに見出すことができる。すなわち、「私としては、私が私自身と呼ぶものへと密接に入り込むとき、熱さや冷たさ、光や影、愛や憎しみ、痛みや喜びについてのなんらかの特定の知覚や他のものにつねに出くわす。私は知覚なしにどんなときにも私自身を捕らえることができないし、知覚以外のどんなものも観察することができない」。[34]最近になって、こう主張されている。体験の主観としての自己自身へのどんな（隠在的）指示も含まない、厳密に非人格的体験をもつことが可能である、と。[35]だから、たとえ二つの同時かつ質的に同一の体験をもった二つの人格がなお二つの数的に別個の体験をもつだろうと考えなければならなくとも、単純に「こうした体験のうちの一つがこの体験であり、この特定の心的生のなかで生じており、他の体験はあの体験であり、あの他の特定の心的生のなかで生じている」[36]がゆえにではなく、体験のそれぞれが異なる主観をもつがゆえに、これは実相ではないだろう。

しかしながら、一人称パースペクティヴを採用すればすぐに、こうした立場に対する異論が思い浮かぶ。私の知覚と私の友人の知覚の間の原的差異が、私の知覚がこの知覚であり彼の知覚があの知覚であるということは、本当に真だろうか。クラヴォンが論じるように、これは寄生的かつ派生的な性格づけではないだろうか。むしろこう言えはしないか。私の体験がこの体験であるのは、まさしくそれが私の体験である、すなわち、還元不可能な一人称的現前呈示の様態で与えられており、それに対して他者の体験は私にとって一人称的様態で与えられておらず、それゆえ私の心的生の部分ではないからである、と。[37]だから、示唆されているのは、まさしく一群の体験の最重要の現前あるいは一人称的所与こそが体験を私のものにしており、体験を特定の主観に属させているということである。もしこう言えたならば、ヒュームは事実、彼の分析において何かを、つまり、彼自身の体験の特有の所与をまさに見逃したのである。彼は、言わば、間違った場所に自己を探し求めていたのである。自己意識的であることは、体験から離れて純粋な自己を統握することではなく、その一人称的所与様態において、すなわち、「内側」から体験を直知することなのである。自己意識において指示されている主観や自己は、体験から離れたあるいは体験を超えた何かでも、新しいさらなる体験でもなく、単純にその所与の特徴や機能なのである。もし体験が私に原本的に、一人称的現前呈示様態において与えられているならば、体験は私の体験として体験されているのであり、それ以外の仕方で体験されているのではない。要するに、私が自己意識しているすべての体験は必然的に私の体験なのである。[38]この論証はただ暫定的なものとして志向されているにすぎない。それは第二部でのいっそう詳細な分析を予料しており、したがって目下のところ、自我を欠いたり、作用超越的自我をもったりする、（時間意識や想起のような）他の形式の自己意識があるのかどうかは未決定なままにしておかなければならない。

二．「私」は対象を指示している。「私」は特定の対象（や客観的特性）を単離したり、同定するのに用いることができる。しかし、三人称パースペクティヴからも接近《アクセス》可能であるのと同じ種類の明証に基づくこうした同定は、「私」のもつ独自かつ還元不可能な特徴をほとんど捕らえていない。「私」の指示するものが、私を三人称パースペクティヴから私を同定する一連の特性と（あるいはひょっとするとむしろ、その共通の指示するものであるXと）同一視することができたならば、われわれはよく知られた問題に直面することになるだろう。すなわち、私は、こうした特性に関して完全に無視、懐疑、錯誤しているときでさえ「私」を間違うことなしに用いることができ、そして、私は、完全に記憶喪失状態にあるときでさえ自己意識的であり続けるがゆえに、「私」は、私が自己意識していた私の同定する特性（の総和や担い手）であるはずであるということを示唆するのは極めて逆説的であるように思える。

三．「私」は主観を指示している。「私」の主観用法の分析は、われわれが、独自で、無媒介的で、基準とならず、不可謬な一人称指示を扱っているということを開示する。精確には「私」が何を指示しているのかはなお未決定なままであるけれども、ある明示的な意味でわれわれの主観性と関係している何かを扱っていると結論づけることは合理的であるように思える。「私」の指示は、三人称パースペクティヴから利用可能なよく知られた類型の指示とは著しく異なっており、その特有の特徴をまさしく分節化するのに向いている現象、つまり、自己意識に負っていると想定することは自然であるように思える。以下われわれは、われわれが対象を直知するのと同じ仕方でわれわれ自身の主観的体験を直知しはせず、以下でわれわれが直面する課題は、その独自の自己顕現と一人称的所与についてのよりよい理解に達することなのである。

第一章の成果は、(どのようにして「私」が機能せず、なぜ自己意識が対象意識という標準的様態によって単純に説明することができないのかをわれわれに告げるという) 主に批判的なものであるけれども、どんな適格な自己意識理論に対しても以下の最低限の要求をすることをわれわれに可能にもする。自己意識理論は「私」の主観用法を性格づける特有の特徴を説明することができなければならない。すなわち、自己意識の構造が究極的にどれほど複合的あるいは差異化されたものであることが示されようとも、もし与えられた説明が一人称パースペクティヴと三人称パースペクティヴの間の差異を保存することができず、その関係的独自性を捕らえることができないならば、それは自己意識の説明としては失敗しているのである。

第二章　反省的自己意識 対 先反省的自己意識

第一章で、私はこう論じた。二つの異なる種類の自己言及、一方では外的自己言及と他方では内的自己言及の間を截然と区別することが必要である、と。外的な種類の自己言及は、三人称パースペクティヴから利用可能なものである。私は、固有名、例示的記述、あるいは、限定的記述という仕方によって対象を指示することができ、時にはこの対象は私自身である。私がこうした仕方で私自身を指示するときには、私が他者を指示することができ、他者が私を指示することができる（唯一の差異は、私がそれを行っている者であり、だから指示を自己言及にする）のとまさしく同じ仕方で私自身を指示しているのである。外的かつ偶然的であることは別として、この種の自己言及はまた非明示的である。なぜなら、それについての私の認識なしに生じることがある、すなわち、私は私自身が指示対象であるということをはっきり認識することなしに三人称パースペクティヴから私自身を指示することができるからである。対照的に、一人称パースペクティヴから利用可能な自己言及——「私」の主観用法によって表現されるもの——は内的種類のものである。一人称の仕方では、誰かや自分自身以外の何かを指示することが不可能であるだけではなく、自己自身を指示しているということを認識しているということもまた「私」の適格な使用に属している。すなわち、内的かつ必然的であることは別として、当該の自己言及はまた明示的本性をもつものなのである。[1]

この時点で、私は自己言及という争点から離れ、自己意識についてのいっそう伝統的な探究を始めることにする。自己意識とは正確には何なのだろうか。手始めに、強調されねばならないのは、私は、私がろうそくを知覚していることを認識するときにだけではなく、私の悲しみの感情、あるいは、灼けつく痛み、あるいは、ろうそくについて意識するときにもまた、すなわち、私がその一人称的所与様態で体験を直知するときにはいつでも、自己意識について語ることは適当であるということである。私は、異他的対象をもはや単純に意識するのではなく、同様に対象についての私の体験を意識するときに、自己意識について語る資格を与えられる。というのは、この場合、私の主観性は、それ自身を私に対して開示するからである。この説明によれば、私が自己意識しなかったどんな体験も、私が意識しない体験、すなわち、無意識的体験であるだろう。

自己意識の反省理論

もし自己意識的ということが何を意味するのかを理解するべきであるならば、体験の主観と体験の客観との間の差異によって性格づけられる志向性と、ある形式の同一性を含意する自己意識の間の対照を指し示すことが有用であるかもしれない。[2] 自己意識についてのどんな説得的理論もこの区別を説明することができなければならず、最も自然な説明は、意識は、他の何かよりもむしろ自己自身をその対象としてもつかぎりで自己意識的であるということであるように思える。もちろん、内的種類の自己言及と外的種類の自己言及との間の重要な差異を保持するために、この対象がある特有の還元不可能な一人称の仕方で与えられねばならないということを特定することが必要である。『人間悟性論』のなかで、ロックは、「反省」という術語を、自己自身の働きをその観照の対象にすることで、心の視を自己自身の内側に向ける心の能力を明示するために用いた(3)。だから、自己意識は自己自身に「まなざし」を向け、自己自身をその対象とし、だから、自己自身を意識することになる意識の結果であると述べる理論を自己意識の反省理論として記述することができる。

　こうした理論の何らかの変奏の現代の擁護者を見出すことは難しくない。『心の唯物論』のなかで、アームストロングはこう論じる。知覚と内観の間には密接な類似性がある、と。知覚は、志向的対象が物理的世界のなかの状況である心的出来事である。内観は、志向的対象が同じ心のなか生起する他の心的出来事である心的出来事である。内観の対象になることによってのみ心的状態は意識的になることができる。ちょうど知覚されない物理的環境の多くの特徴が存在するのと同じように、それについて無意識的である多くの心的状態、つまり、目下内観していないすべてのものが存在する。ちょうど知覚と知覚されるものとを区別しなければならないように、内観と内観されるものとは区別されねばならない。人が自分自身を食べきってしまうことができないのと同じく、心的状態はそれ自身を意識することはない。しかし、もちろん、内観はそれ自体さらなる内観的意識の対象である等々(4)。

　反省理論は、優位性を志向性に与える。自己意識そのものが反省としての志向的作用であるだけでなく、しばしばその理論はまた、自己意識はアプリオリな志向的作用をその出発点として前提すると主張する。すなわち、もし反省し自己意識する志向的作用がなかったならば、自己意識は可能ではないだろう。しかしながら、自己意識の反省理論は、単一の学説の名前ではなく、むしろいくつかの関係する立場を表すレッテルである。こう主張することが可能であるだけではない。自己意識は、反省の作用と呼ばれる高階の志向的作用によって対象と捉えられる第一次的志向的作用の結果である、と。この場合、自己意識は二つの異なる作用の間の主観－客観関係である。こう主張することもまた可能である。自己意識は、志向的作用が文字通りふたたび曲がり（re-flex）、自己自身を自己自身の（第二の）対象と捉えるときに生じる、と。この場合、自己意識は、作用と自己自身の間の主観－客観関係だろう。

一見すると、自己意識は、何か他のものよりもむしろ自己自身をその対象として所有する主観によってまさしく性格づけられていると言うことは明白で不可避的であるように見えるかもしれないけれども、こうした取り組みは、その支持者でさえ時として、この説明に基づく自己意識は依然として不可解であるか明らかに不可能であるかであるということを認めるほどの深刻な困難を究極的には生み出す。後期の公刊文献のなかでカントは書いている。「私が私自身を意識することは、すでに二重の自我、主観としての自我と客観としての自我を含んでいる思想である。どのようにして、思考する私が、私自身にとって（直観の）対象であることができ、そうして私を私自身から区別することができるということが可能であるのかは、まったく説明することができない。もっとも、それは疑うことができない事実であるのだが[5]」。

この不可解さを増大するのはたやすい。

①意識は（体験するもの）としての主観と（体験されるもの）としての客観の間の関係である
②もし主観が自己自身を意識することができるならば、主観は自己自身を対象と捉えているのでなければ

ならない。

③もし主観が対象を意識するならば、主観は自己自身を意識していない。

④真の自己意識は不可能である。

換言すれば、もし意識が主観と客観の間の関係であるならば、真の自己意識は不可能である。なぜならば、体験の主観は、このことが同一性原理の違反だけでなく、その主観性の否定をも含意するだろうかぎりで、けっして真に主観自身の対象ではありえないからである。したがって、いわゆる自己意識という状態で体験されるものは、その体験の原本的主観と同一ではありえない。それはつねに闇の中にとどまるが、せいぜい派生的に対象化された表象にすぎない(6)。

明白であるのは、この袋小路の根拠は前提①に、すなわち、すべての意識は主観 - 客観構造を含意するという反省理論の想定に見出すことができるということである。このたいていは暗黙裡の前提の伝統的な支配について詳しく述べる必要はないが、注目すべきなのは、主観 - 客観構造を自己意識に帰属させようとする誘惑はしばしば、言語と、「私は痛みを感じる」や「私は幸せを感じる」(両者とも明白に「xがyを知覚する」という構造をもっている)のような一見なんと言うことのない言い回しとに支持されてきたということである(7)。

自己意識の反省理論の最も徹底的な吟味と論駁は、ヘンリッヒ、フランク、ポタースト、クラーマーからなる、最近ハイデルベルク学派(なぜならば、彼らはハイデルベルクでのヘンリッヒのゼミナールとヘンリッヒの初期の研究『フィヒテの根源的洞察』に由来するからである)と命名された一群のドイツの哲学者の著述に見出すことができる(8)。ハイデルベルク学派の取り組みは、ドイツ観念論、新カント主義、分析哲学、現象学を含むいくつかの異なる哲学的伝統の資源を用いるので、並外れて広範である。ハイデルベルク学派はまた現代思想のなかで自己意識の問題を解明しようとする最も粘り強い試みのうちの一つを代表しているので、私はその論証をいっそう注意深く吟味することにしたい。ハイデルベルク学派の反省理論に対する批判を論述することから始めることにしよう。

　自己意識の反省モデルはつねに契機の二元性を扱う。自己意識が別の作用を対象と捉える一つの作用によって生じるのか、自己自身を対象として捉える一つの作用によって生じるかどうかにかかわらず、ある種の自己分割が論じられており、そうして反省するはたらきが反省されるものから区別されねばならない[9]。もちろん、そうすると反省のねらいは、この分割ないし差異を克服ないし否定することであり、両契機を同一のものとして措定することである――そうでなければ、自己意識という事例は存在しないだろう。しかしながら、この方略は、何か異なるものについての意識がどのようにして自己意識を生み出すことができるのか（あるいは、逆もまた真であり、第一次的志向的作用がどのようにして異なる作用の対象とされることによって自己意識となることができるのか）のような根本的問題に直面する。つまり、どのようにして二つの関係項の同一性を、説明しようとするもの、つまり、自己意識を前提することなしに、保証することができるのか。そしてなぜ無意識的高階作用の志向的対象であるという事実が意識ないし主観性をそれ以外の無意識的一階体験に授与するべきなのか。

　反省理論はこう主張する。自己意識は反省の結果である。すなわち（ただ無意識的であり続けるだけでなく）自己意識的になるためには、知覚作用が後に来る反省作用による主題化を待たねばならない。しかしながら、自己意識について語るためには、当該の作用が反射的に主題化され対象とされるということでは十分ではない。作用は主題化する作用と同一的であるものとして把握されねばならない。明示的自己言及と非明示的自己言及の間の以前の区別が例証したように、自己を**意識**することと自己自身を**意識**することの間には差異がある。自己**意識**をもつためには、私が事実上私自身を考えているだけでは十分ではない。つまり、私は、私が**意識**しているのは私自身〔私の自己（*myself*）〕であるということを知るあるいは認識する必要もある。自己**意識**という事例であるためには、AがBを意識しているというのでは十分ではない。つまり、加えて、AはBをAと同一的であるものとして意識しなければならない。換言すれば、自己**意識**という事例とみなされるためには、知覚作用は反省作用と同一的であるものとして把握されねばならない（数的同一性は前もって排除されているので、当該の同一性は、同じ主観に属しているという同一性あるいは同じ意識流の部分であるという同一性でなければならない）[10]。しかしながら、このことは、どのようにして（それ自体自己**意識**を欠いている）反省作用が、知覚作用が同じ主観性そのものに属するのかを認識する立場にあることができるのかに関する困難を措定する。もし、何かに自己自身として出会うことができるならば、もし、何かを自己自身として認知あるいは同定することができるならば、それは明白に自己自身の先行的直知を必要とする。

しかし、反省する際に主観はどのようにして、主観が自己自身を客観としてもつということを知ることができるのか。明らかに、自我が自己を、自我が客観としてもつものと同一的であると知ることによってのみである。さてしかし、こうした知を反省に帰し、反省によって根拠づけることは不可能である。というのは、反省の作用にとって、自我は、自我が自己自身を客観とする場合に、自我が知っているものは自らに反省的に振り向けられる作用を遂行するものと同一的であるということを知るためには、自らをすでに見知っているということが前提とされているからである。自己意識の根源を反省によって理解できるようにしようとする理論は、それゆえ必然的に、説明しようとする知をすでに前提しなければならないという循環に終わるのである。[11]

自己意識は二つの無意識的作用の間の遭遇の結果として生じることはない。したがって、反省作用は、自己意識的になるために、さらなる反省作用を待たねばならない。その場合悪名高い無限背進に直面する、あるいは、反省作用はそれ自体すでに反省に先立つ自己意識という状態にあることが認められなければならない。そしてもちろんそれは、われわれを循環的説明に巻き込む。説明するつもりだったものを前提し、隠在的に自己意識の反省理論のテーゼを、つまり、すべての自己意識は反省によってもたらされるということを拒絶する。[12]

反省作用は第二次的作用であり、もしこれが論理学的な意味のみならず、時間的意味でも捉えられるならば、付加的な問題を引き起こす。もし反省作用がつねに反省される作用の後に続く、あるいは、作用の一部に少なくとも先行する（やはり私はバッハの小品をまだ聞いている間に聞いていることを意識することができる）ならば、自己意識は過去の体験についての意識であるということが判明し、それゆえ反省は実際には特異な（理解不可能とまではいわないまでも）種類の回顧あるいは回想である。私が以前に意識しなかったことを想起しているかぎりで、それは特異だろう。さらに言えば、時間的距離は、自己自身について意識するようになるためには時間がかかるということを含意するだろうし、このことはわれわれの自己意識のもつ無媒介的かつ同時的性格と対応するようには思えない。痛みを感じることは痛みについて（自己）意識していることである。それはいわば存在する仕方でもあり意識している仕方でもある。[13] もし誰かがわれわれに痛みを感じているかどうか尋ねるならば、われわれはそのことを無媒介的に知っており、まずそれを調べる必要はない(14)。

反省のねらいは、知覚という第一次的作用を開示し、主題化することである。しかしながら、反省の生起を説明するためには、開示され、主題化されるべきものがある程度（非主題的に）現前していることが必要である。そうでなければ、反省という作用を動機づけ、生じさせるものは何もないだろうからである。だから、反省に先立つ知覚作用についての意識がなければならず、したがって、反省理論はせいぜい自己についての顕在的体験を説明することができるにすぎず、自己意識そのものの起源を説明することができないのである(15)。

最後に、第一章の成果から利益を得ることができる。自己意識は内観的な対象同定の手続きとして理解される反省の成果ではありえず、すなわち、私は、最初に特有の痛みを精査し、次いでそれを私のものであると同定するのではない。なぜなら、その種の基準となる同定は誤同定の可能性を含意し、自己意識はそうした誤りにさらされはしないからである。もし私が目眩がしているならば、私は誰がその体験の主観であるかを間違うことはできないし、私が目眩がしている当人であるということを確信しているかどうかを問い尋ねること、あるいは、感じられている目眩が本当に私のものであるのかどうかを規定する際に私によって用いられる基準となる存在の特定を必要とすることは無意味である。

反省理論の何らかの変奏の現代の擁護者を見出すことは比較的に容易であるということを繰り返しておくことにしよう（もっとも、反省理論の唱道者たちは、現象的意識の本性を解明しているのであって、自己意識そのものの本性を解明しているのではないとたいていは主張するのだが。なぜなら、私は現象的意識の一人称的所与を原初的類型の自己意識として解釈するからである。しかしながら、彼らの分析は私の論題にとって適切でありつづけている）。最近、ローゼンタールは高階思考（HOT）理論によってアームストロングの高階知覚（HOP）理論を精錬することに賛成の論を唱えた。ローゼンタールが指摘するように、内観の主題的対象であるより以上のことが意識的心的状態という事実には存在する。ある状態は非内観的に意識的であることができ、事実、内観的意識的状態は非内観的意識的状態を前提している。表面上、心的状態はわれわれが顕在的かつ主題的注意をそれに払わない時でさえ意識的でありうるという主張はまったく合理的であるように思えるし、内観的意識的状態と非内観的意識的状態の間のローゼンタールの区別は最初は、一方では、主題的かつ反省的類型の自己意識と、他方では、暗黙裡かつ非主題的な種類の先反省的自己意識の間の区別を鏡映していると捉えられるかもしれない。しかしながら、ローゼンタールがこの非内観的意識の本性を分析し始めるとすぐに、彼がまったく異なるものを念頭に置いていることが明らかになる。事実、ローゼンタールはこう論じる。もし意識についての些細ではなく、得るところの多い説明を見つけ出そうとするならば、意識はわれわれの心的状態に本有的な特性であるという主張は何としても避けねばならない、と。何かを本有的とみなすことは、それが単純かつ分析不可能かつ不可解であり、結局のところ学問的かつ理論的研究の範囲を超えているということを含意することである。「われわれは、意識的であることが分節化された構造を欠いており、したがって説明を受け付けないと確信した場合にだけ、意識的であることが心的状態に本有的な特性であると主張するだろう」[16]。ローゼンタールは、意識を本有的特性と捉えることについて直観的に訴えるものがあるということは承認するけれども、この取り組みは避けられねばならないとなお考える。なぜなら、それは、自然主義的（かつ還元主義的）説明にとって邪魔になるからであり、意識を非意識的心的状態に訴えることで説明し、非意識的心的状態を非心的術語によって説明しようとするからである。ローゼンタールにとって、意識的であることのもつ特性は、本有的特性ではなく、関係的特性なのである。すなわち、心的状態は、他の何かと適切な関係にある場合にだけ意識的である。いっそう正確に言えば、ある状態にとって意識的であることとは、ある状態にとってふさわしい高階の思考が、つまり、その状態についての高階の思考が随伴していることである。だから、意識は、低次レヴェルの心的状態や過程についてのある種の高階の表象する働きである。高階思考は自動詞的意識を高階思考がそれについてのものである心的状態に付与する。事実、心的状態は、まさに他動詞的にそれについて意識している高階思考があるかぎりで、自動詞的に意識的である。しかしながら、このモデルは無限背進には至らない。なぜなら、高階思考はそれ自体意識的である必要はないからである。高階思考に三階思考が随伴する場合にだけ、こう言えることになる。そうして、こうした構築こそがローゼンタールに非内観的意識的思考と内観的意識的思考との間の区別をすることを許すのである。心的状態は、二階思考が随伴しているときに、非内観的に意識的である。内観は、二階思考に、二階思考を意識的にする三階思考が随伴するときに生じる[17]。明らかに、ローゼンタールは以下の問いに答えなければならない。すなわち、なぜ一階思考(B)は一階の心的状態(A)に向けられているのか。BにAを意識させるのは何か。ローゼンタールはこう書いている。「高階思考(B)が心的状態トークン(A)についての**意識**であるのは、単にAがBの志向的対象であるからにすぎない[18]」。しかしながら、同時に、ローゼンタールは心的状態と心的状態を意識する高階状態との間の関係は通常の志向的関係とは異なるということに十分気づいている。一方で、何らかのふさわしく媒介されていない仕方で、つまり、直接的かつ非推論的に心的状態について意識する場合にのみ、心的状態を意識的であるとみなすのである——さもなければ無意識的な心的過程でさえ、われわれがそれをもっていると推論できるならば、意識的として資格を認められるだろう。他方で、ローゼンタールはこう論じる。心的状態にとって意識的であることとは、単純にわれわれにとってそれについて直接的に意識しているということではない。つまり、われわれはその状態そのものにおいてわれわれ自身であるということを直接的に意識しなければならない。さもなければ、それはどんな特有の場合でも、状態はむしろ誰かほかの人の状態であるということになるかもしれない」[19]。それによってローゼンタールが、先に論述された批判に対して自己自身を脆弱にすることはまったくもって明らかなはずである。

主観性と指標性

これまでのところわれわれの考察の成果は何なのか。反省理論が一連の困難に直面していることを見てきた。自己意識を説明しようとする反省理論の試みはアポリア的であり、悪しき無限背進に至るか、循環に至るかであるので、以下の選択に直面させられる。自己意識の現実存在を否定するか、反省理論を拒絶するかである。現象ではなく理論こそが首尾一貫していないので、第二の選択肢は拒絶しなければならず、したがって、無媒介的で、暗黙裡かつ非主題的な種類の自己意識の現実存在を受け入れなければならない。このかなり間接的な論証――反省的自己意識はいっそう基本的種類の自己意識を前提しており、われわれの体験は反省的に接近《アクセス》可能であるので、すでに自己意識的であったのでなければならない――が、ヘンリッヒの理論とフランクの理論の核心にある。しかし、フランクが心の分析哲学についての彼の最近の議論のなかでも用いた、非主題的自己意識の現実存在のための二つの補完的な論証もまた、手短に概観しよう[20]。

暗黙裡の、あるいは、非主題的自己意識の現実存在を論じる最も直接的で、おそらく最も自然なやり方は、以下のやり方である。私の知覚的体験の対象が、原理的に、私に与えられるのと同じ仕方で他者にも与えられることができるという意味で相互主観的に接近《アクセス》可能であるのに対して、私の知覚的体験自体は私にだけ直接的に与えられる。体験のもつこの一人称的所与こそが体験を主観的にしているのである。主観に対して事実現出するかどうかにかかわらず現実存在することができる物理的対象とは対照的に、体験は、体験に対して主観的な「感じ」、すなわち、体験をもつ「ようなこと」あるいは、体験をもつように「感じる」ことのもつある一定の（現象的）性質によって本質的に性格づけられている[21]。ひとかけの石鹸やラジエーターであるとはどのような感じであるのかを問い尋ねることができないのに対して、鶏、鰐、人間であるとはどのようなことかを問い尋ねることはできる。なぜなら、それらは意識的である、すなわち、体験をもつと捉えられているからである。体験をするということは、主観にとってその体験をもつような何かが存在するということを必然的に意味する[22]。これは、痛みや吐き気のような身体的感情や鬱や幸せのような広がりのある気分にも明らかに妥当する。しかし、それはまた、例えば、オムレツを味わう、角氷を感じる、マルハナバチを見るのような知覚的体験や、チョコレートに対して欲望をもつような志向的感情にも当てはまると捉えられてもきた。究極的には、体験のもつ現象的次元を感覚的クオリアに限定するのは深刻な間違いであると論じられている[23]。主観にとって抽象的な信念を享受することのような何かもまた存在する。然り、自己**意識**の問題を沈思することのような何かでさえ存在する。しかし、主観にとって体験をもつことのような何かが存在するかぎりで、こうした体験そのものについての何らかの**意識**が存在しなければならない。つまり、手短に言えば、自己**意識**が存在しなければならないのである。そして、明らかにこの自己**意識**は反省的な種類のものではない。反省に先立ってさえ、はちみつの匂いを嗅ぐことや満月を見ることのような何かが存在する。（たぶん）反省できない牛や鶏のような生物にとってさえ、水を味わうことやおびえていることのような何かが存在する[24]。

さて、さまざまな類型の感情や身体的感情だけではなく、すべての体験には「それのようである」という性質が存在すると主張するとすぐに、こうした性質を例示しなければならない。その議論のなかには、コーヒーの香り、赤い絹の色、レモンの味のような大事に感覚性質と伝統的に呼ばれてきたものへの言及がしばしば見いだされる。しかし、これは誤導的である。もしわれわれの体験が本有的性質をもつべきならば、志向的対象がもつどんな性質であれその上にある性質でなければならないだろう。しかし、まさしくその絹こそが赤いのであり、それについての私の知覚が赤いのではない。同じように、レモンこそが苦いのであり、それについての私の体験が苦いのではない。レモンの味は、レモンのもつ性質的特徴であるが、レモンを私が味わうことがもつどんな性質からも区別されねばならない。たとえそれを味わうことによる以外にはレモンのもつ味覚的性質に接近《アクセス》する仕方がなくとも、これは対象のもつ性質を体験の性質に変えることにはならないのである[25]。しかし、この場合には、ある一定の問題が生じる。ワインを味わうことと水を味わうことの間で体験される差異があるのと同じように、コーヒーを味わうことのような何かは確かに存在する。しかし、こうした性質やこうした性質的差異を求めるとき、コーヒーの味、ワインの味、水の味の他にいかなるものも指し示すことは難しいように思える。もっとも、これはわれわれが求めていることではないのだが。したがって、事実レモン自体のもつ味を離れてレモンを味わうことには何もないと、そして、われわれがレモンを体験するときに現出する唯一の事象はレモン自体であり、レモンについてのわれわれの体験ではないと結論すべきなのだろうか。

しかしながら、こうした論法はある一定の混乱に基づいている。レモンのもつ味や色はレモンのもつ客観的特性であるのに対して、レモンのもつ味や色の顕現や現出はそうではない。事実、レモンを味わうあるいは見る「ようなこと」は、どのようにレモンが私に思えるあるいは見えるかという問いであり、すなわち、どのようにそれが私に与えられる、あるいは、私によって体験されるのかという問いである。もし体験についての**意識**が存在しなかったならば、対象を知覚する「ようなこと」もなかっただろう。だから「それであるようなこと」性質を欠くだろう「体験」の唯一の類型は、「無意識的体験」だろう。主観にとってそうした体験をもつようなことは存在しない。なぜなら、それはまさしく無意識的である、すなわち、自己**意識**なしであるからである[26]。そして、逆もまた真であり、自己**意識**的であることは何らかの仕方で自己閉鎖的内面性に引きこもることではなく、対象を知覚する「ようなこと」について単純に**意識**していることであり、どのような対象であれ与えられていることを単純に意識していることである。このことが示唆しているのは、志向性と現象性の間に密接な相互連関が存在するということである。マッギンを引用しておこう。「だから、知覚的体験は二つの顔をもっている。すなわち、知覚的体験は外的世界を外向きに指し示すが、また体験の主観に主観的顔を現前呈示もする。すなわち、知覚的体験は主観以外の他の何かについてのものであり、かつ、主観に対する何かのようなものである。しかし、こうした二つの顔は、異なる表現をまとってはいない。すなわち、体験がどのようなものであるかは体験が何についてのものであるかの関数であり、体験が何についてのものであるかは体験がどのようなものであるかの関数なのである。……いわば、二つの顔は互いに絡み合わされている。主観的なものと意味論的なものが互いに鎖でつながれているのである[27]」。この相互連関は、志向的意識の純粋に関数的な分析の十全性を問題にしている。もし一角獣を想像する、アイスクリームを欲する、休日を楽しみにする、経済危機について反省するような志向的作用がどのようなものであるかを理解しようとするならば、一人称パースペクティヴをとらねばならないし、現象的意識の問題を真剣に捉えねばならない。結局、こうした志向的「関係」のすべては、特定の志向的対象の現前へとわれわれをもたらし、この現前、この現前様態、対象が私にとって現にあるという事実は、単に関数的関係によって説明可能であるようには思えない。

いっそう現象学的な術語でその考えを言い換えてみれば、われわれはけっして対象を端的に意識するのではなく、つねに（判断され、見られ、恐れられ、想起され、嗅がれ、予料され、味わわれる等々の）ある一定の仕方で現出するものとしての対象を意識する。しかしながら、もしこの対象がそれを通して現出する体験（味わう、嗅ぐ、見る、触れる）を**意識**していないならば、私は、志向的対象（味わわれたレモン、嗅がれたバラ、見られたテーブル、触れられた絹）を意識することはできない。しかし、これは、言ってみれば、レモンへのわれわれの接近《アクセス》が間接的、すなわち、体験についてのわれわれの**意識**によって媒介され、汚染され、遮られているということではない。なぜなら、与えられる体験は、それ自体レモンと同等の対象ではなく、その代わりにレモンへの接近《アクセス》そのものを構成しているからである。対象は作用を通して与えられ、もし作用についての**意識**がないならば、対象はまったく現出しない。もし私が意識を失えば、私（あるいはいっそう正確には一つの物体）は、数多くのさまざまな対象に結びついているが、それらの対象のどれも現出することはないだろう。目覚めた心と遭遇することなしにはなにも顕現することはない。ヘンリッヒはこう書いている。「意識のなかには、意識自体が現出することなしに現出することはない(28)」。いっそう比喩的な仕方で論点を述べれば、志向的対象は現象的光に照らされて与えられる。この光は対象の所与の可能性の形式的条件としてのみ存在するのではない。それが自己照明的であるからこそ、対象を私にとって照明することができる。こうした考え方は単に予料的なものにすぎないということを付け加えておくことにしよう。それは数多くの興味をそそる現象学的問い、とりわけ、第二部でいっそう体系的に追及されることになる自己顕現と異他顕現の間の差異と相互依存にかかわる問いを生じさせる。

「それはどのようであるか」がなんらかの一過性のクオリアを把握することによりもわれわれの志向的対象の局面的所与そのものにかかわることが認識されるとすぐに、先反省的自己意識の現実存在のための、異なりはするが、関係のある論証が見えてくるようになる。例えば、フィヒテに見出される一つの古典的な超越論哲学的論証は以下のとおりである。「君が何らかの対象を――向かいにある壁であれ――意識していることによって、君がまさに認めるように、君は本来的にこの壁についての君の思考を意識しているのであり、そのかぎりでのみ、君は壁の意識が可能であることを意識しているのである」[29]。もし対象意識がその可能性の条件としての自己意識をその可能性の条件として前提することを示すことができたならば、そして、もし反省することなしでさえ諸々の対象を志向することができるならば、別の、いっそう基本的類型の自己意識が働いているにちがいない。こうした論証のさまざまな指標的変奏が最近提案されてきた。示唆されてきたのは、「私」の主観用法は「私」の対象用法の可能性の条件であるだけではなく、ある重要な意味において、人格の全指示体系の係留点であるということである。なぜなら、私自身に対する位置を知っているときにだけ、したがって、自己自身についての隠在的意識を所有しているときにだけ、世界のなかの何かを直示的に（そして知覚的に）指示することができるからである。いっそう詳細にこの論証を詳述してみることにしよう[30]。

指標的指示は現前呈示のパースペクティヴ的様態であるとしばしば捉えられる。それは世界への主観的観点を身体化している。対象は本有的に重く、溶けやすく、あるいは、緑かもしれないのに対して、対象は本有的に「これ」「私の」「ここ」ではありえない。つまり、対象は直面している主観にそのように相対的になるにすぎない。何かを指標的に考えることは、それを自分自身との関係において考えることである。われわれの指標的指示は指示する主観に対する対象の関係を露わにし、したがって、ある種の自己言及を含意する。[31] これが、指標性が自我中心的であると主張されてきた理由であり、ある種の自己現前化に係留していると言われてきた理由である。[32]

指標的指示はめったに起こらない類型の指示ではけっしてない。反対に、指標的指示は、志向性のもつ最も共通の形式、すなわち、知覚における本質的要素である。対象を知覚することは、単にある一定の類型の対象を、すなわち、いくつかの特定の特性を具えた対象を知覚することではない。むしろこの特定の対象を知覚することである。だから、知覚はそれ自体指標的形式の体験なのである。知覚は私に、スミスの言い回しを用いれば「私の前に現実に、今、ここに、感覚的に[33]」ある対象を現前呈示するのである。しかし、この現前呈示の様態にある対象を直知することは、最小限の形式の自己意識を含む。まさにわれわれ自身の主観的パースペクティヴを暗黙裡に意識していることによってのみ、われわれは対象を指標的に指示することができるのであり、したがって対象を知覚することができるのである。それ自体でこれは、先反省的自己意識の現実存在に賛成の論を唱えるために十分である。私は明らかにこの椅子をその体験について反省することなしに知覚することができ、私の知覚はある種の自己意識を含んでいるので、それは先反省的種類のものに違いない。

指標的指示が暗黙裡の、非主題的自己意識を前提するのを示すことは、後者の現実存在を支持する論証としては十分である。しかし、まったく明らかなのは、あらゆる単一の指示がある類型の自己現前呈示を何であれ含意していると主張することができたかぎりで、こうした考え方はそれ自体徹底化のために役立つ。私はこのいっそう野心的なテーゼに詳細に賛成の論を唱えようとはしないが、論証の可能的な方略の概略だけ述べることにしよう。成功する明確な指示の必要条件は、それが一つの、それもたった一つの対象を指示しているということである。この条件が、指標的指示にかかわるとき、どのように満たされるかを理解するのは難しくないが、感覚的に現前していない個物への指示についてはどうだろうか。この事例では、固有名や確定記述による指示によらねばならない。名前や確定記述による指示の場合にはいつでも、同定する指示をすることに成功していることを確認することができないと論じられることがある。なぜなら、対象が存在しないか、その名前を担い、その記述に適合する対象が一つ以上存在するかもしれないからである。しかしながら、こうした懐疑論は、一つの個物を同定するわれわれの指示が他の個物の同定を通して媒介されているかもしれない、すなわち、感覚的に現前していない個物は「それ自体直示的に同定することはできない」けれども、「個物を、直示的に同定することができる別の個物と独自に関係づける記述によって同定されるかもしれない」[34]ということが認識されるとすぐに克服することができる。この意味で、個物へのすべての同定する指示は、究極的には、直示的要素を含んでいるだろう。しかし、もし直示的指示が自己意識を含意するならば、直示的指示に依存しているすべての他の類型の指示は、同様に自己意識を含意しなければならない。さて「最も背の高い大統領」等々のような、純粋に個別化する記述によって、非直示的かつ曖昧にではなく指示することが可能であるということが示唆されたかもしれない。しかし、そうした記述は、事実その記述に同じくうまく適合する二つあるいはそれ以上の候補があるがゆえに指示しそこなうのではないかもしれず、そうした記述が事実完全に指標的構成要素から自由であるかどうかもまた疑わしい。たぶん「最も背の高い大統領」という記述は「現在現実存在している最も背の高い大統領」あるいは「われわれの（現実の）世界における最も背の高い大統領」等々を指示しようとしている。そして、こうした特定は、指標的構成要素を伴う(35)。だから、現実世界における個物へのありとあらゆる指示は究極的には直接的にか間接的にか非主題的**自己意識**に係留している。

しかし、おそらくある一定の注意が適切である。チザムを批判する際に、カスタネダはこう論じる。世界のなかのすべての単称の指示はある種の自己言及を含んでいる――結局、現実の世界のなかの、すなわち、ある人自身の世界のなかの対象への指示である――けれども、けっして顕在的な自己言及を前提してはいない。私の観点こそが私の指標的指示を係留しているのであり、そのかぎりで、指示のなかに隠在的に含まれているが、これはそれがそれ自体で単離されたり、指示されるということを含意していない。私のパースペクティヴはそれ自体として統握される必要はないし、私特有のパースペクティヴとして把握される必要もない。われわれは、単に非反省的意識の隠在的自己言及を扱っているにすぎない。この隠在的指示は、対象同定が生じるたびに見つけ出されはせず、体験の内容そのものへと全体論的に組み込まれている(36)。明らかに、中心的な問いは、「非反省的意識の隠在的自己言及」という表現によって何が意味されているのかを理解することである。そして、ハートが以下のように論じている。カスタネダは、おそらく非主題的体験的次元について語っているのではなく、単に論理的含意について語っているにすぎない(37)。これが、カスタネダがあらゆる指標的指示がわれわれにある類型の**自己意識**を現前呈示するということを究極的には否定する理由である。彼の見解では、**自己意識**は本質的に自我論的である。だから、カスタネダは**自己意識**を自己自身を自己自身として考えるという出来事において遂行されていると捉えている。顕在的かつ還元不可能な一人称の仕方で自己自身を指示している場合に、自己**意識**は、自己自身に直面しているのである。体験にとって自己**意識**的であることは、体験にとって

「自我」によって所有されている、あるいは、「自我」に属しているものとして体験されることである。(38)だから、自己意識的であるという体験は言うまでもなく、われわれのすべての体験がそうした本性をもつのではないし、したがって、カスタネダは、自己意識は没自己意識という層の上に組み上げられているると主張している。(39)「自己意識、自我構造、生理機能」という論文のなかで、この論点は以下の物語によって例証されている。

公園で、フリートリッヒは、いつものことを行っている鳥と蜂を見ることに完全に夢中になっている。その時、彼は自我のない（*I*-less）体験、サルトルが非反射的意識として騒ぎたてた種類の事象のようなものをもっている。彼は曲げている膝に何らかの圧力を感じてさえいるが、自我所有の体験を急に始めることなしに、単に立ち上がって、それから芝生の上に座る。それから彼は自分自身を意識することになる。その体験が心地よいものだったという考えが彼にこう考えさせる。彼は彼自身（himSELF）それを楽しんでいた、と。(40)

そうして、こうした考え方は、さらに以下の階層的に構造化された形式の意識の間をカスタネダが差異化する際にさらに展開される。

1. 感覚的内容、概念的に分節化されていない
 a. 身体的
 b. 世界内的

2. 〔以下〕に関連する、自我なしの分節化された内容

 a. 外的対象

 b. 身体的内容

 c. 生起する心的作用

3. 自我なしの焦点にある意識、その核は知覚的判断の複合態

4. 自己と対象の間の対照を分節化する自我の所有する内容

5. 志向的行為者性を分節化する自我の所有する内容

6. 自己と諸々の他のものの間の対照を分節化する自我の所有する内容

7. 自己と不在の人格と同様にあなたの間の相互作用を分節化する自我の所有する内容(41)

カスタネダの論法の錯誤は明らかであると私は考える。カスタネダは自己意識を自我意識と同定し、自我意識を「自我」によって所有されていることあるいは「自我」に属していることとしての体験についての顕在的意識と混同している。しかし、これは自己意識の非常に狭い定義であるだけではなく、受け入れがたい定義でもある。なぜなら、体験のいっそう基本的かつ暗黙裡の自己所与を見逃しているからである。だから、サルトルが、意識の自我論的構想に対する批判ということになれば、カスタネダに完全に同意するのに対して、すぐに見ることになるように、彼はこう断言するだろう。非自我論的あるいは没自我的体験でさえ先反省的に自己意識的である――たとえ、反省する時間がなく、分離した自我の余地などなくとも、路面電車を追いかけることのような何かが存在する、と。

ブレンターノ——内的意識について

無媒介的で、暗黙裡の、非主題的形式の自己意識の現実存在のための二つのさらなる論証とぶつかってきたけれども、どちらもこの種の自己意識のもついっそう正確な本性や構造についてはわれわれに多くを語ってはくれない。しかしながら、まさしくそれをしようとする影響の大きい試みをブレンターノが『経験的立場からの心理学』で提供した自己意識についての説明に見出すことが可能である。

第二巻、第一章での有名な志向性の分析の後で、ブレンターノは内的意識の問題に向かう[42]。意識を心理的現象や作用と同等視することで、ブレンターノは意識を対象へ、つまり、意識がまさに意識している対象への関係によって性格づけられると捉える。しかしながら、「意識的」という述語は、二重の意味で用いることができる。一方で、作用については、対象を意識しているかぎりで、意識的であると言う。他方で、対象については、あるひとが対象を意識していているかぎりで意識的であると言う。すべての心的作用は、作用が何かについての意識であることによって性格づけられる。問題は、心理的作用もまた第二の意味で意識的であるかどうか、すなわち、心理的作用もまた意識されているかどうか、あるいは、このことを否定しなければならず、したがって、無意識的心理的作用の現実存在を認めなければならないのかどうかなのである[43]。

ブレンターノは無意識的意識（すなわち、志向的に対象に向かっているが、自己意識を欠いている）の現実存在を容認するための四つの異なる理由を吟味しているが、この脈絡で重要であるのは、最後の理由だけである。こう主張されてきた。もしすべての心理的作用が意識的であったならば、すなわち、それ自体意識されている何かであったならば、悪しき無限背進に直面することになるだろう、と。このことを回避するためには、その前提を否定し、したがって無意識的心理的作用を容認しなければならない。その論証はどのようなものなのか。例として、単純な、音を知覚する作用（表象するはたらき*Vorstellen*）を取り上げることにしよう。もし心理的現象がそれ自体意識的であることなしに可能であったならば、すなわち、高階意識の対象であったならば、音を知覚するときに二つの異なる知覚があることになるだろう。すなわち、（一）音の知覚、そして（二）音の知覚の知覚である。しかしながら、増殖はここでは止まらないだろう。なぜなら、音の知覚の知覚はなお意識されねばならないだろうからである。だから、また（三）音の知覚の知覚の知覚等が無限に続くことになるだろう。さらには、ブレンターノが指摘するように、これが唯一の問題であるわけではない。もし音の知覚が本当に高階知覚の対象であったならば、音が二度知覚されるだろうということが含意されているだろう。そして、音の知覚の知覚の知覚において、音を三度対象としてもたねばならないだろうが、それに対して原本的知覚は二度知覚される等々となるだろう。だから、その背進は、単純な無限反復に加えてその単一の成員の同時的複合化を含意することのほか悪しき種類のものだろう[44]。この帰結はばかげたものであるから、すなわち、音の知覚のような単純な作用でさえ無限に複合的な一連の心理的作用を伴うというのはばかげているから、無意識的心理的作用の現実存在を容認することによって背進を閉じねばならない、すなわち、自己**意識**を欠く志向的作用の現実存在を容認しなければならない[45]。

しかしながら、結局はもつことになる自己**意識**が無意識的なものに由来するということを含意するだろうから、ブレンターノはこうした結論を容認しようとはしないし、したがって、背進を回避し、そしてさらに基本的事実と両立不可能であることを回避する代わりの自己**意識**モデルを提案しなければならない。ブレンターノが指摘するように、その確実性と無媒介的明証を不可能にすることのない自己**意識**

理論が必要であり、これがまさしく、自己意識が二つの異なる志向的作用の間の志向的関係であると捉えられるときに生じていることである。すなわち、こうした取り組みは自己意識の不可謬性の説明を不可能にするのである。(46)

もし現象を今一度吟味するならば、心理的作用が生じている間、時々心理的作用を意識していることを誰も否定しようとはしないだろう。音を聞いている間、われわれは音を聞いていることを意識することができる。われわれの意識の構造はこの場合どのようなものなのだろうか。われわれは音の知覚をもち、音についての意識をもち、したがって二つの対象を、すなわち、音と音の知覚とをもつ。しかしながら、最初に提案された説明とは反対に、われわれは二つの心理的作用などもたない。ブレンターノが指摘するように、音の知覚は、音の知覚についての意識と本有的かつ緊密に統合されているので、ただ一つの単一の作用を構成しており、ただ一つの単一の心理的現象を構成している。これらの明白な分離は単に概念的差異化のせいにすぎない。

> その音が表象される同じ心理的現象において、われわれは同時に心理的現象自体を把握し、しかも、それ〔心理的現象〕が内容としての音をおのれのうちにもつかぎりで、そして、同時に内容としての自己自身が現在的であるかぎりで、その〔心的現象の〕二重の独特さに従って、把握する。音を聞くはたらきの第一次客観と呼ぶことができ、聞くはたらき自体を聞くはたらきの第二次客観と呼ぶことができる。というのは、時間的に、それらはなるほど両方同時に立ち現れるが、事象の本性に従って、音がより以前のものであるからである。聞くはたらきの表象なしの音の表象は、初めは少なくとも、思考不可能ではなかっただろう。それに対して、音の表象なしの聞くはたらきの表象は明らかな矛盾である。聞くはたらきは、最も本来的

な意味において音に対向して現出し、こうであることによって、それ〔聞くはたらき〕は自己自身を付随的に、付加物として共に把握するように思える。(47)

したがって、ブレンターノは、あらゆる心理的作用がそれ自身を客観としてもつかぎりで意識的であると主張することによって背進を回避する。だから、音を聞くことのような単純な作用でさえ、二重の客観、一つは第一次客観、もう一つは第二次客観をもつのである。第一次かつ主題的客観は音であり、第二次かつ非主題的客観は聞くことである。(48) しかしながら、作用という第二次客観は、意識的であるけれども、主題的には観察されていないことに注意しておくことは重要である。何かを主題的に観察することは、何かをある人の第一次客観として捉えることであり、このことをそれ自身によって行うことは作用にとって厳密には不可能である。われわれが聞いている音は観察されているが、それに対して音を聞くことは観察されていない。なぜなら、まさしく音を観察することによってのみ聞くことを意識している、すなわち、第一次客観を志向することによってのみ、第二次客観を意識しているからである。だから、ブレンターノは、志向性を自己意識にとっての前提条件として記述することによって、あべこべであるよりもむしろ、志向性に優位性を与えている。このことの成果は、ブレンターノが、代わりに(一) 自己反射的作用についての非主題的自己意識を扱い、過去の作用を観察することはできるしそれをわれわれの第一次客観として捉えることができるので(この場合、回顧という現在の作用はわれわれの第二次客観だろう)(二) 主題的、回顧的自己意識を扱うことによって、二つの同時に現実存在する作用の間の主題的、反省的関係の可能性(単なる優位ではなく)を現実に否定しているということである。(49)

答えられる必要がある唯一の残り続ける問題は、ブレンターノが彼自身立てた問題である。私が音を聞く場合に、私は私が聞いていることを意識しているが、私はまたこの特有の意識についても意識しているのか。ブレンターノは、彼の分析が音を聞くことについての意識がこの意識についての意識と合致していることをまさに示したと言うことによってその問いに答えている。だから、音を聞くことに随伴する意識は、結局音を聞くことだけについての意識ではなく、（それ自身を含んだ）心理的作用全体についての意識なのである。[50]

自己意識についてのこうした説明は容認可能だろうか。ブレンターノは、われわれの志向的作用が自己意識的になるために反省という第二次的作用を待つ必要はないと主張する点では確かに正しい。しかし、この自己意識をどのように説明することができるのかについての彼の説明は、反省を二つの異なる作用の間の関係であると捉える反省理論の変奏が直面する問題を回避しているけれども、彼自身の提案は、クラーマーとポタースト が示したように、同じく破滅的な問題に直面したのである。音をその第一次客観としてもつ作用は、それ自身を第二次客観としてもつことによって意識的であることができる。しかし、もし後者が本当に自己意識をもたらすならば、音を意識している作用の部分のみならず、作用全体を包含しなければならない。すなわち、知覚の第二次客観は、単に音の知覚であるだけではなく、音と自己自身とを意識している知覚であるべきである。私がつい先ほど引用したとおりである。「その音が表象される同じ心理的現象において、われわれは同時に心理的現象自体を把握し、しかも、それ〔心理的現象〕が内容としての音をおのれのうちにもつかぎりで、そして、同時に内容としての自己自身が現在的であるかぎりで、その〔心的現象の〕二重の独特さに従って、把握する」。しかし、この場合は、自己意識は第二次客観についての意識として解釈されており、すでに自己意識を所有しており、説明と

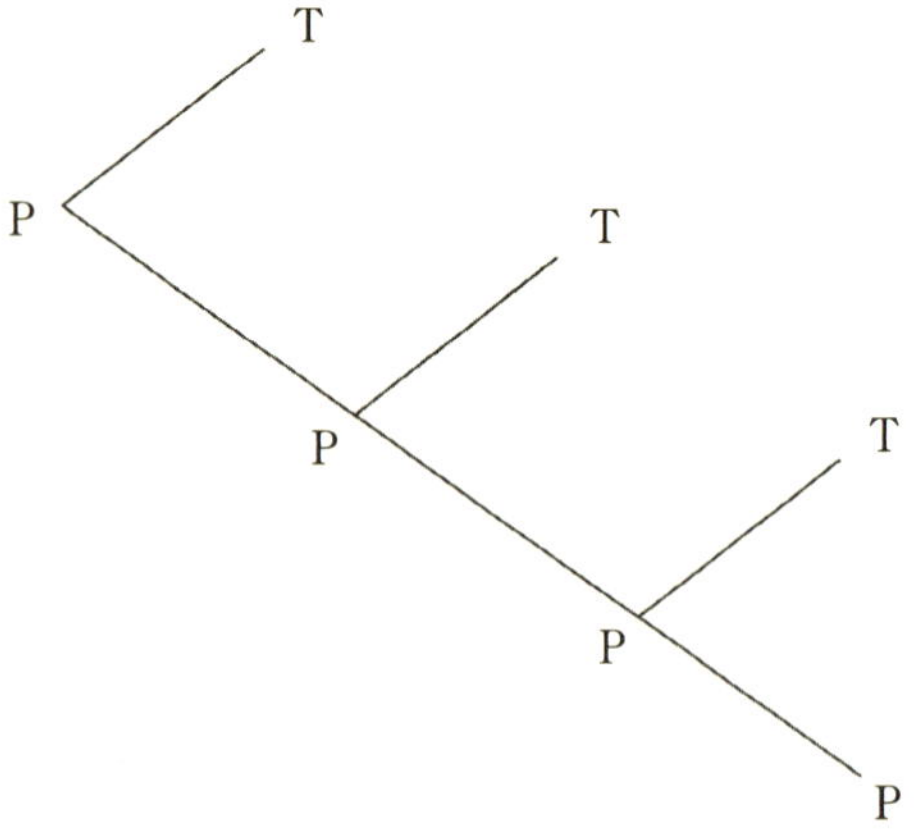

図２・１　これは，ブレンターノの説明の問題を例証するさらにもう一つのやり方である。

してはこの循環性は役に立たない（**図２・１**を見よ）[51]。

もし反省理論の失敗の理由の一部が自己意識を主観―客観モデルを通して理解し、説明しようとするその試みのせいであることが承認されるならば、ブレンターノの失敗が徹底性の欠如のせいであったのかどうかが合理的に問い尋ねられるかもしれない。反省理論に対する彼の批判にもかかわらず、彼は、自己自身を自己自身の対象ととらえる意識について語り続けており、したがって、自己意識を（第二次）客観意識として語り続けている[52]。しかしながら、ヘンリッヒが指摘するように、単純に意識がそれ自体反省的関係を具えていると語ることでは問題を解くことにはならない。別個の作用を持ち出す必要はない。というのは、そうした自己関係的認識という概念における循環性はそれに無媒介性という性質を帰属させることによっては取り除かれないからである[53]。だから、ブレンターノの理論は時として先反省的自己意識についての真正の理論として記述されてきたけれども、事実、単に反省理論の聞き慣れない変奏にすぎないということが認識されねばならないと私は考える。

ハイデルベルク学派の立場

ハイデルベルク学派に戻ることにしよう。これまで自己意識の性格づけへのハイデルベルク学派の寄与は、主に、反省理論へのその徹底的批判にあった。しかし、もしハイデルベルク学派が、こうした否定的考察しか提供することができていなかったならば、代替となる自己意識理論としての資格をほとんど与えられなかっただろう。ヘンリッヒはすすんでこう承認する。反省理論のアポリア的な含意の単なる開示を超え、いっそう実質的な説明を提供することが本質である、と。しかし、彼はこう続けている。直接的記述によって「意識」というよく知られた現象を解釈する際の困難は、極端であるので、克服することは実践的には不可能であるということを認識しなければならない、と。[54] ヘンリッヒが念頭に置いている困難は、単純であるが、深刻であり、自己意識的であることと自己意識を説明することの間の差異に触れている。生きられる意識の自己所与が無媒介性によって性格づけられるのに対して、確かにそれについてのわれわれの哲学的理解についてはこうは言えない。自己意識の構造を吟味する（反省する）ためには、それに対して直接的に注意を向けねばならず、そしてこれは、その対象化を不可避的に含意するから、原本的主観的次元は、われわれの理論的まなざしをつねに逃れ、直接的記述と探求にとって接近《アクセス》不可能であり続けることになる。[55] このことは、その現実存在は単に要請されるにすぎないということを含意しない。なぜなら、結局、われわれは意識的であるという原本的状態を直接的（かつ理論的）に直知する（例えば、われわれはみんな覚醒と睡眠の間の差異について知っている）だけではなく、反省を通して自己意識的であることを突き止め、分析する反省によって、その可能性の条件として原本的先反省的自己直知があると遡及的に推論する立場にもまたあるからである。にもかかわらず、こうした次元についての直接的吟味は不可能であるように思えるし、したがってヘンリッヒの自己意識理論の核を構成する以下の四つの特徴は、間接的に、否定カラ、反省理論に対する批判を通して、開示されたのである。(56)

1. 意識はそれ自身についての認識を含む次元である。というのは、それ自身を隠在的に直知しないものの意識は存在しないからである。「隠在的に」とはここでは単なる潜在的直知であるという意味で用いられているのではなく、反省や顕在的主題化に先立ってさえ現実存在するという意味で用いられている。
2. 原本的自己意識は遂行ではなく、非関係的出来事(*Ereignis*)である。すなわち、自己意識は非関係的であるだけではなく、自発的にもたらされるよりもむしろ与えられているものでもある。
3. 自己意識的意識は、その内部で志向的作用と心的状態とが生じる没自我的次元である。
4. 自己意識的意識はそれぞれの意識がそれ自身への特別な接近《アクセス》をもつという意味で、私秘的かつ排他的次元である。

いくつかの明確化するための註釈を加えておくことにしよう。原本的自己意識は、二つの作用の間の関係としても、作用とそれ自身との間の関係としても理解することはできないということを見てきた。その教訓は、自己意識をある種の関係として記述する理論を回避する必要があるということである。なぜなら、あらゆる関係——特に主観 - 客観関係——は、二つの(あるいはより以上の)関係項の間の区別を前提しているからであり、そして、このことがまさしくすべての諸々の問題を生み出しているものだからである。だから、もし原本的自己意識の特有の無媒介性、統一、不可謬性が保存されるべきならば、自己意識は基準となる自己同定の結果として生じることはありえないし、ある種の反省、内観、対象志向性、概念的に媒介された命題的態度でもありえない。それらすべては、二つあるいはより以上の関係項を伴う。体験の基本的自己意識は、概念や分類的基準のような異他的要素によっても、どんな内的差異や区別によっても媒介されない。それは、無媒介的かつ直接的自己直知であり、完全かつ絶対的に非関係的であることによって性格づけられる（したがって、純粋に内在的な自己現前として最もよく記述される）[57]。

反省理論に向けられる批判は、一般に、反省的自己意識は不可能であるということを含意することを意図してはいなかったが、単にその可能性の条件として先行的非主題的かつ先反省的自己意識をつねに前提するということを含意することを意図してきたのである。われわれは、意識的生に注意を顕在的に向けるときにだけ自己自身を意識しているのではない。だから、無媒介的、隠在的、非関係的、非対象化的、非概念的、非命題的自己直知である先反省的自己意識を、意識の、顕在的、関係的、媒介的、概念的、対象化的主題化である反省的自己意識から差異化することが必要である。すなわち「諸々の反省は、媒介的に無媒介的意識につなげることができ、それ〔無媒介的意識〕を知の位置へと高めることができる。しかし、根源的所与性は、明らかに一価的に立ち現れ、それへと向けられる意識主観の客観極として立ち現れるのではない意識自体である」[58]。

もし反省が先反省的自己意識をつねに前提するならば、そしてもしわれわれのすべての志向的作用と心的状態とを反省することができるならば、結論は明らかであるように思える。すなわち、意識そのものは、反省を通してであれ、外的類型の自己言及の研究を通してであれ、後から直知することは不可能であるので、原本的に自己意識を含意しているのでなければならない。すなわち、もし私が何かを見、想起し、知り、考え、望み、感じ、意志するならば、私はそれ自体そのことを意識している。だから、意識と自己意識の間の関係についての以下の二つの説明の第二のものが十全的なものである。

1. 意識は志向的対象を厳格かつ排他的に意識する。同時的自己意識は存在しない。だから、作用自体は無意識的であるが、最初の作用をその対象として捉える後続の、高階の志向的作用を通して意識的にすることができる。こうした仕方で意識は、他のものを切ることができるがそれ自体を切ることができないナイフと比較することができる。

2. 意識は自己照明的である。意識は、志向性によって性格づけられるが、対象を志向的に意識していることによって性格づけられず、それ自身を貫いて、そして、それ自身において同時的に自己意識的である。その自己意識は第二の作用や反射に負うのではなく、体験そのものの構成的契機であり、したがって、意識は、他のものを照らし、それ自身を同様に照らす炎と比較することができる。(59)

しかしながら、2を容認することによって、反省理論の錯誤を犯さないようにしなければならない。

もし

（1）私はpを知っている

あるいは、（1a）青についての私の意識

が含意するのは

（2）私は（私がpを知っている）ことを知っている

あるいは、（2a）（青についての私の意識）についての私の意識

であるならば、そのとき

（2）私は（私がpを知っている）ことを知っている

あるいは、（2a）（青についての私の**意識**）についての私の**意識**

が含意していなければならないのは

（3）私は（私が［私がpを知っている］ことを知っている）ことを知っている

あるいは、（3a）（［青についての私の**意識**］についての私の**意識**）についての私の**意識**

等々である。

自己**意識**を高階の志向的作用や命題的態度と捉えるかぎりで、すなわち、自己**意識**を高階の「についての**意識**」あるいは「ことを知ること」とみなすかぎりで、こうした背進を回避することは不可能である。体験、例えば、燃えている茂みの知覚をもつことは、それを**意識**していることである。しかし、この自己**意識**は、まだ別の**意識**を必要とする別個の体験ではない。体験の自己**意識**は、体験自体のもつ内的、非反省的、非関係的特徴であり、したがって、背進は停止される。

ヘンリッヒの第三の特徴もまた明確化を要する。没主観的あるいは没自我的自己**意識**、すなわち、誰であれ自己**意識**することなしの自己**意識**について語ることに意味があるのかどうかという問いは、自我論的意識理論と非自我論的意識理論とのどちらを選好するのかに究極的には依存する。自我論的理論は、私がカルヴァドスを味わうときにはいつでも、カルヴァドスに志向的に方向づけられているだけではなく、カルヴァドスが味わわれているということを単に**意識**しているのでもなく、私によって味わわれているということ、すなわち、私がカルヴァドスを味わっているということを**意識**していると主張するだろう。それは、体験することのもつどんな出来事も体験の主観を必然的に含むということは概念的かつ体験的真理であると主張するだろう[60]。だから、意識的であること（少なくとも本格的な志向的作用を扱う場合）は、エゴ－コギト－コギタートゥムという構造全体についての意識を含んでいる。しかしながら、この説明は、自己意識を自我意識と同定し、ハイデルベルク学派によって――「私」の用法がまさに自己反省を分節化しているように思える――反省の言語の餌食になったとみなされ、以下の理由のために拒否される。すなわち、反省が能動的原理の能作として、主観によって始められる作用として記述されるのに対して、先反省的自己意識はすべての遂行に先行し、したがって、自我に帰属させることはできず、没主観的あるいは没自我的意識として性格づけられねばならない[61]。さらに言えば、自己意識は、適格に語れば、自己、主観、自我としての、私自身についての原本的意識であると主張する自我論的理論は、優れた仕方で自己意識をある種の対象意識と捉えているように思えるし、したがって、この取り組みが直面するすべての問題にありがちであるように思える[62]。最終的に、もし体験の主観としての自我を、体験を所有するものとみなすならば、明らかに自我と体験との間を区別している。それらは同一ではない。しかしながら、この場合には、なぜ体験についての自我の意識が自己意識の事例として分類されるべきなのかを理解することは困難である。だから「知っているすべてのものは自身もまた意識しなければならないという要求は、意識においてなお知の遂行の際に特別な知るものが立ち現われねばならないというように理解することはできず、体験の与件は、知が形成することができるすべてであるというように理解することができ、それ自身体験でなく、体験を所有するだけのものがなおさらに存在することを許さない[63]」。こうしたことを背景にして、ポタースト〔ポタースト〕は幾分逆説的にこう結論づける。意識は、没主観的であるかぎりで、徹底的に客観的過程とみなされねばならない、と[64]。

しかしながら、この批判は、自我が完全に余分かつ可欠的概念であるということを含意しない。ヘンリッヒが指摘するように、課題に集中すること、決断をすること、問題を解くこと、出来事を期待すること、反省を始めることのような現象を、意識領野のなかの組織化の能動的原理の現実存在を想定することなしに、すなわち、自我や自己の現実存在を容認することなしに、理解することは不可能である。しかし、この自我論的構造は意識の根本的特徴ではない。むしろそれは単にその組織化の様態にすぎない。原本的には、意識は没自我的かつ匿名的なのである。(65)

内的複合性

ハイデルベルク学派の立場は説得的だろうか。驚くべきことに、ヘンリッヒもフランクも、中心的かつ、一見すると、最も説得的かつ問題のない主張、つまり、原本的自己意識は厳密に非関係的であるということについて留保をのちに表明した。両者は、自己意識という現象が複数の仕方で顕現する内的構造的複合性をもっているということをはっきりと承認する。

意識のもつ匿名的次元が先反省的自己直知によって性格づけられるということをたったいま見てきた。しかしながら、こうした二つの契機だけが契機なのではない。反省、集中、概念的思考を説明するために必要とされる（自我論的）自発性という要素もまた存在する。この自我論的要素は第二次的であるかもしれないけれども、なお説明されねばならない。だから、われわれは、自己意識の統一を一緒に作り上げている三つの契機、すなわち、主観性のもつ匿名的次元、認識的自己直知、自我論的組織化に直面する。すべての特徴は構造的統一において共現実存在しなければならず、このことは、自己意識それ自

体が内的差異化を欠いているという主張と矛盾するように思える。(66)

自己**意識**の時間的構造に注意を払うとすぐに、類似した結論に達するに違いない。フランクが指摘するように、説得力のある自己**意識**理論を時間性の説明と結びつける必要がある。結局、私は私の現行の知覚だけを**意識**しているのではなく、私の過去の体験を私のものとして想起することができる。(67) こうした考察は、時間性の次元を無視するどんな自己**意識**理論も欠陥があるということを明確に示している。これは、自己**意識**理論が人格的同一性の理論（後者は通時的な人格の連続的現実存在の必要十分条件を分析している）へと必然的に展開しなければならないがゆえにではなく、孤立した体験のそれ自身についての先反省的直知しか説明することができず、そして、どのようにして私が時間的隔たりを超えた自己**意識**をもつことができるのか、どのようにして私が数的に異なる諸々の体験を架橋することができるのか、私の体験を私のものとして想起することができるのかを説明することができない自己**意識**理論は、理論とするに値しないがゆえなのである。(68) 究極的には、こう論じることさえできるだろう。意識は本有的に時間的であるので、瞬間的自己**意識**の明確化でさえそれを考慮に入れなければならないだろう、と。そして、この場合には、自己**意識**はある一定の内的分節化と差異化とを伴うだけではなく、それ自身の時間性についての**意識**もまた含むだろう。(69)

手短に言えば、あまりにも性急にあらゆる種類の内的差異化と構造とを先反省的自己**意識**に禁じてきたかのように思える。これは、反省理論と、自己**意識**をある種の関係として理解しようとする試みとに反して呈示された論証が突如その妥当性を失い、そうした批判に対して今一度脆弱にならないように最大限の注意をなお示さねばならないと言っているのではない。しかし、フランクが示唆するように、諸々の契機を概念的に差異化可能だが、機能的には分離不可能とみなすならば、先に概括した困難を逃れることは可能である。[70]「しかし、全現象が諸々の要素の抽象的反復から（いわば次第次第に）構築されたのではなく、「形態」のように即座に統合的現象として現前するということをただ確定するかぎりで、伝統からつねに新たに発見され、妥当させられる要素を自己意識のまったき構造へと再びもたらすことで十分かもしれない[71]」。だから、すべてのことが言われ、なされたときに、自己**意識**は還元不可能であるという意味で原初的であるが、単純でも構造化されていないわけでもない。われわれは、高次原理に包摂することも高次原理から演繹することもできない結合された要素からなる単一の現象を究極的には扱っている。フランクは、諸々の要素のそれぞれが還元不可能であるが、それにもかかわらず他の要素から分離しては現実存在することができないという意味において、同一性と差異の統一について語っている。[72]

しかしながら、この時点で、明確化と分析は終わりである。ヘンリッヒによれば、われわれは自己**意識**の構造についての十全な理解も、自己**意識**のさまざまな要素の間の結合についての十全な理解も所有していない。自己**意識**が複合的であることは突き止めることができたが、それをさらに分析することはできない。なぜ諸々の要素が分離不可能であるのか、いかにしてそれらがなんとかして自己**意識**の統一を構成しているのかは答えることができない問いである。「したがって、こうして二つのことを想定する必要がある。すなわち、自己意識はそれ自身複合的であるということと複合はわれわれによって解消することやその内的構成において理解することができないことである[73]」。だから、こう主張される。自己**意識**という単一の現象は制御も認識もできない何かによって条件づけられている、と。現象として、それは深遠な曖昧さによって性格づけられ、それゆえ自己**意識**は認識不可能な（理解できない *unverständlich*）ままである。[74]この結論は、自己**意識**を接近《アクセス》不可能で、理解しがたい根拠の内的統一と捉えるフィヒテの理論についてのヘンリッヒ自身の記述を思い出させるが、[75] ほとんど満足のいくものではない。フランクは、それは問題を解くよりもむしろ隠していることを認めているけれども——さまざまな契機が異なっているだけではなく、事実一つの現象の契機であるならば、それらの結合と相互作用を説明し明確化することは本質的である——いっそう満足のいく解決によって彼自身寄与することはできず、彼も同じく最後には、自己意識の諸々の要素が統一される仕方は曖昧なままであるということを認めなければならないのである。[76]

第三章　いくつかの本質的問い

第一章での私の論述は、どのようにして「私」が機能しなかったのかを概して学んだという考察で閉じられた。同じような仕方で、次のように結論づけることができる。ハイデルベルク学派の与えた説明は、**自己意識**の反省理論のもつアポリア的性格に焦点を当てるがゆえに、そして、どのようにして**自己意識**を思い抱かないのかについての体系的かつ有益な分析のゆえに、有意義かつ啓発的なのである。しかしながら、その洞察にもかかわらず、それは批判的導入になおとどまり続ける[1]。ヘンリッヒもフランクも、先反省的、非関係的**自己意識**はある一定の内的差異化と複合性によって性格づけられるということを承認するけれども、この複合的構造についてのいっそう詳細な分析を提供しはしない。すなわち、原本的先反省的**自己意識**の構造の積極的記述ということになれば、著しく沈黙し、今度はそれは分析不可能である、あるいは、その複合的構造の統一は認識不可能であると主張する。この成果が短所を表象していることは明白である。しかし、それは唯一のものではない。究極的には、ハイデルベルク学派の提供する否定的、形式主義的、過度に後退的な説明は、その説明が（例えば、反省理論のように）内的に不整合あるいはアポリア的であるという意味においてではなく、完全に無視するか、単に不十全的にしか分析しないかのどちらかである自己意識の問題の数多くの本質的局面が残り続けるという意味で、数多くの相互に関係づけられた欠陥に直面する。

序論で言及したように、この最初の部のねらいは、自己意識の問題に取り組もうとするいくつかの最近の試みを論述するだけではなく、自己意識についてのどんな哲学的探究も扱わねばならない数多くの喫緊の問題に注意を促すことでもある。ハイデルベルク学派は十分に考察することができなかったが、自己意識理論が説得的であることを証明するべきならば、吟味されねばならない八つの問題を特定することによって私の導入を閉じることにしよう。

一．以下の方法論的問題がはるかにはっきりと、いっそう詳細に考察されねばならない。すなわち、主観性が直接的理論的吟味にとって接近可能《アクセス》であるのか、あるいは、その吟味は対象化を、したがって改竄を必然的に含意するのか。換言すれば、主観性は現象学的に記述することができるのか、あるいは、否定カラのみ取り組むことができるのか。

二．明らかに、自己意識のもつ精確な本性と構造が吟味される必要もまたあるだろう。これは、いくつかの異なる形式の自己意識の間の区別や、その相互の関係と相互依存とについての分析も要するだけではなく、その内的差異化と複合性の明確化もまた要する。ハイデルベルク学派が後者をすることができなかったことはすでに見てきたし、そして、ハイデルベルク学派は、反省理論に対する説得的な批判を提供したのだけれども、事実、反省自体についてはほとんど何も言っていない。反省が還元不可能かつ明示的自己意識であり続けていることを忘れるべきではない。反省はどんな三人称指示によっても置き換えることはできない。カスタネダが指摘するように、「私は私が p ということをと知っていることを知っている」は、「A」がある人格のどんな名前や記述を表す場合でも「AはAがpということを知っていることを知っている」とはまったく異なる。[2] まさに同じ理由のために、反省と高階の対象化的志向的作用とを同定することには問題があるかもしれない。第二に、もし反省がある種の内的自己分割や自己分離を含むならば、どのようにして先反省的自己意識がそうした裂け目を生じさせるのかを理解することは最高度の重要性をもつ。すなわち、先反省的自己意識を、反省的自己意識を認識不可能にする仕方で考えることはうまくいかない。

三．先に指摘されたように、どんな説得的自己意識理論も単一の体験の先反省的自己意識を説明することができるべきであるだけでなく、どのようにして私が時間的距離を超えて自己意識をもつことができるのかを説明することができるべきである。すなわち、なぜ私が過去の体験を私のものとして想起することができるのかを説明できるべきである。（明らかに、この要求は、どんな非自我論的意識理論にとっても特に深刻な問題を構成している。もし孤立している作用の数的差異を架橋する諸々の形式の自己意識が存在するならば、こうした諸々の形式が説明されねばならないし、これは、もし作用超越的原理に訴えないならば、不可能であるように見える）。[3] だから、同時に、意識の時間性が、ハイデルベルク学派がしてきたよりもはるかにいっそう詳細に、説明されねばならない。それが、内的時間意識の構造を説明することが必要であることを証明するだけでなく時間的自己顕現の可能性を説明することが必要であることを証明することになる。究極的には、さまざまな形式の自己意識をさまざまな形式の時間性と相関させることが必要であることになる。

四．自己意識の自我論的性格と／あるいは非自我論的性格に関する問いもまた解明されねばならない。自己意識は自我中心的構造を必然的にもつのか、あるいは、自己意識はむしろ自己自身の意識の匿名的直知なのか。こうした問いに対する答えは、まさしく自我とは何かが確立された後でのみ与えることができるので、これもまたなされねばならないし、究極的には、それは、孤立している作用、意識流、自我の間の関係を規定し、自我のさまざまな概念とさまざまな自我論的レヴェルの間を差異化することが必要であることを証明することになる。しかしながら、ハイデルベルク学派の提供する自我の分析は、明らかに不十全である。彼らの自我論的意識理論の拒絶の妥当性は、彼らの自我の非常に狭い定義に結びつけられている。それは、能動性の原理[4]として理解されるか、意識がそれを「所持していること」に対するものと必然的にみなされるなにかとして理解されるかである。[5] しかし、私がすでに示唆したように、自我を考える諸々の別の仕方が存在するかもしれない（二八－九頁を見よ）。

五．「私」の主観用法がどんな物理的自己記述によっても置き換えることができないにもかかわらず、このことは、それが分節する自己意識が身体化されない主観の自己意識であるということを含意しない[6]。一人称パースペクティヴと三人称パースペクティヴの間の差異は、心と身体の間の伝統的差異とは合致しない。われわれのキネステーゼ的な体験するはたらきの分析が露わにするように、身体自体は一人称パースペクティヴで現出し、さまざまな類型の身体的自己現出は自己意識の一般的分析に統合されねばならない。身体についてのこうした探求は、どのようにして自己自身に対して世界内的対象として現出することができるのかをいつかは理解すべきであるならば、すなわち、捉え難い主観的次元、すなわち、心的対象でも、世界内的対象[7]でもない何かとしての自己自身についての意識と、世界のなかの相互主観的に接近可能《アクセス》な存在者としての自己自身についての意識との間の関係を理解すべきであるならば、不可欠である。別様に述べれば、先反省的自己意識を本質的に身体的自己意識であるとみなすか、あるいはむしろ後者をある形式の後続の自己対象化であるとみなすかどうかにかかわらず、どんな説得的な自己意識理論もそれ自体身体を無視することを許すことはできない。しかし、これこそがまさにハイデルベルク学派がしていることなのである。[8]

六．私は私自身の主観性を意識することができるだけではなく、他の主観を意識することもでき、そうして自己意識の分析は相互主観性の問題も扱わねばならない。そうしなければならないのはあらゆる類型の自己意識が相互主観的に媒介されているからでも、その分析が事実相互主観的に構成されている諸々の類型の自己意識を必然的に説明しなければならないからでもなく、自己意識理論が相互主観性を不可能にするような仕方で自己意識理論を考えることを回避しなければならないからである。すなわち、どのように私が異他的身体を事実、異他的な－身体化された主観性であるとそもそも認知することができるべきなのかを認識不可能にするような排他的術語によって主観性の顕現を考えることはうまくいかない。

七．自己意識を志向性から厳格に分離して考えることはうまくいかない。ヘンリッヒ自身が承認しているように、意識は、同時かつ等根源的に自己自身を意識しており、世界に関係づけられている。[9]しかし、明らかに、この結合は、踏査され、明確化されねばならない。自己顕現は、それ自体、志向性の一類型ではないかもしれないし、自己顕現にはつねに異他顕現が随伴し、異他顕現から分離不可能であること、それ自身で生じることはできないということが判明するはずであり、その厳格な自己充足と非関係性とを問う必要がある。

八．最後に、私は、自己意識理論は無意識的なものの問題についには直面しなければならないと考える。われわれの体験のすべては根本的自己顕現によって性格づけられるのか、「無意識的意識」という概念は術語上の矛盾であるのか、自己意識に関する強いテーゼを無意識的なものの認知と有和させることは可能なのか。

当然、こうした諸々の問いは、数多くのさまざまな仕方で、数多くの目的を念頭に置きつつ取り組むことができる。私が序論で述べたように、私の取り組みは現象学的だろうし、私は自己意識と他性と以下の問いを解明することとの間の関係を追求するのに特別関心がある。すなわち、どの程度、主観性の自己意識は、世界内的対象であれ、他の主観であれ、他者としての自己自身であれ、異他的なものに依存しているのか。私はこれを単に付加的な問題であるとは捉えておらず、むしろそれを通して他の問いが探求されるかもしれないし、他の問いに答えると期待されるかもしれない生産的な視角あるいはパースペクティヴであると捉えている。

私の批判を誤解しないことが重要である。明らかに、私は、自己意識理論が、説得的であるために、志向性、相互主観性、時間性などを同様に必然的に説明しなければならないとは主張していない。意識についてのまったき、包括的な理論はこうした争点のすべてに取り組まねばならないだろうけれども、自己意識の本性を含めて、一定の特定の論題に焦点を当て、その論題を分離することは確かに可能であるし、適法的である。私が打ち出そうと望む論点は、ハイデルベルク学派の提供する自己意識についての説明が、自己超越する時間的、志向的、反射的、身体的、相互主観的体験、他性の次元をすべて含む体験についての自己意識を説明するよりむしろ自己意識に抽象的に焦点を当てているがゆえに、問題があるということである。究極的に、ハイデルベルク学派の説明は、主観性の自己現前と自己超越の間の関係を解明することができない。メルロ－ポンティが定式化するように、「問題はつねに……いかにして私を規定し、すべての異他的現前を条件づける自己自身への現前（原現前）が同時に脱現前化（脱現在化）であり、私を私自身の外へと投げ出すのか……を知ることなのである」[10]。ハイデルベルク学派の提供する説明が不十分であるのは、どのようにしてある種の完全な非関係的自己現前によっては本質的には性格づけられない主観が内的時間的分節化を同時に所有することができるのか、つまり、どのようにして主観は、同時に自己自身と異なるものに志向的に向けられることができるのか、つまり、どのようにして主観は（完全に独自の自己現前を貫いているとおりに主観性を直知している）他の諸々の主観を認知することができるのか、つまり、どのようにして、主観は身体的外面性を所有することができるのか、つまり、最終的に、どのようにして主観は反省に見出される自己分割を生じさせることができるのかをけっして説明しないからである。基本的に、こうした問いは自己意識についての理解を決定的に拡張することになるだけではなく、なぜ主観性の自己顕現が純粋な、独立の、自己充足的自己現前として性格づけることができると主張することに問題があるのかを示すことにもなる。

しかし、ハイデルベルク学派の寄与は主に消極的であるけれども、決定的な重要性をもちつづけており、あらゆる一貫した自己意識理論に以下の要求をすることを可能にする。すなわち、どれほど自己意識の構造が差異化されて自己意識の構造が究極的に示されようとも、もし与えられた説明が自己意識の核に二元性を再導入するならば、あるいは、もし自己と他者の間の差異を保存することができないならば、それは失敗しているのである。

トゥーゲントハットの批判

第二部へとそのまま進む前に、一つの批判的留保に言及する必要がある。私が立てた諸々の問いは、すべて自己意識の本性と構造に光を投げかけようという試みの一部であり、したがって、事実、自己意

識のような何かが存在することと哲学的究明を要する厄介な構造があるということを当然のことと捉えている。しかしながら、主張されてきたのは、事実そのような現象、少なくともハイデルベルク学派の記述するような現象はまったく存在しないということであり、その構造を理解し開明しようという試みが直面する困難は、実際には、不適格な探求の結果であり、究極的には、平凡さの誤解釈に基づいているということである。

　私は、「私」の主観用法の吟味が数多くのデカルト的直観を確認したように思えると以前に言及したし、第一章と第二章で吟味された自己**意識**についての議論をデカルトの再興を代表象するものとして分類することは、ある一定程度可能である(11)。しかしながら、このことは批判者によってもまた指摘されてきたし(12)、トゥーゲントハットは、ハイデルベルク学派の省察が、先行する自己**意識**理論のアポリアを指摘した後で、究極的に、説明されるべき現象そのものを断念することを選ぶ代わりに、いっそうアポリア的でない解決と記述を彼ら自身与えることに失敗しているので、自己**意識**についての伝統的な議論の頂点かつ終点を表象しているとまで主張した。だから、トゥーゲントハットはこう主張する。特にヘンリッヒは伝統的自己**意識**概念を滑稽になるまで知らず知らずに至らせており、したがって、古典的伝統全体が非批判的に用いてきた意識概念の根本的修正を企てる必要がある、と。

　トゥーゲントハット自身の代替案は、いっそう一般的な言語哲学的反省に基づいている。トゥーゲントハットによれば、対象を認識することや意識することはできない。ただ事態に志向的に関係づけられることができるにすぎない。私はテーブルを認識していない。つまり、私は、テーブルがしかじかの特性をもつことを認識する。自己**意識**は同じような仕方で解釈されるべきである。すなわち、「われわれはまず何かについての意識のもつ一般的構造を明らかにするべきだっただろう、と私は提案したのだが、それから、それに応じて変数《何か》を置き換えることによって、自己自身についての意識によって思念することができるものを獲得することができる」[13]。だから、自己**意識**は、ある種の知識である。自己**意識**は（内的）対象についての、自己や体験についての知識ではない。むしろφが心的状態や心理的状態を表す場合に「私は私がφであることを知っている[14]」という形式で表現される命題的知識である。したがってヘンリッヒやフランクとは対照的に、トゥーゲントハットは、無媒介的自己**意識**を経験的人格と命題の間の認識的関係であると捉えている。自己**意識**は命題的態度なのである[15]。

このことを背景にしてこそ、トゥーゲントハットはこう主張する。ハイデルベルク学派によって議論された問題は疑似問題である、と。「私は私がφということを知っている」という言い回しには、「私」という語が二度現われているが、そのとき、どのようにしてわれわれは両方の用法が同じ主観を指示していることを知るのか疑問に思うだろう。どのように知る者とその心的状態にある者との間の同一性を説明するのか。しかし、一人称体験帰属は誤同定の誤謬に従わないという事実はそれ以上のどんな説明も必要とせず、特に何らかの神秘的な自己透明性や自己直知には負っていない。なぜなら不可謬の同定や情報提供的指示は生じていないからである。当該の同定は純粋に同語反復的種類のものである。体験についての私の**意識**は、それが誰の体験であるかを未解決なままにしてはいないということは、A＝Aあるいは私＝私とちょうど同じように問題なく真である[16]。

トゥーゲントハットは自己**意識**の問題を意味論的問題へと変形しようと試みる。しかし、問題を解明し、解決するよりむしろ、こうした変形は単にそれを覆い隠すにすぎない[17]。伝統的主観－客観モデルに対する彼の批判にもかかわらず、トゥーゲントハットは、自己**意識**が二つの異なる存在者、人格と命題の間の関係として理解することができると確信し続けている。しかし、彼は、なぜそうした関係が自己

意識を確立すべきなのかをけっして説明しない。彼は、無媒介的認識的自己**意識**の解明が直面する原理的課題が知る者と知られる者の間の同一性を説明することよりもむしろ、われわれの体験の独自の一人称的所与を説明することであるということを認識していないように思える。

トゥーゲントハットは、われわれが自己**意識**しているときに**意識**している命題そのものが相互主観的に接近《アクセス》可能であると主張することによって彼の分析を続けている。三人称パースペクティヴから同じ事態を指示することは可能である。そして、トゥーゲントハットによれば、この可能性は、自己**意識**の現実存在そのものにとって本質的である。もし仮にも何かを**意識**しているならば、われわれが**意識**しているものは他者にも同様に原理的には接近《アクセス》可能でなければならない。だから、トゥーゲントハットはこう主張する。「私」の適格な使用は、話者が他者が三人称代名詞を同じように使うことを指示することができると知っているということを含意する、と。(18) このことを背景にして、彼はこう結論づけることができる。「私」の自己言及は無条件的でも自己充足的でもなく、人称代名詞のネットワーク全体に組み込まれる、あるいは、その関係によって条件づけられる、と。(19)

トゥーゲントハットが、自己**意識**は命題的態度であると主張するかぎりで、彼は明白な問いに直面している。自己**意識**は言語使用を前提するのか。人格は、自己自身を「私」によって指示することができるように言語を十分に身につけた場合にのみ自己**意識**を所有するのか。もしそうであるならば、子どもや動物における自己**意識**は否定することができるのか。トゥーゲントハットの返答は著しく曖昧である。彼は、命題を非言語的に指示することができるかどうかは解明されていないままであると言うが、しかし、自己**意識**は、言語的に分節化されたときにだけ意識的になると示唆する。(20) この主張が現行の発達心理学内部で支配的な立場によって拒否されるということが第二部で示されることになる。

しかし、いっそう根本的には、自己意識を、自己自身への三人称パースペクティヴの内面化の結果として説明する試みが批判されねばならない。もしトゥーゲントハットが、他者もまた同様に私を指示することができるということを私が認識する瞬間に、はじめて私は自己意識を獲得すると現実に主張するならば、彼はおそらく間違っている。もし私が自己意識をすでに所有しているのでないならば、どのようにして、私が他者が指示しているその人であることを私が知るべきなのか。カスタネダが示したように、「私はφである」において「私」の用法を鏡映し、捉える三人称代名詞だけが「彼」*、すなわち、自己意識をもつ「彼」なのである。だから、たとえ「私は私がφであると知っている」における「私」の用法を支配している意味論的規則は、話者が他者が「xは彼自身がφであることを知っている」と言うことによって同じことを表現することができるということを知らなければならないということを含意するとしても、このことは自己意識の説明には至らないだろう。なぜなら「私」の用法は、自己意識を当該の人格に帰する、すなわち、指示された人格における自己意識の現実存在を前提する「彼」の用法と結びついているだろうからである。自己意識の説明として、この説明は明らかに循環的である。

　私はすでにこう示唆してきた。私は「私」の用法の吟味を啓発的であると捉えているが、けっして自己意識の構造についての本当の理解にとって十分であるとは捉えていない、と。「私」の用法は反省的自己意識を分節し、したがって、いっそう根本的形式の自己直知を前提する。これが、ハイデルベルク学派の探求が、結局、言語的自己言及の指標的分析よりも一掬いだけ深い理由である。私は、トゥーゲントハット自身の代替案が説得的とは考えないが、彼は急所に触れていた。すなわち、認めなければならないのは、もし事実意識哲学のカテゴリー的手段を用いて自己意識の構造の整合的かつ理解可能な説明を与えることが不可能であることが証明されるならば、前者〔意識哲学〕は非常に深刻な問題に直面するだろう。だから、どんな点でも忘れるべきでないのは、自己意識の構造の分析は主観性の吟味のいっそう一般的な可能性の条件への探求でもあるということである。第二部の終わりには、われわれはトゥーゲントハットの評価が正しいかどうかを判断する立場にいるだろう。

第二部

主観性の自己顕現

第四章　いくつかのはじめの区別

中心的な課題、現象学の内部に見出される自己意識の明確化への寄与についての分析を始める時が来た。序で指摘したように、私は、自己意識の本性についてのさらなる理解を可能にするだろうこの伝統から得られる洞察が存在することを示すだけではなく、いっそう明確には、この伝統が第一部の終わりで立てられた問いへの答えを提供することができることを示したい。

私は——すでに示唆したように——中心的現象学的思想家の多くの著述を自由に利用するつもりだけれども、それにもかかわらず、フッサール現象学の内部で展開された自己意識理論に特に焦点を当てることにしたい。一見すると、これは少し驚くべき決定であるように見えるかもしれない。なぜなら、フッサールの著述のなかに自己意識の問題に顕在的かつ専一的に充てられた分析が見出されるのはまれであるように思えるからである。しかしながら、これは、論題が不在であるからではなく、むしろこの問題への彼の反省が、志向性、空間性、身体、時間、注意、相互主観性などの本性のような、数多くの関連する争点についての彼の分析に通常は統合されるからである。この事実は、いっそう体系的な説明へのどんな試みも挑戦的かつやりがいのあるものにする。自己意識についてのフッサールの現象学的分析は、しばしば、例えば、ハイデルベルク学派に見出されるいっそう形式的な考察よりもはるかにいっそう具体的かつ実質的な本性をもつがゆえにやりがいがあるのである。フッサールの著述には深遠かつ複雑な自己意識理論が存在するけれども、それは、まずつなぎ合わせる必要がある理論であり、単純に関連する要素を分離することと、隣接する議論に没頭するのを回避することとは明確な努力を要することになるがゆえに挑戦的である。それは数多くの中心的現象学的テーゼを支持する付加的な論証を与えるだけではなく、問題に定位しかつ体系的なパースペクティヴの維持をも促進するのである。

存在論的一元論

自己意識についてのフッサールの反省の多くは生前に公刊された著述に含まれておらず、むしろ没後に公刊されたフッサリアーナの巻やなお未公刊の草稿に見出すことができる。しかしながら、このことは後の現象学者がフッサールの洞察を展開することを妨げてこなかったし、ある一定程度まで、自己意識についての最も集中的かつ顕在的なフッサールの議論はフッサール自身の著述に見出すことはできず、フッサールについての著述のなかに見出すことができる。しかし、なぜ自己意識についてのフッサールの反省はそうした集中的かつ高度に専門的な議論を生じさせてきたのだろうか[1]。一つの答えは、自己意識は、現象学の単純に一つの根本問題であるよりもむしろ、現象学の唯一の根本問題であるということである。ミッシェル・アンリが説得的に示したように、超越論的現象学の課題は、けっして可能なかぎり精確かつ細心に対象を記述することではなく、その存在者的多様性すべてに関して現象を探究することでもなく、現象の顕現そのものと現象の可能性の条件を吟味することなのである。[2] エポケーと超越論的還元を遂行する際に肝心なことは、まさに内世界的事柄によって呪縛され続けている自然的態度から逃れ出ることであり、つねにそこにあったが、けっして（体系的に）注意を払われてこなかったもの、つまり、現出を分析することをわれわれに許す、通常とは異なる反省を実行することである。現出を吟味し始めるとき、現出が二項構造によって性格づけられることが発見される。すなわち、現出は誰かにとっての何かの現出であり、この点でカント、フッサール、ハイデガーが闘った中心的な問いが出現する。例えば、もしペンナイフと果樹園の顕現が二項構造をもつことが承認されるならば、超越論的主観性自体についてはどうなるのか。顕現の可能性の条件は顕現するのか。すべての現象を条件づけるものはそれ自体現象になりうるのか。[3] そしてもしその答えが然りであるならば、この条件の現出もまた二項構造をもつのか、すなわち、誰かに対する何かの現出なのか。最後の問いに対する答えはおそらく否定的でなければならない。もし主観性の現出が二項的であったならば、つねになお別の顕現の他の与格が存在するかぎりで、われわれを無限背進に巻き込むだけではないだろう。なぜ自己意識という事例を扱うべきなのかを理解することもまた困難だろう。自己意識は顕現の与格と属格の間のどんな区別や分離も許さないように思える。現出するものとそれに対して現出が現出するものは一にして同じでなければならない。これを背景にして最初の問いに対しても否と答えることが魅力的である。もし超越論的条件がそれ自体現象になりえたならば、それはもはや条件づけるものではなく、それ自体条件づけられる何かだろう。しかし、この意見はカントにとっては利用できるものであったかもしれないけれども、現象学者たちにとっては利用できるものではない。超越論的主観性が顕現することを否定することは、超越論的主観性についての現象学的分析の可能性を否定することである。そして、そのことを否定することは超越論的現象学の可能性をすっかり否定することである。

普通「構成」という術語は、現出にもたらされる過程を明示するために使われてきた。いっそう明確には、何か（対象）が、別の何かによって現出にもたらされた場合に、すなわち、その顕現をそれ自体とは異なるものに負っている場合に、構成されると言われ、それに対して何か（超越論的主観性）は、それ自体顕現の条件であるときに構成すると言われる。こうした仕方で語ることは構成するものがそれ自体現出するのかどうかにかかわる問いを明らかに生じさせる。伝統的にはさらにまた二つの定式化の間の選択があり、それらのどちらも曖昧であった。超越論的主観性はそれ自体構成されていないと言うか、あるいは、超越論的主観性は自己構成的であると言うかのどちらかである。第一の定式化は、超越論的主観性はまったく顕現しないということを示唆しているだろうし、第二の定式化は、超越論的主観性は対象が顕現するのと同じ仕方で顕現するということを示唆しているだろう。

ミッシェル・アンリによれば、西洋思想の歴史全体が、彼が存在論的一元論と呼ぶものによって、すなわち、唯一の種類の顕現、唯一の種類の現象性しか存在しないという想定によって支配されてきた。だから、与えられるとはつねに対象として与えられることであるということが当然とされてきた。言うまでもなく、存在論的一元論の原理は自己意識についての伝統的理解にも浸透してきた。自己意識は反省や内観の所産である、すなわち、対象化的能動性の結果として解釈されてきた。だから、自己顕現は単純に通常とは異なる類型の対象顕現であるということが当然とされてきた(4)。

この想定が問われねばならない。もし現象学が、事実、一方で、構成される対象の現象性と、他方で、構成する主観性の現象性の間に決定的かつ根底的差異、すなわち、対象顕現と自己顕現との間に根底的差異が存在することを証明することができないならば、現象学の計画全体が脅かされる(5)。

アンリ自身はその問題に直面し、彼の著作の多くを自己意識の現象学的探究に捧げてきた。彼は、彼の特別な関心を縛るのは自己についての反省的認識ではなく、まず第一に反省を可能にする次元であるということを明らかにする。(6) それにもかかわらず、現象学は、それ自身の方法論がかなり大きく反省に依存しているので、反省の問題を無視することができない。したがって、われわれは現象学が解明しないといけない二つの争点に達する。すなわち、主観性の自己顕現と自己認識の本性とはそれぞれなんであるか。

サルトルとフッサールにおける先反省的自己意識

サルトルの自己意識についての説明は、おそらく最もよく知られている現象学的自己意識理論である。それは、他の伝統から出てきた哲学者が自己意識の問題に関連する現象学的洞察を議論するときには、最もよく言及されるものである。私はサルトルの理論に後でいっそう詳細に立ち戻るつもりだが、すでにこの段階で彼の最も影響のあるテーゼに手短に言及しておくことにしたい。サルトルによれば、意識は志向性によって本質的に性格づけられる。意識はそれ自体何かについての意識である。しかしながら、彼はこうも主張する。ありとあらゆる志向的作用は自己意識によって性格づけられる、と。サルトルはそうした強いテーゼを支持する際にどのような種類の正当化を呈示するのか。サルトルは、自己意識を、何かを意識するための必要条件を構成すると捉えている。もし私が、それを意識することなしに、私のレコードの傷、不快な椅子、灼けつく痛みを意識したならば、それは明らかに自己自身を気に留めていない意識、無意識的意識だろうし、サルトルはこの示唆を明らかにばかげたものであると捉えている。(7)

こうした考え方は、志向的意識の存在様態が対自（*pour-soi*）、すなわち、自己意識的であるので、志向性の存在論的分析は自己意識に至るとサルトルが主張する『存在と無』の重要な序論のなかで仕上げられる。体験の意識的所与は、単純に体験に付け加えられた性質、単なる取り繕いではなく、体験の存在様態そのものである。ちょうど延長する対象が三次元的にしか現実存在できないのと同じように、体験は自己意識的にしか現実存在できない。マルコムがかつて述べたように、痛みは痛い(8)。痛みは意識的にのみ現実存在することができる、すなわち、傷んでいることと痛みを感じることとは一にして同じことであり、分離することは、概念的にさえできない(9)。

こうした論法は、痛みや喜びのような感じということになれば、特に説得的であるように見えるが、サルトルはこう強く主張する。それはすべての志向的作用に妥当する、と。「この自己（についての）意識を新しい意識とみなすべきではなく、何かについての意識にとって可能である唯一の実存様態とみなすべきである(10)」。原本的に、私の志向は意識にとっての（可能的）対象ではないが、（現勢的）意識様態、それ自体は自己意識的である。

しかしながら、自己意識を、志向的作用への単なる付録としてよりむしろわれわれの意識の恒久的特徴として語るときに、サルトルは反省的自己意識に言及しているのではない。反省は認識的二元性で働いており、そうした二元性を意識の核心へと導入することはアポリア的な帰結をもつ。われわれは、無限背進に直面しなければならないか、無意識的出発点、すなわち、それ自体無意識的であり続ける反省の作用を容認するかのどちらかだろう。両方の選択肢は、どのようにして自己意識が生じたのかを説明することができないから、拒絶されねばならないし、その代わりにサルトルは原本的自己意識を自己の自己自身に対する無媒介的かつ非認知的「関係」として語るのである(11)。デカルト的コギトは、先反省的コギトをその可能性の条件として前提するのである。

もし私が尋ねられるならば、事実、もし私が「あなたはそこで何をしているのですか」と問われるならば、私はすぐに「私は数えています」と答えるだろうし、この答えは反省によって到達することができる瞬間的意識だけではなく、反省されることなしに過ぎてきた意識、私の直近の過去においてつねに反省されてこなかった意識にも向けられている。だから、反省される意識に対する反省の優位の余地はまったく存在しない。すなわち、後者〔反省〕が前者〔反省される意識〕をそれ自身に対して開示するのではない。まったく反対に、非反省的意識こそが反省を可能にするのである。すなわち、デカルト的コギトの条件である先反省的コギトが存在するのである。[12]

別様に述べれば、意識には二つの異なる現実存在様態、先反省的現実存在様態と反省的現実存在様態がある。前者は、後者から独立に存在するので、存在論的優位性をもつが、それに対して反省的意識は先反省的意識をつねに前提するのである。

サルトルの自己意識理論、特に彼の先反省的自己意識概念は、フッサールに見出される理論と比較されるとき、重大な突破であるとたいていは捉えられてきた。だから、ヘンリッヒ、フランク、トゥーゲントハットは皆フッサールが自己意識の反省理論を擁護し、対象志向性をあらゆる種類の意識のパラダイムと捉えていると非難する。しかしながら、こうした批判は拒否されねばならない。先反省的自己意識概念は、フッサールに見出すことができるだけではなく、加えて言えば、彼はそれを極度に啓発的な分析にさらしている。[13]

とりわけフランクは、フッサールの意識分析全体が意識は自己自身と異なる何かについての意識であるという暗黙裡の前提に基づいていると主張してきた。こうした志向性への固着のせいで、フッサールは自己意識の反省理論をけっして逃れられない。彼は主観‐客観二分法に基づく自己意識モデル、志向するものと志向されるものの間に伴うその差異を頑なに扱っており、それゆえ、フランクによれば、先反省的自己意識の現実存在をけっして発見しなかった。[14] フッサールの著述に馴染んでいる人は誰でも知っているだろうように、フッサールはすでに『論理学研究』において、本質的に志向的であるという心理的現象のブレンターノの性格づけから、志向性を欠く体験が存在すると主張することによって、距離をとっていた。[15] そして、フッサールは、後に受動性と時間性の領界全体を探究すべきときに、対象志向性によって性格づけられない主観性の次元を開示した。フランクの批判は、フッサールの思考のある一定の（誤った）解釈を単純に前提するというかなり不幸な傾向によって印づけられるのであり、フランクは、フッサールが別な仕方で語る箇所に遭遇するたびに、その箇所を誤解するか、「アポリア的」あるいは「神秘的」であるとして拒否するのである。[16] 対照的に、すでにサルトルが、フッサールは意識の先反省的存在を記述していたことを承認していたことが指摘されるかもしれない。[17]

反省という単純な作用、すなわち、黒いビリヤードの玉の知覚についての主題的意識に向かうことにしよう。フッサールによれば、この反省は二重の意味で基づけられている。それはわれわれに自己閉鎖的主観性を現前呈示せず、対象に向かう自己超越的主観性を現前呈示し、したがって、対象志向性に先行する作用を前提する。[18] さらに言えば、顕在的自己意識、反省もまた先行する先反省的自己意識を基にする。『論理学研究』に遡る知覚するはたらき（*Wahrnehmen*）と体験するはたらき（*Erleben*）の間の区別を活用すれば、反省に先立って、志向的対象は知覚されるが、志向的作用は体験される。私は作用に志向的に向かっていない（作用が主題化される場合これは後続する反省によってのみ生じる）けれども、無意識的ではなく、意識的[19]、すなわち、先反省的に自己意識的である。フッサールの言ではこうである。

その際、体験という言葉はまさに体験された存在、つまり、内的意識において意識することを表現しており、それによって、体験は自我にとっていつでもあらかじめ与えられている[20]。

あらゆる体験は「意識」であり、そして、意識は～についての意識である。しかし、あらゆる体験はそれ自体体験されており、そのかぎりで意識されてもいる[21]。

あらゆる作用は、何かについての意識であるが、しかし、あらゆる作用は意識されてもいる。あらゆる体験は「感覚されて」おり、内在的に「知覚されて」（内的意識）いる。たとえ当然措定されていなくとも、思念されていなくとも（知覚することはここでは思念しつつ対向されてあることや把握することを意味しない）。……確かにこれは無限背進に連れ戻すように思える。というのは、今や内的意識、作用について（判断するはたらきについて、外的に知覚するはたらきについて、喜ぶはたらきについて）知覚するはたらきは、一つの作用であり、それゆえ再びまた知覚されていはしないかということである。それに対してはこう言うことができる。簡明的確な意味におけるあらゆる「体験」は内的に知覚されている。しかし、内的に知覚するはたらきは、同じ意味での「体験」ではない。それはそれ自体ふたたび内的に知覚されてはいない[22]。

すぐに、先反省的**自己意識**ということになれば、私は「知覚」という術語のフッサールの用法に立ち戻ることにしたいが、フッサールが反省理論のアポリア的含意を見ていたことはまったく明らかである。**自己意識**が、作用がさらなる作用によって統握されるときにのみ生じるという主張は究極的には無限背進に至る。(23)

ヘンリッヒ、トゥーゲントハット、フランクの解釈に関するかぎり、フッサールが、われわれが反省に先立ってわれわれ自身の主観性を知覚しておらず、自己忘却と自己喪失（*Selbstverlorenheit*）の状態に生きていると時として書いていることは承認されねばならない。しかし、そのとき彼は、われわれは作用について反省的にのみ認識するのではない、すなわち、意識的生についての認識を反省を通してのみ得るのではないと付け加えるとき、(24) 彼が「知覚」という術語を、主題的吟味を表示するために用いていることが明らかになる。フッサールは先反省的**自己意識**の現実存在を否定してはいない。しかし、彼はこの**自己意識**がわれわれに**意識**より以上のものを提供することができるということをまさに否定している。それはわれわれに主観性の認識を与えることはできないのである。

しかしながら、たった今言及したように、フッサールが、ある類型の内的知覚として遍在的反省的自己**意識**を事実記述している箇所を露わにすることもまた可能であるが、(25) しかし、こうしたテクストのいっそう綿密な吟味は、フッサールが自己**意識**をある類型の対象志向性に還元しようとしているという主張を立証しはしない。一方で、フッサールの専門用語は、さまざまな類型の作用の間に現実存在する基礎構造の階層の古典的探究から取り出されている。想起、空想、感情移入のようないろいろな種類の準現在化的（*vergegenwärtigend*）作用とは対照的に、知覚はその対象を原的種類の現前呈示にもたらすことによって性格づけられる。知覚において現出するものは、有体的に（*leibhaftig*）与えられ、まさにこの特徴にこそフッサールが先反省的自己意識についての彼の議論のなかで焦点を当てたのである。このことは、フッサールが主観の生が原本的自己意識という形式における生であると書いている『第一哲学』第二巻からのある箇所で光を当てられる。その際、フッサールは、この自己意識を最内奥の知覚と同一視しているが、こう付け加えている。それは知覚であるが、能動的自己統握であるという意味においてではなく、原的自己現出であるという意味においてである、と。[26] 他方で、フッサールの時としてかなり誤導的な専門用語は、彼の著述のなかにしばしば見いだされる緊張、つまり、彼の実際の画期的分析と、それに随伴するいっそう伝統的で体系的な反省や方法的な反省との間の緊張を例証していると捉えることもできる。（フッサールの自己解釈を代表している）後者こそが用いられる専門用語を規定していたが、フッサールの分析はしばしば彼自身が知っていたよりもいっそう根底的であったし、彼の提案した術語体系より以上のものであった。[27]『内的時間意識の現象学についての講義』からの先に引用された箇所では、フッサールは先反省的自己意識を内的あるいは内在的知覚と内的意識（*inneres Bewußtsein* ——ブレンターノからの影響を感じさせる）として互換的に語っている。[28] 徐々に明らかになるように、フッサールは後者の表現を最終的には選好するのであり、多くの誤解は、彼が最初からそうしていたならば回避することができたかもしれない。[29]

　作用は先反省的に自己意識的であるが、反省にとってもまた接近可能《アクセス》である。作用を反省することができるし、それによって注意へともたらすこともでき、[30] 反省のもつ特有の志向的構造の吟味は先反省的自己意識の現実存在にかかわるテーゼを立証することができる。フッサールが指摘するように、何かを把握するという反省の本性のなかにこそすでに把握することに先立つものがあったのである。反省はその主題を開示することによって性格づけられるのであり、産出することによって性格づけられるのではない。「私が「私」と言うならば、私は私を端的な反省によって把握している。しかし、この自己経験はあらゆる経験と同じようなものであり、さしあたりあらゆる知覚、私にとってすでに現にあるものへと、すでに意識されているが、ただ主題的に経験されておらず、注目されていないものへと私を向けることなのである」(31)。

通常の志向的作用においては、私は私の志向的対象に向かっており、没頭している。私が志向的に対象に向かうときはいつでも私は自己意識的でもある。しかし、私が対象に向かい、専念しているとき、私は私自身を主題的に意識しているのではない。そして、私が反省によって私自身を主題化するとき、主題化の作用そのものは、非主題的なままにとどまり続ける。しかしながら、反省作用はそれ自体先反省的に自己所与される作用であるということを忘れるべきではない。主題的自己意識は二重の先反省的自己意識を前提する。反省される作用は、それがすでに私のものであるという事実、すでに一人称的現前呈示様態において与えられているという事実こそが私にそれを反省することを可能にするがゆえに、すでに自己意識的でなければならない。そして、反省作用は、反省に反省された作用を同じ主観性にそれ自体として属しているものとして認知させることを可能にするので、すでに先反省的に自己意識的でなければならない(32)。

当然、非主題的反省作用は高階の反省によって主題化することができるが、その場合われわれは知覚する主観と反省する主観の間の同一性を究明するが、究極的にはこれは反省する（非主題的）－反省される（主題的）という二重構造を単に反復することになる。もっとも、反省される極の構造的複合性は増大し続けることになるのだが(33)。『第一哲学』第二巻において、フッサールはこの状況の正確な記述を見出そうと奮闘している。一時、彼は反省する自我を自己忘却の状態にあると記述しており、後に撤回する。なぜなら、忘却は先行する主題的体験という状態を前提するからである。私は、すでに知っていたものだけを忘却することができる。数多くの理由から、反省する自我を無意識的と呼ぶことは極度に座りが悪く、そうしてしばらくの間フッサールは「潜示的（*latent*）」と「顕示的（*patent*）」という術語を用いる。すなわち、作用は、それ自体潜示的である反省作用を通して顕示的になるあるいは主題化されるが、翻って、反省作用は潜示的な高階の反省を通して顕示的にすることができる。[34] その後、この専門用語は、匿名的に機能する主観性（手短に言えば、原自我）と、主題化され、存在者化された主観性との間のいっそう頻繁に用いられる区別によって最終的には取って代わられる。主観性が機能するときには、自己意識的であるが、主観性は自己自身について主題的に意識しているのではなく、それゆえ匿名性を生きている。

> したがって、機能しているが、把握されていないもの（機能する主観性）としての自我やコギトと、場合によって主題化され、直接的あるいは自己把握された自我とそのコギトの間の、あるいは単刀直入に言えば、機能する主観性と客観的主観性（準現在化された、主題的に経験された、表象された、考えられた、述定された主観性）の間の区分を絶えず区別することができるし、たとえ私が私をそれ以外の対象としてもつ場合でも、私は同時に必然的に機能する自我としては主題外的に居合わせており、反省による自我として新たな、再びまた主題的でない機能する自我の能動性として私にとって接近可能である。[35]

私が反省し始めるとき、反省を動機づけ、その後把握されるものはすでにしばらくの間作動していた。

反省される体験は、私がそれに注意を払い始める瞬間に始まったのではなく、主に、なお現実存在するものとして与えられるだけではなく、すでにあったものとしても与えられるのである。まさに同じ作用こそが今反省的に与えられるのであり、時間的に持続するものとして、すなわち、時間的作用として私に与えられるのである[36]。もう少しだけ明確になるように試みることにしたい。反省が始まるとき、反省はたった今過ぎ去った何か、つまり、作用を動機づける先反省的位相を最初に把握する。この位相が後続の反省によってなお主題化することができる理由は、それが消えておらず、把持によって把持されており、それゆえフッサールは把持が反省の可能性の条件であると主張することができる。把持のおかげでこそ意識は対象となることができるのである[37]。あるいは、言い換えれば、反省は、時間的地平が確立された場合にのみ起こりうるのである。

私は把持と自己意識の間の関係性に手短に立ち戻ることにしたいが、反省的自己意識が時間性を前提するだけではないということをすでに今や確立することができており、私自身の時間的現実存在について私に意識させるという意味で、それに焦点を当てるのである[38]。これは、反省がけっして瞬間的固着、例えば、家の知覚ではなく、それ自体流れる作用だからであり、時間的に見られた反省は、初めは、たった今過ぎ去った何か、つまり、知覚を動機づける位相を把握することだからである。もちろん、知覚は家の反省的に与えられた知覚として継続するかもしれないし、この事例では、反省するものと反省されるものの間にどんな時間的距離ももはやないだろう[39]。しかし、距離は架橋されるかもしれないけれども、反省的自己意識の構造に組み込まれ続けている。

反省の時間的本性は、以下の二つの種類の反省の間のフッサールの区別を容認するならば、特に際立つ。われわれは、知覚であれ、空想であれ、想起であれ、現在の志向的意識を反省することができるだけではない。過去の意識を反省することもできる。フッサールの言では、想起を反省することができるだけではなく、想起において反省することもできるのである。私が過去の散歩道を思い出すとき、私は散歩道に主題的に関心がある、すなわち、どのように世界があったのか関心があるのであり、散歩道についての私の以前の体験に関心があるのではない。しかし、私は反省する機会をつねにもっており、過去の散歩道についての私の現在の想起を反省することができるが、散歩道についての私の過去の体験もまた反省することができる。[40]

例えば、家の直進的想起からそれる自己想起は、現在の自我、現勢的知覚（そのものでの現在の体験するはたらきとしての今の再想起自体）の自我ではなく、それに対して、家が現にあり、しかじかの主観的意識様態において現にあった、想起された家の独自の志向的存在に属する過ぎ去った自我を露呈する。想起はその本質上、過ぎ去ったものを妥当においてもつだけではなく、私が知覚したものとそれ以外の仕方で意識していたものとしてのこの過ぎ去ったものを妥当においてもつことである。そしてまさにこの直進的想起において匿名的な過ぎ去った自我と意識が反省（今の想起するはたらきへの反省ではなく、今の想起するはたらき「における」反省）において露呈されるのである[41]

通常の反省においては、われわれはなお生き抜いている作用を主題化するが、それに対して回顧的類型の反省においては不在の、過ぎ去った作用を現在化する。もし進行中の知覚のただ過去に沈みゆく位相こそが把握されるならば、通常の反省的自己意識が扱われているのである。しかし、もし知覚全体が終わり、そうして把握されるならば、回顧的類型の反省が扱われているのである。[42]

作用についての理論的吟味が、作用が反省にとって接近《アクセス》可能であることに依存しているかぎりで、フッサールがこの局面をしばしば強調するのは不思議ではない。しかしながら、時として、先反省的自己意識的作用のもつ最も有意義な特徴が後続の反省にとってのその接近《アクセス》可能性であるように見えるので、それが優位を獲得するのである。だから、時々、フッサールは、体験にとって先反省的に自己意識的であることは体験にとって反省の可能的対象であることに他ならないと示唆しているように思えるのである。(43) 志向的作用の第二次客観としての自己についてのブレンターノの記述を思い起こすことで、ベルネットはこう評言している。「第二次客観よりもむしろ、先反省的自己がフッサールにとって先対象、すなわち、反省作用の対象となることが予想される所与なのである」(44)。しかし、ベルネットもまた付け加えるように、これはこの争点についてのフッサールの最後の言ではない。そのことをめぐって、私は焦点を、先反省的自己意識の構造についてのフッサールの最も顕在的な探究が見出される場所、内的時間意識についての彼の分析に変更しなければならない(45)。

周縁的意識

しかしながら、それをする前に、私はフッサールの地平志向性という概念を手短に見ておくことにしたい。なぜなら、これは二重の明確化を許すことになるからである。一方で、意識を注意と同等視し、したがって、注意を払うものについてのみ意識すると主張する意識についてのどんな狭い構想も棄却することを許すことになる。他方で、なぜ先反省的自己意識がある種の周縁的意識として理解することができないかを明らかにすることになる。

対象を知覚するとき、現出するものを現出から区別することが必要である。なぜなら、対象はけっしてその全体性（前面、背面、側面、上面、底面）において与えられず、つねにそれ自身をある一定の制限されたパースペクティヴから現前呈示するからである。このことにもかかわらず、知覚の対象はまさに現出する対象であり、その直観的に与えられる射映《プロフィール》ではない。すなわち、たとえ知覚される対象の一部だけが直観的に与えられるのであれ、知覚はわれわれにまったき対象意識を与える。[46] どのようにしてこれが可能であるのかを解明するために、フッサールは、対象の不在の射映《プロフィール》について、すなわち、対象の内的地平についてわれわれが有するある種の志向的意識を記述する。[47] 現在の射映《プロフィール》のもつ意味は対象の不在の射映《プロフィール》とのその関係に依存しており、対象についての知覚的意識は、われわれの意識が直観的かつ注意的に与えられるものに厳格に制限されていたならば可能ではないだろう。私がサイコロを見るときにはいつでも、私はサイコロの背面も意識している。私は前から見られるものとしてのサイコロを意識しているが、私はその背面を知覚しておらず、背面に注意を払ってもいないけれども、私はサイコロをなお意識している。さもなければ、私はサイコロをまったく見ることができないだろう。「非本来的に現出する諸々の対象的規定は共に統握されているが、「感性化」されておらず、感性的なものを通して、すなわち、感覚質料によって呈示されてはいない。それら〔諸々の対象的規定〕が共に統握されているということは、明証的である。というのは、そうでなければ、対象はまったく眼前にはなかっただろうし、側面は、実際対象を通してのみ側面であることができるから、側面さえも眼前にはなかっただろうからである」[48]。換言すれば、知覚にとって対象についての知覚であるためには、不在の射映《プロフィール》を志向し、[49] ある一定の共現前化へともたらす地平志向性によって貫かれていなければならない。

しかしながら、対象は内的地平と共に与えられるだけではなく、はるかにずっと広範囲に及ぶ外的地平と共に与えられる[50]。対象を知覚することはつねに知覚的領野に状況づけられた対象を知覚することであり、何かに注意を払うときにはいつでも、それをその周囲から単離しているのである。だから、主題的対象の現出は領野や背景から出てきた現出として記述されるかもしれない。この領野は、無意識的でもないし、全体的に差異化されていないのでもない。ある対象に焦点を当てるときにはいつでも、対象を特定の設定のなかで意識しているのであり、対象がわれわれに与えられる仕方は、ゲシュタルト心理学が頑強かつ説得的に指摘してきたように、対象と共に与えられるものによって影響されている。与えられる対象の意義は、その共に与えられる脈絡に部分的には依存しており、主題的対象とその背景の間を結ぶものは注意的変様を通して断ち切られるはずである。

　主題的対象と共に与えられるこうしたすべての総計の内部には、その主題に対して特殊な関連性をもつ構成要素からなる特定の領域が存在し、グールヴィッチに従えば、この領域は「主題的領野」[51]と呼ばれるかもしれない。主題的領野のなかにある諸々の項目は、主題的対象と共に与えられるだけではなく、主題的対象と関連をもち、主題的対象を指示する。私は主に主題的対象に関心があり、夢中になっており、主題的領野に付随する項目にはたまたま関心がある。しかしながら、主題的領野を別にして、特定の主題へのわれわれの専心には、当該の主題にどんな内的結合をもつこともなしに、単に現前的にすぎない数多くの周縁的構成要素が随伴している。具体的な例を提供することにしよう。私は自分の台所に立ち、トマトをスライスしている。トマトは、私の主題的対象であり、その主題的領野の一部を作り上げているさまざまな用具によって囲まれている調理台の上にある。しかしながら、何かが主題的領野に属しているかどうかは、物理的距離の問題ではない。私がトマトをスライスしている間、私は自分の手にあるナイフとまな板の硬さを感じているが、トマトジュースの宣伝を思い出してもいて、もしこの宣伝が私にトマトのみずみずしい質に注意を払わせるならば、それもまた主題的領野に属する。しかしながら、同時に、私は冷蔵庫のうなりを聞き、あるいは、私の足にこすれているズボンを感じているかもしれない。私はこうした構成要素のどれにも注意を払っていないけれども、それらは無意識的ではなく、共に与えられている。それらは私の意識領野の周縁に属する。そして、その周縁的位置は、当該の主題にとってのその関連性のなさのせいである。「全体的意識領野は循環によって象徴化することができる。私が扱っている主題がこの循環の中心を占めている。つまり、主題は主題的領野のなかにあり――比喩に従うならば――循環の空いている場所を形成している。そして主題的領野の周りに、いわば周辺に、周縁的意識の対象が配置されているのである[52]」。私がトマトをスライスすることに夢中になっているとき、その周囲のものには注意を払わない。しかし、私は調理台、びしょ濡れの蛇口、冷蔵庫のうなりなどを意識することをやめてはいない。私はただそれらを地盤として意識している。すなわち、それらは、私がスライスすることの背景としての役割を果たす全体性の諸々の部分なのである。そして、こうした対象のどれも主題的には与えられていないけれども、それらは、単なる注意の変化を通して容易に主題となることができる。こうした主題的変様の可能性はまさに、私の主題がそれと共に与えられている領野につねに状況づけられているという事実に根拠をもっている、すなわち、私が何かに注意を払っているときにはいつでも、その周囲のものによって触発され、その周囲のものを意識しており、それゆえ私の注意を向け変えることができる。フィンクが述べるように、その領野は「可能的対向の遊動空間[53]」なのである。

こうしたすべては単純に、さまざまな意識様態の多様を見過ごすことと意識の領界を主題的に与えられるものの領界と同定することとが誤りであると言っているのではない。換言すれば、意識が反省に先立って主題的に与えられていないということを根拠にして先反省的自己意識の現実存在を否定することは明らかにうまくいかない。しかし、この点で、以下の問いが生じる。すなわち、主題的意識と周縁的意識の区別は、自己意識ということになれば、正鵠を射ているのか。ほとんど否定することができないのは、私は、対象に没頭しているかぎり体験に注意を払っていないということである。しかし、これは現行の争点ではない。問題は、体験が、冷蔵庫のうなりと同じ仕方で潜在的主題として背景にとどまり続けているのかどうかである。手短に言えば、先反省的自己意識はある種の周縁的な、注意されない、対象意識なのか。その答えは明らかに否である。反省に先立ち、意識は周縁的対象として与えられていない。(グールヴィッチが、彼のノエマ的に定位した分析のなかで、この誤りを明白に犯しており、したがって、あらゆる意識作用に随伴する自己意識は周縁的与件であると主張しているのは興味深い[54]。類比全体が誤導的であるのは、主観-客観モデルに忠実であり続けているからである。一九〇六-七年のテクストで、フッサールは類似した結論に達していた。

対象的背景についての意識と体験されたものという意味での意識を混同することは許されない。体験そのものはその存在をもつが、統覚の対象ではない(実際そうでなければ無限背進に至っただろう)。しかし、背景はわれわれにとって対象的であり、背景は、背景をいわば構成する統覚的体験からなる複合体によって存在する。こうした対象は注意されておらず、第三の意味で無意識的であるが、われわれにとって、単なる体験、例えば、対象を客観化する体験や作用体験自体とはまったく異なるものである。(こうも言うことができるが、単に体験されているものは、対象的背景という注意されていない存在という意味においても単なる注意されていない存在あるいは無意識的存在ではない。)背景の注意的意識と単なる体験されているものとしての意識はまったくもって切り離されるべきである[55]。

後でその価値が証明されることになるこうした明確化の後で、フッサールの先反省的自己意識概念を綿密に見るときである。究極的に、先反省的自己意識の現実存在に関するフッサールのテーゼは主観性の存在に関する一般的主張と結びついている。主観であることは、対自的に現実存在すること、すなわち、自己意識的であることである。主観性は、たとえどのような世界内的存在者を意識していようとも、そして別な仕方でどのような世界内的存在者に専心していようとも、自己意識的でもある[56]。「絶対的に存在するものは、どんなものであれそれがそれ自身他のものを意識しようとも、同時に自己自身の意識である志向的生という形式において存在しているのである。まさにそれゆえに（いっそう深く熟慮する際に洞察することができるように）絶対的に存在するものは、いつでも自己自身を、そのすべての、それにとって際立つ形態に従って、反省することができ、自己自身を主題的にすることができ、自己自身に関係する判断と明証を生み出すことができる[57]」。けっして特定の志向的作用として理解するべきではなく、反省に先立ち、反省を基づける基本的自己顕現の次元として理解されるべきこの遍在的自己意識を究明するフッサールの試みは、二つの異なりはするが、それにもかかわらず本有的に縒り合された地点、すなわち、時間性と身体性に至る[58]。カスタネダが定式化したように、「真の超越論的先頭部《プリフィクス》は拡張されたそれ、すなわち、私はここで今考える、であるように思える[59]」。

第五章　自己意識の時間性

まずフッサールの内的時間意識の分析に向かい、それによって、現象学全体のなかで最も重要かつ困難な問題のなかの一つであるとしばしば正しく性格づけられてきた一群の問題に向かうことにしたい[1]。フッサールの分析のもつ法外な複雑さとして記述することしかできないもののために、私は、いくつかのいっそう初歩的な考察の簡潔な呈示で始めることが有用かもしれないと思う。

時間客観の構成

『内的時間意識の現象学についての講義』のなかで、フッサールは、われわれに時間客観、時間的延長を具えた対象について意識することはどのようにして可能かを尋ねる。一度にそろって現出することはできず、時間をかけて繰り広げられることとしかできない旋律のような対象について意識することはどのようにして可能なのか。フッサールのよく知られたテーゼは、（継起と変化の知覚と同じように）時間客観の知覚は、もし意識が単にわれわれに対象の純粋な今位相の所与を与えるにすぎないならば、そしてもし、意識流が、真珠の首飾りのように、一連の体験の結合されていない諸々の点であるならば、不可能だろうということである。もし、知覚が、まさに今現実存在しているものについて意識することに制限されていたならば、時間的延長や持続を具えたどんなものも知覚することは不可能だっただろう。というのは、孤立した、点的、意識的状態の継起はそれ自体われわれに継起や持続について意識することを可能にしないからである。しかし、この帰結はばかげている。だから、意識は、点的今を何らかの仕方で超越しなければならず、まさに存在していたものとまさに生起しようとするものについて意識しなければならない。しかし、このことはどのようにして可能だろうか。意識はもはや現前的ではないものあるいはまだ現前的ではないものについてどのように意識することができるのか。

フッサールによれば、ブレンターノは準現在化（*vergegenwärtigend*）作用こそがわれわれに今点を超越することを許すという立場をとっていた。われわれは、今存在するものを知覚し、まだ現実存在していないものあるいはもはや現実存在していないものを想像し、想起し、予料する。(2) しかしながら、フッサールはこの説明を拒絶する。なぜなら、それは、時間的持続を具えた対象を知覚することはできないということを含意しているからである。基本的に、彼の代替案は、知覚される時間の基本単位は「切り立った」現前ではなく、「持続区間」すなわち、三つすべての時間的様態——現在、過去、未来——を含む時間領野であることを指摘することである。(3) 私がC、D、Eという音の継続からなる三和音を聞いていると想定してみよう。もし、E音が鳴っている瞬間の知覚に注意を払うならば、もっぱらこの音だけにかかわる意識ではなく、E、D、Cについての意識が見出されるだろう。私は、E音を聞くときに、D音とC音をなお意識しているが、それだけではない。私はこれら二つの音をなお聞いている（想起したり、想像しているのではない)。現在のE音についての意識とD音とC音についての意識の間に差異がないと言っているわけではない。DとCはEと同時ではない。DとCは過去の音であるが、過去として直観されており、まさにこうした理由のためにこそ、時間的持続のなかで三和音を聞いており、互いに急に入れ替わる孤立した音を聞いているだけではないと言うことができるのである。(4)

事実、フッサールには対象の狭い今位相についての意識を表す名称がある。彼はこの意識を原印象と呼ぶが、それだけでは時間的持続を具えたものについての意識を与えることができず、事実それは体験することのまったき構造の抽象的な核となる構成要素にすぎない。原印象は二重の時間地平のなかに埋め込まれている。一方で、原印象には、まさにあった対象の位相についての意識を与える、すなわち、われわれに過去に沈み込むものとしての位相を意識することを許す把持が随伴しており、他方で、多かれ少なかれ未規定的な仕方で、まだ到来しない対象の位相を予料する予持が随伴している。(5)

> その際示されるのは以下のことである。すなわち、時間的に伸び広がった対象的なものについての原本的意識(原本的所与性)としての具体的知覚は、瞬間的知覚(いわゆる原印象)のそれ自身流れる体系として内的に築かれる。しかし、そのようなどんな瞬間的知覚も連続性の、一面では段階づけられる瞬間的把持の連続性の核位相であり、他面では到来するものの地平の、すなわち、露呈する際に、恒常性のなかで到来しつつあるものとして段階づけられるものとして特徴づけられる連続性の核位相なのである。(6)

「原印象」は対象の今位相についての意識を表すフッサールの名称であり、この今位相自体を表す名称ではないということを認識することが重要であり、そして、対象の諸々の位相を、原印象–把持–予持というまったき構造を具える時間意識自体から区別することが必須である。[7] 把持（B）と予持（C）は原印象（A）とのかかわりでは過去や未来ではない。把持と予持は原印象と「一緒」なのである。[8] 内的時間意識のこの三部分の脱自的‐中心化構造の相関者は、今（O2）、過去（O1）、未来（O3）という時間様態で与えられる対象の諸々の位相だろう。対象の今位相は地平をもつが、把持と予持から作り上げられるのではなく、まさしく対象の過去の位相と未来の位相から作り上げられる（**図5・1**を見よ）。[9]

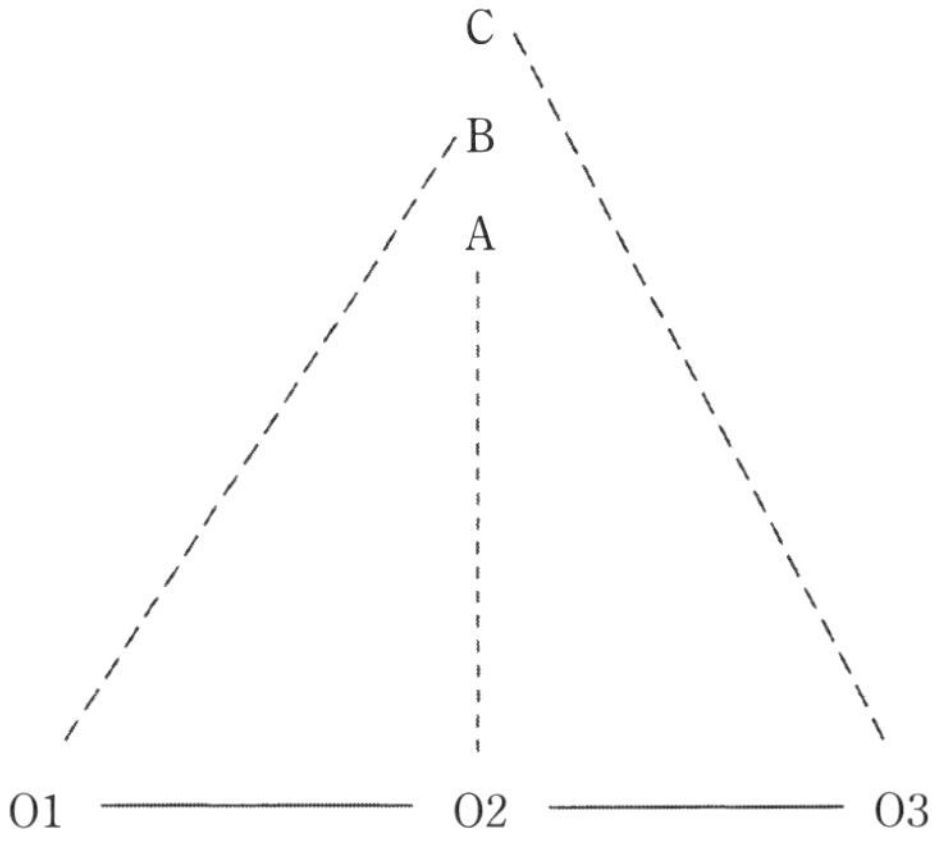

図5・1

知覚の構成的機能は把持の寄与に依存しており、もはやないものを把持するはたらきに依存しているので、知覚の明証を狭い意味での現在であるものに、つまり、原印象で与えられるものに制限することは誤りだろう。こうした理由のため、フッサールはしばしばこう評言した。把持の分析は現象学的領野の重大な拡張に至る、と。[10]

把持も予持も適格な（主題的）想起や予料とは区別されねばならない。一方では、まさに過ぎ去った音やまさに生起しようとする音を把持するはたらきや予持するはたらきと、他方では、一〇歳の誕生日を想起することや次のクリスマスを楽しみにすることとの間には明白な差異がある。後者が、把持と予持のはたらきを前提する独立した志向的作用であるのに対して、把持と予持は体験の従属的契機である。把持と予持はわれわれに新しい志向的対象を与えないが、現前的対象の時間的地平についての意識を与える。把持と予持がわれわれの側からのどんな能動的寄与もなしに受動的に生起するのに対して、主題的予料と想起は、自発的に始めることができる作用である。もし把持と想起を比較するならば、把持は直観、何か不在であるものの、まさにあったものの直観であるが、それに対して想起は現前化する作用であり、われわれに志向的対象としての完了した過去の出来事を与える。[11] 私が想起するとき、過去の出来事は私の現在の体験のなかで再生産されるが、それの一部にはなりはしない。それはまさに過去かつ不在として与えられる——現在との関係で——。もし過去として体験されるならば、今現在的であるものと一緒にかつ対照して過去として与えられねばならない。この隔たりや差異の体験は想起にとって本質的である。もしそれが見失われ、もし過去の出来事がまるで現在であるかのように追体験されるならば、想起しているのではなく、錯覚しているのだろう。[12]

C、D、Eの三和音に戻ることにしよう。Cは、最初に聞かれているとき、原印象のなかで現在化されている。Dが継起するとき、Dは原印象のなかで与えられているが、それに対してCは把持のなかで把持されており、最後にEが鳴るときには、Eは原印象のなかにあるDを置き換えるが、それに対してDは把持のなかで把持される。しかしながら、把持は、単にまさに過ぎ去った音の把持ではない。新しい音が原印象のなかで現在化されるたびに、全把持的継続は要訳され、変様される。C音にD音が継起するとき、DについてのCの印象的意識にはCの把持が随伴する（Dc）。DにE音が継起するとき、Eについての印象的意識にはD（Ed）の把持とDのなかで把持される音の把持（Ec）とが随伴する、等々。[13] このことは、水平線 x が諸々の音の継続（C、D、E、F）を表示する場合、つまり、垂直線 y が予持、原印象、把持という構造を具えたこの継続についての意識（たとえば、'F、E、Ed、Ec）を明示する場

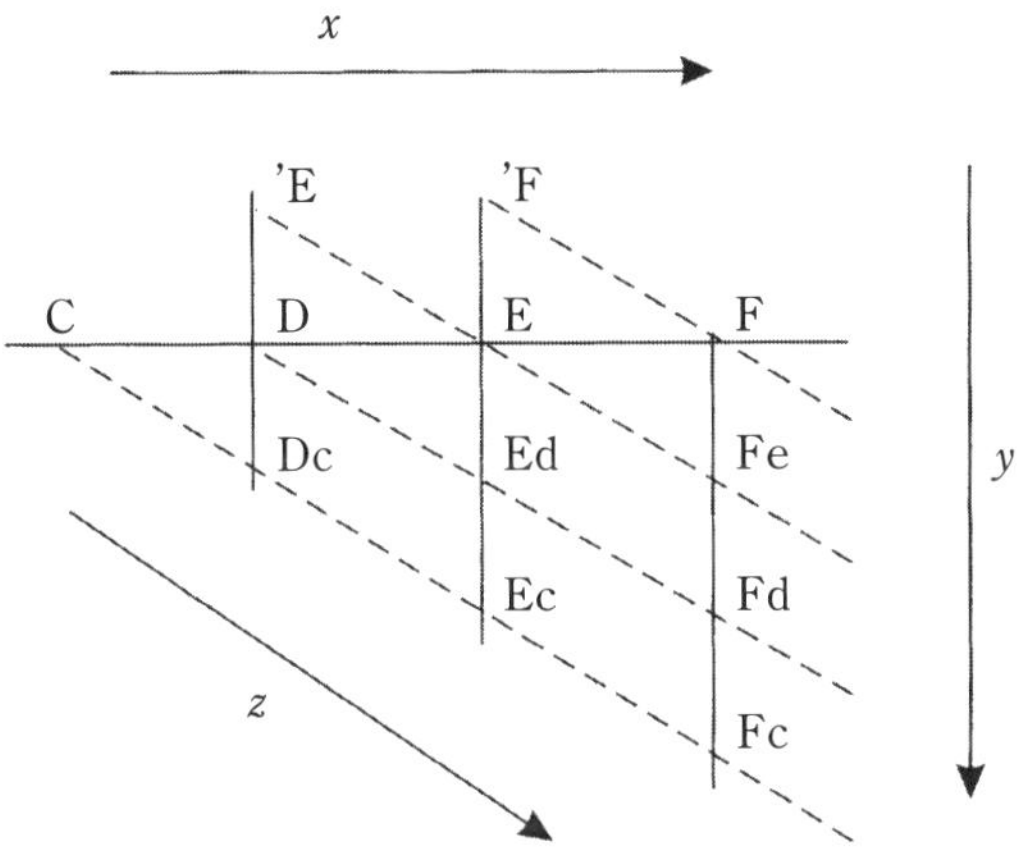

図5・2

合、つまり、斜線zがどのように単一の音が、所与様式は変化するけれども、すなわち、恒常的に新しい時間的パースペクティヴのなかで与えられるけれども、過去へと沈んでいくときに、その同一性と位置を他の音に対して把持するのかを例証する場合に、図5・2で示されている。(14) 諸々の音の継起(x)は時間的に別個の音の継起であるけれども、この継続(y)についての意識はそれ自体継続的ではないということを強調することは重要である。原印象は把持の連続全体と「一緒」なのである。しかし、原印象において与えられるものは、把持において与えられるものと同時的ではなく、最初の把持において把持されているものも、把持の把持において把持されているものと同時的ではない。音の秩序は保存されている。それらは同時的なものとして与えられず、互いに継起するものとして与えられている。

流れの自己顕現

これまでに私は、音や旋律のような時間的に延長した対象の構成を扱ってきた。この類型の構成は、ノエマ的時間化として分類されており、いまやノエシス的時間化についての説明によって補完されねばならない[15]。すなわち、時間意識の分析は、対象の時間的所与についての単なる分析をけっして意味しない。それは、意識自体の時間的顕現についての説明でもある。事実、フッサールが計り知れない重要性を内的時間意識の分析に帰す理由は、まさしく志向的対象の時間性の構成の単なる明確化よりもはるかに重要なものがかかっているからである。究極的に、フッサールは顕現そのものの可能性の条件に関わる問題そのものと格闘しており、この問題こそが、フッサールを意識の時間的自己顕現に関わる問いに至らせるのである。

　知覚的対象は時間的であるが、こうした対象についての知覚そのものはどうだろうか。それらもまた時間的構成の厳格な法則に支配されるのだろうか。それらもまた、生じ、存続し、消滅する時間的統一なのだろうか。フッサールは、作用それ自体を、原印象－把持－予持という構造において構成されるものとしてしばしば語る。それらは、この枠組みの内部で、与えられ、**自己意識**されるにすぎないのである[16]。

　この**自己意識**はどのように理解すべきなのだろうか。そして、どのように無限背進は避けられるのだろうか。もし音の持続と統一が意識によって構成されるならば、そして、もし音の連続についての意識がそれ自体持続と統一と共に与えられるならば、その場合この持続と統一の所与を説明するためになおもう一つの意識を、以下同様に際限なく措定するように強いられないだろうか[17]。

　はじめフッサールは、たとえば、持続の知覚は知覚の持続を前提すると書くとき[18]、そうした見解を唱道するように見えるけれども、ついにはその問題含みの本性に気づいた。

時間流を客観的運動とみなすことに不条理があるのか。然り。他方で、やはり、想起は、それ自体その今をもち、それも例えば音がもつのと同じ今をもつ何かである。否。そこに根本的な誤りが潜んでいる。諸々の意識様態の流れは経過ではない。把持という今－意識と共に「一緒に」ある存在者は、「今」ではなく、今と同時にはない。その今はむしろ意味をなさない。(19)

ちょうど赤い円についての私の体験が円形でも赤くもないように、志向的対象の時間的所与と志向的作用の時間的所与の間には差異がある。それらは時間的ではなく、与えられておらず、あるいは同じ仕方で構成されてはない。こうした背景からフッサールはついには三つの異なる時間性の層、すなわち、現出する対象の客観的時間、作用、感覚、現出の、主観的な、内在的あるいは先経験的な時間、時間構成する意識の絶対的な、先現象的流れを区別するに至ったのである。(20)『イデーンI』で、フッサールは最初の二つのレヴェルに分析を制限した。しかし、現象学的パースペクティヴからすればこれは認めがたい限定である。作用の時間的顕現の条件そのものが同様に探究されねばならず、したがって、還元によって達成された成果をさらなる探究に服させる必要があることが証明される、すなわち、超越論的還元の内部でのはるかにずっと根底的な還元を、主観的時間から絶対的流れへと至らせる還元を遂行することが必要であることが証明される。(21)これが、『イデーンI』で構成する主観と構成される対象の間の関係について記述した後で、フッサールが、最も重要かつ困難な問題、すなわち、内的時間意識に関する問題をまったく故意に除外し、この分析のみが真に絶対的次元を開示することができるだろうと書く理由である。(22)内的時間意識の構造（原印象－把持－予持）を詳述することは、記憶、知覚、想像のような異なる類型の対象志向性を区別し分析するのとは異なる、いっそう根本的な企てである。言うまでもなく、その際決定的な問題は、一方で、絶対的流れあるいは流れる体験すること（*das strömende Erleben*）[23]と、他方で、構成された作用との間の関係を明らかにすることである。

しかしながら、残念なことに、私はフッサールがこの論点について完全な明晰さにそもそもうまく到達したとは考えない。公刊された分析も未公刊の分析も根本的な曖昧さによって性格づけられ続けているが、いくつかの異なる解釈に支えられてテクスト上の証拠を見出すことは究極的には可能である。言うまでもなくこれはまったく満足できる状況ではないが、この時点では、全般的論題に留意しておくことが重要である。この特定の探究の顕在的ねらいは、フッサールの自己意識理論を露わにすることである。結果として、そしていくつかのいっそう確立された読解のいくつかに対抗して、私は、最もよく自己意識についての理解に寄与するだろうフッサールの時間意識の分析の解釈をはっきりと選ぶことにしたい。このことは、私がどうしても迂回せねばならないフッサールの時間についての反省のもつ諸局面が存在するということを含意することになるけれども、私の特定のパースペクティヴはフッサールの理論全体に新しい光を投げかけることができるとなお私は思いがちである。

一つの支配的解釈によれば、フッサールは以下のように論じていると捉えられている。ちょうど超越的対象が存在する構成された次元と、超越的対象に現出することを許す構成する次元との間を区別しなければならないように、作用が存在する構成された次元と作用に現出することを許す構成する次元との間を区別しなければならない。すなわち、作用は主観的時間のなかに存在する時間的対象であるが、主観性のいっそう深い次元によって、すなわち、内的時間意識の絶対的流れによって構成される。[24]この解釈を支えているいると読むことができるだろういくつかの箇所を引用することにしたい。

しかし、内的時間対象としてのあらゆる体験は、さしあたりそして根源的に内的意識に対して構成される。内的意識によって、体験は、原印象、把持、予持という流れのおかげで一貫する統一として意識される。[25]

あらゆる構成された体験は、生成の統一であり、時間性という形式において内的時間意識のなかで対象として構成される。[26]

体験、すなわち「何らかの物体的事物についての知覚」は、それ以外の体験と同じように内的時間のなかで意識されている内在的対象である。[27]

しかしながら、いっそう周到な吟味によれば、この説明は深く問題をはらんでいる。作用が内的意識に対して対象として原本的に与えられていると言うこと、あるいは、作用の原的所与を対象顕現と解釈することは、われわれをまさに反省理論の一変奏へと連れ戻す。作用顕現だけが主観－客観モデルに基づいて理解されるのではなく、作用はまったく自己所与されず、それ自体とは異なるなにかによって、すなわち内的時間意識によって所与へともたらされることが示唆されてすらいる。この説明は、自己意識を説明しない。つまり、それは問題を先延ばしにしたにすぎない。明らかに、内的時間意識がそれ自体自己意識を所有しているかいないかを尋ねるように強いられる。もしこの意識がそれ自体自己意識的であるということが否定されるならば、実際、背進は止まるが、第二章で繰り返し指摘してきたように、この説明はなぜ内的時間意識と作用の間の関係が自己意識に帰着すべきなのかを説明することができない。もし、答えが然りであるならば、どのようにして内的時間意識の自己意識が確立されるのかが問われねばならない。二つの可能性が開かれているように思える。第一、自己意識は作用が所与へともたらされるのと同じ仕方で生じることができるだろう。この場合には、無限背進に直面する。第二の可能性は、内的意識は潜在的かつ本有的自己顕現を所有しているということである。しかし、もしそうした類型の自己意識が存在することを承認するならば、なぜそれが主観性の最深のレヴェルに留保されるべきなのか、すでに作用それ自体の特徴ではないのかが合理的に問われるかもしれない。さらには、内的時間意識の絶対的流れがそれ自体自己意識的であると主張し、これが作用の所与から離れた、超えたなにかであると主張することは、自己意識の不要な増殖を扱うことである。にもかかわらず、これがまさしくソコロフスキとブラフがフッサールが取っているとみなす立場なのである。彼らの読解では、フッサールは作用を、無媒介的にそれ自体で、反省にすら先立って与えられる本格的な内的対象とみなしている。だから、もし黒いビリヤードの球の知覚についての反省を吟味するならば、以下のように言うことができるはずである。①黒いビリヤードの球は超越的対象として反省的に与えられる。②反省作用は内的対象として先反省的に与えられる。③知覚作用は内的対象として反省的に与えられる。そして最後に④こうした対象すべてがそれに対して与えられる流れもまたそれ自身を根本的な輝くことという仕方でそれ自身を顕わにする。したがって、反省は、一つの超越的対象と二つの内的対象を具えた三重の自己意識を現前呈示するはずである。(28) それはあまりに過剰であるように見える。②と④の区別が測りがたいだけではなく、②の性格づけもまた誤導的であるように思える。たとえもし先反省的自己意識を「周縁的形式の意識」とみなし、したがって、先反省的に与えられる内的対象を反省的に与えられる内的対象から、前者が単に周縁的対象(29)にすぎないことを強調することによって区別するとしても、これは問題を解決しないだろうし、すでに見てきたとおり、フッサール自身がその提案をまったくあからさまに拒否している

（一〇二―三頁を見よ）。

私は異なる解釈を、究極的に絶対的な流れと時間的に構成される作用の間のフッサールの区別を機能する主観性と主題化される主観性の間と、先反省的自己意識と反省的自己意識の間とのそれぞれの差異化に結びつけることを許すだろう解釈を提案したい。

意識の時間性について現象学的に語ることは、意識の時間的所与について語ることである。しかし、意識の時間的所与について語ることは意識の時間的自己顕現について語ることである。別様に提案することは、意識を具象化することである。もちろん、さまざまな類型の自己顕現とさまざまな類型の主観的時間性を区別することは必要かもしれないが、最初から、認識されるべきであるのは、フッサールの内的時間意識の探究は先反省的自己意識の時間性への探究からまったく離れていないということである。

フッサールの分析が直面する問題のうちの一つは、どのようにして無限背進を避けるかであった。しかしながら、絶対的流れ（あるいは内的時間意識）と志向的作用の間の関係を主観性のなかにある二つの根底的に異なる次元の間の関係であるかのようにみなすべきではない。フッサールは、志向的作用が内的時間意識のなかで構成されると主張するとき、作用が主観性の何か別の部分によって所与へともたらされると言っているのではない。内的時間意識は作用の先反省的自己意識であり、作用が内的時間意識のなかで構成されると言うことは、それはそれ自体のおかげで所与へともたらされるということを単に意味するにすぎない。それが内的意識と呼ばれるのは、作用それ自体の構造そのものに本有的に属しているからである。別様に述べれば、フッサールの内的時間意識の構造についての記述、（プルゥノァーの定式化を用いれば）把持と予持と一緒に原的に示すことの分析[30]は、われわれの作用と体験の先反省的自己顕現の構造の分析である。だから、フッサールの立場は比較的明確である。志向的作用は意識自体とは異なるものについての意識、すなわち、志向的対象についての意識である。作用が志向的であるのはまさに作用が異他顕現を許すからである。しかし、作用はまたそれ自身を顕現させる。対象は作用を通して与えられ、そしてもし作用についての**意識**がないならば、対象は現出できないだろう。だから、志向的であるのとは別に、作用はまた、一にして同じものを表す三つの異なる術語を挙げておけば、作用の「内的意識」「原意識（*Urbewußtsein*）」「印象的意識」によって性格づけられる。[31] 特定の志向的作用が論じられているのではなく、自己顕現という遍在的次元が扱われており、そしてまさしくこれこそが反省的自己**意識**に先立ち、反省的自己**意識**を基づけているのである。[32]

この原的自己顕現、この絶対的な体験することの本性をこれ以上特定することは可能だろうか。用いられた術語法、そして、けっして自我によって起動されず、統制や制御されない、非主題的、隠在的、無媒介的、受動的生起に直面しているという事実は、ある類型の受動的自己触発が扱われているということを示唆する。[33] この解釈は、時として、たとえば、自己触発を機能する自我の本質的、全般的、必然的特徴として語るC10草稿（一九三一年）や、私は不断に（*unaufhörlich*）私自身によって触発されると付言するC16草稿（一九三一－三三年）のなかで、フッサールによって採用されている。[34]

私は自己触発の問題に後でもっとはっきりと立ち返ることにしたいが、いまは、現出という通常の構造を欠くある種の自己触発を扱っていることが強調されるべきである。主観と客観の間にも、現出することの与格と属格の間にも区別は存在しない。反対に、それは、それなしには現出の与格について語ることが無意味であるだろうある種の自己顕現、根本的な輝き出ることである。もし私が自己**意識**的でないならば、なにものも私にとって現前的ではあることはない。[35]

この自己顕現の構造の分析は、フッサールの把持の二重の志向性、いわゆる横の志向性（*Querinten-*

tionalität）と縦の志向性（*Längsintentionalität*）についてのフッサールの高名な分析のなかでさらに仕上げられる。もしP(t)がある音の原印象であるならば、新しい原印象が現出するとき、P(t)は、把持$Rp_{(t)}$のなかに把持されている。しかしながら、表記法が明らかにするように、それは、把持されている意識的音だけではなく、原印象でもある。それぞれの把持は、先行する音を把持しているだけではなく、先行する原印象も把持している。すなわち、流れの現勢的位相は、たった今あった音を把持しているだけではなく、流れの過ぎ去った位相もまた把持している。[36] 前者がわれわれに持続する時間客観を体験することを許す、すなわち、時間位相の多様のなかにある対象の同一性の構成を説明するのに対して、後者はわれわれに時間的自己意識を提供する。

> まなざしは流れの絶えざる継続のなかで「合致する」位相を貫いて、音の志向性として、向かうことができる。しかし、まなざしは流れ、流れの区間、音の始まりから音の流れへの流れる意識の移行にもまた向かうことができる。把持という性質のあらゆる意識射映は、二重の志向性をもつ。一つは、内在的客観の、後の構成に役立つ志向性であり、われわれが（たった今感じた）音への「第一次想起」、あるいは、いっそう判明にまさに音の把持と呼ぶものと同じ志向性である。もう一つの志向性は、流れのなかのこうした第一次想起の統一にとって構成的な志向性である。つまり、把持は、それが、なお－意識（Noch-Bewußtsein）、引き留める意識であり、まさに把持、流れ去った音把持の把持と一緒になっている。すなわち、把持は流れのなかでのその絶えざる自己射映において絶えず過ぎ去っていった位相についての絶えざる把持なのである。[37]

流れの、対象の持続の構成が横の志向性と呼ばれるのに対して、それ自身の流れる統一（についての）流れの意識は縦の志向性と呼ばれ、[38] 後者は志向性という名を担っているけれども、もし万一それをある類型の対象志向性と同定したならば、それはフッサールの理論についての決定的な誤解に等しいだろう。[39] 縦の志向性についてのフッサールの説明は、反省理論の誘引力に屈さず、事実、意識の先反省的自己顕現の分析なのである。意識は、この自己顕現によって性格づけられるがゆえにこそ反省理論の無限背進を免れることが可能なのである。「内在的な時間構成する意識の流れは、単に存在するだけではなく、そのなかで必然的に流れの自己現出が存立していなければならず、それゆえ流れそれ自体が必然的に流れることのなかで把握可能でなければならないという非常に注目すべきであるが、やはり理解可能な仕方で存在している。流れの自己現出は第二の流れを必要とせず、現象として、流れはおのれを自己自身のうちで構成するのである」。[40]

『内的時間意識の現象学』からのこの中心的箇所は、フッサールの批判者によっても見逃されてはこなかったが、しかし、それは、たとえば、ブレンターノの説明のなかに内在する誤りを単に再生産するにすぎないという論証に遭遇した。[41] クラーマーはこう論じる。もし意識流が自己現出によって性格づけられるならば、必然的にさらなる問いを、すなわち、流れがそれ自体に対して現出するときに現出するものが何であるかを問わねばならない、と。クラーマーによれば、唯一の可能な答えは、流れはそれ自体に対して、自己現出する流れとして現出するのであり、その背景を基に、彼はこう主張する。自己現出という概念は過剰であり、その説明は循環である、と。ブレンターノの理論は自己意識を（第二次）客観意識とみなしたので、この批判の異種は、ブレンターノの理論ということになれば適切であるように見えたのに対して、フッサールということになれば、私はその適当さを確信してはいない。一方で、クラーマーはフッサールの自己現出概念をある種の「疑似知覚」[42]とはっきりと同定しているが、それによってフッサールの説明とブレンターノの説明の決定的差異の一つを見逃している。他方で、クラーマーは、根本的現象独自の説明としての**自己意識**理論がそもそも提供するのを妨げられるだろうなにか——すなわち、現象の、**自己意識**なしのいっそう基本的な要素への解体——を**自己意識**理論から期待しているように思える。

もし二つの解釈を比較するならば、フッサールの時間意識の分析はその出発点を内在的時間客観についての意識の分析に取っているということに異議はない。しかし、その場合、その解釈はすでに分岐している。標準的解釈はこう主張する。内在的音の意識についてのフッサールの分析は、主観的体験についての、すなわち、音を感覚することについての意識の探究であり、感覚された音それ自体についての意識の探究ではない。だから、まさに始めからフッサールは時間的自己**意識**を探究しているのである。したがって、横の志向性についてのフッサールの分析は、持続する体験と志向的作用についての（先反省的）**意識**の仕方についての分析であると捉えられるが、それに対して、縦の志向性についての彼の分析は、絶対的流れの自己所与についての分析なのである[43]。すなわち、絶対的流れの顕現についてのフッサールの分析は付加的で、いっそう深く、いっそう基本的な形式の自己顕現の分析であると捉えられているのである。

私は、体験の先反省的所与と流れのいっそう深い自己所与との間の区別の意味を理解することができないので、異なる読解を提案している。私の見るところでは、内在的音についてのフッサールの分析は、志向的相関者の、すなわち、感覚することよりもむしろ感覚されるものの時間的所与の分析である[44]。フッサールは、機関車の汽笛のような、超越的音よりもむしろ内在的音について語ることを選ぶ理由は、焦点を（原）対象の時間的所与から対象の体験の時間的所与へと変えることを望むからではなく、単に厳密に対象の時間的次元に焦点を当てることを望むからであるにすぎない。もしヴァイオリンの響きの所与の分析からはじめていたならば、相互主観的に与えられた空間時間的対象の構成についてただちに説明しなければならなかっただろうし、彼の分析がまさしくそれをすることを究極的にはねらっているにもかかわらず、それはあまりにも複雑すぎる出発点であっただろう。だから、フッサールの最初の問いはこうである。われわれはどのようにして持続する（原）対象を体験するのだろうか。この問題の分析を通して、彼はいっそう根本的な問いへと導かれる。どのようにして時間客観それ自体の体験は与えられるのか。まさにこの点でだけ、自己意識という争点が導入されるのである。流れの自己所与についてのフッサールの探究は、まさしく作用の先反省的自己顕現への探究であり、何らかのさらなる付加的自己意識の分析ではない。だから、私はこう考える。横の志向性についてのフッサールの分析は、持続する志向的（原）対象を体験する仕方の分析として意図されているが、それに対して縦の志向性についてのフッサールの分析は、こうした志向的対象の体験の原的自己顕現についての説明として意図されている、と。

諸々の異なる形式の時間性

これまで私は作用の先反省的自己意識と絶対的流れの非対象化的自己顕現は一にして同じものであると論じてきた。しかしながら、時としてフッサールは事実、まさにこう主張する。作用は主観的時間における時間的対象として与えられる、と。しかし、どのようにこの立言は理解されるべきなのか。どのようなときに、意識は自己自身に対して時間的対象として現出するのか。もしかしたら、以下の問いに答えることによって争点を明らかにすることができるかもしれない。どんなときに、何かを対象と呼ぶ権利があるだろうか、すなわち、どんな時に何かを対象として体験するのだろうか。フッサールによれば、何かが最小限の種類の超越を所有していると体験されるときにだけそれは対象として体験される。もし何かが諸々の射映の多様における統一として、差異を貫く同一性として、すなわち、その現勢的現出を超越するものとして体験されるときにだけ、われわれは対象を扱っている。今体験しているものが以前に体験したものであると認知したときにこそ、変化する体験を貫くその同一性を保持している超越的な何かに直面していることを認知するのである(45)。

この定義は内在的対象の現実存在を排除しない。空間時間的対象とは対照的に内在的音与件は、共現実存在する射映《プロフィール》の多様をもたない——それぞれの瞬間に一つしかもたない——けれども、時間的延長をもち、したがって一連の変化する時間的位相において現出することができる(46)。このことがわれわれに現出と現出するものの間を区別することを許し、したがって、内在的音をその時間的位相の流れにおける統一として、差異を貫く同一性として、すなわち、対象として体験することを許すのである。

時として、フッサールはこう論じる。顕在的な同一化作用を実行するときにだけ対象に直面する、と(47)。もしこう言えたならば、確かに、体験は内的時間的対象としてすでに先反省的に与えられていたと提案することは確かに本末転倒だっただろう。しかし、フッサールは、対象の作用超越的同一性は、同一化綜合を遂行するときにのみ、すなわち、さまざまな作用の対象が関係づけられ、比較され、同じものとして同定される綜合を遂行するときにだけ主題的に与えられると主張している点では正しいかもしれないが、先述定的かつ先カテゴリー的レヴェルでの、受動的類型の同一性融合という概念のための余地もまた確かにない。いくつかの異なる現出を一にして同じ対象の現出であると捉えることは、感性的綜合の結果であり、すなわち、感性の能作であり、時間意識の隠在的「認知の綜合」であって[48]、知性的な同一化の過程ではない[49]。

私の志向的作用は、差異を貫く同一性として与えられるとき、時間的位相の多様において明晰に分画された持続する統一として、繰り返し立ち戻ることができる時間的場所を具えた何かとして与えられるとき、時間的対象として与えられる。フッサールが述べるように、われわれの体験が内在的時間の中に位置づけられるときに、われわれは、自己対象化を扱っているのである[50]。しかし、問いを繰り返しておこう。どんな時にこの自己対象化は生じるのか。一つの可能性は、時間的対象としての作用の構成は把持的変様の自動的成果であると主張することである。例えば、この解釈は、フッサールが次のように書いているC5草稿に支持を見出す。「原現前の原現象的流れることにおいて、この生自体は自己を超越し、内在的時間を、その過去と未来を具えた体験流を構成する」[51]。手短に言えば、時間化（*Zeitigung*）は、自己存在者化とみなされるべきである。以前の原印象が把持によって把持されるときにこそ、作用は時間的存在者として構成されるのであり、それゆえ把持的継起全体は、内在的、すなわち、構成された時間において現実存在するものとみなされねばならない[52]。

しかしながら、この理論もまた諸々の困難に直面する。把持的変様がそれ自体時間的対象としての作用の構成であると主張することは、体験の現勢的位相と把持的に沈降する位相の間の関係をある種の対象化的、反省的自己意識として解釈することである。数多くのすでに馴染みの理由で、これは容認できない説明である。しかし、それはまたフッサール自身が——先に引用した箇所にもかかわらず——拒否しているように思える理論である。彼は、原印象と把持的地平とからなる、生ける現在を具えた機能する自我を、対象化された意識の時間的体系から区別することが必要であると指摘するだけでなく[53]、把持は体験の過ぎ去った位相を対象に変えることはないとも述べている。彼は、受動的に把持されるものは先存在者的であり続けると述べている。つまり、彼は原印象の継起が時間的継起であることを否定しており、そして、流れの統一は流れ自体のなかで疑似時間的秩序として把持的変様の連続性によって構成されると書いている[54]。

　しかし、この場合に、問題は残り続ける。どんな時に、意識は自己自身に対して時間的対象として現出するのか。私の提案はまったくもって単純である。われわれは、反省という通常の作用においてであれ、想起における特定の反省であれ、反省するときにだけ、作用を時間的対象として体験する。これが起きるとき、作用の同一性は差異を貫いて所与において現出する。もし私が昨日の私の喜びを想起するならば、私が昨日した体験そのものをこそ私は今想起し、再現前化しているのである。体験の同一性は時間的所与における変化を貫いて確立される。もし私が私の現在の知覚を反省するならば、知覚は先反省的所与と反省的所与のそれぞれにおける差異を貫いて同一的であり続けるものとして与えられる、すなわち、非主題的に以前に体験されたものと同じものとして与えられる。われわれが二つの異なる作用、反省するものと反省されるものの間の関係に直面する反省においてのみ、後者は前者に対して超越として現出することができる。ただ一つの体験しか存在しない先反省的レヴェルでは、それ自身との関係において超越として現出することができないので、体験は時間的対象として現出することができない。

　意識流についての原本的先反省的意識は、統一についての体験であり、ただ反省的にだけ、流れのさまざまな契機は判別される。原本的には、意識は細切れにされて自己自身に対して現出しはしない。意識はつなぎ合わされるものではない。つまり、意識は単純に流れるのである[55]。ミカルスキーが述べるように、一つの作用を分離することは一つの独立した要素を他の要素から引き離すようなことではなく、むしろ一つの全体から生地の断片を引きちぎるようなものであり、それによってボロボロになってしまう[56]。二つの作用の間の関係は同じ列車の二台の車両によりも同じ流れのなかの二つの波の間の関係にむしろなぞらえられねばならない。「意識は一つの統一である。一つの作用はそれ自体では無であり、意識流のなかの波なのである」[57]。ただ特別な統握のおかげでのみ、つまり、作用が主題化されるときにだけ、作用は主観的時間のなかの持続する対象として構成されるのである[58]。反省するときに、新しい時間的形式が体験に課せられ、体験は主観的対象となり、継起的時間へと措定あるいは挿入される。ブラントを引用するところである。「生ける流れる現在が自己自身へと回帰することによって、「流れる意識」へと存在者化される。すなわち、生ける流れる現在は自己自身を主題にし、いまや、今、たった今あった、到来するという可能的な区別に従って、同時にその契機と合致において構造化された自己自身を見るのである」[59]。したがって以下の図式に達する。

絶対的流れ——機能する主観性——先反省的自己意識
主観的時間——主題化される主観性——反省的自己意識

幸いなことに、フッサール自身がまさにこうした説明を選好しているように思える箇所を見出すことは難しくない。『内的時間意識の現象学』の第三七節で、フッサールはこう書いている。知覚的作用あるいは知覚的意識は内在的時間のうちにはなく、構成された時間的統一ではなく、自己時間化、流れる体験することそのものの継起あるいは波動である、と[60]。同じ巻の附論テクストでは、こう書いている。「したがって、感覚は、それが(内在的に持続する赤、音など、したがって感覚されたものではなく)意識と理解されるならば、同様に、把持、再想起、知覚などと理解されるならば、非時間的、つまり、内在的時間のなかにあるものではない」[61]。しかし、フッサールは、作用(知覚、再想起、予料、想像、判断などであれ)は、絶対的に構成する意識として自己自身を開示するが、内在的に与えられる時間的対象としてではないと主張するのに対して、同じ作用そのものが主観的時間のうちで持続と時間的位置とを伴って反省の対象として現出するとまったくはっきりと書いてもいる[62]。一九一七年の草稿には、以下の定式化が見いだされる。「究極的意識は、反省するまなざしがそれに対して向けられる以前の、根源的流れにほかならない」[63]。同じような調子で、フッサールは、時間のなかにある反省される極を、時間のうちにない生ける機能する極から区別する必要があると書いている[64]。

したがって、区別されるべきであるのは、体験の先現象的存在、体験への反省的対向に先立つ体験の存在と、現象としての体験の存在である。注意する対向と把握とを通して体験が新しい存在の仕方を得ると、体験は「区別された」「際立たされた」体験になり、この区別することがまさにほかならぬ把握するはたらきであり、区別されたことがほかならぬ把握されてあること、対向の対象であることなのである[65]。しかし、自我と意識についての私の主題的経験はそれなりの仕方で継続妥当——持続する存在、内在的なものの存在——の創設である[66]。

当然それによって流れが対象的になる「統覚する」自我があると言ってはならない。しかし、単なる流れることはまさに考察するはたらきなどを通してはじめて対象的となり、「再三再四」という可能力性を通して対象的になる。流れる存在の「先‐存在」はまさに「どんなときにも」対象的になることができ、そのようにしてだけ超越論的に記述することができる。(67)

明らかに、この立場はいくつかの問いを生じさせる。私が第一〇章で立ち返り、答えようと試みることになるそれらのうちの一つはこうである。もし反省が先反省的体験の所与を変えるならば、どのようにしてわれわれはその先反省的構造への洞察に達することができるのか。判明することになるように、さまざまな類型の反省の間を区別することが必要である。反省はわれわれに差異化し、判別し、分画することを許すが、この差異化は必ずしも外側から課せられず、必ずしも当該の体験にとって異他的ではない。

異なる問いは主題化された作用の時間性と生きられる意識の時間性の間の関係にかかわる。これまで、私は、われわれの作用が主観的時間のなかの内的対象として先反省的に与えられることを否定してきたが、これは、作用の顕現が厳格に非時間的であると言っているのではない。反対に、たとえ体験の継起的時間への挿入が流れることとそのものの自動的成果であるだけではなく、特定の対象化的能作の結果でもあることが承認されても、(68) 先反省的顕現そのものがある種の流れる統一化を含むことを否定するのは難しい。すなわち「この統一は原的には流れ自体の事実によって構成される。つまり、その固有の存在は、およそ存在するだけではなく、体験統一であり、(それ自体は注意されておらず、流れを豊かにするが、考察されるべき流れを変えず、「固定し」、対象的にする)注意する光線が流れへと向かうことができる内的意識において与えられているのである」[69]。

究極的には、反省は時間的地平の構成を前提する。反省は流れの脱自的統一なしには不可能だろう。反省が始まるとき、反省は、たった今過ぎ去った何か、つまり、流れの先反省的位相を動機づけるものを初めて把握する。この位相を後続の反省によってなお主題化することができる理由は、それが消失しない、すなわち、生ける現在から切り離されず、把持を通してそれと統一され続けているということである。しかし、当該の統一は時間的対象の統一ではなく、同一化や存在者化の産物ではなく、流れることとの受動的綜合を通して確立される生きられる統一である[70]。体験が生じるとき、それは流れのなかに変化することのない位置を自動的に獲得する。私は、作用がすでに位置をもった場合にのみ作用を再想起によって位置づけることができる。時が経過するにつれて、それはますます離れていくが、その時間的位置を永遠に保ち続けることになる。作用は、それに先行した作用の後にあり続け、それの後に続く作用に先立ち続ける。私はこのことも、作用が本有的に時間的であるという事実も否定しない。しかし、私は、作用が別個の持続する対象として、生じ、持続し、消失する対象として先反省的に与えられることは否定する。だから、生ける流れの受動的自己構成、自己時間化、自己統一と後続の反省的対象化との間を区別しなければならない。「直観の位相は、相互に連続的に移り行くが、この連続性は同一性の流れを客観化する反省的知覚においてのみ与えられる」[71]。

これまで、私は、二つの異なる類型の先反省的自己意識の間、作用と体験の構成された所与と、絶対的流れの自己顕現との間を区別する試みに反対の論を唱えてきた。体験することとの絶対的流れは、単純に体験の先反省的自己顕現である。しかしながら、こうした論点を打ち出すことは、単一かつ一過性の作用と体験することのもつ不変の次元の間の差異、体験（*die Erlebnisse*）と体験するはたらき（*das*

Erleben）の間の差異を強く主張するためのもっともな理由があるということを否定することではない。[72] 結局、私が今過ぎ去った喜びの体験をもっていたと言うことは完全に意味をなす。私はそれについてまったく完全に忘れてしまい、それをずっと後になって思い出すことができるだけかもしれない。しかし、作用が過去になり不在になることがあるのに対して、現在と不在を許す自己顕現の次元はそれ自身過去や不在になることはない。われわれが数多くのさまざまな体験を生き抜くのに対して、われわれの自己**意識**は変化しない次元としてあり続けている。ジェームズによる印象的なイメージを用いることにしよう。自己**意識**は、滝にかかる虹のように、それを貫いて流れる出来事によって変えられない自身の性質を具えたまま恒久的にある。[73] 換言すれば、通時的パースペクティヴを採用するとすぐに、生ける現在（*lebendige Gegenwart*）の厳格な単一性を変化する体験の複数性から区別することは適法的であるだけでなく、極めて適切になる。[74] クラヴォンによる鮮やかな定式化を用いれば、後者はその〔単一性の〕中で露出する。[75] 一人称的所与というこの領野のなかでのそれらの暴露こそがそれらをわれわれのものにする。そして、もちろんこの暴露はそれらの存在にとって偶然的ではなく、それらを意識的な主観的体験にするものなのである。

しかし、今一度、さまざまな体験がそれに基づいて後で入ってくる自己顕現の空虚なあるいは純粋な領野を想像することは根本的に誤導的だろう。絶対的流れはそれ自身の自己顕現をもたないが、体験の自己顕現そのものである。すでに言及したように、フッサールは作用を自己時間化する流れる体験そのものにおける波と呼んでいる。反省に先立つ、内的対象についての**意識**は存在せず、作用の所与と流れの自己顕現の間に区別は存在しない。体験の先反省的自己**意識**は流れの永遠の自己顕現である。それらは一にして同じである。内的時間意識は単純に作用についての先反省的自己**意識**を表す名前にすぎず、この流れる**自己意識**はそれ自体志向的作用でも、時間的統一や内在的対象でもなく[76]、意識に本有的な遍在的次元である。持続する志向的作用にとってと同じように、それらは流れから分離することができない。なぜなら、それらはそれ自身の反省的自己顕現にほかならないからである。すなわち、体験することの絶対的流れと反省的に主題化された作用の構成された流れとは二つの別々の流れではなく、単純に一にして同じ流れの二つの異なる顕現にすぎない。だから、フッサールはこう書くことができる。「われわれはこう述べる。私は私の生においてある私である。そして、この生は体験することであり、そのなかで何かが経験されるかぎりでその反省的に個別的に際立たせることができる成素部分が正しく「体験」と言われる、と」[77]。内的時間意識を通して意識流（先反省的**自己意識**）、主観的時間における分画された時間的対象としての作用（反省的**自己意識**）、客観的時間における超越的対象（志向的意識）が**意識**されるのである。

フッサールは、現在の変わることのない形式としての（立ちとどまる今としての）絶対的な、時間構成する意識と、絶対的流れとしての時間意識について互換的に語っている[78]。どちらの記述を選択するかにかかわらず――そして、究極的には両者はこの次元の独自の所与を捕らえようとする試みであるが――なぜ絶対的流れを時間的対象であったかのように語ることを回避しなければならないだけではなく、流れを時間的に別個の作用、位相、要素の継起として解釈することを回避しなければならないかは明らかであるはずである。

> この流れる生ける現在は、それ以外にもすでに超越論的‐現象学的に意識流あるいは体験流と呼ばれているものではない。それは、時間的延長の統一において連続的‐継起的個体的現存在をもつ（その区別可能

な区間と位相においてこうした時間形式によって個体化する)、本来的に時間的な(あるいはまったく時間空間的な)全体として、比喩による「流れ」ではおよそない。流れる生ける現在は「連続的な」流れている存在であるが、やはり相互外在における、空間時間的(世界空間的)延長における、「内在的」‐時間的延長における存在ではない。したがって、相互継起――本来的にそのように名づけることができる時間における位置の相互外在という意味での相互継起――を意味する相互外在における存在ではない。[79]

内的時間意識はその語のもつ経験的意味においては時間的ではありえず、心的状態の継起へと還元することはできない。そうした継起はわれわれに継起を意識することを可能にしないだけではなく、この継起等々を意識することができるだろうなお別の意識を要するだろうし、そして、無限背進は回避することができないだろう。[80] フッサールが書いているように、時間構成する現象について、それらが現在である、それらは持続している、それらは相互に継起している、あるいは共現在的であるなどと言うことは意味をなさない。手短に言えば、時間構成する現象は、経験的対象がそうである仕方で「現在」「過去」「未来」ではない。[81] 内的時間意識は、体験することの領野であり、顕現の領野であり、三つすべての時間的次元を含んでいる。この体験することの領野の構造(原印象‐把持‐予持)は時間的には延長していない。把持と予持は原印象に対する過去や未来ではないし、「同時」がその普通の意味で用いられているかぎりで、同時でもない。それらは原印象と「共に」あるいは「共‐現勢的」にある。

究極的には、構成する時間意識の構造は、それが構成するものに由来する時間的概念を用いて十全的に把握することはできない。だから、ある一定の仕方で内的時間意識は非時間的であるが、[82] 時間内的ではないという意味においてのみそうなのである。時間構成する意識は時間のうちにはないが、単に時間についての意識でもない。つまり、それはそれ自身時間性の形式なのである。(83) 時間性は意識の構造基盤を構成している。意識は、本来時間的であり、時間的なものとしてこそ自己自身を先反省的に意識するのである。だから、体験することの領野は時間的位置も時間的延長ももたないし、存続もしないし、けっして過去にもならないけれども、静態的に超時間的な原理ではなく、ある一定の時間的密度と分節化と可変的幅を具えた生の脈動であり、すなわち、ララビーが述べるように、伸び広がっているかもしれない。(84) 事実、伸び広がるという比喩は、時間的脱自の性格づけとしてのみ適切であるだけではなく、縦の志向性についての記述としても適切であるかもしれない。なぜなら、それは、流れを変化する印象、切片、位相の継続や継起として潜在的に誤導的かつ自然化的に語ることを回避するからである。

顕現の絶対的次元として、内的時間意識は現在化（原印象）と不在化（把持‐予持）の脱自的統一である。(85) これが内的時間意識に時間的持続を具えた対象を構成することを許すものであるが、これはまたそれ内的時間意識に（まったく異なる仕方で）自己自身をその伸び広がることそのものにおいて開示することを許すものである。意識の自己顕現は、時間的地平をもつ。そうした類型の脱自だけが、あるがままにあること、生ける現在、流れる自己顕現は自己意識であることを許すのである。その類型の基盤構造だけが時間的自己意識、反省と想起を許すのである。

デリダ——把持について

内的時間意識についてのフッサールの分析は解決されていない問題点を残している。それにもかかわらず、私は、（一）フッサールは自己意識の本性の究明を現象学にとって決定的に重大であると捉えていること、(二)彼は先反省的時間的自己意識概念を扱っていること、(三)彼はそれに差異化される基盤構造を帰していることが明らかになったと望んでいる。

フッサールの説明によって生じる問いのうちの一つは、縦の志向性という概念にかかわる。もし意識の自己顕現が把持的変様を通して生じるならば、たった今過ぎたことについてしか自己意識しないのか。意識は初めは無意識的であり、把持される瞬間に初めて自己意識を獲得するのか。この問題に光を投げかけるために少し焦点を拡張することにしたい。

ある一定程度まで、自己意識の明確化へのデリダの寄与は、現前という概念を掘り崩すとまでは言わないにしても、問題化しようとする彼の粘り強い試みのなかに位置づけることができる。伝統的形而上学は存在を現前における同一性と定義した。しかし、フッサールの現象学はこうした現前の形而上学の概念的枠組みを超えていこうと試みたけれども、デリダによれば、実際にはけっして成功しておらず[86]、同一性が差異よりもいっそう根本的であり、近接が距離よりもいっそう原本的であり、現前はあらゆる種類の不在と否定性に先立つと確信し続けている。これは、直観的自己所与として定義される、明証――真理と妥当性の尺度――概念を現象学が使用していることからだけではなく、純粋な自己現前、すべての類型の外在性から純化された、自己充足的内在とみなされる超越論的主観性の理解からも明らかである[87]。

今や、デリダは、主観性の自己現前を含めて、けっして原本的でも単純でもない、すべての意味、存在、顕現が、差異化という還元不可能な過程の産物であり、それゆえつねにすでに他性への関係を与えられているということを立証しようと試みる。この立証が説得的であると証明されるべきならば、フッサールの論証、そして現前の形而上学の基礎全体が脅かされるだろう[88]。

フッサールが絶対的主観性をすべての類型の外在性と他性とから純化された自己充足的内在とみなしているというデリダの主張は極めて問題のあるものであるが、デリダのその後の批判が彼のフッサール読解に決定的に着想を得ていることに注意しておくことは関心を引く。フッサール自身の分析、とりわけ内的時間意識の構造についての反省こそが、デリダによれば、単純な現前の自己同一性について語ることが不可能であることを明らかにしたのである[89]。把持によって演じられる役割についてのフッサール自身の探究こそが原理のなかの原理の十全性についての深刻な疑いを生じさせたのである[90]。

デリダによれば、もし原印象が単純かつ完全に自己充足的根拠と源泉であったならば、把持と原印象の間の関係を理解すること、絶え間ない把持的変様を認識することは不可能だろう。原印象は時間的密度をつねにすでに与えられており、把持的変様は原印象への後からの付属物ではなく、原印象に組み込まれた部分である。単純で、分割されていない統一であるよりもむしろ、自己意識は原本的複合性によって、歴史的遺産によって性格づけられている。現在は、把持的変様のおかげで現在として自己自身に対して現出することができるにすぎない。現前は差異化である。つまり、現前は不在と結びついてのみある[91]。「そうするとすぐにわかるのは、知覚された現在の現前がそのようなものとして現出することができるのは、それ〔現前〕が非現前と非知覚、すなわち、第一次想起と第一次予期（把持と予持）と連続的に組み合っているかぎりでなのである。こうした非知覚は現勢的に知覚された今に場合によって付け加わり、随伴するのではなく、その可能性に不可欠かつ本質的に参与しているのである[92]」。

したがって、空虚なアプリオリな可能性であり、理論的限界事例である純粋な原印象と、発生的に複合的なものとしてそれ自身に対して現出するにすぎない現象学的現在とを区別することが必要であることが証明される。原印象のようなものがなければならないと推論されるかもしれないが、原印象はそれ自体としてはけっして体験されない。原印象は、意識によって固定することができるよりも前につねに過ぎ去ってしまうことになる。点的であることと体験可能であることとは排他的規定である。だから、あらゆる自己意識的体験は把持を、すなわち、還元不可能な過去という他性を含んでいる。[93] これが、超越論的、すなわち、構成的意義を自己意識における非現前に帰すことが必要な理由である。[94]

いっそう正確には、自己現前は、原印象と把持の間の親密な関係のために、今と非今の間の原的差異あるいは織り合わせとみなされねばならない。意識は、まったき、即自的自己現前においてはけっして与えられないが、今と非今の間の差異を貫いて自己自身に対して現前する。自己意識は、把持的痕跡のおかげで可能なのである。自己意識は非同一性を背景にして出現するのであり、不在という他性によって取り憑かれており、つねに異他化を前提する。[95] レヴィナスの言では、主観性の自己顕現は時間的位相散逸を含意する。つまり、それは原的破砕を貫く自己現前なのである。[96]

原印象と把持とに共通の原初性の地帯における今と非今、知覚と非知覚のこうした連続性を認めるのだから、瞬間（*Augenblick*）の自己同一性へと他を迎え入れられる、すなわち、瞬間の瞬きへと非現前と非明証とが迎え入れられる。瞬きの持続が存在する。そして、それが目を閉じるのである。この他性がまさに……現前の条件なのである。[97]

主観の自己自身との絶対的同一性において、時間的弁証法は他性をアプリオリに構成する。主観は根源的に同と他の緊張として現出する。「自我」の絶対的内在の核心にある超越を創設する超越論的相互主観性という主題がすでに要請されている。志向的意識の客観性の最終的基礎は「自我」の自己自身への親密さではなく、時間あるいは他、本質に還元できず、理論的主観から異他的で、それに先立ってつねに構成されるこの二つの形式であるが、しかし、同時に自己の構成と自己の自己への現前の可能性の唯一の条件なのである(98)。

こうした反省は、時間的に分節された自己意識を絶対的非関係的自己合致と宥和させることの困難さを確かに証言している。しかし、その反省にはいくつかのかなり気がかりな含意がある。意識の把持的自己顕現は先反省的かつ非対象化的であるけれども、意識がありのままにではなく、たった今あったものとして自己自身に対して現出するので、遅れてもいる。だから、主観性の核には盲点があるように見える、すなわち、現在化の領野は根本的不在を軸として展開されている。最初、意識は無意識的であり、そして把持的変様を通して後から（*nachträglich*）自己意識を獲得する(99)。

デリダの反省は自己意識の本性についての説明を意図しているかぎりで、第一章と第二章でのわれわれの議論に基づいて容易に見破られるいくつかの問題に直面している。

一見すると原印象と把持の間の関係についてのデリダの記述は幾分誤導的であるように見える。原印象と把持の間の関係は内的差異化の問題として性格づけられるかもしれないけれども、それを「遅れ」や「不在」のような術語によって性格づけることは、厳密に言えば、間違いである。先に指摘されたように、把持と予持は原印象に対する過去や未来ではない。それらは原印象と「共に」あり、したがって、伸び広がった意識の自己顕現は原印象‐把持‐予持というまったき構造を所有するのである。だから、把持ではなく、把持において与えられるもの、すなわち、把持されるものこそが、過去や不在なのである。それにもかかわらず、デリダの性格づけは、縦の志向性に向かうときに、ある一定の適切性を保持する。こうした脈絡においてこそ――的外れで潜在的に誤導的であるが、実践的には回避不可能な定式化であるけれども――流れの沈みゆく位相を把持する流れの現勢的位相について語ることができるのであり、これを背景にしてこそ、時間的自己顕現は原的破砕を貫いて生じると主張できるのであり、それは過去という他性を含むと主張できるのである。

しかしながら、もし意識の自己顕現が把持的変様において、把持的変様を貫いて生じるならば、流れのたった今過ぎた位相についての自己意識のみがあることになるだろう。つまり、意識の最初の位相は、それが把持されたときにだけ意識されることになる。しかし、どのようにしてこれは、体験が生起するときに、事実われわれの体験が意識されるというわれわれの確信と合致するのか。そして、もし過去を対照させる現在のようなものを意識することなしに、いったいどのようにして何かを過去として意識することができるのか。もし自己現前が把持と原印象の間の差異においてしか構成されないならば、この差異を説明するものは何も残されないことになる、あるいは、いっそう正確には、この差異についての体験を説明するものは何も残されないことになる。それは体験的基礎を伴わない単に要請された差異にすぎないだろう。だから、自己意識は無意識的差異の産物に究極的にはなることになる(100)。

自己現前の領野の拡張に至るよりもむしろ、把持の役割についてのデリダの記述は自己意識の可能性を内側から掘り崩す恐れがある。自己意識は独特の顕現ではなく、無意識的構造的差異の脱中心化するはたらきの産物であると主張することは、基本的に、反省理論の問題すべてと今一度直面することである。

フッサール自身はこうした問題に十分に気づいていた。彼はデリダの考え方を予料していたし、彼はそれを時として真剣に考察していたけれども(101)、究極的かつまったくはっきりとそれを拒絶したのである。

おのれを構成する体験の始原の位相はどうなっているのか。それもまた把持に基づいてのみ所与に至るのか、それに把持が続かなかったならば「無意識的」だったのだろうか。それに対しては次のように言うことができる。始原位相が客観になることができるのは上で挙げた仕方でそれ〔始原位相〕が経過した後でのみ、把持と反省（ないしは再生産）による。しかし、それ〔始原位相〕が把持によってのみ意識されたならば、それ〔始原位相〕に「今」としての卓越を付与するものは理解できないままだっただろう。それ〔始原位相〕は、その変様とは先行してもはや把持的には意識されない位相としておそらく否定的に区別することができただろう。しかし、それ〔始原位相〕は、実際意識的には終始積極的に性格づけられている。後になってはじめて意識されるだろう「無意識的」内容について語ることはまさにばかげている。把持的位相が、それを対象にすることなしに、先行する位相を意識するように、すでに原与件もまた――しかも「今」という独特の形式において――対象的であることなしに意識されている。[102]

だから、フッサールの分析は意識が把持を通してのみ**自己自身を意識**するようになるということを含意することを意図していない。フッサールははっきりとこう強く主張している。把持的変様は、意識がそれ自体自己所与的であるがゆえにのみならず、無意識的内容の把持が不可能であるがゆえに、印象的（原的、原本的、無媒介的）自己顕現を前提とする、と。[103] 把持は、たった今現出したものを把持し、もし何も現出しないならば把持されるものは何もない。[104] だから、把持は**自己意識**を前提する。この**自己意識**こそが、$P(t)$が$Rp_{(t)}$に変貌した時に把持的に変様されるのである。音はたった今あったとしてのみ与えられるのではなく、たった今あったと体験されたとして与えられるのである。[105]

こうした明確化が印象的自己顕現と縦の志向性の間の関係性についての最終的評言を許す。二つの独立した別々の類型の先反省的自己意識が扱われているのではなく、同じ基本的現象の二つの異なる記述が扱われている。すでに言及されたように、フッサールは縦の志向性という術語を意識の絶対的自己顕現を明示するために用いているが、この自己所与は単に過ぎ去る位相にかかわるだけではなく、無媒介的印象的自己顕現から出発するのである。逆に、この印象的自己顕現は把持的に与えられるものを含むまで伸び広がる。フッサールはこう書いている。「印象的意識は、この観点では、なお生ける把持が届くまで広く見積もられる(106)」。

アンリ――印象性について

デリダは、フッサールが、把持的変様という彼の発見のもつまったき含意を引き出しそこなったと論じたのに対して、アンリには、まったく反対の批判、つまり、フッサールはあまりにも大きすぎる意義を把持の働きに帰属させたという批判が見出される。

フッサール以後の現象学が内在と超越の間の関係についてのフッサールの説明のなかの不均衡であると思われるもの、つまり、外面性の無視を矯正しようと概して試みたのに対して、アンリはフッサールを十分に根底的かつ純粋なやり方で主観性の真の内面性をけっして開示することをやり遂げなかったと非難している。だからアンリによれば、フッサールの現象学の基本的問題は、内在から自由になることがどうしてもできなかったことではなく、反対に、外的要素をこの内在についてのその分析に導入し続けたことなのである。アンリは次のように述べさえする。フッサールを純粋内在の哲学を唱道してきたと非難するのは紛れもなくばかげている。なぜなら、フッサールは地平性から自由になった現前をけっして考えようともしなかったからである[107]。

アンリは、つねに印象によって触発されているという意味においてではなく、意識の存在そのものが意識の印象性によって、すなわち、純粋かつ無媒介的自己顕現によって構成されているという意味において、意識を徹頭徹尾印象的であると捉える[108]。すでに見てきたように、フッサールは類似した立場を唱道する。彼もまた印象的自己顕現という概念を扱い、われわれの体験は、体験を印象されたものとして意識するという意味で印象であると主張する[109]。しかし、フッサールは、印象性が自己顕現の基本様態であることをまさに認識していたけれども、アンリはフッサールをこの印象性を時間的流れのなかで構成される類型の顕現であると捉えていると非難する[110]。すなわち、印象性を真に内在的、非地平的、非脱自的自己顕現とみなす代わりに、フッサールはそれを内的時間意識における所与として、すなわち、原印象－把持－予持という脱自的－中心化的構造において本有的に捕らえられる所与として扱う。しかしながら、アンリによれば、この構想は印象性の正しい理解にとって破滅的である。それは、原的自己顕現が把持的に媒介されていることを含意し、したがって、印象性に裂開と、印象性の本性にとって完全に異他的な外面性とを与える。「この瞬間から、確かに、内的時間意識における印象の脱自的能与は、印象性における自己能与に取って代わり、印象の問題は見失われる[111]」。こうした背景から、アンリもまた原印象と把持の関係についてのデリダの解釈に強く反対することはほとんど驚くべきではない。前者の自己顕現は後者の介入のせいであり、主観性は時間的射映において自己現前を獲得するにすぎないと主張することは、アンリの目には主観性の完全な虚無化に等しい。アンリは、把持の二重の志向性は内的時間意識における脱自的出来事であることを確かに承認するが、他の学者とは対照的に、内的意識を主観性の原本的自己顕現であるとは捉えない。その代わりに、彼はそれを原的自己対象化として理解する。[112]事実、把持の二重の志向性は、印象的自己顕現を前提しており、したがって、主観性の自己構成に関する原理的問いはこの印象性に関わる。だから、アンリは、古典的現象学を、超越論的生の自己対象化の分析に没頭してきたので、自己顕現の真に根本的なレヴェルを見逃したと責めることができる。[113]

アンリによれば、原的自己顕現の次元は、非脱自的、非時間的、非地平的である。[114]それは、顕現がどんな超越や不在なものへの関係も前提しないあるいは伴わないかぎりで、非地平的である。原的自己顕現の次元は、生ける自我が想起や忘却を貫いて自己自身に対してけっして現出しないという意味で非脱自的であり、媒介されず、遅延しないという厳密な意味で無媒介的である。[115]究極的には、その完全な統一された自己密着と自己合致によって性格づけられる自己触発が扱われており、この統一は（何か別のものによって）構成されないし、予持と把持において拡張されない。[116]だから、ハイデガーやメルロ－ポンティとは対照的に、アンリは、自己触発を時間的自己措定とみなさず、自己時間化に先立って生じる何かと捉える。山形が指摘するように、印象的自己触発の受動性は、把持的変様の受動性とけっして混合することはできない。後者は真の内在においては不在である地平と裂け目を散開させる。[117]事実、絶対的主観性はつねに変化する印象の流れではなく、流れるという流動的本性のために消えたり、再び現れたりし続ける自己顕現によって性格づけられもしない。距離も差異もなしに、つねに一にして同じ生ける現在が存在する。すなわち「しかし、けっして変化しないもの、けっして破れないもの、それがそれを印象にするものであり、それがそれ自体生の本質なのである。エウリプス海峡のように、生は変動するが、その変動を貫いて、絶対的意味における生であることをやめない。すなわち、それは同じ生であり、自己自身を体験すること、絶対的に同じであること、唯一で同じ自己であることをやめない自己の同じ体験なのである[118]」。同一的であり続けるものは、空虚かつ形式的なカント的「私は考える」ではなく、生の根底的かつ具体的自己触発である。体験が過ぎ去るとき、変化もせず消えもしない何か、つまり、不朽の自己触発が存在するのである[119]。

幾分か事柄を複雑にすることには、最近、アンリは主観性の自己顕現は完全に非時間的であるという彼の堅固な宣言から逸脱している。彼が認めるように、自己触発という概念そのものは静態的概念ではなく力動的概念である。触発し触発される過程として理解される自己触発は、対象のもつ硬直した自己同一性ではなく、主観的運動であり[120]、この運動は主観性の自己時間化として最もうまく記述することができる。しかし、彼が付け加えるように、絶対的に内在的、非脱自的、非地平的である独自の形式の時間化がなお扱われているのである[121]。触発的時間性が扱われており、たとえ永遠の運動と変化を含んでいるように思えても何も変化していない。生ける自我は過去、未来、現在をもたない。それはつねに自己自身を触発する同じ自己である。あるいは、いっそう正確には、自己は触発的自己顕現という変化しない運動にほかならないのである[122]。

デリダもアンリもフッサールの内的時間意識の理論を批判して終わるけれども、彼らは二人ともフッサールの説明に深く影響され続けている[123]。ある一定程度まで、彼ら二人ともフッサール自身よりもいっそう明晰にフッサールの立場にとって中心的な要素を分節化することに成功している。しかしながら、同時に、両者はあまりに根底的な立場そのものを擁護することに終わっているようにも思える。問題は、フッサール自身の説明がわれわれにアンリとデリダという対立する過剰を回避する健全な立場を提供することができないかどうかである。

私はすでにデリダの立場が直面するように思える問題のうちのいくつかに言及した。究極的に、デリダの論証は困惑すべき緊張を含んでいる。一方で、彼は、原印象と把持の間の親密な結合と連続性を強調したい。孤立させ分離してそれらについて語ることは改竄的抽象である。しかし、他方で、彼はまた、把持を、原印象と異なり、原印象に異他的なものとして記述したい。このことだけが彼に印象的自己意識を把持という他性によって媒介され、構成されるものとして語ることを許すことになる。

アンリということになれば、私は、彼の見解とフッサールの見解の間の差異はアンリ自身が信じているように思えるほど著しいとは考えていない。フッサールは印象的自己顕現が媒介されておらず、遅延もしないという意味において無媒介的であるということを確かに認めるだろう[124]。彼は、体験することがもつ絶対的次元の不変かつ変化しない性格についてのアンリの記述をおそらくまた認めるだろう。そうして、残り続ける決定的問題は、この顕現という生ける領野が脱自的分節化をもつかもたないかである。フッサールはもっと主張し——正しいと私は思うが——もしもたないならば反省と想起の可能性を説明することは不可能になるだろうと強く主張する。しかし、アンリが自己触発の力動的で、時間的ですらある本性を承認した後では、不一致はかなり小さくなった[125]。

切り離して捉えれば、原印象は無意識的ではないし、それを提案することは反省理論の一変奏に屈することである。しかし、こう言われるときに、すぐに付け加えられるべきなのは、切り離して捉えられた原印象は、抽象であり、理論的限界事例であるということである。原印象はけっしてそれだけでは与えられない。生ける現在の具体的かつまったき構造は、原印象‐把持‐予持である[126]。これが先反省的自己意識の構造である。それは脱自的統一として「無媒介的に」与えられており、自己展開の漸次的な、遅延し、媒介された過程ではない。先反省的自己意識には内的差異化と分節化、原本的複合性があるが、それを媒介されたものや遅延するものとして語ることは原印象と把持を二つの異なる別々の要素とみなす構想によって規定され続けていることである。同時的、非時間的自己意識という考えを回避しなければならないが、現前についての意識も流れの統一についての意識も理解できないようにする完全に破砕された時間意識という概念もまた避けねばならない(127)。

第六章　生きられる身体

これまで、自己意識についての分析は、身体へのどんな言及も含んでいなかった。しかし、この沈黙は容認可能なのか、あるいは、むしろ改竄的抽象なのか。以前に立てられた問いのうちの一つは、どのようにして一人称パースペクティヴと三人称パースペクティヴを宥和させるのかである。すなわち、主観的な、捉え難い次元としての私自身と相互主観的に接近可能《アクセス》な世界内的対象としての私自身の間の関係はどのようなものか。私は、もし身体が考慮されないならば、そしてもし以下の二つの問い、すなわち、どんな時にわれわれはわれわれの身体を意識するのか、どのようにしてわれわれはそれを意識するのかという問いが答えられていないならば、この問題を解くことができるとは考えていない。

「私」の主観用法は私自身についてのどんな物理的記述によっても置き換えることができないということはすでに見てきたが、このことは、それが分節する自己意識は、非身体化された、非質料的主観についての自己意識であるということを含意するのか。身体は単に偶然的かつ外的な付属物にすぎないのか、あるいは、主観性は必然的に身体化されるのか。以下の分析が、身体はまったく異なる仕方で現出することができること、自己顕現と異他顕現の間の、自己意識と対象意識の間の、一人称パースペクティヴと三人称パースペクティヴの間の決定的な差異は、心と身体の間の伝統的差異とは合致しないことを露呈することになる。身体自体は、一人称パースペクティヴで現出することができるし、この身体的自己現出の探究は、欠くことができない部分として自己意識の構造と本性の究明に属する。[1] さまざまな形式の身体的現出についての分析は、先反省的自己意識と反省的自己意識の間の関係についてのわれわれの以前の分析に適合し、裏付けることになるだけではない。それは、この関係性のさらなる究明もまた許すことになり、どのようにしてわれわれがわれわれ自身に対して世界内的対象として現出し、共通世界のなかの他者と交流することができるのかを理解することができるならば、われわれに不可欠である分析を呈示することになる。

知覚する身体

第四章の終わりで、私は、先反省的自己意識の本性を露呈しようとするフッサールの試みは彼を時間性に至らせるだけでなく、身体の吟味にも至らせると手短に示唆した。フッサールが意識の志向的構造についての体系的かつ包括的分析を企てたこと、さまざまな類型の志向的作用の間に現実存在する基礎構造の階層を概観する際に知覚に特権的な地位を帰属させたことはよく知られているけれども、あまり知られていないことは、フッサールもまた早くも一九〇七年の『事物と空間』講義において、まさに広範な知覚の分析との関連において身体のもつ構成的機能の問題に取り組んでいたことである。

フッサールの知覚についての分析の顕著な特徴は、知覚的（時間空間的）対象の射映的所与に関する彼の反省である。対象はけっしてその全体性においては与えられず、つねにある一定のパースペクティヴから現出する。このどうにも平凡な事実についての注意深い考察がいくつかの含意を開示する。それは、フッサールが身体に帰属させた重要性を理解するために直接的な関連性をもつ。

あらゆるパースペクティヴ的現出はつねに誰かにとっての何かの現出である。つまり、つねに顕現の属格と与格とが存在する。こうした現出についての吟味はわれわれに対象がそれに対して与えられるもののもつ本質について何らかの手引きを与えることができるのか。パースペクティヴ的に現出するものはつねに方向づけられて現出する。現出するものもまたそれ自体をある一定の視角から、そして、観察者から一定の距離で現前呈示されるので、その論点は明らかであるはずである。純粋な観点は存在しないし、どこからでもない眺めも存在せず、ただ身体化された観点が存在するだけである。主観は対象を知覚することができ、身体化されている場合には、器具を用いることができる。コーヒーミルは、明らかに受肉していない精神にとってとても重要などではないし、シューベルトの弦楽四重奏を聞くことはそれを、道からであれ、天井桟敷からであれ、一列目でであれ、ある一定のパースペクティヴと立ち位置から楽しむことである。あらゆるパースペクティヴ的現出は、体験する主観がそれ自体空間との関係[2]をもつことを前提するのであり、主観はその身体性のおかげで一つの空間的所在地しか所有しないので、フッサールは、空間的対象は身体化された対象に対してのみ現出することができ、身体化された主観によってのみ構成することができると論じる。しかしながら、彼のテーゼは、パースペクティヴ的現出が身体の現実存在を前提するだけではなく、身体の自己所与を前提するということである。私がレストランで座っていると想定することにしよう。私は食べ始めようとし、フォークを手に取る。しかし、どのようにして私はそうすることができるのか。フォークを手に取るためには、私自身との関係でフォークの位置を知る必要がある。[3] すなわち、対象についての私の知覚は、私自身についての何らかの情報を含んでいなければならない。さもなければ、私はそれに基づいて行為することができないだろう。ディナーテーブルの上には、知覚されたフォークが（私の）左にあり、知覚されたナイフが（私の）右側にあり、知覚された皿とワイングラスが（私の）前にある。あらゆるパースペクティヴ的現出は、身体化された知覚者がそれ自体零点、あらゆる現出する対象がそれに対して方向定位するものとの関係における絶対的指標的「ここ」として共に与えられるということを含意する。体験するもの、身体化された主観として、私は、私の知覚的対象のありとあらゆるものが独自に関係づけられる関係点である。私は、それの周りに、それとの関係で（自己中心的）空間が展開される中心である。[4] したがって、フッサールはこう主張する。身体的自己意識は空間的対象の構成の可能性の条件であり、あらゆる世界内的体験はわれわれの身体性によって媒介され、可能にされる、と。[5] これは、メルロ－ポンティにおいてもサルトルにおいても同様に遭遇する類型の論証である（もっとも、彼らは――ちょうどハイデガーと同じように――概してフッサールよりも原初的空間性のもつ実践的本性を強調する傾向があるけれども）。

> だから、知覚的領野はこうした指示によって対象的に限定される中心を指示し、その周りに方向定位される領野そのもののなかに状況づけられる。ただ、この中心を、当該の知覚的領野の構造として、われわれは見るのではない。われわれがそれ〔中心〕なのである。……だから、私の世界内存在は、それが世界を実現するという唯一の事実によって、それが実現する世界によって、世界の只中にある存在として、自己自身に対して指し示され、そしてそれ以外ではありえないだろう。というのは、それは、世界に属する以外には世界と接触する仕方がないからである。私には、そこに私がいない、上空飛行的熟視の純粋な対象で

ある世界を実現することは不可能だろう。まさしく反対に、世界が現実存在し、私が世界を超越することができるためには、私が私を世界の中へと失うことが必要なのである。だから、私が世界の内に入った「世界に到来した」すなわち、世界が存在するあるいは私が身体をもつと言うことは一にして同じ事柄なのである。(6)

知覚的志向性の可能性の条件としての身体の機能に関するこうした反省は、どれほど本有的に知覚と行為が絡み合っているかが認識されるときに徹底化される。作用は知覚を前提するだけではなく、知覚は受動的受容の事柄ではなく、能動的踏査の事柄である。身体は単に方向定位の安定した中心として機能するだけではない。身体の可動性もまた、知覚的実在の構成に決定的に寄与する。それはわれわれの観点であるだけではなく、出発点でもある。(7) ギブソンが指摘するように、われわれは、回すことができ、あちらこちらに移動することができる身体についている頭にある可動的目を用いて見るのである。(8) 類似した仕方で、フッサールは、空間と空間的対象の体験にとっての身体的運動（目の運動、手の接触、身体の歩み）の重要性に注意を促す。(9) 究極的には、彼はこう主張する。知覚は運動する身体の自己感覚や自己触発と相関しており、知覚には身体の自己感覚や自己触発が随伴している、と。あらゆる可視的現出や触覚的現出は、キネステーゼやキネステーゼ的な体験するはたらきとの相関において与えられる。(10) 私がリンゴの表面に触れるとき、リンゴは指の動きを感覚することと連動して与えられる。私が鳥が飛ぶのを見るとき、動いている鳥は目の運動を感覚するはたらきと連動して与えられる。

純粋に事物の物体的なものに注意するならば、それは明らかに、見るはたらき、触れるはたらき、聞くはたらき等々、したがって、視覚的、触覚的、視覚的等々の局面においてのみ知覚的に呈示される。その際、自明かつ否応なく関与しているのは、われわれの、知覚領野ではけっして感じられない身体、しかもそれに対応する「知覚器官」(目、手、耳など)を具えた生ける身体である。意識的に、それ〔知覚器官〕は、ここで恒常的に役割を果たしており、しかも、見ること、聞くこと等々においてそれに帰属する自我的運動性、いわゆるキネステーゼと一つになって機能する。すべてのキネステーゼ、あらゆる「私は動く」「私はなす」は相互に普遍的統一において結びつけられており、その際、キネステーゼ的静止は「私はなす」の一様態である。さて、明らかにそのつどの知覚において現出する物体の局面‐呈示とキネステーゼとは相互継起的に推移するのではなく、むしろ諸々の局面がただ存在意味、物体の局面としての妥当のみを、キネステーゼ、キネステーゼ的‐感性的全状況の妥当として、全キネステーゼの活動的変容のあらゆる変容においてあれやこれやの特殊キネステーゼを働かせることによって要求されており、それに対応する要求を従事するという仕方で両者〔局面‐呈示とキネステーゼ〕は共動している。(11)

伝統的に、われわれに外的起源の感覚を提供する外受容器(目、耳、鼻、口、肌)、筋肉、関節、腱からの刺激を受容する固有受容器、われわれに内的器官の感覚を提供する内受容器(内臓器官のなかの末端神経)は区別されてきた。しかし、キネステーゼについてのフッサールの分析を、感覚生理学や神経生理学のなかに見出される固有受容感覚についての議論と混合しないことが重要である。(12) フッリールはキネステーゼ的体験の生理学的組成、それが筋肉、腱、関節に局所づけられる受容器に依存するかどうかには関心がない。中心的論点は、キネステーゼがわれわれの視覚的感覚や触覚的感覚がするのと根底的に異なる仕方で知覚的実在についてのわれわれの意識に寄与するということである。(13)

多くの仕方でギブソンの後の仕事を予料するフッサールの反省は、以下の問いに原本的に動機づけられていた。すなわち、なにがわれわれにいくつかの異なる現出を一にして同じ対象の現出であると捉えることを可能にしているのか。何が一にして同じ対象を一連の変化する現出のなかで知覚することを可能にしているのか。言うまでもなく、諸々の現出は一定の本有的性質を共有している。ダイニングテーブルの下面の現出と乾草の山の前面の現出は、一にして同じ対象の現出と捉えることができるにはあまりに多様である。しかし、性質的適合さえ、それらが一にして同じ対象を指示するための必要条件にすぎず、十分条件ではない。結局、一枚の紙の前面の現出と別の紙の裏面の現出は見事に適合するが、それにもかかわらず、われわれは、それらを二つの、類似しているが、別の対象の現出であると捉えるのである。(14) さらなる必要条件は、現出が同じ連続体に属するものとして体験されることである。異なる現出は、その現出が連続的綜合において与えられる場合に、すなわち、それらの間に変動する推移が現実存在する場合にのみ、一にして同じ対象を現前呈示すると捉えられる。フッサールによれば、連続性はキネステーゼ的に構成される。運動を通してのみ、対象は綜合的に統一された一連の現出において現前呈示されるのである。

フッサールの論証を見誤らないことが重要である。彼は単にこう主張しているのではない。キネステーゼは、対象の踏査に取り組むときに、すなわち、対象に対する一つのパースペクティヴより以上を得ようと求め、対象の諸々の側面のうちのいくつかを知覚しようとする踏査に取り組むときに、重要な役割を演じている、と。究極的に、フッサールはこう主張している。動かない家の前面についての単一の凍結した知覚を含めて、パースペクティヴ的に現出する対象のあらゆる知覚は、キネステーゼの寄与を前提しており、したがって、身体的自己意識の寄与を前提している。これは、家の前面が私の前に現出する、すなわち、私の指標的「ここ」を指示するためだけではなく、キネステーゼ的体系と地平的志向性の間の本有的関係のためなのである。

私がすでに言及したように、フッサールの志向性理論のなかで最も基本的要素のうちの一つは、志向的対象の超越に関わる。あらゆる対象顕現はわれわれに現出と現出するものとの間を区別することを許す。その現勢的現出を超越するものとして与えられるときにだけ、何かは対象としての資格を得る。対象はまさしく、一つ以上の仕方で現出することができ、一つ以上の作用において与えられる何かである。厳密に言えば、対象の超越は、一にして同じ対象の多様な異なる現出に直面するときにだけ構成される。そのときにだけ、対象は差異を貫く同一性として、その現勢的多様に還元不可能なものとして現出する。

しかしながら、もしたとえ対象が作用超越的であると考えられたとしても、一見して事実、対象を体験することができるし、体験していると異議が唱えられるかもしれない。私は、家を見るとき、それを超越的対象として即座に体験しており、視覚的射映と時間的射映を貫くその同一性を確立するために、まずそれに対する私のパースペクティヴを変えたり、ついさっき見たものがどのようであったかを思い出す必要はない。この説明は正しいが、われわれの地平的志向性の持続的寄与を見逃している。対象を知覚するときにはいつでも、対象の不在の射映《プロフィール》について地平的に**意識**している。一見してすでに対象は多数の共現実存在する射映《プロフィール》を所有する何かとして志向される。当然、その後、われわれが誤っていたことが認識されるかもしれないし、家の前面であると捉えたものが実際には蜃気楼であったり、光学的錯覚であったりすることが認識されるかもしれない。しかし、誤りの可能性は中心的論点、すなわち、何かを対象として志向することはそれを超越として志向することであるということに影響しない。

しかし、これは身体的**自己意識**にどのように関係するのか。私が何かを見るときに、私は身体の現在の位置についての随伴する**意識**を所有するだけではなく、私が遂行することができ、現在の立場の地平を形成する運動の体系もまた暗黙裡に**意識**している。そして、私がたった今指摘したように、対象をある一定のパースペクティヴから知覚する私の能力は、私が、対象の、共現実存在しているが、不在の射映《プロフィール》に同時に地平的に**意識**しているということを前提する。不在の射映《プロフィール》は、現在の射映《プロフィール》とある一定の関係性をもっている。不在の射映《プロフィール》は、一定の運動が遂行されないならば現前的になることがないすべての射映《プロフィール》である。現在の射映《プロフィール》は私の現在の身体的位置と相関しているのに対して、不在の射映《プロフィール》は私が取ることのできた立場とすべて相関している。すなわち、不在の射映《プロフィール》は私のキネステーゼ的体系と相関している。もし「私はできる」という形式での身体的自己**意識**を所有していなかったならば、私は対象の不在の射映《プロフィール》を志向することができないだろうし、したがって、対象をまったく知覚することができないだろう。

フッサールの考え方を例証するために、知覚的対象に向かうことにしよう。安楽椅子の現勢的に現出する前面が身体のある一定の位置と相関しているのに対して、安楽椅子の、共に志向されているが、目下のところ不在の諸局面（背面や底面等々）の地平は、私のキネステーゼ的地平、すなわち、可能的運動のための私の能力と相関している。[15] 不在の局面は、志向的もし〜ならばという結合と結びついている。もし私があれこれの仕方で動くならば、あれこれの局面が視覚的あるいは触覚的に接近《アクセス》可能になるだろう。安楽椅子の背面は、私が今直面している同じ安楽椅子の側面であるのは、ただそれを特定の身体的運動の遂行を通して焦点にもたらすことができるからである。「空間的客観としての客観のすべての可能的射映は、「もし」任意のキネステーゼが推移する「ならば」、「必然的に」それに帰属する射映として一定の射映が共に経過しなければならないという仕方で、組み込みがキネステーゼ的体系やキネステーゼ的全体系にする体系を形成している」[16]。動きのない対象に直面したと考えるならば、キネステーゼK_1が時間間隔t_0－t_1の間不変であるならば、知覚的現出A_1は同様に不変である。そして、もし時間間隔t_1－t_2においてK_1がK_2に変化するならば、知覚的現出A_1は同様にA_2に変化する。したがって、KとAの間の機能的（本質的ではない）依存性について語ることができる。A_1はK_1との相関においてつねに与えられるわけではないが、A_1は何らかのKとの相関関係においてつねに与えられる[17]。だから、フッサールは知覚を二つの、異なるが相関する機能の統一された能作であると捉えている。一方で、可能的運動の体系において位置を顕現するキネステーゼ的な体験することが存在する。他方で、こうした位置と機能的に相関する知覚的現出の動機づけられた継起が存在する。キネステーゼ的な体験することは知覚された対象に属するものとして解釈されてはいないけれども、そして、それ自体対象を現前させはしないけれども、それは身体的自己意識を顕現させ、それによって、対象が自己自身を地平的に、あるいは、綜合的に統一された一連の現出において現前呈示される場合には、不可欠である統一と枠組みである[18]。

フッサールの立場を要約しておけば、知覚的志向性は、身体化された主観によってのみ遂行することができる運動である[19]。中心的論点は、空間のなかで動く対象を知覚することができるということではなく、こうした対象についてのわれわれの知覚そのものがそれ自体運動という事柄であるということである[20]。

身体の自己顕現

フッサールの分析は知覚のもつ身体的側面に注意を促すが、これまで二つの異なる争点が多かれ少なかれ絡み合わされて呈示されてきた。一方で、身体的自己意識が知覚的志向性における遍在的かつ必然的要素であるというテーゼに支えられた超越論的論証と、[21]他方で、この身体的自己意識のもつ精確な本性を解こうとする試みである。ここからは、いっそうはっきりと後者の争点に焦点を当てることにしたい。どんな場合に身体を意識するのかという問いからどのように身体を意識するのかに向かうことにしたい。

ミッシェル・アンリが指摘するように、身体の現象学的解明は、身体の原本的所与から出発しなければならない。[22]しかし、対象を知覚するときどれほど正確に身体は与えられているのか。私は、オペラを見ているとき、歌い手の動きを追うときに私の頭を回すことにも、プリマドンナの姿を見分けようとするときに私の目を細めることにも普通注意を払わない。私があきらめてオペラグラスに手を伸ばすときに、私の腕の運動は私の意識の焦点の外にあり続ける。私は対象に向かっており、対象に専念しているときに、私の知覚的作用やその身体的起源は知覚されるもののために一般に見落とされる、すなわち、私の身体はその志向的目標の途上で拭い去られる傾向がある。[23]幸いなことに、というのは、私が対象をよく注意して意識するのと同じ仕方で身体的運動を意識したならば、われわれの身体はわれわれの意識にそうした高い要求をするので、身体的運動はわれわれの日常生活を妨げるだろうからである。私がピンポンをしているときに、私の運動は志向的対象として与えられない。私の手足は、私の注意を奪うためにピンポン玉と張り合いはしない。もしそう言えたならば、私は非常に阻害されるので、効率的にピンポンをすることができないだろう。習慣的作用はわれわれの注意に高い要求をしない。習慣的行為はある一定程度まで自動的である。それはほとんど身体がどんな監視からも離れて自己自身の生を生きているかのようである。しかし、自動的行為は必ずしも無意識的ではない[24]。私が運動について考えることなしに運動を実施するならば、それは、運動が機械的あるいは不随意的であるためではなく、機能する志向性の一部であるがゆえに、無媒介的かつ先反省的に自己所与されるがゆえなのである[25]。すなわち、私の運動は志向的対象としては不在であるかもしれないけれども、どんな絶対的意味でも不在ではない。アンリの言では、機能する身体とそれについての意識の間には、それ自身において、それ自身を通して与えられるがゆえに、距離や分離が存在しない。したがって、われわれの原的身体的意識は、自己感受性、自己触発、印象的自己顕現として記述することができる。「運動はそれ自体によって認識される。つまり、それは他のものによって、例えば、反省の眼差しによって、すなわち、それに向けられるだろう何らかの志向性によっては認識されない[26]」。

フォークのパースペクティヴ的現出が私に私自身の位置についての意識を提供するということはすでに論じられてきた。私が世界を知覚するとき、身体はすべての対象がその顔を向けている世界の中心にある項として同時に開示される[27]。しかし、もちろん――他の対象についての意識であれ、身体についての直接的意識であれ――視覚的知覚を通してとは別の、自分自身の身体について意識する仕方がある。普通の周囲状況の下では、私は、視覚的に私の手が動いていることを意識するために私の腕を観察する必要はない。私は、フォークを持ち上げるために私の身体を動かしたいと望むときに、私はそれを無媒介的になすことができる。私はまず私の手を局所化し、客観的空間における私の手の位置を正確に示し、フォークの所在地を決定して、それからその間隔を貫いて手を進めるのではない。

キネステーゼが或る身体的位置や運動を体験することではないということを強調することは重要である。それは、私の身体的位置や運動を体験することであり、しばしば私によって実行された運動を体験することである。すなわち、キネステーゼは、行為者としての自己自身についての意識をしばしば含んでいる。（行為者性という）この構成要素の現前は身体的自己感受性や自己触発について語ることが適法的であるという主張を支持するさらなる論証である。私は、ただある一定の身体をいわば内側から体験しているだけではない。もちろん、フッサールは、私があらゆる単一の運動をはっきりと開始し、意志しているということを含意しているのではない。私の運動についての私の意識は、三つの下位カテゴリーに分割することができる。（一）私は動くが、誰かが私を押したためであれ、痙攣性の単収縮のせいであれ、不随意的に動く。（二）私は、私の身体の運動を注意的に制御する。すなわち、私は飛び込み台の上に立っており、飛ぶことに決める。（三）最後に、私の習慣的運動が私の監視や顕在的制御なしに生じる圧倒的多数の事例がある。しかし、フッサールにとって、この最後の運動のグループは自由な行為になお分類されるはずである。それらは「私はできる」の領界に属している。それらは、私が許す運動であり、私が決めた場合にはやめることができた運動である。[29] 一方で（一）と他方で（二）と（三）の間を確かに区別することができる。自由な運動と強制された運動の間の差異を感じることができるが、キネステーゼに随伴する意志決定（あるいは同じものの欠如）の感覚のためでないならば、そうすることはできないだろう。究極的に、同じ接合が、われわれにわれわれ自身の運動と対象の動きや変化の間を区別することも許すのである。[30] もしわれわれがわれわれ自身の能動性の結果として生じる知覚的領野における変化（目、頭、身体の運動）とわれわれがそれに対して責任がない変化（鳥の動き、火によるマッチの燃焼）を差異化する能力を欠いていたならば、もしわれわれが対象の変化と場所の変化の間を差異化する能力を欠いていたならば、客観的実在性を構成するわれわれの能力は深刻に妨げられるだろう。[31]しかし、キネステーゼと意志決定という構成要素はわれわれに、意志決定もキネステーゼも体験される随意的自己運動、キネステーゼ的体験は存在するが、意志決定の体験は存在しない不随意的自己運動と、意志決定もキネステーゼも体験されない他の運動とを区別することを可能にする。[32]もちろん、これは誤解されるべきではない。当然、動く対象についての私の体験はキネステーゼ的構成要素を伴わない。しかし、私は動く対象をキネステーゼ的には意識していない。むしろ、私は私自身の身体をキネステーゼ的に意識しており、それによって対象の動きを知覚することが可能である。

タイプするあるいは歩くといった習慣的な運動でさえ意志決定という構成要素を含んでいるということが、その実行が禁じられる、あるいは、別の仕方でわれわれの志向に適合することができない場合に明らかになる。いっそう一般的に語れば、普通、われわれの習慣的運動や実践された運動を行為として、「腕（あるいは指）が空間内での位置を変えた」よりもむしろ「私はボールを打とうとした」や「私はベートーヴェンのソナタのうちの一つを弾いた」のように記述する用意がある。しかし、この事例では運動はある程度まで意識的である。運動はそれがねらう対象への指示関係を含む目的論的行為である。[33]こうした行為を認識するためには、私は単純に幾何学的空間におけるいくつかの客観的変化についての記述を与えることはできず、客観的変化が生じる生きられた状況を考慮しなければならない。[34]だから、われわれの運動は原本的志向性を示す。原本的志向性は、運動に本有的である（単純に運動を志向的であるかのように解釈するという問題ではない）という意味でも、志向性の一形式、理論的態度において出会われるよりもいっそう原本的かつ根本的であるわれわれの世界内存在の一形式であるという意味でも、原本的である。[35]

この時点で、私の運動の先反省的自己顕現を支持する私の論証は、少なくとも一つの明らかな異論に直面している。身体は確かに知覚的体験の可能性の条件である。しかし、身体は知覚が生起するためには現実存在しなければならないと言うことは、身体がそれ自体知覚された対象のなかにあるということを言っているのではない。まったく反対に、こう主張することができるだろう。身体を見る、あるいはほかの仕方で身体に注意を払うときにだけ身体を意識するようになる、と。そうして、こうした論証の仕方は、以下の考察に訴えることができるだろう。先反省的自己意識の現実存在を支持する通常の間接的論証は反省の可能性である。もし、体験の主題的、反省的把握が可能であるならば、体験は、先行的、非主題的先反省的自己意識によってすでに性格づけられていなければならない。しかしながら、習慣的作用（歯磨きをする、散歩をする、タイプする、ピアノを弾くなど）を遂行するとき、流れそのもののなかで操作的遂行が妨害されることなしに生じているならば、体験を主題化することは普通できないし、その後で、ないことはないにしても単一の運動のそれぞれを思い出すことはほとんどできない。だから、われわれは、普通、われわれにこう結論することを許す能力を欠いている。運動は先反省的にすでに与えられていた、と。こうした事実がわれわれを躊躇わせないはずなどあろうか、ついにはわれわれにこう承認するように強いないはずがあろうか。固有受容感覚は身体についての枢要かつ本質的情報を提供するけれども、まさに情報こそが諸々の事例の圧倒的多数において無意識的に処理されている、と。

しかし、こうした考察は本当に要領を得ているのだろうか。われわれは、ありとあらゆる運動を区別し主題的に分離することはできないかもしれないけれども、何をしているのかをなお意識している。われわれは習慣的活動を最小限の注意で遂行することができるが、これは運動を無意識的にするのではない。私は、タイプしているとき、私の指の運動に注意を払わないが、指が動いていることは確かに意識しているし、見つけ出すために自分の手を見下ろす必要はない。私の指が突然麻痺したら、当然違いが生まれるだろう。究極的には、異論が二つの異なるレヴェルの記述を混同していないかが問い尋ねられるかもしれない。異論は、身体が諸々の器官の集まりとして先反省的にすでに与えられていることを当然と捉えている。そして、こう強く主張する。こうした器官のそれぞれの運動の間を判別する能力をもたないならば、先反省的身体**意識**について語ることはできない、と。しかし、われわれの機能する身体が主として分割された領野として、統一として与えられること、空間のなかで並置された別個の部分としての身体の分散がその後の対象化の帰結であることはむしろ真相ではないのではないか[36]。メルロ＝ポンティが述べているように、もし私が自分の机の前に立ち、両手でそれにもたれるならば、私の手だけが圧力を受けているにすぎず、私の身体全体は彗星の尾のようにその後ろにいる。それは、私が自分の肩や背中の居場所を**意識**していないということではなく、肩や背中は私の手の位置に飲み込まれているということである[37]。

われわれの機能する身体は、世界とのわれわれの円滑な相互作用が、自発的反省（哲学的反省や自惚れの強い反省、例えば、鏡を見つめるとき）を通してであれ、病気、傷み、疲労などのような限界状況を通してわれわれに焦点があてられる反省を通してであれ、妨げられるときにのみそれに気づくことができるような根本的かつ遍在的な仕方で現前的である[38]。神経学的苦痛についての最近の文献には、こうした論点を例証することができるいくつかの事例がある。サックス、コール、パイヤールは皆筋肉の固有受容感覚に広範囲に及ぶダメージがあるか、ほとんど全面的に欠損した患者を記述している[39]。こうした患者は、彼らの障害が発生してすぐ後に、手足や体全部を動かそうとしたとき、運動を始めることはできるだろうが、どこで動いている部分が終わるのかを制御することはない。彼らが何かに手を伸ばすとき、手は大きく的を外すか、行き過ぎてしまうだろうし、手を見ていなければ、手を認識していることなしには手は「彷徨い」はじめ、「失われて」しまうかもしれない。すなわち、手はもはや患者が思ったところにはないだろうし、見ることを通してしか取り戻すことができないだろう。その後、こうした患者は自分の運動を制御することを学ぶが、それは極度の精神的集中と恒常的な視覚的用心を通してのみなのである。すなわち、彼らは、手足の運動についての視覚的固有受容知覚と視覚的知覚の結合に頼ることを学ぶのであり、これが彼らに動き回ることを可能にするのである。しかしながら、自分自身の身体についての彼らの**意識**は完全に変貌してしまったままであった。あらゆる単一の運動はよく注意してなされねばならなかった。患者のうちの一人は、自分の足を見たときにだけ立つことができたし、目を閉じたときや光が消えたときには崩れ落ちた。ほかの患者は、歩いている間にくしゃみをした場合、彼の精神的集中が妨げられ、こけてしまうだろう。だから、身体はその自己感受性という決定的な部分を失ってしまい、幾人かにとっては死んだようにあるいは実在でないように感じされる。患者たち自身の言葉のなかの一つは以下の通りである。「私は自分の身体を感じることができない。変な――肉体がない――感じがする」。「私が身体を感じることは盲目的でそれ自体に対して聾である……そのこと自体についての感覚がない」[40]。明らかに、こうした患者は、日常生活であまりにも当然と考えられ、時としてその現実存在を否定する用意すらできている何か、つまり、遍在的、先反省的身体自己触発あるいは自己感受性をほとんど完全に欠いていた。しかし、その現実存在を否定することは、われわれすべてがサックス、コール、パイヤールの記述する患者のようだと主張することである。

誤った結論をこの例から引き出すことを避けるために、つまり、空間的対象の知覚は結局キネステーゼ的体験を前提しないという結論を避けるためにいくつかの短いコメントを付け加えておくことにしたい。何よりもまず、ギブソンが指摘しているように、固有受容感覚（あるいはキネステーゼ）は、固有の感覚器官に付着してもいないし、特定の身体感覚とも同定することはできない。それはすべての知覚的システムに共通の一般的機能である。すべての知覚はある種の自己感受性を含んでおり、すべての知覚は自己と環境の共知覚を含んでいる。したがって、ギブソンは、筋肉キネステーゼ、関節キネステーゼ、前庭キネステーゼ、皮膚キネステーゼ、聴覚キネステーゼと、視覚キネステーゼとを区別している。後者に関して、ギブソンはこう論じている。光学的情報の流れのパターンそのものがわれわれにわれわれ自身の運動と姿勢についての**意識**を提供する、と。「世界は頭が動くのに応じて、まさに頭がどのように動くのかを特定する仕方で、開示され、隠蔽される」[41]。われわれが（自分自身について単に先反省的に**意識**しているというよりはむしろ）自分自身を知覚するということを含意するので、共知覚について語ることはいくらか残念であるけれども、ギブソンの理論は数多くの実験を通して、例えば、いわゆる「動く部屋の実験」を通して確認されている。主観は堅固な床の上にあるが、天井からつりさげられている小さな底のない壁に取り囲まれている。もし壁が少し動いたならば、主観は揺れるか倒れるかするだろう。壁が前に動くことによって創造される光学的流れが彼に自分自身が後ろに揺れているという印象を与える。この見かけ上の揺れを埋め合わせるためになされた筋肉の再調整が彼を倒れさせる[42]。異なる例が、例えば、ローラーコースターに乗ることをシミュレーションすることができるシネラマスクリーンによって提供される。第二に、患者は筋肉の固有受容知覚のほとんどを欠いていたけれども、彼らのすべてが目の運動における固有知覚感受性と自発的監視をどうやら保持していたらしい。この最小限の監視なしでは、彼らはおそらく視覚的フィードバックを通した身体の残りの運動を監視かつ制御する機会をもたなかっただろう[43]。（残念ながら、サックスの説明は情報に関していくぶん欠けている。彼は、彼の患者はほとんど全面的に固有受容知覚を欠いていたと書いているが、[44] 彼はどの部分が機能し続けているかを特定していない)。第三に、強調されるべきなのは、患者はこうした仕方で生まれたのではないということであり、疑いないのは、自分の身体的運動の制御を取り戻す能力も空間的対象を知覚する残存する能力も獲得された概念的図式から決定的に利益を得ており、それに対して、なおまったき身体意識を所有しているということである。[45] 患者が生まれつき筋肉の固有受容感覚を欠いていた場合、その能力についてただ思弁することができるだけであるが、ヘルトとハインの古典的実験が一つの結論を提案している。八組の子猫が、以下の実験に参加する大きさと同調能力を得た、生まれてから八週目から一二週目まで暗闇で飼育された。それぞれの子猫のペアは、一方の子猫に能動的に動くことを許す装置のなかに入れられ、他方の子猫はホルダーのなかで動けないようにされ、自分では動くことを阻まれていた。しかし、そのとき両方の子猫は同じ種類の視覚的刺激にさらされたが、前者にとってそれは子猫自身の自分で生み出した運動の結果として変化するが、それに対して後者にとって、受動的に等量の可動域を通過しているおかげで変化した。その後子猫がテストされたとき、抑制された子猫は、能動的なもう一方との比較で空間的知覚と同調においてまったくの欠如を示した。[46]

身体の自己対象化

身体が世界に対する知覚的視点を許す零点として機能するかぎりで、身体自体は知覚されない。後で回帰する理由があるだろう簡明的確な定式化によって、サルトルはこう書いてさえいる。生きられる身体は、認識されるよりもむしろまさしく生きられるので、不可視的に現前的である。[47] 私の身体は世界に対する私のパースペクティヴである。私の身体は、私がそれに対してパースペクティヴをもつ対象には属さない。それとは違うことを主張することは無限背進に直面することである。[48] フッサールが機能する身体の位置と運動について語るとき、これは明らかに（ちょうど時間意識がそれ自体時間的対象でないのと同じように）空間的対象の動きに言及していると捉えるべきでも、客観的空間のなかの位置に言及していると捉えるべきでもない。もし、後者が実相であったならば、フッサールは他の類への移行〔論理学的誤謬〕（*matábasis eis állo génos*）を犯してしまっているだろう。原本的に、身体はけっして位置を変えない。身体の「ここ」は、私が現在占めている場所とは対照的に、けっして「そこ」になることができない絶対的「ここ」である。[49] 究極的に、主観的な「ここ」と客観的な「そこ」の間の距離は、空間的な大きさの問題ではない。なぜなら「ここ」は客観的空間のなかの点ではなく、顕現の次元であるからである。原本的には、先反省的意識のレヴェルにおいて、身体はパースペクティヴ的には与えられず、私は自己自身に空間的対象のなかにあるいは空間的対象として現実存在するものとしては与えられない（そのために、固有受容知覚は物理的対象としての自己自身の内観的意識と誤って考えられるべきではない）。[50] それとは違うことを想定することは身体性という現象を見失うことである。

> 身体の問題と意識と身体の関係の問題は、はじめから身体が、その固有の法則をもち外側から限定することができるある一定の事物とみなされるが、その一方で意識がそれに固有である類型の内的な直観によって到達されるという事実によってしばしば曖昧にされている。事実、もし「私の」意識がその絶対的内面性において、そして一連の反省作用によって、捉えられた後で、私が、ある一定の、生ける対象、その素材そのものを水素原子、炭素原子、窒素原子、燐原子等に化学的に分析することができる神経系、脳髄、腺、

消化器、呼吸器、循環器によって構成される対象に結びつけようとするならば、私は乗り越えがたい困難に突き当たるだろう。しかし、こうした困難は私が私の意識を私の身体ではなく他者の身体に結びつけようとすることから生じる。(51)

サルトルが鋭く指摘するように——われわれ自身の身体であれ、他者の身体であれ——身体についての理解を、究極的には死体についての解剖学的研究に起源をもつ外的生理学的パースペクティヴによって導かせないように注意すべきである。(52)

生きられる身体は知覚される身体に先立つ。原本的には、私は私の身体についてのどんな意識ももたない。私は身体を知覚しているのではなく、私は身体なのである。(53) しかしながら、明らかに、これは身体が現出することができる唯一の仕方ではない。ちょうどさまざまな類型の自己意識があるように、さまざまな類型の身体意識がある。すべては私が私自身に対して現出する仕方に究極的にかかわる。(54) だから、フッサールは（一）あらゆる空間的体験に随伴し、それを可能にする、先反省的、非主題的な生きられる身体意識と（二）身体についての主題化された意識とを区別することがもつ重要性を強調する。機能する、主観的身体（身体（*Leib*））と主題化される、客観的身体（身体物体（*Leibkörper*））を区別することと、それらの正確な基づける‐基づけられる関係性を明確化することとが必要である。私の原本的身体意識は、対象意識の一類型ではなく、空間的対象としての身体についての知覚ではない。まったく反対に、後者は、続いて起こる動きである。それは、あらゆる他の知覚的体験のように、先反省的な機能する身体意識に依存し、それによって可能になる。「ここでもまた注意すべきなのは、すべての事物的体験の際に、身体は機能する身体として（したがって単なる事物としてではなく）共に経験されているということと、身体は、それ自身事物として経験されている場合には、経験される事物として、かつ、機能する身体として、まさに二重かつ一つになって経験されているということである」(55)。

いっそう正確な定式化を望むことができただろうけれども――両方の類型の身体意識を表示する「経験する（erfahren）」という術語の用法は、それらの決定的な差異を曖昧にするので、残念である――フッサールの論点は明確であり続けている。一方で、主題化される身体と機能する身体の間の関係についての記述と、他方で、反省的自己意識と先反省的自己意識の間の関係についての標準的性格づけとの間の類似性は、以下の結論を明らかに示唆している。すなわち、対象としての身体の構成は、それによって運搬の適格な担い手を獲得する肉体をもたない主観によって行われる能動性ではない。いや、対象としての身体の構成は生きられる身体の自己対象化として理解されねばならない。それはすでに身体化された主観によって成立させられる。こうした変貌は、どのような場合に、どのようにして、なぜ生起するのか。

フッサールによれば、客観的空間の構成と生きられる身体の自己対象化の間には密接な結合がある。客観的空間は、まさしく、私の方向定位と運動から独立であるものとして構成される空間である。その同調が私の指標的「ここ」にもはや依存しないときにのみ空間は客観的として体験される。しかし、身体を対象化することによってのみ、身体を諸々の対象のなかの対象とみなすことによってのみ、その指標性は乗り越えることや中止することができるのであり、われわれが空間を通って歩くことについての体験をもつときにすでに生じていた何かなのである(56)。基本的に、ここで、だんだんとますますいっそう顕著になったフッサールの思考における特徴に、つまり、構成する行為者がそれ自体構成の過程において構成されるかぎりで、構成的能作はある種の自己受容性によって性格づけられるというテーゼに直面する。これが、フッサールが、一方で、空間の構成と空間的対象の構成の間に現実存在する自己受容的共依存性と、他方で、自我の自己構成と身体の自己構成の間に現実存在する自己受容的共依存性とについて時として語る理由であり、これが、彼がついには、世界の構成は構成する主観の内世界化と自己対象化を必然的に含意すると主張した理由である[57]。自己触発と異他触発の間の関係性についての私の後の議論において、私はこうした論点のいくつかに立ち返ることになる。

先に言及したように、私の身体は、原本的には、統一として与えられる。ただ後になってから、キネステーゼ的体系と感覚することとは分割され、身体の特定の部分に属するものとして統握されるのであり、ただ後になってから、感覚することは局所化され、指、目、手などの体験するサブシステムに直面するのである[58]。

私がテーブルの天板に触れるならば、私は、触れられたテーブルの天板に属しているものとして体験される一連の現出をもつ。私が天板の上に指を滑らせるとき、私は、テーブルの硬さ、滑らかさ、延長を知覚する。しかしながら、注意の変更（ある種の反省）を行うことも可能であり、したがって、テーブルの諸々の特性に没頭する代わりに、私は触れている手を主題化し、そしてその時、手の客観的特性として統握されるのではないが、それにもかかわらずそのなかに局所化され、体験する器官としてのその機能を顕現する、押している感じや運動の感じを**意識**するのである[59]。

原本的には、キネステーゼはわれわれの感じることとの運動として——われわれの運動する体験するはたらきとして——与えられ、したがって、空間のなかでの身体の、パースペクティヴ的に現出する動きから区別されねばならないし、そして、なお二つの間には統一も存在する[60]。フッサールが言うように、キネステーゼには外部がある[61]。感覚することが身体の一部に局所化されるとき、キネステーゼも同様に局所化されることになる。キネステーゼ的な体験することに、知覚的に与えられる身体の運動が随伴し、連合的に統一されるときに、一にして同じ運動を自由意志的能動性と空間内での動きの両方として解釈することが可能になる[62]。その時から、キネステーゼは、知覚する器官の空間的運動の一人称的所与として、例えば、感じる指の運動として統握することができる[63]。

とりわけ、フッサールの定式化は時として危険な曖昧さを含むから、この局所化の過程を誤解しないことが重要である。フッサールは、一にして同じ感覚は二つの異なる仕方で、つまり、それぞれ感覚（*Empfindung*）と感覚感（*Empfindnis*）として統握することができるとしばしば書いている。私がテーブルの冷たい表面に触れるとき、冷たさの感覚は、触れられた対象の感覚的特性か、あるいは、触れている手のなかに局所づけられた感覚かのどちらかとして解釈することができる[64]。しかし、こうした仕方で語ることは、テーブルと手の間の差異が、単純に二つの対象の間の差異にすぎないと示唆するかもしれない。つまり、ちょうどよく知られた絵の一にして同じ線が、まずゴブレットの側面として解釈され、それから顔の輪郭として解釈されるだろうように、冷たさという一にして同じ感覚は、テーブルの特性と手の特性として代わる代わる解釈されるかもしれない。しかしながら、フッサールが十分気づいているように、触れられた対象と触れるとはまったく同じ仕方でなど現出しない。すなわち、感覚（*Empfindung*）は手の質料的特性ではなく、まさに身体化された主観性自体の特性である。質料的対象のもつ諸々の特性が射映的に構成されるのに対して、局所化される感覚についてはこうは言えない[65]。フッサールがまったく適切に評言するように「触感覚は、その有機的組織の部分のようなものとして肌のなかにあるのではない」[66]。だから、感覚（sensation）は二つの異なる仕方で解釈することができるという意味で二面性があると言うよりもむしろ感覚は感覚に属する二つの根底的に異なる次元を、つまり、感じることと感じられることとの間の区別を含んでおり、われわれはどちらか一方に焦点を当てることができると言う方がいい[67]。

私の手が感じているあるいは動いていること、私のかかとがずきずきと痛むこと、私の背中が痛いことを私が認識するとき、私は感覚することを私の身体のさまざまな部分に局所化している。それ自体この局所化は、何よりもまず身体の主題化とみなされねばならず、身体の具象化とみなされてはならない。私の手がテーブルに触れるとき、そして私が私の注意をその触れることに合わせるとき、私は体験する器官を**意識**しているのであり、空間のなかの対象を**意識**しているのではない。フッサールはこう書いている。「私がそれ〔局所化された感覚〕をさらに取り入れるならば、物理的事物が豊かになるのではなく、それは身体になり、それが感覚する[68]」。だから、局所化は身体の主観性を宙吊りにしたり、否認したりしない。それにもかかわらず、もし局所化がまったくもって生じるべきならば、感覚することをその中にあるいはその上に局所化することができる何かが存在すべきであるならば、こうした視覚的あるいは触覚的に現出する身体部分も同様に構成されねばならない。だから、感覚することの局所化は、他の手に触れている手によるのであれ、足をまなざす目によるのであれ、パースペクティヴ的に現出する身体的外面性の触覚的構成や視覚的構成と連動している。フッサールが述べるように、身体は、パースペクティヴ的には、すなわち、延長スルモノとして、そして組織化によって、すなわち、局所化される知覚する器官の複合体として同時に構成されるのである[69]。

フッサールは、身体のもつこの特有の二面性をはっきりと強調している[70]。私の身体は、内面性として、自由意志的構造として、感覚することの次元として与えられるが[71]、しかし、視覚的かつ触覚的に現出する外面性としても与えられる。フッサールが「内部身体性（*Innenleiblichkeit*）」と「外部身体性（*Aus-*

senleiblichkeit）」と呼ぶものの間の関係はどのようなものなのか。[72] 両方の場合において、私は私自身の身体に直面する。しかし、いったいなぜ視覚的かつ触覚的に現出する身体は私の身体の外面性として体験されるのか。他方の手に触れる一方の手の事例をまず吟味するならば、触れている手（体験する器官）は、触れられる手（知覚される器官）の特性であるとして、いっそう明確には、触れられる手の表面として、対象化され、解釈される一連の感覚をもつ。しかしながら、私が私の手に触れるとき、触れられる手は、触れること自体を感じているので、単なる対象として与えられるのではなく、この感じることは、触れられる手に客観的特性として属するのではなく、感覚感として触れられる手に局所化されるのである。[73] 自分自身の身体に触れることと、無生物的対象であれ、他者の身体であれ、それ以外のあらゆるものに触れることとの間の決定的差異は、それが二重感覚を含意するということである。触れることと触れられるものとの間の関係は、触れるものは触れられ、触れられるものは触れているので、可逆的である。[74] この可逆性こそが、内面性と外面性は同じものの異なる顕現であるということを証言するのである。[75]

ところで、しかし、あらゆる器官は一面で触れるはたらきによって触覚的に構成されており、その際機能するキネステーゼ〔によって〕触覚的に構成されているが、他方で、それ自身現実的あるいは可能的な仕方で触れるものとして構成されている。したがって、つねにかつ必然的に身体を物体としてかつ身体として明らかにする最も根源的な触経験に触れる器官と触れられる器官の機能的相互併存が、触れられていたものが触れているものになるそのつどの可能力的反転と共に見いだされる。この反転が生じるとすぐに、その際、したがって絶えず合致している感覚対の機能もまた反転する。つまり、以前は触れられる器官の表面に局所化されて与えられていたものが、今や対器官にとって触れることにおいて機能し、以前はこの対の器官のなかで機能していたものが今やその相手に局所化されて与えられている。(76)

フッサールは、身体の触覚的自己構成の重要性を正しく強調しているが、しかし、視覚的自己構成についてはどうだろうか。もし私がそれが私自身の足であることを認識しないならば、足を見ることは身体的自己現出や自己意識として資格をもたないだろう。どのようにして私はそのことを認識するのか。私自身の身体の視覚的現出は奇妙な異常性によって性格づけられるけれども──フッサールは『イデーンII』の有名な箇所で以下のように書いている。身体は「注目すべき不完全に構成された事物(77)」である。私はその局面のすべてを知覚することはできない。すなわち、私はその周りを動くことも、それに近づくこともそれから退くこともできないし、それはそれ自身の部分を私から体系的に隠すのである。(78) それは外的対象の視覚的現出と根底的に異なりはしない。私が私の手を誤って感じることができず、それが誰の手であるかについて誤ることができないのに対して、私は私の手を見ることができ、誤って誰かほかの人に帰属させることができる。すなわち、視覚的自己現出は誤同定の誤謬に免疫がない。しかし、たとえ見られた足が事実的に動いておらず、体験していない場合でさえ、それは動き、感じることができるのであり、それによって間違いなくその主観性を開示することができるのである。鼻であれ、足であれ、手であれ、私の身体の部分は、それらの質料的組成のゆえにではなく、それらすべてが同じ自己によって感じられ動かされるがゆえに、同じ統一の部分としてすべて与えられるのである。(79) 別様に述べれば、私の視覚的あるいは聴覚的に与えられる身体的外面性は、延長、重さ、柔らかさ、滑らかさなどのような世界のなかの対象と共通の特性をもつけれども、こうした対象とはなお根底的に異なる。[80]それが私のものとして体験されるのは、局所化された内面性が随伴し、連合しているからである。[81]もし触れられた手や見られた足がこの次元を欠いているならば、身体的自己意識もまた欠いているだろうし、私はもはやそれを私自身として体験しないだろう。もっとも、習慣はなお私にそれが私のものであると確信させるかもしれないけれども。自分の手を枕にして眠りに落ちたものは誰でも、麻痺した腕で起きるのがどれほど苦痛で奇妙であるかを知っている。腕に触れたときに、それは反応せず、異他的に感じられる。

　身体の自己現出にかかわる議論全体が自己意識の構造と本性の究明の一部であるということを今一度強調しておきたい。われわれは、そろそろいくつかの異なる類型の身体的自己意識を区別する立場にある。まず第一に、無媒介的で、分節化されていない、先反省的自己感受性が存在する。第二に、それを身体の器官に、例えば、左手に局所化する、こうした体験の主題化と分節化がある。そうして左手が右手（あるいは足や鼻）を調べ始めるとき、私は私の先反省的身体意識を保持しているが、新しい類型の媒介された、対象化する自己意識もまた獲得する。この場合に、身体の異なる部分の間で生じる身体的反省について語ることができる。[82]それは、差異と外面性とによって性格づけられる主題的自己意識である。つまり、身体の単一の部分は別々のままであり、それらは世界にさらされている表面を通して接触を獲得する。[83]

　これまで、身体がその主観性を開示する場合の諸々の類型の身体的自己現出を議論してきたにすぎない。しかしながら、このことは、自分自身の身体を単なる対象として統握することが不可能であるということを含意しない。私は私の身体であり、私の身体を生き、私の身体を感じ、私の身体を動かすことができるだけではなく、私の身体を理論的に生理学的器官の複合体として認識し、記述することもできる。この場合、ある類型の身体的自己現出に直面するのであり、その際に、私は私の身体を私がそれとの関係では他者であったかのように統握しようと試みる。脳や腎臓などのような器官は生理学的観点からは身体の内面性に属しているけれども、それらは——現象学的観点からは——私の身体の外面的表面よりもはるかにずっと異他的であり続けている。

どのようにして自己自身に対して内世界的対象として現出するのかを理解すべきであるならば、すなわち、捉え難い主観的次元、すなわち、心的対象でも世界内的対象でもない何かとしての自己自身についての意識と、世界のなかの相互主観的に接近可能《アクセス》な存在者としての自己自身についての意識の間の関係を理解すべきならば、この最後の類型の身体的自己現出のいっそう詳細な明確化が必要とされるのは明らかである。しかしながら、今のところ、そうした明確化のために必要な概念的手段は、まだわれわれの意のままにはならない。しかしながら、第九章において、私はその争点に立ち戻ることになる。

第七章　自己触発と異他触発

先行する章において、私は一度ならず自己触発という術語を用いて先反省的自己意識について語ってきた。こう異論を述べることもできるだろう。ある術語を別の術語に置き換えることによって得られるものは何もない、と。しかし、私が以下で示そうと試みることになるように、「自己触発」という概念は、その決定的特徴の全幅を捕らえているだけではなく、究極的には新しい洞察をもまた許すので、事実、先反省的自己意識についての記述として適切である。同時に、私は、第一部での私の議論にとって中心的であった問いに立ち戻ることになる。すなわち、原的自己触発を、すべての類型の他性、差異、裂開を排除する何かとして記述することは正しいのか。この問いに対するいくつかの異なる答え——まずアンリの答え、次いで、フッサールの答え、サルトルの答え、そしてデリダの答え——を呈示することにしたい。

アンリと純粋な内面性

われわれはすでに自己意識のもつ独特かつ根本的な性格に関するアンリの見解に遭遇した。しかし、絶対的自己顕現についての彼の露呈は、けっして超越論的前提条件の後退的演繹と捉えるべきではなく、生きられる主観性における現勢的かつ疑う余地のない次元についての記述とみなされるべきである。このことは、アンリの最も中心的な主張のうちの一つであるかもしれないこと、つまり、主観性の自己顕現が無媒介的、非対象化的、受動的生起であり、それゆえ自己触発として最もうまく記述されることから明らかである。(1)

触発について語るとき、異他触発という概念と自己触発という概念を混合しないことが最重要である。第一のものは、異他的（原）対象の（先）所与を明示し、第二のものは対象、外面性、所与と与えられるものの間に差異が存在しない自己顕現を明示する。だから、自己触発を「内的感覚」という術語を用いて考えるという点でカントに従わないよう注意すべきである。というのは、アンリが描いているように、これは、自己触発からある類型の自己意識としては究極的に資格を剥奪するだろうからである。外的触発は感覚器官と外的刺激の間の関係であり、それは二つのものの間の差異を含意する。しかし、もし内的触発がわれわれに自己意識を提供することができるならば、もし自己触発であるべきならば、内的触発は類似した差異を伴うことはない。

> こうした直観の力は、内的体験の場合には、内的感覚である。しかし、その内的感覚はまさしく感覚であり、カント自身によれば、その感覚はつねに異他的内容による触発を明示している。それゆえ、内的感覚に対

して与えられるものは、原理上他のなんらかの事物であり、それは他性の次元そのものであり、非自我自体である。それゆえ、いかにして、自己性は、生み出され、こうした根底的他性という次元において形を成すことができるのだろうか。いかにして、自我は非自我自体という境位において与えられることがあるのだろうか。直観の構造はアプリオリに自我の直観の可能性を排除するのである。[2]

自己自身を触発することと自己自身によって触発されることとが自己触発をめぐるすべてである。それは無媒介的であり、触発するものと触発されるものの間の差異、距離、媒介を含まない。主観性の自己顕現がこの統一された自己固着や自己合致によって区別されるかぎりで、それ自体に直接的に、世界を通過しなくとも与えられるかぎりで、アンリはそれを無宇宙論的かつモナド的内面性として性格づける。[3]

アンリの記述を支持する一つの仕方は、体験が体験に対する主観的な「感じ」をもつこと、すなわち「それがどのようであるか」あるいは体験をもつとはどのように「感じる」ことであるかというある一定の性質によって本質的に性格づけられていることを思い起こすことである。私が意識的であるとき、私は私の体験を「感じる」、すなわち、私はそれをもつことがどのようなことであるかを**意識**している。体験を「感じる」この仕方は、どんな感覚器官や高階の志向的作用の介入や媒介も前提せず、単純に直接的かつ無媒介的な自己触発の問題である。[4] 傷んでいたり、困惑していたり、幸せであったり、頑固であったりすることは、それについて(自己)**意識**的であることである。いわば、存在する仕方と**意識**する仕方の両方である。こうした体験は、体験自身において、体験自身を通して、体験自身に対して与えられる。[5]

触発性〔情感性〕は、その〔絶対者の〕自己への完全な固着、その〔絶対者の〕自己との合致にほかならないがゆえに、根底的内在の絶対的統一における存在の自己触発であるがゆえに、絶対者をその全体性において開示する。根底的内在の絶対的統一における存在は、それ〔存在〕のうちには、それ〔存在〕を触発せず、それ〔存在〕によって体験されないものは存在しないという仕方で、それ〔存在〕を構成する自己の内面的経験にとってどんな超越的内容も存在しないという仕方で、自己自身を触発し、自己自身を体験する。感情はその存在のすべての点において自己自身を感じるために自己を自己自身に与え、そしてまさにそのことでこそ、それは感情であり、またそのことにこそ、その透明性は存するのである。(6)

ヘンリッヒによれば、原本的自己直知は、能作ではなく、非関係的生起である。アンリにおいて、われわれは非常に類似した立場に遭遇する。なぜなら、彼はこう主張するからである。自己触発は自己自発性の事柄ではなく、根本的かつ根底的受動性の事柄である、と。自己触発は与えられた状態であり、ある人が始めたり制御したりする何かではなく、拒絶すること、否定すること、回避することのできない何かである。私は私自身に対してあり、私自身に与えられるが、私はこの贈与の創始者ではない。別様に述べれば、自己意識的であることは、自己自身を、免れることや超えることができない状態に見出すことである。それは状況づけられていることである。(7)

自己に関する原初的存在論的受動性における自我の自己への関係、根底的内在の領分における絶対的統一としての、生の自己との統一としての、自己との統一は、乗り越えられず破られない。(8)

存在にとって自己自身に対して完全に現前することの不可能性、存在にとって自己を自己自身に結びつける絆を断つことの、自己から捥ぎ離すことの、自己の外で現実存在することの不可能性が基づいている構造は不自由である。(9)

何人かの現象学者（彼らが誰であるかはすぐに明らかになるだろう）は、こう主張してきた。主観性の自己顕現は必然的に自己異化や自己超越を伴い、主観性は、主観性が自己自身に対して他者となるときにはじめて自己自身に対して顕現する、と。純粋な主観性は非常に未規定的であるので、どんな自己意識も、主観性をそれによって規定することができるだろう対象が存在することなしには可能ではないだろうと捉えられてきた。すなわち、主観の存在はその純粋性においては非常に抽象的であるので、自己自身に対して存在するためには、限界、抵抗、根底的他性を必要とすると捉えられてきた。だから、自己現前の本質は、自己異化として記述されてきたし、内面性は根底的外面性を通して規定されてきた。分割、分離、対立は、自己顕現を含めて、すべての種類の顕現における構造的要素であると主張されてきた。別様に述べれば、主観性の本質（その可能性の条件）は他性であると主張されてきたのである。(10)

アンリにとって、こうした取り組み全体は根本的に誤っている。主観性はその根底的内面性において非関係的かつ完全に自己充足的であるという意味において絶対的である。主観性は、主観性が自己自身をけっして離れることなしに、どんな種類の裂開や他性も産出することや前提することなしに顕現するという意味で内在的である。(11) だから、アンリはこう強く主張する。主観性の原的自己顕現は、すべての種類の裂開、分離、他性、差異、外面性、対立を排除する、と。「他性の廃棄は、本質との関係での異他的要素の廃棄、それ〔本質〕を覆い隠し、われわれの目から隠すものの廃棄にすぎない」[12]、そして、ハイデルベルク学派の立場を大いに連想させる明確な語句を用いて、彼はこう付け加える。それはどんな仕方でもある種の関係として考えることはできない、と[13]。主観性の自己開示は、どんな関係も含意しない。というのは、関係態〔関係していること〕は、根底的内在のうちに場所をもたず、内在は、自己顕現が浸み込んでいるので、必然的にあらゆる種類の裂開や内的距離を随伴するだろう種類の欠如を排除するからである[14]。「根源的顕現の内的構造にはどんな外部も、どんな隔たりも、どんな脱自も属さない。すなわち、その現象学的実体性は可視性ではなく、いずれにせよギリシア以来哲学によって用いられてきたどんなカテゴリーもそれに対しては適切ではない[15]」。

　アンリは、主観性の自己触発と自己顕現とに主に没頭しているけれども、異他触発と異他顕現の明らかな現実存在を否定しない。しかし、彼はこう主張する。異他触発を二つの存在者的存在者の間の無意識的関係とみなすことはばかげている、と。ベッドは枕によって触発されることはない。異他触発について語ることは、誰かを触発する何かについて語ることである。自己を諸々の関係項の一つとして前提する関係が語られているのである。まさに（自己触発する、自己顕現する）自己だけが何か他のものによって触発されることがあるのである。われわれがすでにわれわれ自身に対して与えられているがゆえにのみわれわれは世界によって触発されることができる[16]。私は、自己**意識**的であるときにだけ、私が、対象がそれを通して現出させられる体験について**意識**しているときにだけ、現出する対象に遭遇することができるのである。だから、アンリは異他触発の現実存在を承認するが、異他触発は、自己触発を前提するある種の触発であり、自己触発を説明するあるいは基づけることができる触発ではない[17]。

　いっそう一般的な術語では、アンリはこう主張する。志向性は自己**意識**を前提し、超越の作用そのものは純粋内在の絶対的自己合致を前提する、と。

前方へのそれ独自の躍動から独立に、それによって自己の外へと自己を企投する運動から独立に、自己を開示する作用は、それ自身において、この「それ自身において」が自己を超え出ることなしに、自己の外に出ることなしに〔ということ〕を意味するという仕方で、自己を開示する。自己を超え出ないもの、自己の外へと躍り出ず、別れることなく、自己の外へ出ずに自己自身にとどまり続けるものこそが、その本質上、内在なのである。内在は、超越そのものの開示が遂行される原本的様態であり、そのようなものとして、開示の原本的本質なのである。[18]

志向的作用は、自己自身を直知している場合にだけ他であるものと関係することができるのであり、この自己顕現は、それ自体超越の知覚や思考や運動の問題ではない。サルトルによる論証を逆さまにすることで（二〇三－四頁を見よ）、アンリはこう強く主張する。対象が他であるものと関係することができない理由は、対象が真の内在を欠いているからであり、対象があまりに自己充足であることや自己同一的であるからではない。存在者的存在者は、自己顕現する内在を所有しないからこそ、それらは自己自身を超越することができないのである。[19] こうしたことを背景にして、アンリはこう主張することができる。「自己の顕現は顕現の本質である」。[20]

これまでの論述は、アンリが自己顕現をあらゆる媒介、複合性、他性を排除する仕方で考えているという印象を容易に与えることができるだろう。ある一定程度まで、これは正しいが、それにもかかわらず、この解釈に挑戦するあるいはひょっとするとむしろ修正する一定の箇所を露わにすることが可能である。

まず第一に、アンリは、絶対的主観性が自己自身を世界に向けてまさに超越することを承認する。究極的には、絶対的主観性は、ほかならぬ、超越という作用そのものの内在的、非脱自的、自己開示である。別様に述べれば、アンリは、主観性についての分析がわれわれを存在論的二元論に直面させることをまさに承認する。すなわち、あらゆる体験において、何かが、主観性自体とは異なる絶対的主観性に与えられる。他者、非自我こそが現出する。「確かに、主観性はつねに超越的存在の現前における生である」[21]。存在論的二元論について語ること、純粋な内面性と純粋な外面性とを区別することは、けっして古典的デカルト的二元論を容認することではない。それは単に、それなしには異他顕現が可能ではないだろう主観性の絶対的次元の現実存在にこだわることにすぎない[22]。

第二に、そしてこれはすでに第五章で指摘されたのだが、アンリはある一定の複合性と多様性を自我の生に帰属させる準備すらある。「自我の絶対的生の統一について語るとき、この生が単調であると言いたいのではない。現実にはそれは無限に多様であり、自我はその同語反復の内部に閉じ込められる純粋な論理的主観ではない。それは無限の生の存在そのものであり、それにもかかわらずこの多様性のなかで一であり続けるのである」[23]。ハイデガーやメルロ－ポンティと著しく対照的に、アンリは自己触発を脱自的時間的自己措定とみなさず、自己触発という概念そのものが力動的であり、けっして静態的概念ではないことをまさに認める。触発し触発される過程として理解される自己触発は、対象の硬直した自己同一性ではなく、主観性の内在的、非地平的、非脱自的自己時間化として最もうまく記述される主観的運動である。触発的時間性が扱われているのであり、たとえ永遠の運動や変化が含まれているように思えても、何ものも変化していない。事実、絶対的主観性を意識流として性格づけることは誤りであ

るだろう。流れや変化は存在せず、距離や差異なしにつねに一にして同じ生ける現在が存在するのである。(24)

こうした正確化――あるいはひょっとするとむしろ修正――は十分なのか。私はすでにアンリとヘンリッヒの間のいくつかの注目すべき類似性に言及してきた。究極的には、アンリの立場はハイデルベルク学派の立場のもつ強みと弱みのいくつかを共有しているように思える。アンリは、疑いなく、自己顕現の問題に最もよく注意している現象学的思想家である。自己顕現の現象学的意義についての彼の立証は、その概念的明晰性によって際立たされる。しかし、この論題への彼の強烈な(ほとんど偏執的な)没頭は、彼をハイデルベルク学派に対して向けられたのと同じ種類の批判に対して脆弱にもする。アンリは絶対的に自己充足的、非脱自的、非関係的な自己顕現という概念を扱っているが、けっしてわれわれに、どのようにしてそうした完全な自己現前によって性格づけられる主観性が同時に内的時間的分節化を所有することができるのか、どのようにして主観性が同時に自己自身とは異なる何かに志向的に向けられることができるのか、どのようにして主観性が(完全に独自の自己現前を通してある主観性によって直知される)他の主観を認識することができることになるのか、どのようにして主観性が身体的外面性を所有することができるのか、最後に、どのようにして主観性が反省の際に見出される自己分割を生じさせることができるのかについての説得的な説明を呈示しない。手短に言えば、彼の分析は、けっして自己顕現と異他顕現の間の相互遊動を十分に考慮していないから、欠損したままなのである。

フッサール——自己意識と触発について

私が第五章と第六章で論じてきたように、自己触発についてのフッサールの議論は、主に時間性と身体性についての彼の分析のなかに見出すことができる。しかし、フッサールは自己触発という概念を先反省的自己意識についての記述として適切であると捉えているだけではなく、反省的自己意識と先反省的自己意識の間の関係性についての理解ということになれば啓発的であるとも捉えている。

反省的自己意識はしばしば主題的自己意識として捉えられ、普通、第一次的志向的作用を焦点に入れるために始められる。しかしながら、反省の生起を説明するためには、露呈され、主題化されるものが（非主題的に）意識的であることが必要である。さもなければ、反省の作用を動機づけ、生じさせるものは何もないだろう。この論証は反省の基づけられた地位を肯定する。すなわち、反省は、先反省的自己意識を前提する。しかし、反省は動機づけの過程そのものについての適格な分析もまた要するのである。

志向性についてのフッサールの一般的分析は、能動性と受動性の間の重要な区別、自己意識の理解ということになれば、極めて適切でもある論点を伴う。主観が能動的に態度をとる作用、そのなかで主観が何かを比較し、差異化し、判断し、価値づけ、希望し、意志する作用を見出すことは容易である。しかし、フッサールが指摘するように、主観が能動的であるときはいつでも、主観はまた受動的でもある。なぜなら能動的であることは何かに対して反応することであるからである。(25) あらゆる種類の能動的態度決定は先行する触発を前提する。「あらゆる私はなす（Ich-tue）は、自我が意識している何かに自我が関係していることである。そして、自我は、およそそれに対向することができるためには、すでに何かを意識していなければならないし、対向なしには、この何かに関係する活動はない。対向は触発を前提するが、意識されているものだけが再び触発することができるのであり、それが自我に対していっそう大きい「刺激」やいっそうわずかな「刺激」を行使することができるのである」[26]。

もしフッサールに従って、さらに彼の分析のなかを一歩進むならば、彼は受容性と触発性の間を区別する。受容性は、第一の、最低次の、最も原始的な類型の志向的能動性と捉えられており、われわれを受動的に触発しているものに反応することや注意を払うことに存する。だから、単に「私が気づく」として理解される受容性でさえ先行する触発を前提する。それは、今主題化されているものが、気に留めていなかった自我をすでに触発し、刺激していたということを前提する[27]。何かによって触発されることは、まだ対象を現前呈示することではなく、触発を及ぼすものに注意を向けるように誘われることである。もしそれが注意をそれ自身に呼ぶことに成功するならば、われわれを触発するものは与えられるが、それに対してそれが気に留められないままであるかぎり、それはただ先所与されているにすぎない[28]。

われわれの現在の問題にとってのこの分析のもつ関連性は明白である。反省は自己発生的（sui generis）作用ではない。それはどこにもないところから現出することはできず、主観によって始められるすべての作用と同じように、すべての志向的能動性と同じように、動機づけを前提する。動機づけられることは、何かによって触発されることであり、そしてそれに反応することである[29]。反省を動機づけるものは、先行する触発である。私が私自身を主題化することができるのは、私がすでに受動的に自己意識的であるからである。私が私自身を把握することができるのは、私がすでに私自身によって触発されているからである[30]。

私が反省するときにはいつでも、私は私を何かと「関係している」、触発されたもの、ないし能動的なものとして見出す。私が関係づけられているものは、体験的に意識されている――それは、私がそれに関係することができるためには、私にとってすでに「体験」としての何かである。(31)

それ［エゴ］が絶えず受動的に「先所与的に」ある程度自己自身を現出させるものであるがゆえにのみ（もっとも射映される呈示において呈示されるものではないが）、それ［エゴ］は能動的に把握され、本来的な意味で与えられ、考量され、認識され実践的に反省的な自己自身をしかじかと意欲する主題とされ、自己を倫理的に革新すること等々の主題となる。(32)

反省が始まるとき、反省は、たった今過ぎ去った何か、つまり、体験のもつ動機づける先反省的位相をはじめに把握する。私はもはや現在ではないものによって触発され続けており、それゆえ、私は触発に反応し、体験の沈みゆく位相を主題化する可能性をもつ。

以前に言及したように、触発について語るとき、この二つの触発概念、すなわち、自己触発と異他触発を混合しないことが最重要である。私は最初のものについては語ったが、後者についてはどうだろうか。フッサールは、具体的自我はそれにとって異他的であるものとの関係から独立に考えることはできないということをしばしば明らかにしてきた。(33)これは彼の志向性理論においてすでに詳しく説明された。

さて、意識、すなわち、そのつどのコギタチオは、それ自身でないものについての意識であるということが、本来的に志向的関係（それはまさに意識と意識対象の間の関係である）の本質に属する。(34)

自我は、自我が志向的に関係する非自我なしには思考可能ではない[35]。

しかしながら、当然の想定であるかもしれないこととは対照的に、原触発は、対象によってなされるのではない。対象であることは、まさしく与えられていること（単にあらかじめ与えられることではなく）であり、作用超越的同一性を所有していることである。しかし、こうした本格的対象の構成に先立ち、基づけるのは、先存在者的統一、つまり、原印象において現在化されるヒュレー的与件によってなされる触発である。こうした与件は、すべての自我論的能動性が前提する、最も基本的かつ原初的類型の先所与される質料である[36]。フッサールは書いている。

> 自我的能動性は受動性――自我的受動的――を前提し、領野は究極的にヒュレー的基盤という形式における連合と先意識とを前提する[37]。

> しかし、印象という語は、根源的な感覚作用（Sensationen）にのみ注意を払っている。つまり、印象は、自ずから、しかも根源的に「現に」あるもの、つまり、自我にあらかじめ与えられているもの、自我におのれを呈示しながら自我異他的なものとして触発するものという仕方であらかじめ与えられているものをうまく表現している[38]。

あらゆる構成が事実性の契機、原的ヒュレー的事実の触発を伴いかつ前提するというフッサールの認識は[39]、遠大な帰結をもち、自己意識と他性の間、自己触発と異他触発の間の関係性の究明にとって明白な関連性をもつ。これは、フッサールがヒュレーをある類型の他性としてしばしば性格づけるためにとりわけそうなのである。

内面性の内部で、第一の「自我異他的なもの」、純粋な自我にあらかじめ与えられるもの、自我を触発するもの（刺激を及ぼすもの）、すなわち、ヒュレー的なもの[40]。

そうしてこう言わねばならなかっただろう。具体的自我は、意識生としてのその生において絶えずヒュレーの、非自我の核をもつが、本質的に自我帰属的にもつのである。非自我として構成された、先所与性の領界、構成された統一の領界なしには、自我は可能ではない[41]。

フッサールは、主観性は他性に依存しており、他性によって貫かれていると明確に述べている。しかし、どのようにして、ヒュレーのこうした性格づけが、内在的内容としての、対象化する解釈に服するときにのみ志向的指示を得る、体験自体の実的構成要素としてのヒュレーというフッサールのもっとよく知られた記述と適合するのか[42]。フッサールは、形式を欠き、意味を欠く、非志向的感覚的事柄という概念を扱うことをしばしば批判してきたし、この概念は、適格な現象学的分析の成果であるよりもむしろ英国経験論の感覚主義にフッサールが負っていることを単に開示しているにすぎないと主張されてきた。ある一定程度まで、この批判は正当化されるが、ことのすべてを語ってはいない。フッサールのヒュレー的感覚という概念は悪名高いまでに曖昧であり、彼の生涯の過程のなかで変化した。「射映」や

「現出」という術語のように、それはノエシス的にもノエマ的にも解釈することができる。感覚について語るとき、感覚する過程そのものを指示することができるが、感覚されたものもまた指示することができる。そして、言うまでもなく、自己自身の感性における印象的出来事について語られているのか、超越的な何かの感性的現前について語られているのかは差異をもたらす[43]。『論理学研究』において、フッサールは、感覚されるものと感覚することの間に差異は存在しないと主張したが、この立場を後に放棄したし[44]、だから、ヒュレーのノエマ的解釈が実行可能になった。これがフッサールが「印象的あるいは知覚的世界内的に現出するもの一般という拡張された意味におけるヒュレー[45]」について語ることができる理由である。触発とキネステーゼについての分析への二、三の言及がこのことを裏付けることができ、フッサールがついには、とりわけ彼の発生的現象学において、ヒュレーを本有的に有意味であるとみなすに至っていることもまた示すことができる[46]。

すでに言及したように、フッサールはヒュレー的触発について語る。しかしながら、この触発は、分離された、差異化されていない、意味を欠く与件によってなされる触発ではない。もし何かがわれわれを触発することができ、それ自身をわれわれに押し付けることができ、われわれの注意を喚起することができるならば、それは十分に強いに違いない。それは、その周囲にあるものよりもいっそう際立っているに違いないし、もしそれがわれわれにそれを気に留めるように強いるならば、何らかの仕方で、対照、異質性、差異を通して目立っているに違いない[47]。しかし、フッサールは次のように言う。「際立ちは触発し、際立ちがそれをすることとよって自我は一定の仕方で領野全体に関係づけられる。すなわち、対照するものは、実際その背景に対して対照をなす[48]」。究極的には、分離されたヒュレー的触発について語ることは抽象である。触発は布置の一部である何かによってつねになされ、つねに受動的に組織化され構造化された領野の内部からの触発なのである。ミシャーラを引用するとこうである。

刺激そのものこそが、自我に対して行使する誘因力の大きさを決定するのではなく、むしろどんな所与の瞬間であれ領野のなかで現前呈示されている他のヒュレー的刺激に対する対照の「相対的」高さこそが決定するのである。……「触発的」綜合は意識に達する綜合であり、浮き彫り構造の最高度の頂点としての場所論的表面を「貫いている」。「先触発的」綜合は、いかなる瞬間でも、自我的意識を「貫いて」はいない。先触発的綜合はいっそう顕著な特徴のもつ「際立ち」に相対的に谷と背景を形成する。(49)

「A」という文字は、白い紙の上に書かれるならば目立つが、新聞で他の文字のなかに現れるならば、目立たない。注意は、フッサールによる例を用いれば、女性用トイレのなかでのガソリンの匂いのような、何か普通でないものや異常なものによって触発されるならば、すぐに喚起されることになる。(50) しかし、もちろん、もしヒュレーの触発的力が、部分的にはヒュレーと周囲領野の間の差異に依存しているならば、ヒュレー的与件が差異化されないことはない。なぜなら、対象が意味を欠く与件の複合体のなかで確立されることはないからである。

ベイトソンが書いているように、情報は、差異を生む差異である。(51) そして、何かが差異を生むかどうかは、単純にそれ自身の本有的特性の事柄ではなく、われわれの現行の関心――大体がわれわれの以前の体験によって影響される関心――との関係の事柄である。だから、『相互主観性の現象学』第三巻のなかで、フッサールは三つの異なる種類の触発を区別している。(一) 何かが私の注意を引くことができるのは、私の現勢的関心に適切なものをもっているからである。もし私がテクストを校正しており、誤植を探しているならば、私は、テクストにただざっと目を通していた場合よりもいっそうの注意をそれに払うことになる。（二）何かが私の注意を引くのは、私が過去に体験してきたこととそれとの関係によるだろう。もし私がかつて、手作りの寿司を食べた後にひどい食中毒で苦しんだならば、あるいは、もし私が日本食レストランで料理人として働いているならば、生魚の質にいっそうよく注意するだろう。（三）最後に、何か――例えば、爆発――が単純に私の注意を、それ自身の圧倒的かつ貫入的性質のゆえに引くかもしれない(52)。

身体についてのフッサールの探究は二つの非常に異なる類型の感覚の間を区別すべきであることを明らかにした。一方で、ノエシス的に解釈されるべきキネステーゼがある。それらは身体的自己意識を構成し、対象に関係しない。他方で、フッサールが時として徴表感覚あるいは局面与件として記述するヒュレー的感覚があり、それらはノエマ的に解釈することができる。それらは形式を欠き、意味を欠くのではなく、つねに意味が浸透しており、キネステーゼ的領野との相関関係において布置されている(53)。この解釈は、非自我論的であることとしてのヒュレー的感覚と自我論的であることとしてのキネステーゼというフッサールの分類に支持を見出す(54)。感覚されたものとして、ヒュレー的与件は、内在的あるいは没世界的内容や性質ではなく、主観性と世界の間の媒介でもない。われわれの感覚するはたらきは、たとえなお諸々の対象からなる世界ではなくとも、世界に対してすでに開かれており、ヒュレー的与件は世界内的超越の原初的顕現なのである(55)。フッサールがヒュレーをある種の他性として性格づけるので、彼がヒュレーを意識あるいは意識の一部と同一であるとはもはや捉えていないことは明白である。

しかしながら、こうした考察は、ヒュレー的触発と対象顕現の間のあらゆる差異化が放棄されるべきであるという結論を保証しない。増大する音の大きさを聞くことと近づいてくる対象を聞くこと、局所的痛みを感じることと針の刺し傷を感じることの間を区別することは可能であり続ける。ヒュレーは未規定的であり、それを統握し解釈することによってのみ、本格的な対象が構成される。ヒュレーによって触発されることは、なお主観性から分離されておらず、それゆえなお対象として構成されていないものによって触発されることである。だから、フッサールは、自我を取り巻き、触発する内面的非自我論的次元としてのヒュレーについて語る(56)。それは、直接的に主観性のなかで顕現し、本有的に主観性に属し、主観性がなしで済ますことができない内在的類型の他性である(57)。それにもかかわらず、ヒュレーは異他的であり続ける。ヒュレーは私によって産出されるのではなく、私の制御を免れる領域である。ヒュレーは、自我のどんな能動的参与も寄与もなしに受動的にあらかじめ与えられる事実性である(58)。だから、「内在的」と「内面的」という術語の使用は、ヒュレーが結局体験自体の実的（*reell*）構成要素であることを示唆しない。それは単純に、構成された超越的対象の他性にまだ直面しておらず、ただ主観性の自己顕現する現実存在にとって本質的である異他的構成要素に直面しているにすぎないことを明示しているにすぎない(59)。この考えは、一九三一年のある箇所で定式化される。

> さまざまな段階の存在者の、諸々の世界の、諸々の時間の構成は、二つの原前提、時間的に語るならば（あらゆるこの時間性において）絶えずその「基礎にある」二つの原源泉をもつ。すなわち、（一）機能するものとしての、その触発と能動とにおける、帰属する諸々の様態のすべての本質形態を具えた、原自我としての私の本源的自我、（二）時間化の本源的流れとしての、そしてそれ自体時間化の原形式としての、時間領野、原事象性の時間領野を構成するものとしての私の本源的非自我。しかし、両原根拠は一つであり、不可分であり、そうしてそれ自体で考察されると抽象的である(60)。

同じ草稿のなかで、フッサールは、どんな自我寄与からもまったく独立に、ヒュレー的宇宙（志向的解釈のすべてが前提する原初的な先所与の領野）を構成する原本的な流れる非自我について語る。もっとも、自我はつねに現前して（居合わせて）いる。[61] フッサールが言うように、両根拠は不可分であり、両者は構成の過程における、現出にもたらす過程における還元不可能な構造的契機である。

フッサールは時として非自我を世界と同定するので[62]――それによって、彼が（悪）名高い『イデーンI』の第四九節において無化しようと試みた客観的実在性という概念よりもいっそう根本的な世界概念を扱っている――究極的に以下の解釈に対面する。すなわち、主観性は現出の可能性の条件であるが、ただ一つの条件ではない。なぜなら、フッサールもまた超越論的非自我としての世界について語ることが必要であると思っているからである。[63] 構成は、究極的には、世界／意識構造において生じ、繰り広げられる過程である。[64] したがって、構成は意味を欠く感覚の恣意的な生化としても、アプリオリに没世界的な主観性から世界、ヒュレー、あるいは、存在者的なものを演繹や抽出する試みとしても理解すべきではない。

しかしながら、没世界的自我を構成の唯一かつ至上の根拠とみなすある類型の絶対的観念論のこうした克服は、打ち負かされた二元論の復権として解釈されるべきではない。内側と外側、主観と客観、自我と世界の間の分離は、単に現象学的起源と共通の土台、すなわち、機能する志向性の差異化された統一を分節化するにすぎないその後の基づけられた区別の結果なのである。[65]

上述のことのすべてが主観性と他性の間の本有的関係を証言しているが、それらはそれ自体では自己触発と異他触発の間の関係について何も言っていない。しかしながら、時間と身体についてのフッサールの分析へのもう一つの見方がその結合を目に見えるようにするはずである。

『受動的綜合の分析』において、フッサールは、それ自身で捉えられた内的時間意識は純粋ではあるが抽象的形式であるとはっきり述べている。そして、彼は内的時間意識の現象学を、内容に属する綜合を統御する根本的法則と形式を扱う連合の現象学によって補完されねばならない抽象的な分析としてさらに性格づける。[66] 具体的には、ヒュレー的与件なしに原印象はありえないし、ヒュレー的触発から分離された自己時間化はありえない。時間的内容なしに、内的時間意識、先反省的自己意識はありえない。時間意識は純粋な形式においてはけっして現出せず、つねに遍在的感性として、感覚を感覚することとそのものとして現出する。すなわち、「感覚することは根源的時間意識とみなされる」。[67] 基本的に、これが、フッサールが横の志向性と縦の志向性の間の不可分離性を強く主張した理由である。[68]「したがって、一つの、唯一の時間流のなかで、二つの不可分に統一的な、一にして同じ事象の二つの側面のような、互いを必要とする志向性が相互に編みあわされている」。[69] たった今過ぎ去ったものとしての音についての私の意識は音と相関する流れの位相についての私の意識に依存している。過去としての対象のたった今過ぎ去った位相についての意識は、私がそれを意識していたという私の現在の（隠在的）意識から離れては存在しないだろう。しかし、対象を意識していたことを意識していることは、まさしく時間的に伸び広がる自己意識を所有していることである。[70] 持続する音と流れる流れは、結合して与えられ、こうした相互依存的な仕方でのみ現出することができる。[71]（フッサールの論証と『純粋理性批判』におけるカントの観念論論駁とを比較することが完全に不適切であることはないだろう。カントはこう論じる。私自身の時間的に規定された現実存在についての私の意識は外的対象の現実存在を前提する、と。[72] フッサールは、自己意識は超越的対象の現実存在を前提するとは主張しないだろうけれども、自己意識はある種の他性の同時的所与を含意しているとまさに強く主張する。）

われわれは、身体的自己意識に向かうときに、自己触発と異他触発の間の類似した相互依存性を見出す。すでに言及したように、一方で、空間的対象の構成と、他方で、身体の構成との間に現実存在する相互的共依存について語る。対象の踏査と構成そのものが同時的な自己踏査と自己構成を含意する。これは原本的身体的自己意識が対象志向性として捉えられるべきと言うことでも、自己感受性が単に異他感受性の特定の例にすぎないと言うことでもなく、単に、それは自己意識的である自己超越する意識であると言うことにすぎない。身体は、まずわれわれに対して与えられ、その後で世界を探究するのに用いられるのではない。世界はわれわれに身体的に探究されるものとして与えられ、身体はわれわれに世界のその踏査において開示される。[73] われわれが知覚するときにこそ、われわれはわれわれ自身を意識するのであり、われわれが触発されるときにこそ、われわれはわれわれ自身に対して現出する、すなわち、まさしく晒され、自己を踏み越える主観としてこそ、われわれはわれわれ自身に与えられるのである。[74] 別様に述べれば、われわれは、われわれ自身の身体と二つの〔身体と知覚的対象の〕相互作用の仕方を意識していることによって知覚的対象を意識するのである。すなわち、主題的であれ非主題的であれ、随伴する身体的自己意識をもつことなしに物理的対象を知覚することはできないのである。[75] しかし、究極的には、逆のこともまた同様に真である。すなわち、身体は、他の何かに――あるいは他者としての自己自身に――関係するときにだけそれ自身に対して現出する。[76] フッサールは次のように書いている。「われわれは身体を知覚するが、身体「を手段として」知覚されている事物と一つになって〔身体を知覚するの〕である[77]」。自己触発と異他触発の間のこうした相互性は、おそらく触覚的領分におけるより以上に明白であるところはない――手は触れられ、それ自体所与性にもたらされることなしに触れることはない。

換言すれば、触れることと触れられることとは同じ過程において構成され[78]、フッサールによれば、これは感性一般に対して真である。これは、横の志向性と縦の志向性の不可分離性についての彼の記述からのみではなく、キネステーゼ的感覚とヒュレー的感覚の間の関係についての彼の説明からも明らかである。「しかし、キネステーゼの体系は、前もって構成されてはおらず、その構成は、それ〔キネステーゼの体系〕がそのつど向かっていこうとするヒュレー的客観の構成と一つになって生起する」[79]。

いっそう一般的には、自己触発はつねにそれ自体より以上に開示されないのかどうかが問い尋ねられるかもしれない。われわれは生まれたのであり、自己産出されたのではなく、これがわれわれの与えられた状態、われわれがわれわれ自身引き起こしたのでも、始めたのでもない状態であり、それゆえわれわれ自身を超えたものに関係しているという意味と、主観が――自己自身とは異なる何かによって――触発されたものとしての自己自身に対して現出するという意味との両方で〔そうである〕。触発されることとは、自己自身の外側で生きることであり、原理的開放性によって性格づけることができる。レヴィナスが述べるように、受容性や感性を所有すること、手短に言えば、触発に晒されることは、主観であることが意味することの本質的部分である。しかし、この受肉した感性はまた他者に対する傷つきやすさ、他者に対して晒されていることでもある。だから、意識が印象的であるかぎり、レヴィナスがするように、意識が他性と事実性によって所有されているかどうか、根本的な動揺と不満によって性格づけられるのかどうかを非常にうまく問い尋ねることができる[80]。

もし触れることの自己所与が触れられるものの顕現から不可分であるならば、もし、いっそう一般的には、自己触発がつねに世界の触発によって貫かれているならば、もし内的時間意識がヒュレー的内容、意識によって生み出されたのではない何かによる触発をつねに前提するならば[81]、自己触発と異他触発の間に基づける‐基づけられる関係を導入することは支持できない。なぜなら、それらは不可分かつ相互依存的であるからである[82]。あらゆる触発は、触発するものも触発されるものも（同じ仕方ではないが）開示する。

こうした背景の下では、自己意識を純粋な自己合致する、自己充足的非関係性として性格づけるとんな試みも問題にすることが明らかに必要である。このことは反省的自己意識と先反省的自己意識との両方に十分にあてはまる。フッサールの言では、反省的自己意識は、自我が方向づけられており、そこから自我が自己自身へと振りむくことができる、非自我を前提する[83]。そして、先反省的自己意識に関しては、フッサールは、あらゆる体験は自我的次元と非自我的次元の両方を所有しているとはっきり書いている[84]。こうした二つの側面は区別することができるが、分離することができない。「自我はそれだけである何かではなく、自我異他的なものは自我から分離されるものではなく、両者の間には、向き合うための余地がない。そうではなくて、自我とその自我異他的なものとは不可分なのである[85]」。

私は先に、いわば、その異なる方向のせいで志向性と自己意識の間に両立不可能性が現実存在するだろうかどうかという問いを立てた。しかし、リクールが指摘するように、志向性と自己意識が排他的選択であるかもしれないという――われわれは自己自身に没頭しているので、世界とのあらゆる結合が切断されるか、自己自身の外側に完全に投げ出されているので、知覚が無意識的になるかのどちらかであるという――提案そのものが意識についての疑似空間的かつ完全に不十全な構想に基づいている。すなわち、もし私が外側に向かっているならば、私は同時に内側に向かうことはできない[86]。明らかに、これは、ある人の知覚の構造の反省的主題化をホッケーの試合をよく注意して見ようという同時に行われる試みと結合するという困難のような、取るに足りない例外を排除しない。しかし、私が私自身に注意を払っているときにだけ、ある一定の衝突が、先反省的**自己意識**のレヴェルではなく、生起するかもしれない。

だから、**自己意識**は超越的存在との接触を排除あるいは邪魔する自己への没頭として理解すべきではない。反対に、主観性は、世界内的存在者であれ、他者であれ、主観性ではないものに本質的に向かって方向定位しているし、開かれており、まさにこの開かれていることにおいてこそ、主観性は自己自身を自己自身に対して開示するのである。したがって、コギトによって露呈されるものは、閉鎖された内在、純粋な内的自己現前ではなく、他性に対して開かれていること、外面化と知覚的自己超越の運動である。世界に対して現前的であることによってこそ、われわれはわれわれ自身に対して現前的であるのであり、われわれ自身に対して与えられていることによってこそ、われわれは世界を意識することができるのである[87]。しかしながら、このことは、対象についての意識が**自己意識**によって媒介されている、あるいは、**自己意識**が対象についての意識によって媒介されていると言っているのではない。自己顕現と異他顕現は、厳格に相互依存的であり、不可分であり等根源的なのである。結局、自己顕現と異他顕現は、すべて一にして同じ体験の二つの異なる次元なのである。シュトラウスの言では「感覚的体験において、私は、私自身と世界を同時に体験するが、私自身を直接的にではなく、他者を推論によってでもなく、私自身を他者以前にではなく、私自身を他者なしにでもなく、他者を私自身なしにでもない[88]」。

本当に現実存在する対象を欠く錯覚や空想か、それとも、まったくもって志向的対象なしであるけれども、非常に**自己意識**的である、吐き気、目眩、不安のような体験に準拠してこのテーゼの妥当性を制限しようと試みたくなるかもしれないけれども、私は、それは失敗するだろうと考える。異他的なものや超越についてのあまりに狭い構想を扱わないように注意すべきである。適格に語れば、それは現勢的に現実存在する対象を含むだけではなく、錯覚や綜合についてのどんな志向的分析も開示することになるように、錯覚された対象と想像された対象も同様に含んでいる。ヒュレー的与件でさえ、非自我的起源をもち、意識自体によって生み出されたのではない要素であるかぎりで、ある類型の他性として性格づけることができる。反省についての私の後に続く分析が露呈するように、意識の自己自身に対する反省的関係もまた自己異他化（*self-othering*）によって記述されるかもしれない。すなわち、たとえ意識がその注意を完全に自己自身へと向けることができるので、他のあらゆるものが排除されようとも、他者性に直面することは避けられないだろう[89]。最後に、同時にいくつかの対象を知覚することなしに目眩、不安、吐き気が可能であるかどうかは疑わしいだけではない。さらに言えば、けっして単なる付随的現象が扱われているのではなく、むしろ根本的形式の露呈が扱われているとさえ論じられるかもしれない。われわれはつねに何らかの種類の気分のなかにいる。中立的かつ距離を置いた観察でさえ、それ自身の調子を帯びているし、ハイデガーを引用すれば、こうである。「気分は、そのつどすでに世界内存在を全体として開示し、〜に向かうことを何よりもまず可能にする」[90]。だから、リンゴへの欲望や特定の人格へのあこがれのような志向的感情と、上機嫌、悲しみ、退屈、感傷、不安などのようないっそう一般的かつ遍在的な気分との間を区別しなければならないけれども、後者は世界への関係がないわけではない。それらは諸々の類型の対象志向性ではない。それらすべては志向的対象を欠いており、先反省的には、心理的対象としてそれ自身与えられはしない。しかし、それらはわれわれ自身の内部にわれわれを閉じ込めず、それらの配色をわれわれの志向的対象に添え、われわれが世界に出会う仕方に強く影響する遍在的雰囲気として生き抜かれる[91]。例えば、好奇心、緊張感、幸福のような気分を考えてみるだけでいい。

先行する議論に照らせば、自己意識、時間性、触発、受肉の間の本有的結合に関わるフッサールの見解が明らかになる。先反省的自己意識を、原印象－把持－予持という三項からなる脱自的－中心化的構造において分節化される内的時間意識から分離することは不可能である。しかし、ヒュレー的内容なしに原印象はありえないし、したがって、ヒュレー的触発なしに自己意識はありえない。以前に指摘されたように、純粋な時間意識は抽象的形式である。具体的には、それは遍在的感性であり、感覚を感覚することそのものである。しかしながら、こうした感覚はどこからでもないところから現出しはしない。それらはわれわれにわれわれの身体的感性を指示する。(92) したがって、われわれはカスタネダのテーゼの現象学的対応物のような何かに達する。超越論的基礎は「私はここに今いる」なのである。

　こうした成果は数多くの現象学者に時間化と空間化の間の本有的関係を強調させてきた――世界の外面性は時間化の運動に巻き込まれている(93)――し、現象学者に自己意識、身体意識、世界意識の分離不可能性を強く主張させてきた。

> 自我意識は……アプリオリに、志向する意識としての自己自身の意識であり得るにすぎない。なぜなら、それ〔自我意識〕は、一つになって自己運動の自発性の遊動空間の意識であるからである。自我意識には、アプリオリに、そのつどの私の遊動空間としてのこの遊動空間の意識が属している。それは、私の運動によって充実することができる可能性の遊動空間が、事物を現出へともたらすことができるのである。しかし、この遊動空間とは何か。それはほかならぬわれわれの経験の世界であり、さしあたり、無媒介的周囲世界である。したがって、もし、「思考する主観の自己活動性の表象」としての自我意識の可能性に解きがたく「私は運動する〔私は私を動かす〕」という自発性の意識が属するならば、そしてもしこれ〔自発性の意識〕が、

世界にほかならない運動の遊動空間の意識をそれ自身のうちに含むならば、それによって証示されるのは、自我意識が一つになって世界意識であることと、それ〔自我意識〕がそれ自体感覚〔意味〕の触発の可能性の根拠であるということとである。……それでもって、感覚することを世界内存在する仕方として概念把握することが何を意味するかと、どのようにしてこうした仕方でのみ、感覚することという適法的な、現象学的に検証可能な概念を獲得し、いわゆる高次の認識能作との正しい関係へともたらすことができるのかとが解明されているだろう。(94)

だから、ラントグレーベの中心的テーゼを甦らせれば、ヒュレー的触発においては、われわれは対象的世界にも没世界的主観性にも直面せず、それらの先行的統一に直面する。われわれは（世界が主に意味の非自我的起源として理解されるかぎりで(95)、そして、文化的脈絡や客観的実在性として理解されないかぎりで）われわれの世界内存在を体験する。ヒュレー的内容なしに原印象はありえず、生きられる身体なしにヒュレー的内容はありえないので、こう結論づけられねばならない。自己意識の構造について議論する際に後者を見逃すことは改竄的抽象であるだろうし、時間性と身体性の本性は互いから独立に排他的に認識することもできない、と(96)。われわれは受肉した時間性、身体化された、先反省的自己意識を扱っており、まさにこの先反省的身体的かつ時間的自己触発こそが反省的自己意識を可能にするのである。

誤解を未然に防ぐために、私はフッサールがあらゆる類型の体験が身体的体験である、あるいは、あらゆる類型の自己意識が身体的自己現出であると主張しているのではないことを付け加えておきたい。私はただ、彼が生きられる身体を感覚体験にとって不可欠であり、それによる他の類型の体験にとっての決定的（基づける）意義をもつと捉えていると主張しているにすぎない。フッサールはこう書いている。

> 感覚は実際純粋意識の観点からはノエシスのすべての根本様式にとっての不可欠の素材上の土台である。(97)したがって、こうした仕方で人間の全意識は、そのヒュレー的土台によってその身体と一定の仕方で結びつけられているが、確かに、志向的体験自体はもはや直接的にも本来的にも局所化されておらず、もはや身体の層を形成してはいない。(98)

これが、あらゆる形式の知識はその身体的根をもつという、後にメルロ－ポンティによって取り上げられるテーゼを主張することができる理由である。

サルトル――意識の空虚さについて

サルトルは、先反省的自己意識の現実存在を確かに認識しているけれども、彼は、ハイデルベルク学派が提案した路線に沿って、すなわち、厳格に非関係的自己合致、自己同一性、あるいは、絶対的自己現前として考えるべきであるということを否定する。彼の最も根本的な論証は、志向性と自己意識の間の関係に触れている。彼は、両者を意識の本質的かつ決定的特徴であると思っているだけではなく、それらの決定的差異にもかかわらず、それらを相互依存的であると捉えている。(99)私は、志向性が自己意識を伴うというテーゼを支持するサルトルの論証に以前に言及したが、彼はまた反対の含意を支持する論も唱える。すなわち、意識は、何かについて措定的に**意識**している場合にのみ自己自身について非措定的に**意識**することができる、と。つまり、意識は、まさしく超越的対象を意識しているかぎりで、自己**意識**を獲得する(100)。この主張を合理的なものにする最も簡単な仕方は、もし私が何かについて意識していなかったならば、私は自己**意識**的であるものを、つまり、志向的体験を欠いているだろうと論じることによるだろう。しかし、サルトルは、さらにいっそう根本的な結合を手に入れている。なぜなら、彼は、意識の自己透明性はその自己超越に本質的に依存していると主張するからである。だから、サルトルは彼の非常に根底的な志向性の解釈によって高名なのである。意識の志向性を肯定することはその中のどんな種類の内容の現実存在も否定することである(101)。意識のうちには何もなく、対象も心的表象もない。それは完全に空虚であり、まさにこのためにこそ、それは徹底して自己**意識**的であり、自己透明なのである(102)。したがって、意識の志向性を否定することは、その自己**意識**の否定でもあるだろう。なぜなら、どんな心的内容であれ意識に導入することは、それに、その透明性を阻害し、妨害し、究極的には破壊するだろう実質的不透明性を負わせるだろうからである。

　しかしながら、意識が志向性によって性格づけられると言うことは、一つ以上のやり方でその根本的空虚さと非実質性とを肯定することである。サルトルにとって、志向的意識の存在は超越的存在の開示と現前とにある(103)。意識的であることは、超越的対象、すなわち、自己自身と異なる対象を措定することである。それは、それでない何かに直面することであり、それはこの差異についての**意識**、すなわち、意識しているものではないものとしての自己自身についての先反省的自己**意識**を伴う。サルトルの言では「志向性と自己性の基礎にある構造は、事物に対する対自の内的関係としての、否定である。対自は、事物から事物の否定として、自己を外部に構成する。このように、即自存在に対するその〔対自の〕最初の関係は、否定である。それ〔対自〕は対自という様態で、すなわち、存在ではないものとして自己自身に開示されるかぎりで、分散した実存者として「存在する」[104]。だから、意識はそれが開示する超越的対象ではないことから離れては無である。そして、まさにこの強い意味においてこそ、意識は志向性を必要とし、**自己意識**的であるために自己自身と異なる何かに直面する必要がある。さもなければ、それはあらゆる規定を失い、純粋な無として霧消してしまうだろう[105]。

それゆえ、否定は顕在的であり、知覚される対象と対自の間の存在の結びつきを構成する。対自は知覚される事物の否定である半透明な無にほかならない[106]。

まさしく、対自は、自己を対自にすることによって、自己を存在に対する現前にし、対自であることをやめることによって現前であることをやめる。対自は存在に対する現前として定義される[107]。

というのは、意識は即自の無化としてのみ……自己自身に対して現出することができるからである[108]。

ローゼンバーグによる印象的な定式化を用いれば、実際、こう言えるかもしれない。サルトルによれば、意識はある種の否定の道（*via negativa*）を通してのみ自己自身を自己自身に対して与える、と。原本的**自己意識**は、それが同時に志向的に意識している対象ではないことについての先反省的意識なのである[109]。

これまで、批判は、**自己意識**と自己超越の間の相互依存性を強く主張することによって**自己意識**を純粋自己現前と同定しようとする試みにねらいを定めていた。主観性の自己意識は、それ自身とは異なる何かとの関係に依存する(110)。しかし、サルトルは、先反省的自己意識が自己への自己充足的没頭として理解することはできないと主張しているだけではない。彼は、自己意識は厳格な自己同一性と両立不可能であること、そして、主観性の自己意識は自己自身と主観性が異なることに依存しているとも主張するのである！　究極的に根本的な争点、すなわち、先反省的自己意識の内的差異に関わるので、この謎めいた主張を明確化することを試みてみたい。

サルトルが現前という概念を、二元件を含意していると捉えており、それゆえ少なくとも実質上の分割を含意していると捉えていることをたった今見てきた(111)。しかしながら、サルトルによれば、これは、超越的対象についての認識にのみ真であるのではなく、先反省的自己意識にとってさえ真である。

> ……自己への現前は、微細な裂け目が存在のなかに忍び込んでいることを前提している。それ〔存在〕が自己に対する現前であるならば、それは、それ〔存在〕が完全には自己ではないということである。現前は合致の即時の毀損である。というのは、それ〔現前〕は分離を前提するからである(112)。

別様に言えば、まさに、自己自身に対する現前であるがゆえに、同時に、何らかの仕方で、自己自身に対して不在ではない存在様態としての非主題的意識はけっして見出されないだろう。さて、自己に対する現前は、自己とのちょっとした距離、自己のちょっとした不在を前提する。まさに不在と現前の絶え間ない遊動こそが、現実存在しているのは困難であるように思えることもあるだろうし、われわれが絶え間なく従事し、意識の存在様態を表象するのである(113)。

非主題的意識の吟味は、われわれが現実存在と呼ぶある一定の類型の存在を開示する。現実存在は、自己に対する距離、ずれである。実存者はそれでないものであり、それであるものではない。それはおのれを無化する。それは自己との合致ではなく、対自である[114]。

対象の存在が堅牢性、肯定性、自己充足性、自己同一性によって性格づけられるのに対して（テーブルは純粋かつ単純にテーブルであり、それ以上でも以下でもない。つまり、テーブルは他性を知らず、他であるものと関係することはできない[115]）、このことは主観性の存在に対しては真ではない。私の体験は単に現実存在するだけではない。それは対自的に現実存在する、すなわち、それは自己意識的である。しかし、先反省的にさえ、自分の知覚を意識していることはもはや単純かつ単に知覚するだけではなく、知覚を引き離し、捥ぎ離し、超越することである。自己意識的であることは自己自身からある距離を置いて現実存在することである。つまり、それは存在論的自己尋問に従事することである。自己意識と自己同一性は両立不可能な規定であり、それゆえ、サルトルは、主観性の理解ということになれば同一律の妥当性を問題にし、自己意識は、意識の存在におけるわずかな裂け目、分離、二元性さえ前提すると書く。こうした裂開こそが自己を産むのである[116]。

先反省的レヴェルですでに、サルトルが「二元性のパターン」、「反省の戯れ」、志向性と自己意識の間に現実存在する「二項」と呼ぶものが見出される。意識の両契機は、厳格に相互依存的かつ分離不可能であるが、それらの機能は同一的ではなく、絶対的には合致しない。その二つのそれぞれは、それでないものが、それが依存するものとしての他を指示する。それらは問題を抱えた統一において、統一である二元性として共現実存在しており、意識の生はこうした永遠の相互参照において生じる[117]。サルトルが意識の存在における裂け目や分離について語るとき、明らかに、ある－もの（some-thing）によって自己自身から分割される意識について語っているのではない。なぜなら、どんな実質的不透明さの導入も、その二項からなる統一を二つの分離された対象の二元性と置き換えることで、それを二つに割るだろうからである。いや、サルトルにとって、意識は無なる－もの（no-thing）によって自己自身から分離される、すなわち、適格に語れば、当該の分離は内的差異化や否定なのである。しかし、サルトルは、意識を自己自身から分離する無は時間の根であるとも主張し、意識の構造についての彼の記述は、時間性に向かうとすぐに、すなわち、時間的術語における主観性の永遠の自己差異化、自己距離化、自己超越に向かうとすぐに、信憑性を獲得する。意識は時間性の離散的形式において現実存在する。つまり、その三つすべての時間的次元に広がって、意識は自己自身からある距離をとって現実存在する。意識の自己現前はつねに不在によって貫かれており、この独自の存在様態は自己同一性というカテゴリーを通して把握することができない。反対に、時間性は、まさにはじめから絶対的自己合致を阻害する永遠の自己超越運動なのである[118]。

サルトルの反省は、先反省的自己意識を厳密に非関係的とみなそうとする試みを批判するので、ハイデルベルク学派への駁撃として解釈することができる。しかし、この時点では、ある一定の用心を示すことが必要になる。サルトルが意識の核における裂け目についてあるいは信念とその自己意識の間のわずかな距離について語るとき、即座に思い浮かぶ一つの異論がある。彼は自己自身と矛盾してはいないか。私が第四章で呈示した、反省的自己意識と先反省的自己意識の間の差異についての彼の準備的評言において、サルトルは、反省は二元性によって性格づけられると主張した。彼は、もしこの二元性が意識の核に導入されたならば、アポリア的な帰結となるだろうと論じ、一にして同じであるから、志向とその自己意識を先反省的レヴェルで区別することは不可能であると結論づけた。しかしながら、今や、彼は二項を先反省的自己意識の構造に再導入しているように見える。究極的には、反省的自己意識と先反省的自己意識の間の差異の土台を掘り崩し、後者を、反省モデルに対して成功裏に向けられた批判に対して脆弱にし、それによって、自己意識の可能性そのものを危険にさらす二項を。だから、こう論じられてきた。サルトルは先反省的自己意識の非措定的性格に関わる彼自身の洞察に忠実であることができず、伝統的主観－客観モデルから身を離しておくことができず、認知的かつ認識的要素を自己意識についての彼の記述に優柔不断に導入し続け、それによって自己意識の統一と透明性とを破壊している、と[119]。

先反省的自己意識と反省的自己意識の間の差異についてのサルトルの説明が幾分満足いかないということは、反省についてのサルトルの記述からもまた見て取ることができる。彼は、反省をある類型の措定的意識として時折性格づけるけれども、それにもかかわらず、サルトルは、反省は通常の志向的作用とは根底的に異なると強く主張する。これらが無化を伴うことはすでに見てきた。椅子について意識していることは、椅子を自己自身であるのではないとして措定することである。サルトルが言うように、認識することは、自己自身を他にすることである。しかし、この特定の要素は反省に、少なくとも変様されずに付随することはない。反省的自己意識は、反省することが反省されることである場合にのみ自己意識とみなされる。対自と即自の間の差異についての彼の見解のおかげで、反省的自己意識は絶対的同一性として記述することはできず、単純に先反省的レヴェルではたらいている種類の問題のある統一でもありえない。なぜなら、これが反省的自己意識と先反省的自己意識の間の差異を拭い去るだろうからである。したがって、サルトルは統一と分離の両方を許す様式で反省を考えるという困難に対面し、そして彼の解決は、反省を先反省的二項のなかにすでに現実存在している裂け目を究極的に深化するあるいは増大する意識における基盤構造の変様として記述することである。すでに見てきたように、サルトルは先反省的自己意識的知覚を二項からなる構造を所有していると捉えている。この構造は、われわれが反省するときに二重化される。なぜなら、その時先反省的に自己意識的な反省されるものについての意識である先反省的に自己意識的な反省することが扱われているからである。反省的意識における二つの二項からなる極は分離不可能であるけれども（反省することは、それが反省されるものを反省するかぎりでのみ現実存在し、サルトルの自我論的意識に対する批判からすぐに見ることになるように、反省されるものはその過程で変様される）、それにもかかわらず、それら〔反省する極と反省される極〕は、二項の独立的契機よりもいっそう高次の度合いの自律に向かう。それゆえ、サルトルは、反省するものを反省されるものから分離する無は、二項の二つの独立の契機を分離する無よりもいっそう深い、すなわち、反省的自己意識は高次の度合いの無化を含むと主張する。(120)

サルトルは、反省の過程が三重の無化を伴うと主張することで終わる。すなわち、反省する意識をそれ自体から分割する無があり、反省される意識をそれ自体から分割する無があり、最後に反省する意識をそれが反省する意識から分割する無がある。こうしたすべてを考えると、以下の問いは完全には正当な根拠がないようには思えない。すなわち、私の反省的自己意識はこうした種類の入り組んだ構造を本当に呈するだろうか。サルトルは現象に忠実な記述を本当に与えたのか、あるいは、むしろ弁証法的思弁によって我を忘れてしまったのか。(121) ある段階で、サルトルは問題に気づいていたように思えるし、彼は、先反省的コギトの構造についての彼の記述がまさに事実不適切な術語を利用していることを認めさえする。[122] しかし、彼はけっして敢えていっそう説得的な説明を与えようとはしないし、私は彼が批判を回避できるとは考えない。

しかしながら、この批判は、先反省的コギトを非関係的自己合致として記述することについてのサルトルの留保は基づけられていないあるいは見当違いであるということを伴わず、ただ、先反省的自己意識における差異、裂開、距離を考えるために用いられた彼自身の概念的枠組みと特定の道具が幾分不十全であるということを伴うにすぎない。結局、志向性と自己意識の間、作用とその自己顕現の間、体験と体験することとの間を抽象的に区別することと、この区別を裂開や内的否定という点から考えることとはまったく別のことなのである。

デリダと開襞することの裂け目

やはり自己意識を自己触発によって考えたデリダを簡単に見ておくことで結論とすることにしたい。デリダが立てた問いのうちの一つは、自己触発は純粋同一性によってあるいはむしろ二項からなる構造によって性格づけられるのかどうかである。表面上、自己触発は、外面性と他性とのすべての関係から純化された、根底的かつ自己充足的内在を約束する。この純化と排除は、もし自己触発が、事実、われわれに無媒介的かつ分割されない自己現前を提供することであるならば、本質的である。しかし、その構造をいっそう綿密に見てみると、自己触発が機能するためには最低限の分割や裂開を必然的に伴うことが露呈する。自己触発は、触発するものと触発されるものの間の構造的差異を含むのである。これは、さまざまな類型の身体的自己触発において明白である。すなわち、私が私の身体の限られた部分を見るとき、あるいは、私が私自身に触れるとき、私はある類型の自己触発に直面し、そこでは汚染がすでに起こっている。身体の単一部分は分割されたままであり、世界に晒されている表面を通して接触を獲得する[123]。しかし、最も根本的類型の自己触発、時間性に見出すことができるそれについてはどうだろうか[124]。すでに見てきたように、デリダは、意識は、まったき、瞬間的自己現前においてはけっして与えられず、自己自身を自己自身に対する不在との絡み合いにおいてしか現前呈示しないと主張する。だから、デリダは、自己触発によって限定される主観性は、どうしても差異化されておらず、自己閉鎖的であることはできないと論じる。なぜなら、自己触発は最小限の自己差異化と自己分割を必然的に伴うからである[125]。

自己触発の可能性は、それ自体として顕現する。すなわち、それはそれ自身の痕跡を世界のなかに残す。シニフィエの世界内的定住は揺るぎないものとなる。書かれているものは残り、そして、触れる－触れられるという体験は第三者的世界を認める。空間の外面性はそこでは還元不可能である。自己触発の一般的構造のなかで、自己自身を現前させることとあるいは享楽のなかで、触れる－触れられるという働きは、他を、働きかけることと受苦することから分けるわずかな差異のなかで迎え入れる。そして、外部、身体の晒されている表面は、自己触発を扇動する分割を永遠に意味し、刻する[126]。

したがって、先反省的自己意識を自己触発と解することは、現前に最小限の差異を、そのうえでそれが自己自身に閉じこもっている蝶番そのものとして認めることである。主観性は、それ自身で折り返されるときにだけ自己現前的でありうるが、この（開）襞は、単純で、無媒介的で、完全な自己合致を永遠に妨げる裂け目を導入する[127]。（開）襞のせいで、内面性のうちに空間が確立される。それは外面性と他性の両方を与えられ、それによって隙間を埋めることと自己自身を回収することとを妨げられる(128)。だから、デリダによれば、自己触発の一般構造は、自己自身で閉じることと無傷の自己現前を達成することとを邪魔する。自己現前が自己触発を前提することを認めることは、自己現前がけっして純粋ではありえないことを認めることである。なぜなら、自己現前に自己自身を確立することを許す差異そのものがまたそれを永遠に自己自身と異ならせるからである。自己触発は、自己閉鎖的内面性を必然的に破り、裂開した自己意識を構成するので、自己触発には、つねに異他触発が随伴するだけではなく、自己触発はそれ自体異他触発なのである(129)。

　デリダにとって、自己触発はすでに現実存在する自己によってもたらされるのではない。むしろその過程こそが、自己を生じさせるのである。しかし、自己触発から生まれた自己は、分割されたものとして、自己自身と異なるものとして構成される。他者としての自己自身との差異や関係は、自己自身を自己自身の上で開襞することを可能にする視角であるが、この構成する差異がまた自己自身とのまったき合致、完全な自己同一性の達成を永遠に妨げる。差異が、自己を、同時にそれを分割するかぎりでのみそれであるものにする(130)。「自己触発は、それ〔同じもの〕（自己）を分割することによって同じもの（自己）を構成する(131)」。自己はその開始者であるよりもむしろこの差異化の運動の産物であるので、自己自身を（開）襞するものは、その自己顕現に先立つ単純かつ同一的なものである。単純な起源は存在しないが、つねにすでに散種、分割、懸隔、時間化が存在するのである(132)。

自己顕現の差異化された基盤構造

フッサール、サルトル、デリダはすべて、彼らが、自己触発と異他触発の間のある種の相互依存性を支持して論じるかぎりで、アンリに対立する。しかしながら、いっそう綿密な吟味によれば、彼らの主張は一見して思えただろうほどには類似しておらず、実際には、彼らは一つの決定的な点で分岐し、二つの異なる立場、一つは穏健な立場であり、もう一つははるかにずっと根底的な立場を支持して論じているように思える。われわれではないものにわれわれが直面する際にこそ、われわれは自己意識的であるということが主張されているか、われわれではないものに直面させられていることによってこそ、われわれは自己意識を獲得するということが主張されているかである。前者、比較的弱い事例においては、自己意識と自己触発はけっして異他触発から隔離されて生起しはしないと主張される。自己顕現にはつねに異他顕現が随行し、異他顕現とは分離不可能である、すなわち、自己顕現はひとりでに起きることはない。この穏健なテーゼは自己意識の自己充足性に関わるどんな主張に対しても問題を呈示するけれども、自己意識の構造が裂開を含んでいるという結論を正当化せず、ただ、自己意識にはつねに裂開、つまり、自己と他者の間、内在と超越の間の裂開が随伴していることを正当化するにすぎない。

しかしながら、この時点で、いっそう根底的なテーゼがおのずと明らかになる。自己意識が、もしけっしてそれ自体で現出しないならば、本当にその純粋性、統合性、自律を保持することができるかどうかが合理的に問い尋ねられるかもしれない。もし自己触発と異他触発が分離不可能であるならば、これはそれらが絡み合っており、相互依存的であり、そしておそらく究極的には区別不可能ですらあるという事実の示唆ではないのか(133)。だから、自己意識には他性が随伴するだけではなく、他性によって媒介され、汚染されていると主張されてきた。この後者の根底的立場を選好するように誘惑されるかもしれないが、それに突きつけられる問題を見逃すべきではない。自己意識が自己発生的顕現ではなく、媒介の結果であると主張することは、基本的に、反省理論の問題すべてに今一度対面することである。自己触発がつねにすでに異他触発であり、自己意識は無意識的構造的差異による脱中心化の戯れの産物であるとさらに進んで主張することは、自己意識の明確化に寄与する代わりに、探究されるべき現象そのものを解消し、根絶する立場を唱道することである。

しかし、デリダの定式はあまりに過剰であるけれども――彼が時として自己触発を対象志向性の一形式と解釈していると非難されてきたのは驚くべきことではない[134]――根底的テーゼに対してはなお言われるべき何かがある。結局、先反省的自己意識にはつねに異他顕現が随伴するだけではなく、それは内的分節化、差異化された基盤構造もまたもつ。だから、先反省的自己意識のまったき脱自的‐中心化された構造、すなわち、原印象‐把持‐予持を忘れるべきではない。原印象は多数の他なるものに対して開くことである。すなわち、それはヒュレー的触発に対して開かれている。つまり、それは「開かれた貧しさをもって、未来を迎えに行く[135]」、そしてそれには、われわれに「その最も原初的形式における他なるものの直接的かつ基素的直観[136]」を提供する把持が随伴している。時間的自己顕現は現在化と不在化の脱自的統一である。われわれを運動なき自己同一性に直面させるよりもむしろ自己時間化としての自己触発はわれわれを根本的な弛みなさと非合致とに直面させると言うことができる[137]。それは、開陳と差異化の過程であり、閉鎖と全体化の過程ではない。

先反省的自己意識はこの内的分節化によって性格づけられるので、数多くの現象学者が先時間的距離、不在について語ることを選択してきたし、あるいは、先反省的自己意識の核における原反省についてさえ語ることを選択してきたことはまったく不思議ではない。例えば、ブラントは、先反省的自己意識における永遠の自己触発を「端緒における反省」として記述する[138]。対象の硬直した自己同一性に対して、主観の意識的自己現前は端緒の距離や不在をすでに含んでいる。究極的には、これはまったく驚きを生じさせるはずがない。たとえ、反省が原的な種類の自己意識ではありえないと認められるとしても、反省は、それが先反省的自己意識からどのようにして生じることができるのかを説明するために必要であり続ける。サルトルがわれわれに痛烈に思い出させるように、問題は、先反省的自己意識の諸々の実例を見出すことではなく――というのは、それらはどこにでもあるからである――どのようにして意識の存在を構成するこの自己意識から、その上に基づけられる、自己についての反省的認識へと移行することができるのかを理解することなのである[139]。

サルトルは、反省的自己意識と先反省的自己意識の間の差異をけっして否定しようと試みてはいないが、それにもかかわらず、彼は、自己意識の二つの様態はある一定の親和性、ある一定の構造的類似性を共有していなければならないと強く主張する。さもなければ、一体どのようにして先反省的コギトが反省を生じさせることができるのかを説明することは不可能だろう[140]。反省的統覚を許すというのは、原的に生きられる体験の重大な規定であり、そして言うまでもなく、先反省的自己意識についての唯一説明することができる自己意識理論は、その敵役、反省理論と同じく不完全である。別様に述べれば、われわれがまさに先反省的自己意識について語るのは偶然ではない。語の選択は、結合があり続けることを示唆する。(アンリが反省的コギトと先反省的コギトの間の区別を曖昧であると捉えており、彼自身「先反省的」という術語を原的自己顕現の明示として用いないことに注意しておくことは興味深い[141]。たぶん、これが概念がある一定の、反省のパラダイムとのある一定の連携を裏切る理由である。自己意識を「先反省的」として明示することは、反省的自己**意識**がなお尺度であることを示唆している。）反省が恒久的な可能性にとどまり続ける理由はまさに、反射的分裂生殖が、一言でいえば、先反省的コギトの構造のなかにすでに現実存在しているということである[142]。デリダが述べるように、「原初的と呼ばれる現前のこうした非自己同一性なしに、反省と再現前化の可能性が本質上あらゆる体験に属するということはどのようにして説明することができるのか[143]」。事実、反省は、単に生ける現在の差異化された統一、フッサール自身が時として意識の本有的反射性と呼ぶ構造を分節するにすぎない[144][145]。ヘルトは次のように定式化する。

> この後から性（「後からの確認」としての反省）において、三様に〔以下のことが〕、つねにすでに前提されていたこととして証示される。すなわち、一・それによって、それ〔遂行者〕が自己自身をおよそ主題化する――あるいはフッサールが言うように、「存在者化」する――ことができる、遂行者の自己自身との別種性、二・それを通して、それ〔遂行者〕が自己を自己主題化の際に自己と同一化することができる自己自身との統一、三・自己自身から区別されることにおける自己自身との統一という運動態[146]。
>
> 唯一の立ちとどまる今という最根源的領界にとっての内的自我的複数性という思想は統一の思想と少なくとも等本質的であるということは、対象的統一として考えられることが許されないのと同様およそ第一義的に統一として考えられることを許さない[147]。

したがって、われわれは、先反省的自己**意識**は単純で、静態的で、自己充足的な自己現前ではなく、他性に対する力動的かつ差異化された開放性とみなされねばならないという洞察に終わる。このことを承認することはそれ自体自己意識に反省的自己意識において現実存在する種類の裂開を与えることではないし、ましてやいわゆる外的類型の反射性を与えることでもない。先反省的自己意識を自己関係として、あるいは、作用がそれ自身をそれ自身の対象と捉える例として解釈することは回避されねばならないけれども、体験するという次元における内的分節化を無視すべきではない。

第八章　自我中心性の異なるレヴェル

さて、私は自我という争点に向かうことによって焦点を少し変えることにしたい。第三章で指摘されたように、自己意識理論は数多くのさまざまな争点について明晰性を勝ち取らなければならない。それらのうちの一つは、没主観的自己意識あるいは没自我的自己意識について語ることは意味をなすのかどうか、すなわち、自我論的意識理論と非自我論的意識理論のどちらを選好すべきかに関わる。自我論的理論が、私がコルトレーンの曲を聴いているとき、私は曲にただ志向的に向かっているだけではなく、曲が聞かれていることを意識しているだけでもなく、曲が私によって聞かれているということに、すなわち、私が曲を聞いていることを意識してもいると主張するのに対して、非自我論的理論は、自己意識は単に意識の自己自身に対する直知にすぎず、したがって、曲を聴いていることについての意識があるということがいっそう正確であると主張するだろう。自我論的説明と非自我論的説明の間のこうした二者択一は、自己意識の反省理論と自己意識の先反省理論の間の二者択一と交錯しており、だから、われわれに四つの基本的立場を呈示する。

	非自我論的	自我論的
反省的	I	II
先反省的	III	IV

基本的に、自己意識は自己についての意識として理解されるべきか、あるいはむしろ特定の体験がそれ自身についてもつ意識として理解されるべきかが問い尋ねられるだろう。しかしながら、いっそう綿密な吟味によれば、こうした問いの述べ方は誤導的である。まず第一に、それはわれわれに誤った二者択一を呈示する。自己意識は自己についての意識でも、体験がそれ自身についてもつ意識でもない。反対に、さまざまな種類の自己意識が存在するということが認識されねばならない。私は、私の現行の知覚について先反省的に自己意識的であることができるし、この知覚を反省することと主題化することとができる。しかし、私は、志向的行為者や体験の主観としての私自身を反省することができる、すなわち、考え、熟考し、解決し、行為し、苦しむものとしての私自身を反省することができる。もし私が二つの異なる反省作用において与えられるものを比較するならば、いわば、さえずっている鳥についての知覚と遊歩道の想起を比較するならば、私は変化したもの、つまり、志向的作用に焦点を当てることができるが、しかし、同一的であり続けるもの、つまり、体験の主観にも焦点を当てることができる。第二に、その定式化は、もし自己意識が体験がそれ自身についてもつ意識という事柄であったならば、非自我論的あるいは没主観的類型の自己意識が扱われているのだろうということを提案している。しかし、ついには明らかになるように、この提案は誤りである。

こうした準備的反省が立証するのは、自我であることが何を意味するのかについてのいっそう主題的な議論が必要であるということである。意識の自我中心的構造についてのフッサールの分析はわれわれに諸々の洞察を提供することができる。なぜなら、彼はいくつかの異なる形式的自我概念を、いっそう正確には、いくつかの異なるが重なり合う自我論的レヴェルを扱うからである。すぐに私は最も重要なレヴェルを区別し議論しようと試みるつもりであるが、他のところから、つまり、サルトルのよく知られた非自我論的代替案の擁護についての短い議論で始めることにしたい。

サルトルと非自我論的意識

『自我の超越』におけるサルトルの論法は三つの異なる論証を基本的には用いている。まず第一に、サルトルは伝統に反論し、自我は余分であると論じる。もし中心的かつ非時間的自我のもつ統一し、綜合し、個体化する機能によって支えられていなかったならば、心的生は構造化されず、別個の感覚のカオスへと霧消するだろうとしばしば想定されてきた。しかし、サルトルが指摘するように、この論法は、意識流の性格を誤って判断している。意識流は、それ自体脱自的な流れる統一であるから、統一化のどんな超越的原理も必要としない。まさしく時間化としてこそ、意識は自己自身を統一するのである。意識流は、意識がそれ自体個体化されているから、どんな個体化の外的原理もまた必要としない。だから、時間意識についての十全的説明は自我の介入を不必要なものにするし、したがって、自我はその存在理由（*raison d'etre*）を失う[1]。

第二に、サルトルは、いくつかの本質的理由のために自我はどうしても意識の一部分であることができないと主張する。すでに見てきたように、サルトルは意識を根本的透明性と空虚さとによって性格づけられると捉えている。意識の存在は自己意識に存し、したがって、どんな時でも隠されたままであるあるいは曖昧なままである意識の部分は存在しない。しかしながら、自我はまったく異なる。自我は、その本性が徐々に露わにされねばならず、なお露呈されない局面をつねに所有する何かとして現出する。自我は、その全部においてはけっして与えられず、したがって、十全的にはけっして与えられないから、意識の透明性を欠くのである。

ひょっとすると、サルトルは内世界的自我と超越論的自我を混合していると異論を唱えることができるかもしれない。しかし、彼の返答は、ありとあらゆる自我は内世界的であるというものだろうし、形式原理としての自我を超越論的意識の構造に導入しようとする試みは内世界的かつ不透明な要素もまた間違いなく導入することになり、それによって意識の純粋性と透明性とを破砕することになるというものだろう。「しかし、その上、余分な自我は有害である。もしそれが現実存在したならば、それは意識をそれ自体から捥ぎ取るだろうし、意識を分割するだろうし、不透明な刃のようにあらゆる意識に忍び込むだろう。超越論的自我、それは意識の死である(2)」。

サルトルの第三にして最後の論証は、生きられる意識についての十全的現象学的記述は、単純に、意識のなかの住人や意識の所有者として理解される、どんな自我も見出すことはないということを論証することである。自我は必要でも、可能でも、現勢的でもない。時として何かに夢中になっている人格について、我を忘れていると言われる。こうした語り方は真実を含んでいる。物語を読むのに夢中になっているとき、私は、物語についての意識をもち、そして非措定的自己意識をもつが、サルトルによれば、私は自我についてのどんな意識ももたず、私によってなされる読書についての意識ももたない。類似した仕方で、もし私が路面電車の後を走っており、何とかして捕まえようとしているならば、私は追い越されねばならない路面電車についての意識をもつことになり、先反省的自己意識ももつが、それがすべてである。だから、サルトルはデカルトに対するリヒテンベルクの批判を容認するように思える。コギトの伝統的描述はあまりにも肯定されすぎている。確実なことは、「私がこの椅子を意識している」ことではなく、「この椅子についての意識がある」ということである(3)。

先反省的意識は自我論的構造をもたない。われわれが体験に夢中になっており、それを生きているかぎり、自我が現出することはない。これは、当該の体験に対して距離を取り対象化する態度を採用するときに、すなわち、それについて反省するときにだけ起きる。しかし、その時でさえ、われわれは自我意識を扱っているのではない。なぜなら、反省する極は非自我論的でありつづけているが、単に自我についての意識を伴っているにすぎないからである。現出する自我は、反省の対象であり、反省の主観ではない。「自我は反省に対してのみ現出する対象である(4)」。超越的存在者として（サルトルの本の題名を参照）、自我は意識の外側に現実存在し、したがって、心理学のような、対象化する学問にとっての研究対象として残されるはずである(5)。私がこの対象の反省的踏査に従事するとき、私は、それが他者の自我であるかのようにそれを吟味していることになる。すなわち、私は私自身に基づく他者のパースペクティヴを想定することになり、当然このパースペクティヴは私自身の主観性の原本的自己所与をけっして開示することはない(6)。だから、サルトルはこう書くことができる。「自我は他である(7)」。

自我が現出する仕方についてのサルトルの説明を手短に要約することを試みたい。われわれは、反省するとき、その時まで先反省的に自己意識的体験を、例えば、机についての知覚を主題化する。この主題化の間、知覚はその対象、椅子を意識し続けているが、ある一定の変様を被る。それは心理的（疑似）対象に変わるのであり、自我によって所有あるいは所持されるものとして体験される。しかし、主題化された知覚が自我論的構造を得るとは精確にはどのようなことなのか。自我が、作用自体と共に現出したり消失したりしながら、作用の実在的構成的部分として何らかの仕方で現出するということではありえない。この場合には、作用が存在するのと同じだけ多くの自我が存在することになるだろうし、「私」は明らかに「私」が反省するたびごとに新しい自我に直面してはいない。起きていることは、反省が体験を自我論的脈絡の内部に状況づけているということである。体験は、自我論的全体性に属する、顕現する状態、特色、性質として解釈される。ちょうど、強い嫌悪、嫌悪感、反感という数多くの別個の体験が、所与の人格に対するいっそう恒久的な態度、超越的統一として、さまざまな体験を組織し、互いに関係づける原基として現出する態度の顕現であると捉えられるかもしれないのと同じように、自我はすべての心的状態、特色、素質等々の全般的統一とみなすことができる。すなわち、自我はつねに当該の心のもつ特定の作用や状態を超越するものとして体験されるのであるが、自我が、作用や素質が消失した時にも持続すると捉えられているからだけではなく、他の作用や心的状態にも同様に関係づけられていると統握されるからでもある。一にして同じ自我が、遊んでいる子どもの声を聞き、カルヴァドスやコルトレーンの曲を楽しみ、中東での和平の過程を案じ、日本の禅の庭への変わらぬ魅惑を感じ、哲学を研究しようと決心した等々である。だから、自我は反省される体験（心理的対象）のうちのどれのなかにも含まれていない。自我は、それらのそれぞれを超越しており、サルトルが言うように、こっそりとしか現出しないので、その特有の捉え難い所与によって性格づけられる。自我は、反省される体験の地平的かつ理念的ノエマ的統一であり、あまりに直接的に精査しようとする場合には消えてしまう(8)。

サルトルの論証は、一見、ハイデルベルク学派の立場を支持している。しかし、それは本当に説得的なのだろうか。自己意識を非人称的かつ非自我論的意識流に帰属させることは本当に適法的なのだろうか、あるいは、むしろ厳格に非自我論的術語でそれについて語ることにこだわるならば、体験を三人称存在者に還元しないのか。サルトルのする仕方で自我について語ること、すなわち、自我を、習慣、性格特色、持続的確信等々を具えた人格的自己として理解することは明らかに可能である[9]。しかし、それはただ一つの仕方なのか。私がすでに示唆してきたように、自我を体験の超越的所有者とみなす必要はない。つまり、体験の一人称的所与様態そのものをその最も基本的な形式の自我中心性として記述することもまた可能である。この場合、自我は意識流から離れてある何かあるいは意識流と対立する何かではないだろうが、その構造の本質的部分であるだろう。

だから、コギトについてのサルトルとメルロ＝ポンティの両者が修正した言い換えを問題にしなければならない。コギトを「椅子についての知覚がある」や「誰かが椅子を知覚する」とすることは不十全であるように思える[10]。両変奏は一つの重大な詳細を見逃している。私と私の他ナル自我《エゴ》がある椅子を同時に知覚するとき、こうした先反省的知覚のどちらも自我の顕在的主題化を欠くという意味では匿名的であるだろう[11]。しかし、それらは「差異化されていない」が（二つの意識流が収斂しただろう場合に）厳格な数的同一性を含意していると捉えられるか、単に性質的同一性を含意しているにすぎないと捉えられるかにかかわらず、差異化されていないものという意味において匿名的なのではない。反対に、二つの個体化された知覚の間には致命的な差異が存在し続ける。それらのうちの一つだけが私にとっての一人称的現前呈示様態において与えられており、私は、もしそれが実相でなかったならば、椅子を知覚することができないだろう。私はこれを非自我論的意識理論に反対する決定的かつ十分な論証であると捉える。[12]

したがって、サルトルの論証に伴う問題は、彼があまりに狭い自我概念を扱っていることである。しかしながら、彼はついにはこの欠損を彼自身認識するに至ったと論じられるかもしれない。というのは、『自我の超越』において、彼は先反省的、非自我論的意識領野を非人称的と性格づけているのに対して、『存在と無』と「自己意識と自己認識」においてこの見解を誤りであると記述しているからである。つまり、意識こそがその根本的自己性によって自我に現出することを許すのである。「意識は、直接性と非反射性のレヴェルで自我をもたなくとも、人称的ではある。それ〔意識〕は、それにもかかわらず、自己へ送り返されるがゆえに、人称的なのである」[13]。この時点では、単にサルトルの専門用語に対して異論が唱えられるだけかもしれない。根本的自我中心性を意識そのものにも帰し、「人称〔人格〕」という術語を高階の自我論的レヴェルのために留保することがいっそう合理的だろう。しかしながら、さまざまな自我概念の間の注意深い区別が不可欠であることは、明白なはずである。このことを背景にして、今やフッサールに進むことにしたい。

一　人称的所与の自我中心性

『論理学研究』において、フッサールは、意識についての非自我論的構想（『自我の超越』においてサルトルが採用したのに類似する構想）を初めて唱道したが、彼は後にこの立場を放棄した。マールバッハが示しているように、この変化に対するフッサールの主要な理由のうちの一つは、相互主観性についての現象学的分析ということになったときに彼の理論が遭遇した諸々の困難である。[14] 相互主観性を探究するための可能性の条件は、ある人にある人の意識を他の意識と分画することを許し、それによって複数性を許す主観性についての構想を扱うことである。[15] しかし、誰にも属さず、[16] 意識の統一をすべての隣接する体験の総計にほかならないと捉える匿名的体験を扱う非自我論的理論にフッサールがしがみついているかぎり、彼は以下の困難に対面する。すなわち、私が泣いている子どもに遭遇するとき、われわれは、私は私自身の悲しみではなく、誰かほかの人の悲しみを体験していると言うだろう。しかし、まさにこの区別こそが、私が非自我論的理論を選好するかぎり、私からすり抜けることになる。マールバッハは次のように述べる。「現象学的経験の分析は枢要な区別を妥当させる。すなわち、私は、私が「固有の」と呼ぶ意識体験をもち、私は、「固有の」ではなく、むしろ「異他的」である意識体験についての意識体験をもつ。明晰さが支配するべきならば、もはや「誰のものでもない」体験について語ることはできない」。[17] 子どもの悲しみを私が感情移入的に共現前化する際に、私は自己意識的でもあり、誰かほかの人を意識してもいる。私は二つの異なる主観を意識している。何が私に（感情移入という）私自身の体験と（悲しみという）他者の体験の間を区別することを許すのか。私自身の体験は私に原本的に一人称的現前呈示様態において与えられるのに対して、子どもの悲しみについてこうは言えないことは明らかである。[18] そして、なぜ私がけっして私自身の体験と他者の体験とを混同しないのかは明らかである。[19] 他者の体験の一人称的所与は根本的に私にとって接近《アクセス》不可能である。これが、他者が根本的他性と超越によって性格づけられる理由である。これが、他者が私に他者として与えられる理由である。「他者の固有本質的なものが直接的な仕方で接近《アクセス》可能であったならば、それは私の固有本質の単なる契機にすぎなかっただろうし、最終的に、他者自身と私自身は同一だっただろう」[20]。

フッサールは、このことを認識したとき、非自我論的理論を放棄した。あらゆる意識的体験は、匿名的体験でさえ、主観に、すなわち、私か誰かほかの人かのどちらかに属している。体験が誰にも属していないことはありえない。ある一定の体験が私のものとして体験されるかどうかは体験から離れた何かに依存するのではなく、体験の所与に依存する。もし体験が原本的に私に、一人称的現前呈示様態において与えられるならば、私の体験として体験されるのであり、さもなければ体験されない。明らかに、この形式の自我中心性はカスタネダによって議論された自我意識から区別されねばならない。われわれはわれわれ自身によって所有されるあるいはわれわれ自身に属するものとしての体験についての主題的**意識**に（まだ）直面してはいない。何らかの特定の内容よりもむしろ体験の特定の原現前こそが体験を私のものにするのであり、体験を他者がもつだろうどんな体験からも区別するのである。[21] 手短に言えば、私が**自己意識**的である体験すべては必然的に私の体験なのである。私は体験について**自己意識**的であることができるただ一人の人であるので、それは私の体験であり、もっぱら私の体験である。[22]

> 心に帰属する心理的なもののすべてに関して、心の統一、それぞれの心の統一は、心の独自の、ただ心自身に帰属する原本的経験に基づく統一である。つまり、独自の自己体験された体験においてのみ、心は原本的かつ心自身にのみ接近可能なのである。[23]

最も根源的な私のものは、その存在が、機能する自我としての私に根源的にあらかじめ与えられていることに、すなわち、原本性、それ自身という様態において接近可能で、経験可能で、看取可能であることに存する私の生、私の「意識」、私の「私はなし、被る」である。私の生すべては原本的に私にとって看取可能であり、機能する生であり、そうして匿名的生あるいは現勢的に看取された生であり、そうして主題的生である。[24]

究極的に、フッサールは（一）一人称的所与様態、（二）自己**意識**、（三）自我中心性のもつある一定の基本的意味、（四）意識生そのものを同等視する傾向がある。[25]

私は以前に自我論的自己**意識**理論に反対するポタースト の論証を呈示した。すなわち、もし自我が体験に対してある何か、あるいは体験の上にある何かとみなされるならば、なぜ体験についての自我の**意識**が自己**意識**の事例とみなされるべきなのかを理解することは困難である。しかしながら、私自身の体験の原的所与についてのフッサールの議論は、意識流から離れてある何かではなく、その所与の構造的部分である自我概念や自己概念を露呈してきた。体験の一人称的現前呈示様態そのもの、その自己顕現や自己触発こそがその最も基本的形式における自己を構成するのである。[26] まさに同じ理由のために、先反省的自己**意識**が、すべての自我論的起動に先行する受動的な、与えられた状態であると指摘することによって自我論的自己**意識**理論に異論を唱えることは奇怪である。[27] まさに同じことを、われわれの自己性について言うことができる。最も基本的意味において自己であることは贈与であり、出来事（*Ereignis*）の結果であって、われわれが生成することを決定する何かではない。[28]

共有される所与様態こそが二つの体験を同じ主観に属させるということを考えれば、すなわち、原現前の同じ領野におけるそれらの開陳こそが一にして同じ自己についてのさまざまな体験をさせるということを考えれば、[29] 第三章で立てられた問いのうちの一つに答えることが可能である。すなわち、どのようにして自己**意識**はさまざまな体験の間の時間的距離を架橋することができ、何が私に以前の体験を私のものとして思い出すことを許すのか、と。私が過去の会話を思い出すとき、二つの異なる類型の反省の間のフッサールの区別を思い出してみれば、私はその会話に主題的にかかわるのであり、それについての私の以前の体験に主題的にかかわるのではない。しかし、私はつねに反省する機会をもつ。私は過去の会話についての私の現在の想起を反省することができるが、後者の場合、私の現在の体験と私の過去の体験の間の関係性は、一にして同じ具珠の数珠の二つの異なる玉によって思い描かれるものと比較することはできない。それらの相互のあるいは紐との関係を意識することなしに数珠玉を吟味することが可能であるのに対して、事実、それらが結びついていることを確かめるために途切れていない紐によって結ばれていることを確かめるだろうのに対して、二つの体験に関してはこうは言えない。過去の体験が本当に私のものであるかどうかを決定するために、私はまず私の現在の反省と過去の体験との間の途切れていない、時間的連続性を確かめる必要はないが、私はすぐにそうすることができる。あるいは、いっそう精確には、私は、基準となる自己同一化に関わっていないので、何もする必要はない(30)。もし体験が想起において私に反省的に接近可能《アクセス》であるならば、それは必然的かつ自動的に私の過去の体験として与えられる。したがって(夢なき眠り、昏睡等々のような)意識流におけるいわゆる中断を指し示すことによって心の統一に異論を唱えることは、要領を得ない。なぜなら、それによって、それらの共有される所与様式よりもむしろ二つの体験の隣接性こそが、それらを同じ主観性の部分にするという誤った想定をするからである。

　いっそう一般的には、私にとってあるエピソードを思い出すことは、単純に私にとって何かを考えることでも、単純に私にとって過去に起こった何かについて考えることでもない。何かを再-現前することこそが私自身の過去で生じていたのであり、それが生起したときに私が体験したことなのである。何かを思い出すことは、私にとって現在であった過去のことを思い出すことである。ブラフは次のように述べている。「思い出されることは、記憶が今現勢的であるのと同じ時間統一のうちでかつて現在であった。自我論的形式において事柄を鋳造すれば、思い出されることは、その現勢的現在的部分を通して取り戻された、私自身の生の過ぎ去った位置である」[31]。したがって、私がxを私によって体験されたものとして思い出すことなしに(もっとも私はこの事実を通常の想起では主題化することはないけれども)思い出すと言うことは意味をなさないし、私は過去の出来事を思い出すことも、私がそれを原本的に体験した当人であるかどうかを疑うこともできない[32]。しかしながら、想起は誤同定の誤謬に対して免疫があるということは、当該の体験が必ず真実であると言っているのではないし、想起がすべての類型の誤謬を排除すると言っているのでもない。ちょうど私が読み、聞き、夢に見た何かを実際の生活で体験した何かとして思い出すことが可能であるのと同じように、いくつかの異なる過去の体験を混同し、混淆することは確かに可能である[33]。したがって、もし私があるエピソードを一〇年前に起こったこととして思い出すならば、私が一〇年前に現実存在したことを推論することはできず、ただ、私が以前に体験したということを推論できるにすぎない[34]。

もちろん、いくつかの異なる類型の記憶が存在すると異論を唱えることができるだろう。私は私が昨日した会話だけではなく、車の運転の仕方、デンマークの女王の名前、ポエニ戦争の年も思い出すだろうし、そしてもちろん、これは、私が必ず、私が初めて事実について習い憶えたエピソードを、あるいは、私が歴史的出来事を私自身で体験したということさえ思い起こすということを含意しない。しかし、まず第一に、単純に、(それぞれ意味記憶と手続き記憶として知られているものとは対照的に)エピソード記憶として知られていることが指示されているにすぎないということが指摘されるだろうし、第二に、事実、それを思い出すことよりもむしろ、デンマークの女王の名前やポエニ戦争の年や、車の運転の仕方を知っていると言うことがいっそう適切だろうと指摘されるだろう[35]。

私は、そのエピソードについての私の過去の体験を隠在的に思い出すときにだけこのエピソードを思い出すことができるし、体験が、原本的に生起した時に自己意識的であった場合にだけそうすることができる[36]。フランクは以下のように定式化する。

私が、たった今まったく思考に没頭して紙の空白の頁に思い悩み、まったく書き留めることに沈潜していた当人であったということを想起するためには、その時私はすでにそれについての意識をもっていなければならなかった。この意識はさらに自己に馴染んでいなければならなかったし、そうでなければ、私は後から、依然として私のと呼ぶことが許されるようなものとしてのそれに戻りゆくことはできなかっただろう[37]。

焦点の原理としての自我

これまで考察された意識の自我論的本性に賛成の論を唱える論証は、フッサール一人の論証ではない。結局、その一人称的所与より以上のものが意識の自我論的本性にはある。作用と触発の極あるいは中心としての自我というフッサールが繰り返す性格づけのなかにある構造化する原理としての自我の機能を強調する、別の種類の記述が見出される[38]。だから、強調は、自我を領野とみなすことから自我を焦点の原理とみなすことに変化する。このことは、課題に集中すること、決定をすること、侮辱されること、恥ずかしく感じること、誰かを叱ること、イベントを期待すること、反省を始めることのような体験において明らかである。こうした作用は、対象への関係だけではなく、作用の行為者や受動者としての主

観への関係もまた伴い、それゆえそのまったき志向的構造はエゴ－コギト－コギタートゥムと名づけられねばならない。(39)

経験すること、認識すること、推論すること、価値づけること、意欲することのような目覚めた体験においてわれわれは体験の独特の中心として、そのうちで活動するものあるいはそのうちで意識的に受苦するものとして自我を見出し、それ〔自我〕は、同一極、作用と受苦の中心であり、後者は以下のような状態にある。すなわち、私は悲しい、私は楽しい、私は享受する……。自我はここでいたるところでその作用を生きるものとして、それ〔作用〕を遂行するものとして、作用を通して知覚されたもの、判断されたもの、意欲されたものに関係づけられるものとして居合わせる。自我は、没自我的体験がそのなかに隠れている箱ではないし、その上でそれ〔体験〕がひらめき、再び消え去る意識板、体験の複合体、意識流、その中に組み立てられたものでもなく、ここで語られている自我は、あらゆる目覚めた体験や作用体験に即して、極として、自我中心として、したがって、この体験の独特の構造に参与するものとして、体験の放射点や入射点としてのそれ〔体験〕に即して、だがそれ〔体験〕に即して部分や断片としてではなく、指示することができる。(40)

作用と触発の中心や極としてのこうした自我概念を明確にするために、フッサールは（一）注意的に対象に向かう志向的作用と（二）対象の周囲についての地平的意識との間の差異を明確に示す。私は展示ホールの絵を研究していると想定してみよう。絵に主題的に向かうことから離れて、私は私が立っている床、私が着ている衣服、光、他の訪問者たちの匂いや音等々もまた意識している。フッサールは次のように述べる。「対象的に統握されているのは、注意深く考察することや特殊的に思念されていることとより以上のことである。多様な仕方で付随的に注意されているか、本来的にはまったく注意されていないが、やはりわれわれにとって現にあるのである」[41]。私は周囲にある対象すべてを意識しており、それらへの注意と焦点を随意に変えることを選ぶことができる。もっとも、目下ただその絵画にだけ私はよく注意して向かっているのだが。フッサールによれば、後者だけが顕在的自我意識を構成している。だから、フッサールは、注意を志向的作用に特有の現勢性様態（*Aktualitätsmodus*）であると捉えている。自我はコギト‐作用に生きており、コギト‐作用は、自我によって実行され、それゆえフッサールは注意を自我光線（*Ichstrahl*）として記述する[42]。注意的変様は、その注意をある主題から別の主題に転換するときの自我の「まなざし」の変様と解釈される。

当然、意識生は、注意的な、把握する、態度をとる自我による目覚めたコギトからのみなるのではない。注意的自我生には地盤がある。自我が脱能動化しており、機能しておらず消失した（消滅してはいない）、明らかに受動的な状態がある[43]。習慣的行為ということになれば、例えば、それらは志向的でも先反省的に自己意識的でもあるが、どんな顕在的自我関係も欠いている[44]。自我は規則づける原理としてのこうした非注意的作用に巻き込まれていない。しかし、習慣的行為は、それらの自己所与性のゆえのみならず、それらが自我の地平を構成しているがゆえに、隠在的自我関係によってなお性格づけられる。注意の変化を通して、自我はつねに視線をその周囲のものに送ることができるのであり、それによって諸々の体験を我有化することができるのである[45]。

究極的に、自我論的意識の十全的探究は、自我関与の正確な性格が作用類型ごとに異なるので、はるかにずっと詳細な分類法に取りかからねばならないだろう。ちょうど、注意的知覚や想起のような、私が形式的に現前的である諸々の体験の自我論的性格、つまり、私が感情的に従事し、喜び、憤り、憎悪の感じと共に返答する体験と、私が応答可能であり、その原作者である作用とを区別しなければならないように、自我は不随意的作用とは異なる仕方で随意的作用において現前的である。[46] 自我は、私がフランス語で書かれたメニューを精査するときと、私が雪玉を当てられたとき、私が岩肌を登攀しようと決心するとき、さまざまな仕方で現前的である。

自我の作用超越

『イデーンII』において、フッサールは一時こう述べている。自我が作用と触発の極として機能する仕方はわれわれの身体がすべての感覚的現象にとっての方向定位の中心として機能する仕方と類比的である、と。そして『相互主観性の現象学』第一巻において、彼は、自我中心と自我光線という比喩は、身体的主観が完全に度外視されるならば、すべての内容を失うだろうかどうかを問い尋ねる。[47] こうした考え方の例証として、(フッサールの個人書架に見出すことができる) プフェンダーの『心理学入門』のなかのある箇所が指示されるかもしれない。そこでは、注意が身体への関係をまさに触れることができるようにする仕方で記述されている。すなわち、具象的に語れば、われわれが意識するものは、意識に対して「平坦な表面」としてではなく、起伏をもって現前する。この起伏の最高点が「注意的主観」に最も近い点であり、その基部は、彼〔注意的主観〕から最も離れている。意識の前景にある対象と後景にある対象があり、前景にあるものが主観により近く、彼〔主観〕に気づかれるが、それに対して、後景にあるものはずっと離れており、特に気づかれない。[48]

マールバッハはこのことを捕まえて、こう論じている。適格に語れば、余分であるので、純粋自我を注意の中心として導入しようとする試みは失敗した、と。意識のなかに注意の中心を見出すことは可能である。しかし、それは、純粋かつ形式的な自我によって形成されてはいない。むしろ、まさしくわれわれの身体的、キネステーゼ的主観性によって形成されている。[49] しかしながら、これは、純粋かつ形式的な自我を扱うための十分な理由がないと言っているのではなく、マールバッハとケルンのどちらによっても、理由は別のところに、いっそう正確には準現在化（*vergegenwärtigend*）作用の構造についての分析に見出されねばならない。彼らの論証を理解するためにはなお別の自我概念を導入することが必要である。

何度か、ケルンは、注意の中心としての自我は、志向的作用における構造契機であり、自己意識の統一原理ではないと評言している。

この純粋自我、フッサールのこの「自我極」は、本来的には、志向的な体験することの自己意識とはまったくかかわりがない。それは、志向的体験の自己意識の原理ではなく、その自己意識の構造とも呼ばれない。これまでに詳述されたことによれば、それはコギトを意識している自我であると言うことはできず、こう言わねばならない。志向的な体験することは自己自身を非対象的に「原意識」しており、もしこの志向的な体験することがコギトという形式をもつならば、すなわち、自我によって遂行されるものであるならば、その場合この体験はこの自我構造もまた「原意識」している、と。[50]

明確に、単一の作用が自我論的構造をもつと主張することと、自我が意識流における作用超越的統一として機能すると主張することとは別のことである。彼は、注意的作用における構造的契機としての自我極についてだけではなく、同じ意識流に属するすべての体験によって共有される作用超越的同一性極についても語る。[51] この時点で、ちょうど以前に変化する作用や体験を自己顕現や体験することのもつ不変の次元と区別しなければならなかったように、われわれは、単一の体験とは区別されねばならない自我に遭遇している。自我は無媒介的に作用のうちに含まれてはいない。なぜなら、自我はその同一性を保持しており、それに対して単一の作用は意識流のなかで生じて消え、互いに永遠の流れのなかで置き換わるからである。[52] 自我は、自我が生き機能する作用から区別されねばならないけれども、いずれにせよ、作用から独立に現実存在することはできない。自我は超越であるが、フッサールの有名な言では、内在における超越なのである。[53]

今や決定的な問いはこうである。どのようにしてこの同一的自我は体験されるのか。つまり、どのようにしてそれは意識に与えられるのか。あるいは、事実、自我のもつ新しい局面が扱われているのであり、単純に一人称的現前呈示様態についてのわれわれの議論のなかで扱われたものに回帰しているのではないということをまったく明らかにする仕方で問いを言い表すならば、どのような場合に、私の自己意識は作用超越的同一性への指示を含むのか。知覚の作用は先反省的自己意識を所有するが、自己意識は自我意識にとって単なる必要条件にすぎず、十分条件ではない。ケルンによれば、後者は（彼が没我的であると主張する）単純で、無媒介的な自己意識より以上のものを伴う。つまり、自我意識は、二元性、差異、架橋される距離もまた伴う。自我は、注意的であろうがなかろうが、単純な現前呈示作用における作用超越的同一性として体験することはできず、想像、想起、反省のような準現在化的かつ自己転移的体験においてのみ作用超越的同一性として体験することができる。[54] 準現在化的作用は分裂を伴う。

反省の作用は反省する自我と反省される自我の間の分裂を伴う。つまり、想起は現在の自我と過去の自我の間の分裂を伴い、空想作用は想像する自我と想像される自我の間の分裂を伴う(55)。しかし、われわれはかなり特異な種類の分裂を扱っている。それは自我の同一性を破壊しない。まったく反対に、その存在のもつこれまで隠されていた局面を開示する。フッサールが想起に関して言うように、現在の自我は自己自身を過去へと転移させ、かつ、この二重化の際にその同一性について意識するというその顕著な能力によって性格づけられる(56)。「私はただあり、ただ生きるだけではなくて、第二の自我と第二の自我生全体とが意識され、いわば私の生のなかにおのれを反映し、つまり、私の現在的想起においておのれを準現在化する……。しかし、そのつどの自我は連続的にこうした再生産すべてを貫いて同一的であり、同一的に私の自我であり、その過去の現実において私を今の想起によって確かな確実性において意識している(57)」。主観性が自己自身をその現在の状況から準現在化された状況へと転移するときにだけ、そして、この差異を越えるその同一性を意識しているときにだけ、真に自我論的な自己意識が扱われているのである。体験と自我の間の差異を扱う場合にのみ、自我によって所有されているものとしての体験について語ることができ、自我がその同一性をさまざまな体験を通して保持していることが認識されるときにだけそうする必要がある。しかし、その認識が生起するためには、さまざまな体験を関係づけ、比較することが必要であり、これがまさしく準現在化作用のなかで起きていることなのである(58)。だから、ベルネットが指摘しているように、フッサールの純粋自我概念は、単純に現前の形而上学への彼の固執の顕現や確認と捉えることはできない。なぜなら、フッサールは、自己分割、自己不在、自己異化によって性格づけられる志向的作用を真剣に捉え始めたときに、純粋自我を導入したにすぎないからである(59)。

論証を誤解しないことが肝要である。主観性がその自己異化(60)においてのみ顕在的自我意識を獲得すると主張することは、**自己意識**の反省理論を支持する論証ではなく、自我が反省の産物であるということに関するサルトルのテーゼの容認を伴いもしない。反省がわれわれを特定の類型の自我意識に遭遇させるということは真であるが、これは、（他の準現在化作用と同様に）反省が開示する諸々の差異を超える同一性のおかげであって、反省に特有の自己対象化のおかげではない。さらに言えば、現出する自我は対象であり、反省の主観ではないので、サルトルが反省がわれわれに「自我」についての意識を現前呈示するのであり、自我意識を現前呈示するのではないと主張したのに対して、事実、反省の過程全体こそが自我論的なのである。私が反省するとき、私は単純に、何かを知覚する何らかの不特定の個体に直面するのではない。もし私が直面したならば、私は「私は黒いビリヤードの玉を知覚する」とは言わず、「誰かが黒いビリヤードの玉を知覚する」と言うだろう。「私」と言うことによって、私は反省する主観と反省される主観の間の同一性を明らかに肯定している。どちらの体験も（反省する体験も反省される体験も）自我意識の部分である。なぜなら、自我の作用超越的同一性はこの差異を越えてのみ開示されるからである[61]。ある一定程度まで、作用超越的同一性としての自我は現勢的意識と準現在化された意識の間の綜合においてのみ現出することができると言われるかもしれない。自我は、この過程において構成される、すなわち、所与にもたらされる。しかし、自我はけっして恣意的構成や改竄的構成ではない。それは単純に、すでに以前に現実存在していたものを、つまり、自己顕現という不変の次元を分節化するにすぎない[62]。

これまで、私は三つの（部分的には重なり合う）自我概念と自我論的意識理論を支持する三つの論証を区別してきた。意識は（一）その一人称的現前呈示様態、（二）その作用と触発の構造的極の点在的所有、(三)準現在化作用が同一性の超越的原理としての自我へのいっそう明確な関係もまた顕現させることのおかげで自我論的と性格づけられねばならない。

私は、三つすべてが自我中心性のもつさまざまな、還元不可能なレヴェルを構成していると捉えている。さらに言えば、それは、(二)は(一)を前提するが、それに対して(三)は(一)と(二)の両方を前提するという意味における基づけ-基づけられる関係を示している。私はなぜケルンとマールバッハが第三のレヴェルを強調しようと望んだのかを理解することができるけれども、私は、なぜ、このレヴェルのみが自我論的なものとして真に資格を与えられるという彼らの主張を容認すべきなのかはわからない。第二のレヴェルということになれば、マールバッハの主な論証は、純粋自我は、マールバッハが非超越論的であると想定する身体的主観性が注意の理解のために十分であるので、余分であるということであるように見える。しかしながら、これは幾分特異な論証である。もし数多くの体験が方向定位の極としての身体的主観への関係を含んでいるならば、これは、身体が超越論的地位をもつかどうかにかかわらず、意識の自我中心的構造についての分析に従事するときには考慮に入れられなければならない。さらに言えば、たとえフッサールが(マールバッハの参照文献である)『イデーンI』の当時、超越論的主観性が身体化されることを否定していたとしても、彼は後に彼の心を間違いなく変えたのである。

第一のレヴェルに関しては、私は、一人称的現前呈示様態の意義を無視し、したがって、注意的であろうとなかろうと、単一の準現在化作用を匿名的かつ没自我的と記述するのは単純に誤りであると考える。しかしながら、注意的行為者、受動者、作用超越的原理としての自我へのどんな関係も欠く、この第一のレヴェルと、その後の二つのレヴェルの間の正真正銘の差異を認知するためには、自己と自我の間の区別がついには活用されるだろう。その場合、「自我」という術語をレヴェル(二)とレヴェル

（三）のために留保することができるだろうが、体験の所与性そのもののもつ根本的自己性について語り続けることができるだろう。

時間性と離人症

私が一人称的所与様態を、体験が自我中心的であると言われることができるだろう最も基本的意味としてもともと導入したとき（二八頁を見よ）、私はこう付け加えた。これは、一人称的所与様態をまったく欠いた諸々の類型の意識か、作用超越的自我を同様に所有した諸々の類型のどちらがあるのだろうかという問いを先取りしているのではない、と。後者が事実、実相であることが示された。しかし、第一の問いについてはどうだろうか。フッサールに見出される不可解な表現を見て、それから現象学の外部からのいくつかの観察を見ることにしよう。

フッサールによれば、すべてのもののうちで最も根本的で構成的な綜合、時間化の過程そのものは、純粋受動性において起きる綜合である[63]。それは厳格かつ厳正な法則によって規則づけられており、自我によってけっして始められ、影響を受け、制御されはしない[64]。だから、フッサールは時としてこう提案する。立ちとどまる今（*nunc stans*）の探究は先自我論的レヴェルに、すなわち、没自我的流れることのレヴェルに至る、と。「本源的現在（立ちとどまりつつ生ける流れること）の構造分析は、われわれを自我構造と、一貫した遡問によって、沈殿した能動性もまた可能にし前提するものへと、根底的に先自我的なものへと連れ戻す没自我的流れることの、それ［自我構造］を基づける恒常的下層とに導く[65]」。

しかしながら、内的時間意識の構造についてのフッサールの分析のいっそう綿密な吟味が、自我極が生ける現在の至るところに現前しているという事実への繰り返し現れる強調を開示する[66]。だから、フッサールは、匿名的意識流でさえ、作用と触発の中心としての原本的自我極なしには思考不可能であると主張する[67]。意識流のもつ没自我的性格と自我論的性格とをフッサールが同時に指示しているのは、概念的曖昧さが働いていることを明証的にする。（フッサールがこのレヴェルで自我極について語ることができるということは、彼が、自分自身の概念的区別に関してつねに強烈な関心があったわけではないということをも例証する。）フッサールが没自我的流れについて語るとき、「没自我」という術語は、自我の見つからない現前を明示しているのではない。結局、それは絶対的に先個体化的根拠を明示しているのではない。事実、意識流を先個体化的であるという意味において先自我論的とみなすことは、フッサールの元の非自我論的意識理論と同じ深刻な問題に対面するだろう。流れの複数性について語ることは不可能だろうし、したがって、他者の根底的超越を認知することは不可能だろう[68]。しかし、フッサールは次のように述べる。「したがって、私の流れる生の時間と私の隣人の時間は深淵で分断されており、この語さえなおその具象性においてはあまりにわずかなことしか言っていない。それ〔私の流れる生の時間〕が（まさにそれ自体としてのモナドに固有本質的に基づいている時間の意味と共に）この時間として、隣人の時間と一つになったならすぐに、われわれ二人は一つの生、一つの意識流、一つの能力等々を共にする一つの自我だっただろう[69]」。「先自我論的」という術語は、自我がどんな能動的仕方や注意的仕方においてもその過程の（自己）構成に参与や寄与をしていないということを意味する。だから、フッサールは、自我の影響を超えている、流れることの受動性を主に指示しているのである[70]。体験を統合するのは自我ではない。これは時間化の過程そのものによって取り計らわれる。しかし、受動的綜合は私によって開始されるのではないけれども、なお私にとって起きるのであり、他の誰かや誰でもないものにとって起きるのではない。その過程が自我によって開始されないということは、自我が不在であるということを含意せず、単にその参与の様式がによって触発されること（*being-affected-by*）であるということを含意するにすぎない。だから、触発的なそれとしての受動的体験の自我関係を明示することがまさに可能であり続ける。[71]

この時点で、現象学的分析は完全に異なる方向から生じる諸々の問いに直面している。もし体験の一人称的所与こそがそれを私の体験にするのならば、そして、もし私がこの「所有性」を疑うことができないならば、ある人格が、彼が主張するには、誰かほかの人の体験である体験をもつ、精神病理学から知られている諸々の事例をどのように扱うことができるのか。だから、いわゆる統合失調症の一級症状のなかに、離人症の体験として広く定義されるだろうものが見出される。この人々は、自分の体験が他者によって支配されていると感じるだけではなく、彼ら自身以外の誰か他の者（someone Other）が彼らの思考を考えているとさえ思うのだろう。[72] これは、誤同定の誤謬に対して免疫がある一人称体験帰属についてのシューメーカーのテーゼと矛盾しているように思えるだけではなく、[73] 一人称的現前呈示様態こそが当該の体験の自我中心性を構成するという主張にも矛盾しているように思える。一人称パースペクティヴからある一定の体験を意識していることは、その体験を自分のものとみなすためには明らかに十分ではない。

離人症に苦しむ人格は結局常軌を逸しているという事実に準拠し、そして、自己意識理論が常軌を逸した信念によって反証されるべきであると提案することはばかげていると論じることによって、この異論を払いのけたい誘惑にかられるかもしれない。しかしながら、「常軌を逸した」というレッテルにはこの脈絡ではほとんど重要性がない。たとえ、病理学的現象についての理解が正常の過程についての先行する理解に依存するということが仮に認められたとしても、すなわち、たとえ明らかな限界事例に対面していると考えられたとしても、ほとんどの正常な注視者は、離人症患者の主張は、まったくもって認識不可能であるとまでは言わないまでも誤っているということに説得されるかもしれないけれども、都合のよい時にはいつでも、一人称パースペクティヴを三人称パースペクティヴで簡単に置き換えるのは誤りだろう。自己意識についての現象学的分析は、明らかに、主観が自己自身を体験する仕方を真剣に捉えねばならない。自己意識の探究が離人症という現象を実際に説明することができるはずであると要求することはやりすぎだろうけれども、少なくとも、自己意識の探究は離人症という現象と両立可能であり続けなければならない。すなわち、離人症の体験の可能性を隠在的に否定する理論を唱道しようとするつもりはない。例えば、絶対的に切れ目のない、自己合致する内在というアンリの構想はどのように離人症や根底的解離のようなものが生起することができるのかについての理解を許すかどうかは、開かれた問いである(74)。

　しかしながら、この問題の明確化への第一歩は、離人症という現象を正確に記述し解釈することである(75)。明らかに、異他的思考が異他的心のなかで生起すると考えることに間違ったところはない。異他的思考はその人自身の心のなかで生起するという信念だけが病理的かつ忌むべきなのである。だから、離人症に苦しむ主観の体験は私有性〔私のものであること〕（my-ness）という特異な性質を欠く体験として記述されてきたけれども、少なくとも「私有性」という術語が体験の一人称的所与様態を指定するのに用いられるかぎりで、こうした記述の正確さが問題とされるだろう。たとえ離人症の体験が煩わしくあるいは奇妙に見えるとしても、それはこの形式的種類の私有性を欠くことはできない。なぜなら、主観は、他の誰かよりもむしろ彼自身こそがこうした異他的思考を体験していると意識しているからである。罹病した主観は異他的心のなかで生起している思考を彼自身の心のなかで生起している異他的思考と混同することはないので、なんらかの無効化する誤同定が起こっていたのかどうかも疑問の余地がある。異的（alien）思考の主観でありつづけているので、体験の異他性は形式的な意味における所有者性の欠如のためではありえず、むしろ原作者性の欠如のためだろうが、さもなければ体験が別の仕方で煩わしく、脅迫的かつ、非現実的に感じられるからである。[76] 私は以前に随意的自己運動と不随意的自己運動の間の区別に言及した。グラハムとスティーヴンスは、類似した区別は統合失調症者の主張を認識可能にするために用いられるかもしれないと提案した。私は随意的自己運動を体験するだろうが、私は私が他者によって動かされたこともまた体験するだろう。私の心で生起する思考が誰かほかの人の思考であると信じることは、私が上げたことを否定しているのに私の腕が上がったことを承認する状況と比較することができる。[77]

　離人症に罹患した人格は、彼がもはや自分自身ではないと不満を言うかもしれない。どのようにしてこの不満を理解できるようにできるのか。われわれの自己期待が落胆させられたり破られたりするとき、われわれ自身に何か間違ったところがあると感じるかもしれないし、ついにはわれわれはもはや自分自身ではないと感じるかもしれない。だから、（例えば、青年期に生起する種類の）自己変化についての激しい体験は、瞬間的な離人症感を呼び起こすかもしれない。ひとは一定の性格と性質をもっていると想定しており、こうは言えないということを発見するとき、自分が本当に自分であるのかどうか、あるいはむしろ見知らぬ人ではないのかについて不安になる。[78]

　シルダーとサースの二人が指摘しているように、離人症の感じは究極的には、**自己意識**の欠如や喪失のためよりもむしろ**自己意識**の亢進、ある種の過剰反省（*ultrarefleciton*）のためかもしれない。シルダーが述べているように「すべての離人症の患者は、自分自身を連続的かつ非常な熱意をもって観察し、自分自身の内部での現在の自分の分割態〔自分が分割されていること〕を以前の自己自身と一つであったことと比較する。自己観察はこうした患者においては強迫的である。自己観察への傾向は生きようとする傾向を連続的に否認しており、体験の内的否認を代表象していると言われるかもしれない」[79]。主観は、自分の体験に執拗に没頭しているので、徐々に対象のような存在者に変貌し、代置され、そうして異的な、押しつけがましい、不随意的で、独立したものとして体験される[80]。ちょうどわれわれの運動が、あまりにそれに注意を払いすぎたときに、抑制されるだろうのと同じように、類似したなにかがわれわれの心的生に起きることがある。連続的自己観察と強迫的自己分析のために、われわれの体験の正常な統合された全体が引き裂かれる。体験は「内側から」連続的に与えられるけれども、今や体験は異化された断片のように見える。究極的に強烈な自己分析は体験を相互に引き離すだけではなく、体験を分析する主観からも同様に解離することに終わるだろう。

関係のある解釈は、離人症という現象を「存在論的不安態」という概念を通して認識可能にしようと試みた、レインに見出すことができる。レインによれば、存在論的に不安定な主観は、その自己同一性が微かで、傷つきやすく、心許ないので、その同一性を維持し、それ自身を実在によって囲まれているという持続的な脅威から自己自身を守るために、世界や他者との直接的接触から退いていると感じているかもしれない。この退きが、内部の、真の自己とその外部の、偽の人格性の間の分割という形式をとるのである。その公共的身なりと社会的身のこなしは、役割を演じること、仮面、外面的潜伏になる。その社会的自己の知覚、感じ、思考は、自発性を失い、活気がなく非実在的になるような批判的脱離によって強迫的に監視され、他者との社会的自己の相互作用は、自動的かつ正真正銘のものではないとみなされるので、ついには見知らぬ人の行為に収斂する。[81] 脱離は具象化に至り、究極的には離人症に至る。主観の自己自身との関係性は、観察する内部の自己が観察される外部の人格性をまるで異的現前や異他的人格であるかのように扱う相互人格的関係性に転じる。[82] 偏執的自己反省は、個体の心許ない存在論的安心を持続させるのと助けるために頼られるようにもなるかもしれないので、ある患者を引用しておくことが例証的かもしれない。「私は先日の夜アイス・カーニバルで我を忘れた。私は見ることに夢中になったので、何時で、私が誰で、どこにいるのかも忘れてしまった。私が自分自身について考えていたのではないと突然認識したとき、死ぬほど怖かった。非現実的な感じが生じた。私は一瞬たりとも我を忘れてはいけないんだ[83]」。

離人症についてのこうした記述は**自己意識**の本性についての基本的想定に矛盾する現象にわれわれを直面させはしない。反対に、それは、他化する (*alterating*) あるいは異化する (*alienating*) 形式の**自己意識**としての反省についてのわれわれ自身の分析を予料しさえする。すなわち、反省についての現象学的分析はこの一見まさに認識不可能に見える現象についての理解をまさしく容易にするかもしれない。[84] 正常な反省にさえ脱離や解離の感じが随行するだろうし、離人症は、自己観察が自己具象化に変わるときに生起する極端な形式の自己対象化とみなすことができる。もちろん、これは他化と異化とが人間の条件のそうした統合的部分であるので、われわれはすべてさまざまな程度の離人症に苦しむということではない。病理学的現象が扱われているのである。しかし、病理学的現象こそが現象学的パースペクティヴから**自己意識**障害として理解することができるのであり、さまざまな自己顕現様態についての詳細な説明をやりとげたときに、いっそう認識可能になるのである。

第九章　人格・身体・他者

これまで、私の自己意識の構造が他者との私の相互作用によって影響されるだろう仕方については何も言われてこなかった[1]。しかしながら、そうした結びつきが現実存在することは、例えば、レヴィナスとリクールによって指摘されてきた。後者が書いているように、何よりもまず私が責任を問われ、罪を感じるときにこそ、私は私自身を行為に責任のある行為者として意識するようになる。彼はこう続ける。「原理的には他者と私の接触の機会に、社会的脈絡においてこそ、私は世界のなかでの私の行為の原作者であるという意識、いっそう一般的には、思考という私の行為の原作者であるという意識を形成する。誰かが問いを立てる。誰がこれをやったのか、と。私は立ち上がり、答える。私である、と。応答。すなわち、責任〔応答能力があること〕。責任があるということはそうした問いに対して応える用意があることを意味する」[2]。

形式的自我中心性のもつ三つの異なるレヴェルについての私の議論とその間の区別は、明らかに、その争点を尽くしてはいないし、少なくとも一つの付加的な類型の自己意識もまた、つまり、フッサールが内世界的自己意識と呼ぶものもまた説明されねばならない。結局、私は注意の主観的極としての私自身や主観的同一性の作用超越的原理としての私自身を意識することができるだけではなく、私が私自身に対して多くの主観のうちの一つの主観として、すなわち、人格あるいは人間として現出する人格主義的態度においてであれ、私が私自身に対して諸々の事物のなかの一つの因果的に規定された事物として現出する自然主義的態度においてであれ、世界内的存在者としての私自身もまた意識することができる。(3)

内世界的自己意識

フッサールは（時として実在的自我、経験的自我、人格的自我とも呼ぶ）人間を、構成された、世界内的超越であると捉えている。その空虚な形式性において純粋な反省によって十全的に捉えることができる純粋自我とは対照的に、人間的人格は内世界的（経験的あるいは人格的）反省によって主題化される。(4)人間的人格は、けっして十全的に与えられないが、射映的に現出し、徐々に、一歩一歩探究され、露わにされねばならない。外的周囲状況によって促されて、これまで隠されていた自己自身の諸々の局面が突如開示される、あるいは、まったく新しい特色を獲得し展開するだろう。(5)

人間とは何かあるいは人間的人格性としての私自身とは何かを知るためには、私は、私が私をつねに新しい側面から、つねに新しい特性とますます完全になる特性とに従って見知る経験の無限性に入り込まなければならない。それだけが私の相存在、実際それ自体私の現存在を証示することができ、場合によっては拒否することができる。……他方で、純粋自我があるということと、それがなんであるかを知るためには、

唯一の端的なコギトの個別の経験が、自己経験のなおそうした巨大な堆積よりもよく私をわからせることができる。(6)

私は自己自身を、知覚するあるいは思い出す主観として意識することができるだけではなく、勤勉なハワイの物理学者として、あるいは結核を患う中年男性として意識することもできる。しかしながら、こうした明白で根底的な差異にもかかわらず、忘れるべきでないのは、異なる類型の自己意識が扱われているのであり、異なる主観が扱われているのではないということである。それぞれの場合に、私は自己自身を意識しているのである。

フッサールにとって、人格あるいは人格的自我と心理的なものあるいは心理学的自我とは二つの異なる主観ではなく、主観についての二つの根底的に異なる内世界的パースペクティヴである。人格的自我は私が私自身に対して人格主義的態度において現出する仕方である。この主観こそが人文科学や社会科学によって研究される。他方で、心理的なものは、心理学的複合体の一部分として捉えられた意識であり、自然科学の研究領野に属する。人格が社会化された主観、社会的世界の成員であるのに対して、心理的なものは自然化された主観、自然的世界の一部分なのである。(7) こうした二つの立場の間の関係ということになれば、フッサールは、人格主義的態度が自然主義的態度よりもはるかにずっと自然であると主張する。自然主義的心理学的態度は、第二の、基づけられた態度なのである。それは人格主義的態度を前提し、抽象と自己忘却という過程を通して獲得される。(8)

人格的自己意識について語るとき、適格に関係しているが、それにもかかわらず異なる問題群、つまり、人格的同一性という争点に付随する問題の探究を始めるために、自己意識の領分をまさに去ろうとしていると想定することが自然かもしれない。何が通時的人格的同一性を保証するのか。何がわれわれに人格の連続した現実存在について語ることを許すのか。しかしながら、事実、私が明確にしたい問題はまったく異なる。私はどのように主観が内世界的自己**意識**を獲得するのかに関心があり、何がそれ自体を世界内的存在者として統握することを可能にするのかに関心がある。この問いが決定的である理由は、どんな説得的な自己**意識**理論も主観のもつ二つの次元の間の、その私秘的顔とその公共的顔との間の結合と遷移を説明することができなければならないからである。カスタネダは以下のように述べている。「どんな自己**意識**理論にとっても一つの深刻な問題は、自我の（*I*'s）無世界性と世界性との間の深くに根差した緊張を調停し、緩和し、解消する自我性（*I*-hood）についての説明を提供することである。無世界性は自己言及*（*self**-reference）の内性から生じる。つまり、世界性は、それぞれの自我の身体性を必要とする、自己言及（SELFreference）の外性から芽生える」[9]。明らかに、主観性の自己顕現を、そもそもどのようにして主観が自己自身に対して内世界的存在者として現出するのかを認識することができなくなるような仕方で考える自己**意識**理論で終われるはずがないだろう。だから、どのようにして私が私自身についてのこうした内世界化するパースペクティヴを想定することができるのかを詳しく説明する必要がある。

その回答の一部はすでに与えられている。私が第六章で論じたように、もし主観的な、捉え難い次元としての自己と相互主観的に接近《アクセス》可能な内世界的対象としての自己との間の関係を理解したいならば、身体を考慮に入れなければならない。しかしながら、主観性のもつ身体化された本性を承認することは、第一歩にすぎない。すでに見てきたように、身体的自己現出にはいくつかの異なる形式があり、ある人の位置と運動に先反省的に**意識**していることは、まだその人自身に対して内世界的、超越的対象として現出することではない。しかし、フッサールが言うように、私が私の身体から異化されるときこそ、私は私自身を人間として発見するのである。[10]

どのようにしてこの謎めいた文は理解されるべきか。フッサールによれば、私は私自身に対して内世界的対象として現出することができるが、それは無媒介的に接近《アクセス》可能な自己統握ではない。それは、自己自身に対する態度における根本的変化、他者によってもたらされる変化を前提している――そしてそれが本質的な点なのである。

私は、自分で私の射映的に与えられる身体的外面性を知覚することができるけれども、この知覚は私に通常の世界内的対象を現前呈示しない。正常な周囲状況の下で、視覚的あるいは触覚的に与えられる、例えば、私の左手の表面には局所化された内面性が随伴することになる。そしてこれが実相ではない境界線上の状況においてさえ、私にはせいぜい身体的断片が現前呈示されるにすぎず、身体全体はけっして現前呈示されることはない。すでに言及したように、私の身体はそれ自体の諸々の部分を私から体系的に隠すのであり、したがって「注目すべき不完全に構成された事物」[11]であり続ける。さらには、世界内的対象であることには、単に射映的に現出するより以上のことが存在するということが認識されねばならない。世界内的対象は相互主観的に接近《アクセス》可能な対象であり、すなわち、相互主観的妥当性をもって構成され、三人称パースペクティヴから把握することができる。しかし、その人自身の身体をそうした仕方で知覚することは文字通り、社会的、文化的、科学的特性の担い手としての、他者のパースペクティヴからその人自身の身体を統握することである。そして、このパースペクティヴは、私が私自身について採用するものではない。そうした仕方で私によって統握される最初の身体は、他者の身体であり、その後で初めて私は私自身の身体を類似した仕方で把握することを学ぶのである。[12]フッサールが言うように、私は私自身の相互主観的「実在性形式」を直接的に体験することはできず、ただ感情移入を通して媒介されて体験するにすぎない[13]。

フッサールはこの考えを他者についての特別な種類の体験について、つまり、私が他者を私自身を体験するものとして体験する状況について記述する際に仕上げている。他者についての私の間接的体験が私の自己体験と合致し、この「原本的に相互的な共現実存在」は、私が私自身を他者の目を通してみる状況として記述することができる[14]。私が他者が私に対して与えられているのと同じ仕方で他者に対して与えられることがあるということを私が認識するとき、すなわち、私自身が他者にとっての他者であるということを私が認識するとき、私の自己統握は相関的に変貌することになる。

自己と異他的自我の間の区別は消え、私が他者を私自身にとって異他的なものとして統握するように、他者は私を異他的なものとして統握し、他者は自己自身「自己」である等々。こうして同格化が生じる。つまり、同種の、同じ意味において自立的な、自己を感じ、意欲する自我の多様性が生起する。さらにはこうである。自分の確固たる習慣、特定の振る舞い、働き、思考、語ること等々の習慣を具えた自我が生起する。それは他者に即して観察され、他者はわれわれを観察し、そうして一部は、他者の像の下での自己観察によって、一部は他者による観察によって、人格性一般、独自の人格性と異他的人格性という理念が生じる[15]。

こうした議論に照らしてこそ、フッサールはその裸の形式性において捉えられた主観を社会的自我や人格化された主観と区別し、人格性の起源は社会的行為に位置づけられねばならないと主張するのである。自我極としての自己自身についての意識は、人格的自己意識にとって十分ではない。それは他の主観に対する社会的関係を同様に要求する。人格として現実存在することは、ある人の自分自身に対する身のこなしが他者によって適切化される共通の地平のなかで社会化されて現実存在することである。

独我論的に案出された主観に、必然的に眼前にある、触発と作用の極、多様な様相性における努力することのそれ自体恒常的な主観である、体験流を貫いている動機づけの主観が自我となり、したがって、人格的主観となり、我‐汝関係における、伝達によって可能にされる努力の共同体と意志の共同体における、その中で人格的「自己意識」を獲得する。(16)

フッサールによれば、人格的自己意識は、他者からアプリオリに分離不可能である類型の自己意識である。私は、直接的に、自分だけで、他者から独立に、私自身を人間として知覚することはどうしてもできない。他者こそが最初に人格や人間として知覚されるのであり、その後で初めてこうした統握の様態が私自身に対して利用可能になるのである。私が他者を私を統握するものとして統握するときや私が私自身を他者に対する他者として統握するときにのみ、私は私自身を、私が他者を統握するのと同じ仕方で統握し、私は、他者が意識するのと同じ存在者を、つまり人格としての私自身を意識するようになる。(17)手短に言えば、私の人格態〔人格であること〕は、相互主観的に構成されるのである。(18)フッサールが、純粋な反省とは対照的に、人格的反省は複合的かつ間接的な志向的構造によって性格づけられるとしばしば立言することには何の不思議もない。(19)

他者との私の遭遇が私の自己統握の内世界化をもたらすので、フッサールは、感情移入は自、己、異化

(*self-alienation*)に至るとも論じる。[20] こうした性格づけの適切性は（例えば、私の首や私自身の目の視覚的現前呈示を扱う場合など多くの仕方で私自身のそれよりも優れている）[21]私の身体についての他者の知覚を通しても、私の身体への他者の見方の私の我有化を通しても、自然主義的自己統握は可能にされるということが認識されるときに、とくに顕著である。他者を通してこそ、私は、私自身の身体を自然の一部分、世界のなかの因果関係の内部に埋め込まれ、それによって決定される生理学的組織の単なる複合体とみなす、私自身の身体[22]についての対象化的、理念的、抽象的統握を遂行することを学ぶのである。[23]「それ自体では、無媒介的自己経験においてはけっして主観となることができない主観は、他者にとって客観となり、そうしてそれ自体で、内部考察の主観と、他者が私の身体の外部考察によって私の身体に認める主観‐客観との同一化を通して客観――私と他者にとって同じ自然のなかにある客観となる[24]」。

究極的には、先に言及した人格主義的態度と自然主義的態度は相互に結合している。他者との私の遭遇は、私の自己統握における二つの明確な変化をたいていは引き起こす。私は別の誰かになる（つまり、社会化される）のと同様に別のもの（経験的対象）になる。トイニッセンの言ではこうである。「他者になることと他のものになることは、術語的には、私がそこかしこで他者によって被る他化を「他者化」と呼ぶことによって、公分母へともたらされる。事物化としては、私が人間になることは、実体化する他化であり、共同態化としては、人格化する他化である[25]」。

他者の異化するまなざし

相互主観的に媒介された自己対象化についてのフッサールの分析は、サルトルがコギトの構造についての十分に徹底的な吟味はわれわれを他者に至らせると論じる『存在と無』第三部に注目すべき残響を見出す。これは、曖昧さを残さずに他者に関係する、同情、恥、内気、憎悪のような体験が存在するがゆえのみならず、他者という超越的存在との遭遇がある一定の類型の自己意識の可能性の条件であることを証明するがゆえでもある。[26]

コギトがわれわれにここで開示することとは、それ〔自己〕の対自存在と結びついたわれわれの存在は他者にとってもまた存在するということがわかる――そしてそれには疑う余地がない――という事実の必然性である。反省的意識に対して開示される存在は対自対他である。デカルト的コギトは一つの事実、すなわち、私の現実存在という事実の絶対的真理を肯定するにすぎない。同様に、われわれがここで用いる少し拡大されたコギトは、事実として、他者の現実存在と他者に対する私の現実存在を開示するのである。[27]

相互主観性の問題へのサルトルの取り組みは、探求の伝統的な方向の独創的な逆転によって性格づけられる。普通、適切な問いはこうであった。どのようにして私は他者をその主観性、超越、他性を保存する仕方で体験する（対象化する）のか。しかしながら、サルトルは、この取り組みは見当違いであると捉えている。他者について真に特異で例外的であることは、私が思考対象を思考するものを体験していることではなく、私が、私を知覚し対象化することができる誰かに遭遇しているということである。

他者は、それに対して私が対象として現出する存在であり、したがって、自己自身を他者に対する対象存在として**意識**することを通してこそ、異他的主観性は私に対して開示されるのである(28)。

　こうした考え方は、恥についてのサルトルの名高い分析において力強く表明されている。サルトルによれば、恥は、私が自分だけで引き起こすことができるだろう感じではない。それは、他者の介入を前提しているが、他者がその前で私が恥ずかしく感じるものであるからだけではなく、またいっそう重大なことには、他者がそれに対して私が恥じているものを構成する者であるからなのである。私は対自存在としての私自身に恥じるのではなく、他者に対して現出しているものとしての私自身を恥じている。私は私自身に対してのみならず、諸々の他者に対しても現実存在しており、これが、恥が私に対して否定しがたく開示することなのである(29)。

　恥を感じることは即座に自認することである。それは、他者の判断を容認することであり、私が、他者が私をそういうものであると捉えているものであるのを承認することである。しかし、恥は私を私が私のものとして承認しなければならない次元に直面させるけれども、この承認はかなり特異かつ間接的な本性をもっている。私が恥ずかしく感じるとき、私が対象であることを先反省的に**意識**しているから、私の先反省的自己**意識**の変様が生じていた。しかし、私が対象であるのは、私自身に対してではなく、まさに他者に対してなのである。まさに私自身に対してではなく、私は対象なのであり、他者に対してこそ私は対象なのである。他者に対してであり、私自身に対してではなく、私は私の対他存在において現出するし、私は、私が対象として捉えられているという事実を体験するけれども、この対象のもつ精確な本性は、つねに私の把握から逃れることになる。「だから、もともと、私の自我に対する私の非反省的意識の絆は、認識の絆ではなく、存在の絆である。私は、私がもつことができるすべての認識の彼方で、他者が認識するこの私なのである」[30]。こうした不能は他者の自由（私はけっして正確には他者が私をどのようなものとして統握するかを規定することができない）のためだけではなく、私が基本的に他者の見解を共有することが不能だからでもある。つねに先反省的に自己意識的であり続けつつ、私は私自身を他者がするのと同じ容赦のなさで対象化することはできない。なぜなら、私は十分な距離を欠いているからである。私は、他者が私に外側を提供することを表意的に体験することはできるが、それに対面することはできず、それについての直観をもつことはできない。サルトルが、私は他者のまなざしを異化として体験すると主張すること、そして彼が私の対他存在を存在の脱自的かつ外的次元と呼ぶことはまったく不思議ではない[31]。

それでも、他者の存在は事実という限界を私の自由にもたらす。それは、事実、他者の出現によって、選択することなしに私がそうである一定の規定が現れるということである。私は、ユダヤ人あるいはアーリア人、美しくあるいは醜い、肢体不自由等々である。こうしたすべて、私は他者に対してそうなのであり、私が外部でもつこの意味を統握することも、ましてや、変えることも期待することなしにそうである。言語だけが私であるものを私に統握させるだろう。なお、それは空虚な志向の対象にしかすぎない。それについての直観は私には永久に拒絶されているのである[32]。

しかし、まさにどのような種類の変様を私の自己意識は他者との私の遭遇のために被るのか。サルトルは、他者のまなざしは私の超越を麻痺させると書いている。他者のまなざしは私を、私であるもの（私が他者が私をそうであると捉えているものであること）に還元し、そうして私に対象のもつ自己同一性を与える。私自身を見られたものとして統握することは、私自身を世界のただなかで見られたものとして、諸々の事物のなかの一つの事物として統握することである。[33] それは、私自身を、私が言語を用い、私自身に対する三人称パースペクティヴを採用する状況において見出すこと、私自身を、エスキモーとして、知識人として、搾取される鉱山労働者、破綻したピアノ教師として統握することである。[34]
他者の石化するまなざしが私の自己統握の内世界化を引き起こし、私を世界内的空間と時間に投げ入れる。[35] 私はもはや私自身に対して世界の時間的中心や空間的中心としては与えられない。私はもはや単純に「ここ」ではなく、ドアの隣や、長椅子の上にいる。そして、私はもはや単純に「今」ではなく、約束に間に合わないのである。

個体性と相互主観性

フッサールとサルトルのどちらにとっても、内世界的自己意識は、他者のパースペクティヴからの自己統握を伴い、それゆえ、他者との遭遇とその可能性の条件としての他者の介入とをもつ。換言すれば、まさにある類型の自己意識は、自己にその起源をもたず、根底的他性に依存するのである。[36] 私が他者を、私を体験するものとして体験するとき、私が、私自身についての他者の対象化的かつ異化的統握を引き受けるとき、私の自己意識は他者によって媒介される。他者を通して、ある類型の自己意識は可能にされ、その場合に、私は私自身を世界のただなかで見られたものとして、諸々の人格のなかの一つの人格として、諸々の対象のなかの一つの対象として統握する。[37]（純粋な）反省がけっして私を、私に対して真の内世界的（心理学的）対象に変えないのに対して――それは私を主題化するが、私を内世界化しない[38]——これは、私が、私自身を他者から獲得した諸々の概念を通して私自身を記述するために言語を用いるとき、例えば、私が、私自身に関する心理学的あるいは精神病理的診断を読み、正確に理解し、容認するときに、相互主観的に起きることがある。

しかしながら、サルトルと著しく対照的に、フッサールは人格化を主観性の欺瞞化ではなく、主観性の成熟と豊饒化とみなす。私は現勢的体験の主観であるだけではなく、多様に展開する人格性構造の主観でもあり、後者の過程はまさに自己対象化を伴うけれども、われわれはけっして同じ領域的存在論を共有する物理的対象としての何かに直面しない。[39]私は純粋自我であるだけではなく、人格でもあり、諸々の能力、素質、習慣、関心、性格特色、確信を具えており、もっぱら前者にのみ焦点を当てることは、抽象に従事することである。なぜなら、この同一性極は、主観性と同一的あるいは同円的であるどころではなく、単に後者における構造的契機にすぎない。[40]正しい条件と周囲状況とが与えられれば、自我は人格化する自己統握を獲得する、すなわち、人格へと展開し人格として展開する。[41]そして、この展開は本有的に他者に依存するのである。

人格のもつ相互主観的本性についてのフッサールの分析こそが、我が、汝を、我であるために、それ自体自我である他性を必要とするという旨の言明の背後にある。彼が言うように、もし汝が存在しなかったならば、我もまた存在しないだろう、すなわち、我は汝と対照してのみ我なのである。[42]しかしながら、こうした言明はある一定の曖昧さを隠している。一方で、フッサールは、他ナル自我《エゴ》と分離して捉えられた自我が自我であり続けることを否定する。なぜならそれらは相互依存的であるからである。他方で、彼は、絶対的自我は、増殖を無意味なものとして排除する程度まで単数的である。そのために、絶対的自我は、（多くの自我のなかの）一つの自我ではありえない。[43]

こうした見せかけの矛盾に対する解決は、BＩ14草稿を吟味するならば見出すことができる。フッサールは、「私」は、その語がその原本的意味で用いられるかぎりでどんな複数も容認しないと書いている。諸々の他者は自己自身を私として体験することができるが、私は私自身を私としてしか体験することができない。私自身以外に、それについて私が「これが私である」と言うことのできるほかの私は存在しない。まさしくこうした理由でこそ、「私」が本当に私を意味するかぎりで、一つの「私」について語ることは不可能である。私自身にとって、私は唯一の私なのである。(44) フッサールが自我の絶対的単一性に言及し、複数に置き入れることができるということを否定するとき、彼は明らかに私自身の意識の独自の自我中心的所与性を指示している。私は私自身についてのみ自己意識するのであり、けっして他の誰かについて自己意識することはない。しかしながら、この種の独自性は他者を排除しない。「唯一の自我――超越論的自我。その唯一性において、それ〔自我〕は「他の」唯一の超越論的自我を――それ自身再び唯一性において諸々の他者を措定する「他」として――措定する」。(45) フッサールは明らかにこの自我中心性を卓絶して重要であるとみなしている。彼が言うように「われあり」は、それを考える自我にとっての志向的根拠である。それは、哲学者がけっして見逃してはならない原事実である。(46)

もしこうした反省を還元不可能な一人称的現前呈示様態についての議論と結びつけるならば、フッサールが主観性を本有的かつ絶対的個体性と独自性とを所有すると捉えていることが明らかになる。(47) 絶対的特徴として、この個体性は原本的かつ根本的である。つまり、個体性は、主観がその後で他者との直面と相互作用とを通して獲得する何かではない。(48) もっとも、この様態の特異性は、以下の対照を通してのみ目に見えるようになるのだが。「感情移入を体験しなかっただろう人間にとって、あるいは、あらゆる感情移入の抽象という観点からは、外面性の内面性は存在せず、人間は、内面性という名称が関与する体験すべてや対象性すべてをおよそもったただろうが、内面性という概念は失われてしまっただろう[49]」。

意識流の一人称的所与様態に焦点を当てるかぎりで、主観が他のすべての主観と共有するある種の純粋な、形式的、空虚な個体性が扱われている。いわば、他のすべての主観は、まさしく同じ仕方で独自である。第一章と第二章でのわれわれの議論を考えれば、これはほとんど驚くべきことではない。私の直接的自己直知は、どんな同一化する特性の認識によっても媒介されていない。それは、純粋かつ形式的であるので、われわれの示差的特徴のいずれへの洞察も提供しない。主観のもつ真の個体性ということになれば、それは人格的レヴェルで、個体的歴史において、その道徳的かつ知性的確信や決定においてのみ顕現する。[50] こうした作用を通してこそ、私は私自身を限定するのである。つまり、それらには性格形成効果がある。私は、私の確信にこだわるかぎり同じであり続ける。それらが変化するとき、私は変化する。[51] こうした確信と付与される価値は本有的に社会的であるので、そのまったき範囲と具体態における自我は他者から隔離して考えるあるいは理解することはできないという考えに今一度直面する。自我は、人格化されるときにのみ十二分に個体化されるのであり、このことは相互主観的にのみ起きる。私はわれわれの共通世界のなかでの諸々の他者との私の生を通してのみ人格的自我になる。「われわれの論述によれば、私‐われわれという概念は相対的である。つまり、自我は汝、われわれ、「他者」を必要としている。そして、さらに、自我（人格としての自我）は事象世界への関係を必要としている。したがって、私、われわれ、世界は共属している[52]」。

自己自身を社会的かつ世界内的存在者として統握することは、純粋な反省において直接的に接近《アクセス》可能である自己意識とはまったく異なるが、しかし、私がすでに指摘しているように、別個で分離された主観ではなく、一にして同じ主観の異なる顕現が扱われているのである[53]。究極的には、内世界的自己意識は基づけられ、対象化する自己解釈なのである[54]。そして、先に立てられた問いに立ち返れば、内世界的自己現出の可能性は、主観性のもつ身体化された本性と相互主観的開放性を考察するときに認識可能になる。

身体の外面性

しかしながら、この時点で、われわれは数多くの相互に関係する問題に直面している。他者との遭遇と相互作用がわれわれの自己所与の様態に決定的な変化をもたらすことがあると主張することは重要である。しかし、どのようにしてわれわれはそもそも他者を体験するのか。他者との遭遇は私が絶対的になすすべがない何かなのか。他者の他性は根底的かつ圧倒的であるので、私にはそれを予料する見込みはないのか。あるいは、他者との私の遭遇は、むしろ、時間的かつ身体的自己所与の構造そのものによって促され、それを通して可能にされるのか。私がつねにすでに私に対して他者であるからこそ、私は他者に遭遇することができるのか。私自身の他性こそが他者の他性について私が統握する際に私を指導するのか。

サルトルによれば、他者に対する関係が、主観性の本質的、本有的、アプリオリな特徴であると主張することは決定的な誤りである[55]。彼が正しく指摘するように、それらの類似性、区別不可能性、アプリオリな相互のつながりを強調することによって自己と他者の間の隔たりを架橋しようとするどんな相互主観性理論も独我論的一元論に逆戻りする危険にさらされており、それゆえ本当の争点を、すなわち、あれこれの超越的他者とのわれわれの具体的な遭遇を見失う危険にさらされている。だから、サルトルはこう強く主張する。もし共存在が、事実、本質的に対自の構造に属しているならば、根底的他者との遭遇を永遠に不可能にするだろう、と。もし独我論が打ち破られるべきならば、他者に対する関係は対自の存在論的構造に属すことはありえず、他者の可能性を対自から演繹することはできない。他者の現実存在は偶然的事実とみなされねばならず、対他存在は、他者との具体的な遭遇を通してのみ確立される存在様態とみなされねばならない。(56)

したがって、サルトルは、私の身体的自己意識が外面性と他性という次元をはじめから含むということを否定する。私の身体についての他者の統握が私が身体を生きる仕方に影響を与えるときにのみ、身体は異的になるのである。他者こそが、私に私自身の身体に対する異化する姿勢を採用することを教えるのである。だから、サルトルはこう主張する。対象としての身体の現出は比較的遅い生起である、と。それは、生きられる身体についての先立つ意識、道具性の複合体としての世界についての意識、最も重大なことには、他者の身体についての意識を前提する。子どもは、自分の身体を見ることをはじめ、その外面性を見出す前に、自分の身体を、世界を踏査し、他者を吟味するために用いる。(57)けれども、サルトルが、他者の身体との私の原本的遭遇が生理学によって記述される種類の身体との遭遇であると考えることは決定的な誤りであると思っていたことは強調されるべきである。他者の身体が対象として与えられるときでさえ、それは他の対象とは根底的に異なったままである。これがそうであるのは、異他的身体がある状況において、すなわち、身体そのものによって支持される有意味な脈絡においてつねに現出するからのみではなく、身体がまず統一として知覚され、その後で初めて外的に並置される身体の、諸々の部分の複合体として知覚されるからでもある。(58)サルトルにとっても同様に、人格主義的態度は自然主義的態度に先立つのである。

こうしたことを背景に、なぜサルトルが二重感覚の重大さを軽く扱おうと試みるのかを理解することができる。彼が書いているように、私が私自身を知覚することができ、それによって私自身の身体についての他者の観点を採用することができる、すなわち、私自身の身体を私に対して他者の身体として現出させることができるということは、経験的偶然性の事柄である。それは、解剖学的特異性であり、意識が必然的に身体化されるという事実から演繹することができる何かでもなければ、身体についての一般理論のための基礎として役立つことができる何かでもない[59]。身体の対自存在と身体の対他存在は、身体のもつ二つの根底的に別個かつ伝達不可能な存在論的次元である。

他者との私の遭遇に先立ち、私の身体は顕在的かつ主題的に私に対して与えられはしない。しかしながら、私がまさに私の知覚的器官を吟味し始めるときでさえ、私は知覚的器官を体験するものとして把握することはできない。私は私の手や私の目を私に対する世界の局面を開示するその過程において統握することはできない。私が私の身体を知覚するあるいは私の身体に触れるとすぐに、私は私と私の身体との間に距離を確立する。身体は現前的であるが、対象の複合体として現前的なのであり、私自身として現前的なのではない。私が私の手を知覚するとき、その手はけっして、不可視的な関係中心として、指標的「ここ」として示唆されず、空間における世界内的対象として示唆されるのである。触れられるものは対象の領分に属しており、触れるものはそうではない。私は見ている眼を見ることはできず、私は触れている手に触れることはできない。

それ〔眼〕は、諸々の事物の間の事物であるか、あるいは、それによって事物が私に対して露わにされるものであるかのどちらかである。しかし、それは同時に両方であることはできない[60]。

触れることと触れられること、触れていることを感じることと触れられていることを感じること、そこには、「二重感覚」の名のもとに統一しようとしても無駄である二つの種類の現象がある。事実、それらは根底的に別個であり、断絶した二つの平面上に現実存在している[61]。

しかしながら、こうした主張は、心と身体の間の架橋不可能な二元論を、生きられる身体と知覚される身体の間の同じく架橋不可能な二元論と置き換えているように思えるので、問題視されねばならない。同じ身体の異なる次元や顕現を扱うよりもむしろ異なる身体が残り続けているように思える。そして、この結論は容認できないし、サルトルの立場はまた、そもそもどのようにして他の身体化された主観を認知することができるはずなのかを認識不可能にするからなおさらである。

フッサールはこの争点について何を言わねばならないのか。フッサールは感情移入と想起の間の構造的類似性をしばしば強調していた[62]。想起は、自己転移や自己距離化を、もし私が感情移入できるはずならば、もし私が自己としての他者に出会うことができるはずならば必要とされる諸々の性質を伴う。こうした考え方は、フッサールが、原本的自己時間化によってもたらされる脱現在化と感情移入の際に起きる自己異化との間の親和性について語るときに、継続している。「いわば脱現在化による（再想起による）自己時間化は私の異他化（高次段階の脱現在化としての感情移入——私の原現前の単に準現在化された原現前への脱現在化）にその類似体をもつ[63]」。フッサールは脱現在化から自己異化への歩みを他性の増大とみなしているように見えるし、いっそう一般的には、彼は時間化の過程のおかげである脱自的－中心化された自己差異化を感情移入、他者に対する開放の条件とみなしているように思える[64]。

他者に遭遇するわれわれの能力を他性の内的顕現と関係づける類比論法は、身体的自己意識についてのフッサールの分析にも見出すことができる。私は自分で私の身体を自然化することはできないけれども、私はまさにそれを視覚的かつ触覚的に知覚するのである。クレスゲスは以下のように書いている。「したがって「二重実在性」概念という意味における身体は、同時に自我的性格と自我異他的性格とをもつ[65]」。たとえ、二重感覚という現象がわれわれを、一にして同じ手が同時に触れるものとしても触れられるものとしても体験されるという体験に直面させないと考えられたとしても、それはなおわれわれに、手が二つの役割、触れる役割と触れられる役割の間を行ったり来たりする曖昧な設定状況を呈示する。すなわち、触れることそのものは触れられることができないにもかかわらず、触れることは体験されており、二重感覚という現象は、われわれに身体の二重本性についての体験を提供する。まさに同じ手こそが二つの異なる仕方で、互換的に触れられるものと触れるものとして、現出することができるのである。したがって、例えば、判断するという作用の自己顕現とは対照的に、私の身体的自己所与性は私に私自身の外面性に直面することを許すのである。この体験は、感情移入にとって決定的であり[66]、多様な異化する形式の自己統握にとっての跳躍台としての役割を果たす。まさしく、身体のもつ独自の主観－客観という地位こそが私に他の身体化した主観を認識し、体験することを許すのである[67]。私の左手が私の右手に触れるとき、私は私自身を、他者が私を体験するだろう仕方と、私が他者を体験するだろう仕方の両方を予料するやり方において体験しているのである。このことが、フッサールが、社会性の可能性はある一定の身体の相互主観性を前提すると書くときに指示していることなのである[68]。

フッサールの反省は、メルロ－ポンティの反省を予料しており、メルロ－ポンティ自身の立場はまったく明確である。すなわち、主観性の自己顕現は他性によって汚染されていなければならない。そうでなければ、相互主観性は不可能だろう。だから、メルロ－ポンティは自己合致と他者との関係とを相互に両立不可能な規定であると捉える。もし主観性の自己顕現が、事実、純粋かつ不断の自己現前によって性格づけられていたならば、私は身体化された他者を別の主観性としてそもそも認識する手段を欠いているだけではないだろう。私は鏡のなかの私自身を認識する能力もまた欠いているだろうし、いっそう一般的には、ある一定の相互主観的に記述可能な身体化された人格を私自身として把握することができないだろう。

もし、主観の経験だけがそれと合致することによって私が獲得することができる経験であるならば、もし精神が定義上「異他的な注視者」から逃れ、内面からしか認識することができないならば、私のコギトは原理上独自であり、他者によって分有可能ではない。他者に「転移可能」であると言うのだろうか。しかし、どのようにして、そうした転移を動機づけることができるのだろうか。どのような光景がこれまでもっともらしく私に、内面的に把握される私自身の外に、その意味が内面からとらえられることを要する実存様態を措定するように誘うのか。もし私が私自身のうちで対自と即自の接合を認識することを身につけないならば、他者の身体であるこうした機構のどれもけっして生化されず、もし私が外部をもたないならば、他者もまた内部をもたないだろう。意識の多数性は、私が私自身についての絶対的意識をもつならば、不可能である。[69]

メルロ－ポンティにとって、主観性は本質的に受肉している。しかしながら、身体化されて現実存在することは、純粋主観としても純粋客観としても現実存在することではなく対自と即自の間の対立を超越する仕方で現実存在することである。それは、自己意識の喪失を伴わない。反対に、自己意識は本有的に身体化された自己意識であるが、それは、喪失を伴わず、あるいは、ひょっとするとむしろ透明性と純粋性からの解放を伴い、それによって相互主観性を許すのである。「他者の明証は、私が、私自身に対して透明ではなく、私の主観性がその背後にその身体を随伴させるがゆえに、可能なのである」[70]。

相互主観性が事実可能であるから、私の自己意識と他者についての私の意識との間の橋梁が現実存在しなければならない。つまり、私自身の主観性についての私の体験が、他者の予料を含まねばならないし、他性の種子を含まねばならない[71]。もし私が他の身体化された主観を異他的主観として認知するべきであるならば、私は私にそうすることを許すことになる何かを所有していなければならない。私が私自身を体験するときと私が他者を体験するときに、事実公分母が存在する。両方の場合に、私は受肉を扱っており、私の身体化された自己意識のもつ諸々の特徴のうちの一つは、自己意識が定義上外面性を含むということである。私の左手が右手に触れるとき、あるいは、私が私の左足を凝視するとき、私は私自身を体験しているが、私が他者を体験し、他者が私を体験するだろうやり方を予料する仕方で体験する。だから、メルロ－ポンティは、身体化された自己意識を他者の予感として――他者はこの自己体験の地平に基づいて現出する――そして、他者についての体験を自分自身の身体の構成の反響として記述することができる。私が他者を体験することができるのは、他者が完全かつ根底的に異他的であり接近《アクセス》不可能であるほどにまで私が私自身にけっして近くないがゆえなのである。私はつねにすでに私自身に対してよそ者であり、それゆえ他者に対して開かれている。他者の秘密は、実際、私自身の存在の秘密であり、対他存在は、本有的かつ本質的に対自に属する次元である[72]。世界のなかでの私の身体的現実存在は、初めから相互主観的かつ社会的であり、他者との私の具体的遭遇はなによりもまず根底的異化の問いではなく、単に私の基本的開放性の開示にすぎない。したがって、他者は私自身の対象化の基礎であるというサルトルの主張を容認する代わりに、メルロ－ポンティはこう強調する。他者のまなざしは、私がそれに気づく場合にだけ私を対象化することができ、そのため、私の対象化は完全な受動性において起きることはない、と。第二に、彼は、私が、われわれの両方が可視的である、すなわち、われわれの両方が同じ世界に属している場合にのみ他者が私を知覚することを知覚することができるという事実を指し示す。こうした共有された背景こそが、あらゆる葛藤と闘争を可能にする。[73] 対象としての他者と他者にとっての対象としての私自身は、単に相互主観性の非本来的様態にすぎず、それゆえ、対他存在についてのサルトルの説明は不十分である。メルロ－ポンティによれば、サルトルは、われわれの現実存在のなかの恒久的な次元であり、そもそも異化、葛藤、対象化を可能にする原初的相互主観性を露わにすることができなかったのである。[74]

『知覚の現象学』において、メルロ－ポンティは、私が幼児の指の一本を私の歯の間に挟み、それを噛むふりをする場合に、幼児が自分の口を開けようとするという事実に注意を促す。しかし、なぜ幼児はそんなことをするのか。幼児はけっして鏡で自分自身の顔を見たことがないだろうし、感じられるが、見られていない自分自身の口と、見られているが、感じられない大人の口の間には無媒介的類似は存在しない。しかし、メルロ－ポンティはこう提案する。まさに自分の生きられる身体が外側をもち、他者についての予料を含むがゆえに、幼児は他者の身体の視覚的現出と自分自身の身体の固有受容的現出の間の隔たりを横断することができる、と。幼児はどんな推論過程も実行する必要はない。その身体図式は幼児に他者を理解し、模倣することを無媒介的に許す超様相的開放性によって性格づけられる。[75]

メルロ－ポンティの観察は、近年幼児の模倣にかかわる数多くの経験的研究によって立証されてきている。メルツォフとムーアによって行われた一連の実験が新生児（最も若いのは生後二四分、最も期間がたったのは生後七二時間）における成功した顔の模倣を実証した。[76] この模倣は自動的、反射様の、刺激－衝動による振る舞いに分類すべきであると想定することが自然だっただろうが、数多くの知見が別様に示唆した。少し期間がたった乳幼児（一二日から二一日）を用いて、示されたのは、こうした乳幼児の顔の模倣は極めて差異化されているということである。乳幼児は、数多くの異なる類型の行為（挺舌、開口、口唇突起）を模倣することができ、こうした模倣行為の範囲と特定性は、われわれが単なる反射様の機構よりも複雑な振る舞いを扱っていることを示唆していた。この解釈は、付加的な研究によって支持された。ある実験は、幼児が時間的隔たりを越えることができること、単に反省がすることのできない何かを示した。別の実験は、生後六週間の乳幼児は、側面に大きく舌を突き出すという普段とは違う身振りを見せられたとき、初めは模倣することができないが、成功が得られるまで、彼らの模倣の試みを徐々に修正かつ改善するということを示した。すなわち、模倣は努力と漸進的近似化を含んでいた。身振りを模倣することができない乳幼児は失望感を味わい、泣き出したのである。こうした研究結果のすべてが、年少の乳幼児における表情模倣が、目標志向的、志向的能動性であり、単なる自動的反射ではないことを示唆している。

スターンが指摘するように、表情模倣についての決定的な問いの一つは、どのようにして「乳幼児は、顔や顔の容貌をもっていることを「知る」のかである。「どのようにして、彼らは彼らが見ている顔が彼らがもっている顔に似た何かであることを「知る」のか。どのようにしてあの他の顔の特定の布置を見られたにすぎないものとして「知り」、固有受容的に、感じられるにすぎず、けっして見られないものとしての自分自身の顔のなかの同じ特定の布置と対応させるのか」[77]。メルツォフとムーアは、幼児は、幼児に視覚的情報と固有受容的情報とを一つの共通の「超様相的」「様相横断的」「非様相的」枠組みへと統合することを許す原初的身体図式をもつ、すなわち、幼児は感覚様相において受容された情報を別の感覚様相性へと翻訳する生来の能力をもっていると提案し[78]、このことを背景にして、彼らはメルロ＝ポンティの結論と非常に類似する結論に到達する。

この超様相性という概念の一つの興味深い帰結は、自己と他者の間に原初的結合があるということである。他の人間の行為は、生まれたときにすることができる行為のように見える。この生来の能力は人々を理解するための諸々の含意をもつ。なぜなら、それは、他者の見られる身体的作用と自分自身の内的状態（自分自身の運動を感じることと表象すること）の間の本有的関連性を示唆するからである。若い幼児が自分自身の身体についての表象を所有するという第二の含意は、自分自身についての発達する客観性にとっての出発点を提供する。身体についてのこの原初的自己表象は、自分自身へのパースペクティヴをとること、自分自身を思考の対象として扱うことを可能にする最初期の先駆であるかもしれない[79]。

手短に言えば、もし幼児が他者を体験することができるならば、幼児は、幼児に内面性と外面性の隔たりを架橋することを許す類型の身体的自己意識を所有していなければならない。

もちろん、受肉という概念を自己意識についての議論に導入することは、一つより以上の仕方でその自己充足に異議を唱えることである。なぜなら、それはまた、誕生を真剣に捉えることを伴うからである。生まれることとは、自己自身の創設者であることではなく、自然と文化の両方のなかに状況づけられることである。それは自分で選択しなかった生理機能をもつことである。自己自身を創設しなかったということは、自己自身を歴史的かつ社会学的脈絡のなかに見出すことである。それは、認識されるべきなにかとして自己自身に与えられることであり、自己自身の前に自己認識という課題があるということである。[80]誕生は、私が誰かによって生まれたからという明白な意味においてのみではなく、この出来事そのものが他者を通してのみ意味をもつから、本質的に相互主観的現象なのである。私の誕生、私の始まり、私の可死性についての私の**意識**は相互主観的に媒介されている。つまり、それは、私が私自身について直観や想起することができる何かではない。私は私の存在への到来を目撃せず、まさにつねにすでに私を生きたままに見出す。[81]

別様に言い表せば、受肉という概念を自己**意識**についての議論に導入することは、議論している主観性という概念そのものを変貌させることである。

それゆえ、なぜ考える主観や意識は、人間、受肉した主観、歴史的主観として統覚されるのかを問い尋ねる必要はないし、こうした統覚をその絶対的現実存在から行われる二次的な操作として扱ってはならない。絶対的流れは、現前の領野――自己、他者、世界に対する現前――であり、そこから理解される自然的世界と文化的世界に投げ込まれるので、それ自身の眼差しのもとで「意識」、人間、受肉した主観として輪郭を示す。それ〔絶対的流れ〕を自己との絶対的接触として、いかなる内的ひびもない絶対的稠密さとして表象してはならず、反対に、外部に追い求められる存在として表象しなければならない。[82]

メルロ－ポンティが、自己**意識**、世界体験、感情移入の間の関係を認識するただ一つの仕方は、それらの固着した差異の背後にある共通の根拠を求めることであり、主観を相互主観的領野とみなすことであると強く主張するとき、[83]しかしながら、彼は非常に細い綱を渡っている。自己の内にあるどんな他性も否定することは、相互主観性の可能性を否定することであるだろう。しかし、他性の契機を誇張することと内主観的他性と相互主観的他性の間の差異を見逃すこととは、自己意識を否定するだけではなく、究極的には、相互主観性も同様に否定することである。なぜなら、自己と他者の間の、一人称パースペクティヴと三人称パースペクティヴの間の差異が消失するだろうからである。[84]メルロ－ポンティは、この危険に彼自身気づいていたし、事実ありとあらゆる個体的なものに対して独自であり続ける体験的次元が存在することを時として認めている。永遠に超えることができないままであるだろう、体験による独我論が現実存在する。すなわち、私は他者の痛みを他者と同じ仕方で体験することはけっしてできないし、彼も私の痛みを体験することはできない。[85]いっそう一般的には、私は他者自身と同じ仕方で他者の体験を意識することはけっしてできないし、他者も私の体験を意識することはできない。だから、根底的テーゼを修正することが必要であるように思える。あらゆる自己意識がすでに他者としての自己自身の体験なのではない。しかし、他性と外面性の次元、例えば、二重感覚という現象、すなわち、われわれの身体的反省を含む諸々の形式の自己意識が存在するのである。

幼児期の自己意識

一定の類型の自己意識は他者の現前と介入が必要であると主張することと、自己意識はそれ自体社会的現象であると主張することとの間に差異が存在することを強調する必要はほとんどない。しかし、後者の主張を簡単に見ておくことは有用であることが判明するかもしれない。その最もよく知られた唱道者のなかには、自己の構成はその社会的過程であることと、自己意識は相互主観的に媒介されているということを強く主張するミードがいる。自己意識的であることは、諸々の他者と自分の社会的関係のおかげで自己自身に対する対象となることである。(86)

個体は自己自身そのものを体験するが、直接的にではなく、間接的にのみ、同じ社会集団の他の個体的成員のもつ特定の立脚点から、あるいは、彼〔個体〕が属する社会集団全体のもつ一般化された立脚点から〔体験する〕。というのは、彼は、自己あるいは個体としての自己自身の体験に、直接的あるいは無媒介的にではなく、自己自身に対する主観となることによってではなく、ちょうど他の個体が彼に対するあるいは彼の体験における対象であるのと同じように、彼がまず彼自身に対する対象となるかぎりでのみ、入り込むからである。(87)

ミードは、自己を意識の単なる現実存在と同等視するならば、単一的かつ隔絶された自己について語ることは可能であることを承認するけれども、(88)彼は意識と自己意識の間を截然と区別することにこだわる。

しばしば用いられるように、意識は体験の領野への関係をもつが、自己意識は、われわれ自身のなかの集団の他者に属する一組の明確な返答を呼び起こす能力に関係する。意識と自己意識は同じレヴェルにあるのではない。幸か不幸か、彼一人が自己自身の歯痛に接近《アクセス》できるが、それはわれわれが自己意識によって意味していることではない。[89]

あなた自身に対する他者の態度をとることや感じることは、自己意識を構成することであり、個体が意識しており、体験している単なる有機的感覚ではない。[90]

自己意識は相互主観的レヴェルで他の主観性との相互作用において生じるという主張は、しばしば、言語使用と自己**意識**の間の本有的関係に関するテーゼと結びついている。自己**意識**的になることは、言語という相互主観的媒体において、そしてそれを通して達成される何かである。子どもは、「私」によって自己自身を指示することができるための十分な言語を使いこなすまでになったときにのみ、自己**意識**を所有する。[91]

しかし、子どもが、一人称代名詞の用法を習得したときにのみ、あるいは——すでに示唆されてきたように——鏡のなかの自己自身を認知することができるときにのみ、自己**意識**的になると提案することは、私が先の議論で用いているものとはまったく異なる自己**意識**概念を扱うことであるだけではない。それはまた、容認できないほど狭い自己**意識**についての構想を扱っている。このことを例証する一つのやり方は、どのように、こうした分水嶺に先立つ、幼児の自己、世界、他者についての体験を性格づけるべきなのかを尋ねることである。一つの伝統的見解によれば、幼児は、まさに自己、世界、他者の間に区別が存在しないある種の「非二元論」に生きている。だから、「非二元論」「原的ナルシシズム」「共生」は、幼児の生、体験と実在の間にいまだなおどんな境界も、自我と非自我の間にいまだなおどんな差異化も存在しない生の最初の段階を記述するために用いられる術語である。[92] だから、幼児は、自己と他者の間の差異を概念化することができないという明確な意味においてのみならず、幼児が、「「自我」が「非自我」からなお区別されておらず、内側と外側はただ段々と異なるものとして感覚されてきているにすぎない差異のない、母親との融合状態」において現実存在するという意味でも、原本的に自己自身を世話する人から分離することができない、と想定されてきたのである[93]。そうして、こうした共生状態は、幼児が、自己自身を自己と他者の間の差異の意味に達するためにそれから分離する境位であり、それによってのみ自己意識を獲得すると想定されてきた。

この伝統的な仮説は、現代の発達心理学において優勢な立場によって拒絶されてきている。今や、幼児が誕生からすでに自己自身を体験し始め、全体的な自己／他者無差別化の期間をけっして通過しないということが当然とみなされている。スターンもナイサーも論じているように、共生のような位相は存在せず、自己と他者についての子どもの体験の間にも、他者と世界についての子どもの体験の間にも体系的かつ遍在的な混乱は存在しない[94]。

スターンによれば、言語は、自己と他者についての幼児の体験を変貌させ、分節化するが、それを構成するのではない。すでに生まれたときから、幼児は、さまざまな先反省的かつ先言語的「自己感覚」を手に入れるのである。スターンは、新生自己、核自己、主観的自己の間を区別し、こう論じる。幼児は、自己自身を、別個かつ整合的身体として、自己自身の行為に対する制御と、自己自身の情感の所有と、連続性の感覚と、別個かつ分離された相互作用者としての他の人々についての感覚と共にすでに先言語的に体験している、と[95]。

事実、二か月から六か月の間の期間はその人の人生のなかで最も社会的な期間に分類されるだろう。それは、幼児が社会的相互作用に没頭する期間である。社会的な笑顔はすでに整っており、子どもには、無生物的対象よりもむしろ他の主観を知覚することに対する明確な選好がある[96]。(これは、幼児が非常に早期に異他的主観と単なる対象との間を区別することができるということもまた示唆する事実である。) 幼児は自己自身の移動運動に対して非常にわずかな指揮権しかもたないけれども、それはその目の運動に対するほとんど十分に発達した支配をもち、特にそのまなざしを通してこそ、幼児は社会的な相手として機能することができる。自己自身のまなざしの方向を制御することによって、幼児は社会的刺激のレヴェルと量とを規則づけることができる。そして、まなざしをそらす、目を閉じる、過ぎ去ったものをまじまじと見る、虚ろな目になる等々というようなまなざしの振る舞いを通して、幼児は広範囲に、社会的接触を維持し、終え、回避することができる[97]。

生後一年でもまた、幼児は社会的接触を最も必要とする。幼児は母親の乳房で乳を飲むことによって把握することを学ぶ。幼児は、母親が連れ歩くことを通してその周囲を知るようになり、「移動運動の領野のなかで母親によって提供される安心、自分の子どもを呼ぶ母親によって提供される感情的魅惑こそが、彼に歩くことを「教える」[98]」。いっそう一般的には、(母親)他者((m)other)こそが、幼児を自己自身と世界とを踏査するように誘い、幼児にあえてそうした冒険を企てるのに十分な感情的安心を提供するのである。他者の現前や介入なしには、全幅にわたる体験は簡単には発達しない[99]。スピッツのホスピタリズムについての探究が示したように、もし子どもが生後一年で別の人格への安全な愛着を阻害されるならば、ひどい成熟欠失が結果する。幼児と他者の間の相互作用、対話、相互性こそが、幼児に、その自己発達と世界踏査を始め、構成するために不可欠の励ましを提供する。他者との密接な関係性を奪われることは幼児における深刻な障害に至る[100]。

月齢七か月から九か月ごろに、子どもが、自己自身と他者は、潜在的に共有可能である主観的体験の心的状態をもつということを認識するかぎりで、ある変化が生起する。「幼児が自己自身とは違う他者が、自分が思い抱いていると感じているものと類似する心的状態を思い描くあるいは心に抱くことができるときにだけ、主観的体験の共有や相互主観性は可能である」[101]。自己と他者についての幼児の体験におけるこうした変化は、共同注意、志向、情感的状態を共有しようとする幼児の試みから、すなわち、相互注意志向、相互志向性、相互情感性という現象において明らかにされる[102]。九か月の幼児は、母親のまなざしや指している指の方向に従うとき、しばしば母親を振り返り、事実、正しい目標点に到達していることを確認するために母親の顔からフィードバックを用いているように見える。幼児は共同注意が達成されたかどうかを認証しようとする。諸々の志向の共有に関しては、原型的言語的形式の要求において最も明白である。父親が、幼児がほしいアイテムを抱えているならば、幼児は手を伸ばし、つかもうとする動きをするだろうし、手と父親の顔を交互に見ている間、「エッ、エッ」と言うだろう。この要求は、幼児が父親を、自己自身の志向を認識し満足させることができる誰かとして(先反省的に)統握していることを含意する。諸々の志向は共有可能な体験となったのである[103]。最後に、おそらく第一にして最も基本的な形式の主観的共有である、情感を共有すること、あるいは相互情感性もまた目の当たりにすることができる。もし幼児が、例えば、電子音と閃光を発するおもちゃのような、新しく、いつもと違い、極めて刺激的な対象に近づいてこられていることによって、不確実性を生み出すに違いないある状況に置かれるならば、幼児は、母親の方を母親の感情的反応のために、本質的には、自己自身の不確実性を解決するのに役立つと感じているはずのものを見るために、見ようとするだろう。もし母親が笑顔で喜びを示すならば、その幼児は自分の踏査を続けることになる。もし母親が恐怖を示すならば、幼児は対象から引き返し、ひょっとすると動転することになるかもしれない[104]。

スターンはこう論じる。幼児の生は徹底的に社会的であるので、幼児がする、感じる、知覚することの大部分は、幼児が一人であるのかないのかどうかにかかわらず、さまざまな種類の関係性において生起する、と。それは、時には実在の相手にかかわり、ほとんどいつでも〔想像上の〕「誘発される遊び仲間」にかかわる。幼児の成熟がこうした絶えざる対話を要求する。しかし、徹底的に社会的な類型の自己体験、すなわち、一人では起こることがないが、他者によって引き出され、維持されるときにのみ生起する自己体験、すなわち、（実在のあるいは想像された）他者についての補完的体験を前提する体験ということになってさえ、こうした体験は子ども自身の体験であり続ける。〔そうした体験のなかの〕他者の現前と行為に依存する幼児の体験でさえ、全体的に幼児自身になお属すのである。自己と他者の間に関係は存在するが、融合と歪曲は存在しない[105]。幼児が母親の欲求不満によって触発され、影響される場合でさえ、幼児は自分の母親の欲求不満を感じているのでも、けっして自己自身の痛みや欲求不満を自分の母親のものとして同定してもいない。

　月齢一五か月から一八か月ごろ、ついに子どもは自己自身を反省し対象化し始める。子どもは記号的行為を遂行することができるようになり、いくらかの言語遂行能力を獲得する。子どもは自己自身についての第三者的パースペクティヴを想定することができるようになるということは、自己自身を明示するために名前や代名詞の使用から、鏡の前での自分の振る舞いから見ることができる。この月齢より前には、幼児はおそらく、幼児が鏡のなかに自分を見るということを認識していない。幼児の顔に幼児が知ることなしに口紅で印をつけ、幼児がその後で鏡を見るならば、月齢の若い子どもは鏡を指さし、自分自身を指ささない。しかし、月齢一八か月後は、子どもは自分自身の顔の口紅に触れることになる。鏡との直面は自己指向的振る舞いを動機づけるので、子どもは鏡のなかに自分自身の反映として見ているものを今や認知していると想定される(106)。

しかし、この認知は、自己意識の現実存在を証明するけれども、その不在は明らかに、自己意識の欠如を含意しない。自分自身の反映についての認知はけっして第一のあるいは最も基本的類型の自己意識ではないだけではない。結局、ある一定の像が自分自身の身体の代表象として認知される、洗練された類型の自己同一化が扱われているのである。すなわち、当該の自己意識は距離と分離を越えて起こる。われわれは「あの他者」を自己自身として同定する。しかし、子どもは、もしすでにキネステーゼ的自己意識を所有していたのでなかったならば、もしすでに自己自身の身体的運動を意識していなかったならば、自己自身の身体的運動と鏡のなかの像の運動の間の完全な適合を通して起きると想定される、こうした同定を遂行することができないだろう。しかしながら、このことは、鏡像が極度に重大な洞察をもたらさないだろうと言うことではない。従来、子どもは自分自身の顔や自分の身体全体の視覚的形態をけっして見てきておらず、自分の身体的外面性の知覚された断片のみを見てきたにすぎない。しかし、鏡は子どもに自分自身を他者に見られるとおりに見ることを許し、子どもを鏡のなかで直面していたのと同じ視覚的現出と共に他者に対して与えられているという顕在的な認識へとまさしくもたらすだろう(107)。別の問いは、鏡像との直面は内世界的自己意識の獲得のために本質的であるのかどうかである。こうはほとんど言えないし、究極的には（実在の）他者との相互作用が、はるかにずっと重大である。盲目の人々は、この類型の自己意識を欠いているだけではなく、諸々の実験が、社会的体験は自分自身の鏡像の認知にとっての前提条件だろうということを示唆しさえしている。人間を別にして、チンパンジーとオラウータンもまた、自分の鏡像を認知することができるし、（ギャラップによってなされた研究を説明しつつ）ルイスとブルックス－ガンは次のように物語る。「社会的孤独のなかで育てられたチンパンジーは、自己指向的振る舞いを、鏡映状況のなかに広範囲にさらされた後でさえ示すことができない。社会的体験の重要性のさらなるテストとして、元の〔社会的孤独のなかで育てられた〕チンパンジーのうちの二頭が三か月の集団体験を与えられ、その後、自己認知的反応が現出し始めた」[108]。

スターンによれば、異なる類型の先反省的自己体験は、認知的構築態と捉えられるべきではなく、対象化可能な、自己反省的、言語化可能な自己の、生きられる、実存論的対応体と捉えられるべきである。しかしながら、幼児の自己体験についてのスターンの注意深い分析でさえ、ある一定の客観主義的気質からは完全には自由ではない。初めに、スターンは、**意識**の外側で生起する自己体験が扱われていると主張することによって争点を時として曇らせる。彼は、**意識**を注意と、そして自己**意識**を自己反省と同一視しているように思えるので、これはおそらく、非概念的かつ非主題的種類の自己体験が扱われているということをただ含意するつもりであるにすぎない[109]。しかし、スターンは、幼児の自己**意識**が、自分自身を他者から判別するその能力の結果、これが単に異なる存在者の間を判別する幼児の一般的能力の一例にすぎないかのようなこともまた言う。彼はこう主張する。幼児は、けっして白紙《タブラ・ラーサ》ではなく、高度に構造化された仕方で世界を知覚するようにあらかじめ指定されており、ちょうどまさに初期の幼児がさまざまな刺激を知覚しさまざまな自然的カテゴリーに組織することができるのと同じように、幼児は、自己と他者を分けておくことができるような仕方で諸々の刺激のさまざまな形態の配置を判別することができる生まれながらの能力をもつ、と。幼児が母親の愛撫を感じ、父親の声を聞き、自分自身の腕を見るとき、構造化されない感覚の沸騰によって圧倒されはしないが、自己自身、父親、母親の間を三つの異なる存在者として区別することはできる。幼児は、異なる人格の振る舞いが別様に構造化されていることを認知しており、ある行為者を別の行為者から区別しており[110]、究極的には、自己自身の自己創出した作用と特定の他者の運動と行為に属するパターンから区別することができる。だから、幼児の自己体験はまさに、自己自身の行為や心的過程という機会にのみ生じる不変のパターンや配置についての体験として定義されるのである[111]。

しかしながら、自己体験のこうした記述の仕方は、大きな問題に悩まされている。たとえ幼児が混乱が起きない仕方でさまざまな存在者の間を区別することができるとしても、このことは鍵となる問いに答えていない。すなわち、どのようにして幼児はこうした体験的布置のうちの一つが自己自身であると「知る」のか。しかし、もちろん、この問いを問い尋ねるように強いられ、そのために自己意識が成功した規準となる自己同定の結果であるならば、何かが根本的に誤っている。自己意識の問題は、第一義的には、特定の「なに」についての問いではなく、独自の「いかにして」についての問いなのである。それは、体験の特定の内容にかかわるのではなく、その独特の所与様態にかかわる。これは、スターンがついには彼自身認識しているように思える事実である。なぜなら、彼は、幼児の（直接的かつ無媒介的）固有受容知覚と意志作用の体験が決定的に重要であることを承認しているからである[112]。

スターンは、幼児の自己体験には四つの構成要素があるとも論じている。すなわち、自己行為者性、自己整合性（位置の統一、動きの整合性、時間的構造の整合性、形式の整合性）、自己情感性、自己歴史である[113]。しかし、こうした四つの構成要素は、同じレヴェルにあるのではない。自己情感性が、断然最も根本的である。新生児が飢え、痛み、欲求不満を感じるとき、新生児は意識的な、すなわち、自己顕現的体験をもつ。クラヴォンが正しく指摘するように、幼児は、幼児に自分自身のものとして痛みを感じるために、「痛み」や「私の〔もの〕」という語を用いることができる必要はない。自分自身の痛みを他の幼児の痛みと混乱する危険はけっして存在しない[114]。先言語的にさえ、幼児は自己自身を自己自身として意識することができる。というのは、この自己直知は、どんな主題的あるいは概念的同定も必要とせず、単に、その直知が必須の一人称形式をもつということにすぎないからである。自己と世界の間のあるいは自己と他者の間のどんな概念的判別にも先立ってさえ、子どもは、自分の体験の独自の一人称的所与様態のおかげで、すなわち、その意識のもつ本有的自己顕現的性格のおかげで、自己意識的である。子どもは、自己自身の主観的体験と客観的実在性の間を弁別することができるときにはじめて自己意識を得ると主張することとは、反省のパラダイムによって呪縛され続けていることである。というのは、そうした主題的判別をするために、幼児は自己自身を対象として捉えなければならないからである。自己顕現は異他顕現と連動しているけれども、それは対照的現象ではない。自己意識は自己と世界の間のなんらかの弁別のおかげで生じるのではなく、なんらかのそうした弁別の可能性の条件なのである。

スターンの幼児期の自己体験についての経験的探究には一定の概念的不備があるために誤りを責められるかもしれないけれども、明白な意義をもち続けている。それらは、幼児が非常に洗練された類型の自己体験をこれまでに想定されていたよりもはるか以前に所有していること、それによって排他的に自己意識を成功裏の言語的規則順守の産物とみなすどんな試みにも反する経験的証拠を伝えるということを実証するのである。

第一〇章　自己顕現と自己認識

第三章で立てられた問いのうちの一つは、主観性は直接的理論的吟味と現象学的記述にとって接近《アクセス》可能であるのか否定的に取り組むことができるにすぎないのかどうかであった。判明してきたように、この問いは事実かなり曖昧で部分的には誤導的でさえあった。中心的な問いは、主観性を吟味することと記述することとが可能であるかどうかではありえない。なぜなら、明らかにこう言えるからである。例えば、知覚のノエシス的構造についてのフッサールの分析はそうした反省的探究の例として役立つことができる。その問いは、これはまさに反省がわれわれにすることを許すことであるから、主観性を吟味することができるかどうかではなく、主観性をその機能することそのものにおいて把握し、主題化することができるかどうか、すなわち、匿名的な、機能する生についての十全的現象学的記述がそもそも可能であるのかどうかである。「しかし、まさに「生」として理解することが重要なものは、遂行するという瞬間におけるこの「体験」である——そして、体験されたものをすでに距離をおいて据え、したがって、既在した生きられたものとしての体験されたものから分離された見るという瞬間における「体験」ではない」[1]。しかしながら、主観性をその機能することとそのものにおいて把握するために、あらゆる距離を消去することが必要であると判明するならば、見るために必要な光も同様に消失することにならないのかどうかが極めて巧みに問い尋ねられるかもしれない[2]。

純粋な反省と不純な反省

第八章において、私は手短にサルトルの反省についての分析に触れた。サルトルによれば、反省の過程は、その主題的事柄を改竄する。反省されたとき、原本的な非自我論的体験は自我論的解釈に従い、それによって、不透明かつ超越的要素を提供される。いっそう綿密な吟味によれば、サルトルの結論は幾分驚くべきものである。結果として、彼は生きられる意識についての現象学的記述の可能性を排除していないか。しかしながら、サルトルはまさに、事実、二つの非常に異なる類型の反省、純粋な反省と不純な反省との間を区別するのであり、これまで私は、後者を記述してきたにすぎない。不純な反省は、われわれが日常的に遭遇する種類の反省である。それは認知的二元性でもって働いており、ある類型の認識として分類されねばならない。それが不純と呼ばれるのは、与えられたものを超越し、対象化するやり方で反省されるものを解釈し、だから、私が自我の名のもとに知っている心理的統一を生じさせるからである[3]。

対照的に、純粋な反省はわれわれに反省されるものの純粋な(改竄しない)主題化を現前呈示する。それは、反省の理想的形式であるが、けっしてそれ自体では出現せず、ある種の純化する浄化によって勝ち取られねばならないので、獲得するのはずっと難しい。純粋な反省の際に、反省される意識は対象としては現出せず、反省する意識の外側に現実存在する超越的存在者のようにパースペクティヴ的には与えられない。反省する意識は「反省されるものから引き離されず、「一つの観点から」包含することはできない。反省の認識は全体的であり、閃光のような直観であり、起伏なく、出発点も到着点もない」[4]。まったくこのことと調子を合わせて、サルトルはこう主張する。純粋な反省はけっして新しいものを学ぶことや発見することはなく、つねに、すでにあらかじめよく知っていたものを、つまり、先反省的意識の原本的非実体的流れを露呈し、主題化する、と。したがって、それを認識と呼ぶことを回避すべきであり、その代わりに「再認」[5]という語を用いるべきである。

こうした二つの類型の反省の間のサルトルの区別は重要である。繰り返し見てきたように、とりわけ、理論的態度は対象化を伴い、したがって、その主題的事柄の改竄を伴うように思えるので、自己意識的であることと、主観性についての哲学的認識に達することとはまったく異なることである。一つの解決は、主観性は、否定的にのみ取り組むことができると論じることである。もう一つの代替案は、純粋な反省のような何かが現実存在しなければならないと主張することである。残念ながら、サルトルの代替案は一つの困難に、その明白な暫定的（*ad hoc*）性格に対面する。サルトルは、ある点では、彼の存在論全体が（純粋）反省の働きに基づいていることを認め、この類型の反省だけが意識をそれが本当にある通りに露呈することができるということを認めるが[6]、彼はけっして、どのようにしてこの反省が可能であるのかを、あるいは、どのようにしてそれを達成することができるのかを説明しない[7]。しかしながら、そうした説明が要求されることは明白であるはずである。そうした反省の可能性そのものを当然と捉えることができないだけではなく、サルトルはそれを彼の理論の残りと、とりわけ、反省についての彼のいっそう一般的な説明と宥和させるという問題にもまた対面する。

それにもかかわらず、純粋な反省という概念は、明白な関連性をもち続けている。なぜなら、機能する主観性の現象学的探究の可能性の条件であるように見えるからである。この時点で、とりわけ、フッサール自身が自然的反省と超越論的反省の間を区別するから、フッサールが、欠けている分析と概念的道具をわれわれに提供するかどうかを探求することは自然である。[8] 私が私自身を（人格主義的態度においてであれ、自然主義的態度においてであれ）内世界的対象として把握するとき、私は私自身に対して構成され対象化された超越的存在者として与えられる。このことが私に私自身についての十全的な認識を提供するかどうかが問い尋ねられるとき、フッサールの答えは、もちろん、否である。なぜなら、それは私が私自身の構成する、超越論的主観性についての理解を獲得することを妨げるからである。[9] この時点でこそ、超越論的反省が登場するのである。なぜなら、超越論的な反省特有のねらいは、すべての偶然的、外来的、超越的脈絡から純化され、引き離された主観性を主題化することだからである。[10] 初めから、フッサールは、これが無媒介的に利用可能ではない類型の反省であり、彼の著述の中心的部分はまさに、それを接近《アクセス》可能にすることができる手続きを展開するという課題に捧げられていることを強調している。（明らかに、超越論的あるいは純粋な反省は自然的反省よりも獲得することが難しいという主張は、自然的あるいは内世界的自己意識は構成的に自己統握に基づけられているという先に呈示されたテーゼと矛盾しない。内世界的自己意識を基づけるものは純粋な反省ではなく、純粋な先反省的自己顕現である。）

いかにして、私は、私を世界へのこうした自己没入と世界内的装束を身にまとっていることを克服し、私の超越論的純粋性と固有性において私を内的に覚知するに至るのか。すなわち、（内世界的な経験するはたらきをそれ自体で形成し、能動的に作動させるかぎりで）その統覚する体験するはたらきにおいてこの「この世界が現にある」とこの「私はこの世界のなかの人間である」を主観的能作としてなす主観として〔覚知するに至るのか〕。あるいは、いかにして、私は、その〔主観と主観生〕のなかで、それ〔主観と主観生〕によってそれ〔主観と主観生〕自身に対してすべての客観的に経験上存在するものであり、さらには、あらゆる様式と形式の意識存在するものである、主観と主観生を純粋にそれ自体で見るに至るのか(11)。

よく知られているように、フッサールの答えはこうである。エポケーを通して、と。彼が言うように、誰でも反省し、それによって自分の注意を自己自身の意識に合わせることができるが、どれほど注意深く、よく注意して彼がそれをしようとも、もしそれがエポケーに支えられていないならば、それは内世界的体験にとどまり続ける(12)。実証的学問とは反対に、現象学はそれ自身の研究領野に無媒介的には接近《アクセス》できない。どんな具体的探究にも先立って、それは自然的態度と内世界的態度から逃れるためにある一定の方法を必要とする。「一般定立」の妥当性の方法論的中止を通してのみ、超越論的主観性についての分析は始めることができる(13)。

しかしながら、フッサールのエポケーという概念についてのいっそう詳細な説明を与えることと超越論的還元への彼のさまざまな道（すなわち、デカルト的道、心理学的道、存在論的道）を区別し分析することはあまりに遠くに至ることになるだろう(14)。究極的に、自然的反省と超越論的反省の間のフッサールの区別が現在の議論にとって本当に関連性があるかどうかは疑わしい。フッサールは、どのようにしてわれわれの自己統握を自然化する要素や内世界化する要素から純化することができるのかという問題に確かに専念している。そして私の知覚の形式的構造を主題化することや私自身を引退した登山ガイドとみなすことは、それらの方法が反省であるという事実にもかかわらず、明らかに二つの非常に異なる努力である。フッサールはこうした純化や浄化の過程をサルトルよりもはるかに詳細に吟味するけれども、そして彼はまさに事実、どのようにして超越論的反省のような何かが可能でもあり実行可能でもあるのかを認識可能にするけれども、彼は本当に中心的な争点に関心があるようには見えない。超越論的還元についてのフッサールの議論と、自然的反省と超越論的反省の間の関係と差異についての彼の分析とは、自己自身を平準化する自己解釈から自由にし、われわれの超越論的意義への洞察を達成する方法を提供するが、彼の反省はなお反省される主観性を、すなわち、主題化され、対象化された超越論的主観性を現前呈示する。主観性をそのまさに自己顕現的な機能することにおいて把握することと主題化することができるかどうかというういっそう決定的問いは、一見したところ立てられても答えられてもいないようである。

しかし、この沈黙は単純にフッサールの原本的信条の直接的帰結である。反省は、意識を探究するための方法であり、したがって、反省を通してのみわれわれは意識についての十全な知識を得ることができる、と。[15]

明らかに、この想定は以下の問いに対する答えを必要とする。すなわち、反省の働きを問題にする何らかの理由は存在するのか。先反省的体験は反省されるとき根底的に変化するだろうかと疑う何らかの理由は存在するのか。デリダが論じているように思えるように、反省は、現出させるどんなものも変形するある種の改竄する鏡なのか。[16] しかしながら、フッサールによれば、こうした懐疑的な留保は拒絶されねばならない。彼が指摘するように、反省の働きについて疑いをもつことは、それ自体反省の一形式なのである。それは、それが問うているものの妥当性を前提し、したがって、一貫性がない。[17] 反省は生きられる体験を改竄し、生きられる体験は反省を完全に逃れると主張することは究極的にはばかげている。なぜなら、その主張そのものがそうした同じ生きられる体験そのものについての知識を前提し、反省を通して得られる唯一の仕方を前提しているからである[18]。

しかしながら、この時点で、ある一定の注意が適切であるように思える。これまで、反省——先反省的自己意識とは対照的に——は、ある類型の対象志向性、つまり、第一次的作用をその対象として捉える高階の志向的作用であることは単純に当然のこととされてきた。フッサール自身は軽率にも「反省的知覚」について語っている。しかし、これは本当に適切なのか。反省と知覚の間の差異にこだわる理由を見出すことは確かに難しくはない。

一. 知覚とは対照的に、反省はどんな感覚器官も、内的眼球も含まない。反省的自己意識を取得するためには、適切な器官をその対象との適切な関係において動かす必要はない[19]。

二. (a) われわれの知覚的対象、(b) われわれが反省する知覚的作用それぞれについての所与の間に根底的差異が存在する。知覚的対象がその射映的現出によって本質的に性格づけられるのに対して——対象はその全体性においてはけっして与えられず、つねにある一定の制限された射映《プロフィール》で与えられる——知覚作用についてはこうは言えない。

三. 知覚的対象は作用超越的であるが、意識流の部分あるいは契機である。反対に、反省する作用と反省される作用の間にそうした超越は存在しない。両者は同じ意識流に属している。

四. 対象志向性はその現実存在独立性によって性格づけられる、すなわち、志向的に方向づけられていることは、志向されているものの現実存在を前提しない。しかしながら、反省は、それが志向するものの現実存在を必ず伴う。反省される作用が現実存在しないならば反省は存在することができない。こ

の意味において、反省は基づけられた作用であり、全体の非独立的契機である。(20)

ヘンリッヒは自己意識を主観－客観モデルに基づいて理解する試みを批判した。しかし、問題は、この批判が十分に徹底的であるかどうかである。先反省的自己意識はこうした仕方で理解することはできないということが指摘されたけれども、ヘンリッヒには、主観－客観術語における反省的自己意識を対象化する主題化として解釈し続ける傾向があり、こうしたことを背景にして、彼はこう結論づけた。原本的主観的次元は、理論的まなざしを逃れ、直接的記述と探究にとって接近《アクセス》不可能であり続ける、と。(21)

ヘンリッヒの懐疑論が正当化されるかされないかは、どのように「対象化する主題化」という概念を解釈するかによるだろう。もしそれが具象化と内世界化とを含意していると必然的に捉えられるならば、それは一つのやり方であるが、同一性の構成を単純に意味しているならば、実相は異なる。私は、異化し、具象化しさえする反省の諸形式が存在することを確かに否定していないが、「反省」がまさしく多義的術語であることもまた認識されねばならない。究極的に、問題は、ほかならぬ高階形式の目覚め、ほかならぬ単純な「見ながら甘受すること」という反省の一形式の現実存在を承認することもまた適切ではないかどうかなのである。反省は、第一次的体験の志向化であるよりもむしろ強化であるかもしれないと示唆するとき、ポタースト に従いたい誘惑にかられるし、(22) あるいは、反省は、顕在的自己具象化であるよりもむしろ、単純にいっそう分節化された、集中的形式の自己意識であると主張するとき、フィンクに従いたい誘惑にかられる。(23)

反省と自己他化

具象化や内世界化であるよりもむしろ純粋な反省は、ほかならぬ第一次的体験の強化や強調だろうけれども、それにもかかわらず、それが反省される体験の所与を変化させることを否定することはできない——さもなければ反省の必要は存在しないだろう。反省は、原本的体験を単に複写したり、繰り返したりしない。フッサールがはっきりと認めるように、反省は体験を変えるのである。体験は今や主題的に与えられ、もはやたった今先反省的に生きられてはいない[24]。私は以前に言及した。意識流についてのわれわれの原本的先反省的意識は、統一についての意識であり、その後でのみ、われわれは流れのさまざまな契機を判別し、その後でのみ体験を順次的時間へと措定あるいは投入する。同じように、われわれの機能する身体は、分割されない統一として第一次的に与えられ、われわれがそれに注意を払うとすぐにさまざまな部分と器官とに分解される、と。しかし、反省こそがわれわれにこの差異化と分画とをすることを許すのである。しかし、それは必ずしも外側から課せられる差異化ではない、すなわち、当該の体験にとって必ずしも異他的ではない。先に引用した『内的時間意識の現象学』のある箇所で、フッサールは、われわれが注意的に反省において向かう体験は、新しい存在様態を獲得すると書いている。それは「差異化され」[25]、そして、彼はこの差異化されていることはほかならぬそれが把握されていることであると主張する。フッサールもまた、隠在的に先反省的体験に含まれていた意味のこうした構成要素と構造すべてを露呈し、解きほぐし、開明し、分節化する過程としての反省（と想起）について語っている[26]。だから、生きられる変動する統一を構造の没形式性や欠如と混同すべきではない。反対に、生きられる体験は有機的あるいは形態学的構造と内的差異化とを所有しており、究極的にはこれこそが体験を反省と概念的分節化[27]、体験の改竄ではなくむしろ極致を表象するだろう分節化に対して接近可能《アクセス》にする[28]。フッサールが述べるように、初めは、われわれはいわば、後でそれ自身の意味が分節化されねばならない押し黙った体験に直面するのである[29]。

しかしながら、純粋な反省は単純に第一次的体験の強調や主題化として理解することができると主張することは、単に注意的変様として分類されるべきであると言っているのではない[30]。すでに『論理学研究』において、フッサールは、注意は第一次的作用の特有の特徴あるいは様態であるが、新しい作用ではないということを明らかにしていた[31]。しかしながら、反省は、新しい（基づけられた）作用であり、反省的自己意識は二つの異なる体験の間の関係である[32]。注意的変様はその背景にある対象に主題となることを許すことになる。しかしながら、主観自体は周縁的対象ではないし、単に注意的変様を通して主題化されることにはならない。いっそう決定的な態度の変化が要求される[33]。ひょっとすると、注意的変様は水平的変奏かもしれないが、それに対して反省は垂直的変奏を含意すると言うことができるかもしれない。注意的変様が、偶因的理由のために非主題的であり続けた何かを主題化するのに対して、反省は、本質的理由のために非主題的であった何かを——すなわち、反省を通してのみ主題になることができるだろう何かを主題化する。体験についてこうはっきりと言える。体験は、自己自身に方向づけることはできない。というのは、体験は自己自身の主題となることができないからである。これは新しい作用を通してはじめて起こることができる[34]。

たとえ、反省が生きられる体験の構造を（単に反省される意識の構造だけではなく）露呈することができると考えられるとしても[35]、反省が主題化することができない何か、つまり先反省的所与の構造が残り続けるとなお異論が唱えられるかもしれない。反省的に主題化されるときに、先反省的に生きられる体験がどのような変貌を被るのであれ、ある変貌こそがその所与に属しており、いっそう明確には、非主題的所与から主題的所与への変化が属しているのである。反省は、第一次的作用が体験される様態を変えるが、作用の内容を変えない。したがって、反省において把握されるものは、特定の先反省的所与ではなく、与えられるもの、所与の変化を貫いて同一的であり続けるもの、つまり、知覚すること、想像すること、想起すること等々の基本的構造なのである。[36] すなわち、作用のノエシス的構造（例えば、性質と質料の構成要素）を主題化することができる一方で、けっしてその先反省的所与の構造を主題化することはできないだろう。なぜなら、この所与様態はつねに反省的まなざしを逃れることになるからである。しかし、この異論は、反省が先反省的自己意識に付随して生じるという事実を見逃しているように見える。知覚の志向的構造の反省的露呈は、この知覚の第一次的所与を貫通する。そして、反省において主題化されるものは、その自己顕現から切り離された知覚ではなく、まさしく先反省的に自己所与された知覚である。明らかに、われわれはただこうした構造を反省的に分節化されるとおりに、生き抜かれるとおりにではなく、把握することができるにすぎないだろうが、これはほとんど問題ではない。反省のねらいは、先反省的体験の匿名性と素朴さを取り除くことであり、それを再び生きることや再生産することとではないからである。

何かについて反省することは、必ずしもそれを異他的対象に変えることではない。というのは、反省することは、当該の体験を主題化することにすぎないだろうからであり、そうすることによって、体験をよく注意して固定することによって、新しい特徴に気づくことは明らかに可能だからである。[37] せいぜい反省は、体験に新しい構成要素や構造を付け加える過程であるよりもむしろ、生きられる体験に内在する構造の単なる強勢にすぎない。しかし、この場合、反省が真の主観性を得ることを何らかの仕方で妨げられるという持続的恐怖はいわれがないものであるように思える。純粋な反省は隠匿する改竄よりもむしろ露呈する変様と呼ばれるに値する。したがって、先反省的自己意識と純粋な反省の間の主要な差異は、分節化の問題であることが判明する。だから、少しばかり驚くべき結論は、純粋な反省と不純な反省の間の差異は、先反省的自己意識と純粋な反省の間の差異よりも大きいだろうということである。

私は、主観性についての記述に結びつけられる困難を誇張しないことが決定的であるが、困難を過小評価すべきではないことも決定的であると考える。

私が先に言及したように、反省は自己具象化を伴わないだろうが、ある種の二重化や裂開、あるいは、フィンクが述べるように、ある種の自己分裂をまさに伴う。なぜなら、反省は私を私自身のもつ別の局面に直面させるからである。反省はわれわれに二重（化された）主観、すなわち、反省される主観と反省する主観の共現実存在を現前呈示する。フッサールに従いながら、フィンクは、私が私自身と一緒にあるいは交わって現実存在する、自己増殖としての反省についてさえ語る。[38] もちろん、これはあまり文字通りに捉えられるべきではない。反省は私を二つの異なる自我に割きはしない。つまり、反省は私を私自身にとって真の他者にしはしない。[39] 反省はある種の感情移入でも、統合失調症や多重人格障害の一事例でもない。[40] 反省はある種の自己意識である。しかし、それは、内的分割、差異、距離によって本質的に性格づけられるある種の自己意識なのである。[41] ある程度まで、反省はある一定の脱離と退去によって区別されさえする。なぜなら、反省は原本的体験からその素朴さと自発性とを奪うからである。別様に述べれば、たとえ反省的自己意識がわれわれを超越的対象としてのわれわれ自身に直面させなくとも、その強度、分節化、差異化によって先反省的自己意識と単に異なるだけではなく、その異他化するという性質によってもまた異なるのである。反省的自己意識は、先反省的自己意識のレヴェルで遭遇することはないある類型の自己断片化によって性格づけられる。

このことの重大な帰結のうちの一つは、主観の生のなかに非主題的地点がつねに残り続けることになるということである。フッサールが言うように、ちょうど知覚や記述が知覚されるものや記述されるものに属さないように、主題化の過程そのものが、それ自体主題化される内容に属さないということは明証的である。[42] 普遍的反省でさえ、素朴さという契機を含むことになる。なぜなら、反省はそれ自身を把握することがけっしてできないからである。原的自己顕現は全体的であり、この意味において、非地平的であるのに対して、反省的自己主題化はある一定程度まで地平的であり続ける――われわれに超越的射映的対象を現前呈示するという意味においてではなく、まったき主観的生の一局面や断片を現前呈示するという意味において。だから、反省はわれわれに十全的自己意識をけっして提供しない。反省はわれわれに部分的かつ断片化された洞察を与えるにすぎず、重要な何かを、つまり、匿名的に機能する主観極としての自己自身を永遠に見失うことになる。[43] 反省は、私自身の機能する主観性を把握することができない。なぜなら、私が機能する主観性であるからである。すなわち、私であるものは、私の対-立(*Gegen-stand*)ではありえず、私に対して立つことはできないのである。[44]

主観性の不可視性

先に言及したように、自然的反省と超越論的反省の間のフッサールの区別、還元へのさまざまな道についての彼の標準的説明は、機能する主観性についての記述と分析にまつわる諸々の困難をはっきりとは扱っていない。しかしながら、幸いなことに、これは、フッサールがこの論題をまったく扱わないということを言っているのではなく、単純に彼の取り扱いが別のところに求められねばならないということを言っているにすぎない。とりわけ、フッサールが主観性の深層次元を探究し始めるにつれて、主観性という主題がどれほど捉え難いのか、とりわけそれ自身の自己顕現の本性がどれほど捉え難いのかが彼にとって明らかになった。ブラフが注視しているように、絶対的流れについての記述は言語に根本的緊張を強いている。なぜなら、記述されるべきものはどんな対象とも異なっており、ほかの対象すべてと異なっているからである。[45]このことは、フッサールの記述の中で繰り返し前景にもたらされる。なぜなら、彼はその根本的短所を強調し続けるからである。すなわち、われわれは絶対的主観性を構成されるものに準拠して語っており（それどころか、それが構成するものから厳格に分離して絶対的主観性を分析することは不可能である――そして根本的に誤導的である――という主張を肯定しさえする）、われわれは絶対的主観性を時間的統一にとって適切な述語を用いて記述する。例えば、われわれは絶対的主観性を流れる、立ちとどまる、現前的と呼ぶ。もっとも、適格に語れば、絶対的主観性は今のうちにも時間の中に延長したものとしても現実存在していないけれども。しかし、われわれはいっそう十全的な名前を欠いている。[46]そもそもそれを構成された超越的対象と捉えることなしに、顕現の究極的条件について語ることは可能なのか。生きられる主観性についての探究に結びついた諸々の困難についてのフッサールの認識は、ひょっとするとベルナウ草稿の以下の箇所以上に鋭く表現されたことはないかもしれない。

この意味で、それは「存在者」ではなく、すべての存在者に対する対立者（Gegenstück）であり、対象

(Gegenstand)ではなく、すべての対象性に対する原象(Urstand)である。自我は本来自我と呼ぶべきではないだろうし、およそ呼ぶべきではない。なぜならそうするとそれはすでに対象的になってしまうからであり、それはすべての把捉可能なものを超えた、すべての存立しているものを超えた名前を欠くものであり、漂うものでもなく、存在者でもなく、把捉しつつあるものとして、価値づけつつあるもの等々として「機能するもの」である。――そのすべてはなお多重に考え抜かれねばならない。それはほとんど可能的記述の限界にある。(47)

一九〇六−七年の講義においてすでに、フッサールはどのようにして意識の先現象的存在を、すなわち、反省的主題化に先立つその存在を把握することができるのかを問い尋ねている。(48) もし絶対的流れが主題化を通してのみ記述することができるにすぎないならば、もしあらゆる主題化が存在者化を伴うならば、もし「原現象的現在」であると捉えられるものが、まさに構成された現象であるがゆえに、究極的なものではありえないならば、行く末は実際不毛であるように見える。(49) 私が反省するとき、私は主題化され、時間化された自我としての私自身に遭遇するが、それに対して、主題化する自我の生ける現在は私の主題化を逃れ、匿名的であり続ける。そして、根本的匿名性は、取り除くことはできるが、把握することはできない。メルロ−ポンティが後に指摘することができたように、われわれの時間的現実存在はわれわれの自己認識の条件でも障害でもある。時間性は、過去の体験を反省的に探究するために、われわれにわれわれの過去の体験に立ち返ることを許す内的裂開を含んでいるが、この裂開そのものはわれわれが完全に自己自身と合致することを妨げもする。生きられるものと理解されるものとの間に差異がつねに残り続ける。(50)

残り続ける問いは、この成果が現象学の主要な問題を構成するかしないかである。われわれは、いわば行き止まりに達したのか、あるいは、不可避であるがまったく無害な袋小路に対面しているのか。すでに論じたように、私は後者が実相であると捉えている。反省は匿名的生をその機能することそのものにおいて統握することはできないが、しかし、そうするように要求されてもいない。反省のねらいは、先反省的体験の素朴性を取り除くことであり、それを再生産することではない。フッサールの原理のなかの原理によれば、現象学はその考察を、もっぱら現象学的反省において直観的に与えられるものに基礎づけることになっている。しかし、反省は先反省的な機能する生をけっしてなんとかして捕まえようあるいは固定しようとはしないので、後者についてのどんな探究も、すなわち、主観性の、志向的生の源泉そのものの最も根本的な次元の現実存在や本性にかかわるどんな主張も非現象学的とみなされるべきである。

しかしながら、ヘルトが指摘してきたように、匿名的な機能する生についての現象学的分析は、二つの陥穽を回避しなければならない。すなわち、現象学的分析は、その主題的事柄を実体化し、具象化するという繰り返し現れる誘惑に抵抗しなければならないが、しかし、ただ後退的演繹にのみ基づく露呈に満足することもできない[51]。決定的な問題は、現象学がこの領野を証明する何らかの代替となる仕方を提案することができるのかどうかであり続ける。事実こう言えるということを手短に示すことを試みることにしよう。

現象学は相互主観性の問題と格闘することが見たところできないことをしばしば批判されてきた。もし現象学の課題が顕現の条件を探究することであり、そしてもしこの探究がもっぱら主観と主観に対して与えられるものの間の関係に、すなわち、構成する主観と構成される現象との間の関係にのみ焦点を当てるという仕方によって進められるべきならば、実際、現象学はつねに他者についての十全な分析を与えることができないことになるのかどうか迷うだろう。異他的主観について、他者について語ることは、本質的理由のために私に対するその所与をつねに超越することになる何かについて語ることである。異他的主観として、他者は、私にとって原理的に接近《アクセス》不可能である自己顕現を所有していることになる。まさに同じ理由のために、現象学は他者についての説明をすることができないことになり、したがって独我論にはまり込んだままなのである。

この時点では、この持続的かつ誤導的批判に対する論駁は必要ない(52)。重要なことは、他者の問題と地位に関して現象学の内部に非常に集中的な議論が引き起こされてきたということである。幾分逆説的であるが、われわれに機能する主観性を記述するための資源を提供することもできる議論が。

他者問題についての現象学的取り組みのもつ絶対的に中心的な局面は、もし他者が何らかの仕方で与えられ、体験可能でないならば、他者について語ることは意味をなさないということである。もし他者が何らかの仕方で現出あるいは顕現しないならば、他者の還元不可能な他性に遭遇すること、ましてや尊重することも不可能である(53)。

しかしながら、他者の他者性を体験することが可能であるということは、私が他者を他者が自己自身を体験するのと同じ仕方で体験するということも、他者の主観性が私自身の主観性が私に接近《アクセス》可能であるのと同じ仕方で私にとって接近《アクセス》可能であるということも含意しない。しかし、これは問題ではない。まったく反対である。異他的主観性が私の直接的体験を逃れるがゆえにのみ、それは他者として与えられるのである。フッサールは次のように言う。「他者の固有本質的なものが直接的な仕方で接近可能であったならば、それは私の固有本質の契機にすぎなかっただろうし、最終的に、他者自身と私自身は一つのものだっただろう」[54]。他者の自己意識は私にとって接近《アクセス》不可能であり超越的であるが、まさしくこの接近《アクセス》不可能性、この限界こそを、私は体験することができるのである[55]。そして、私がまさに別の主観についての真正の体験をもつときに、私は他者が私を逃れることをまさに体験しているのである。レヴィナスが表現しているように、他者の不在はまさに他者としての他者の現前である[56]。より以上のことを要求すること、私は、他者の原的自己所与が私にとって与えられたときにだけ他者の本当の体験をもつだろうと主張することは、無意味である。それは、私が他者を私が私自身を体験するのと同じ仕方で体験したときにのみ私が他者を体験するだろうということを含意する、すなわち、自己と他者の差異の廃絶、他者の他性の、他者を他者にするものの否定に至るだろう[57]。

　この時点で、機能する主観性を理解しようとする試みにおいて他者の所与についての探究を通して得られた洞察を用いることは自然である。そこには（私自身の主題的体験として理解される）反省と（他者についての主題的体験として理解される）感情移入の間の深遠な類比があるように思える。両方の場合に、その主題化に先立ちすでにあらかじめ与えられ、機能している何か、その核において対象化不可能であり続けるのでけっして余すところなく把握することができない何かについての主題的体験が扱われている[58]。

　この合致の例証として、他者についてのレヴィナスの記述と自己についてのアンリの性格づけの間の簡潔な比較がなされるかもしれない。レヴィナスはこう論じる。他者は私に対してその根底的他性を失うことなしに主題として現出することはできない、と。私は他者をその他者性を傷つけることなしに現前化することはできない。私が対象を知覚するとき、私はその顕現の条件であり、したがって、対象は私の創造として現出する。対照的に、他者との私の遭遇は私の権能のうちにある何によっても条件づけられず、それ自身を外側から、公現的来訪として提示することができるだけである。「絶対的経験は開示ではなく啓示である」。[59] レヴィナスにとって、他者に遭遇することは、表象可能、対象化可能、主題化可能等々ではないという意味において「不可視的な」何かによって根底的受動性において触発されることである。[60] アンリは、非常に類似した術語で自己触発の絶対的受動性を記述する。そして、アンリが世界内的、地平的対象顕現と自己顕現の非地平的、無媒介的性格の間の絶対的差異を強調するのに対して、レヴィナスは他者について同じことを言う。すなわち、他者は自己自身を無媒介的に、すなわち、すべての体系、脈絡、地平から独立に提示する。[61] 自己の根底的内在と他者の根底的超越を主題化することはできないけれども、これはそれらが重大でないことを証明するのではなく、改善されねばならない欠損を表象するのでもない。それは、機能する主観性と根底的他性とが両方とも視によって支配されているのとはまったく異なる存在論的次元に属するという事実のおかげなのである。[62] 別様に言い表せば(ここではもちろんアンリが語っているのだが)他者が他者であるがゆえにではなく、まさに他者が自己であるがゆえに、私は他者を直接的に知覚することができないのである。超越論的生がその絶対的内在によって性格づけられるからこそ志向性は超越論的生をけっして把握することができないのである。そして、このことは私自身の自我と同様に他者の自我にもかかわる。[63]

この比較を通して得られる主要な洞察は以下である。われわれは、他者が非常に特異な所与様態によって性格づけられるということを見てきた。すなわち、他者は頑なに対象化を逃れるが、これはわれわれが他者を体験することを妨げない。まったく反対に、他者の他者性は、その捉え難さと接近《アクセス》不可能性において顕在的に顕現的である。いくらか類似のことは、主観の主観性についても言える。主観の主観性は主題化することはできないが、このことはそれが与えられることを妨げない。それはその根底的自己顕現によって性格づけられるだけではなく、われわれは、反省によってそれを摑まえようと試みる（失敗する）たびに、すなわち、反省が反省を基づけも取り逃がしもするものを指し示すたびに、その匿名性と捕え難さに遭遇しさえするし、こうした特徴は乗り越えられる欠損ではなく、むしろその先反省的所与のもつ決定的特色である。だから、反省と自己認識の権能にとって根本的限界は存在するかもしれないけれども、主観性の核には盲点は存在しない。今一度、そのことを主張することは、反省理論によって呪縛され続けていることである。

究極的には、単にまだ別の対象であったかのように機能する主観性に取り組むことはできないということが認識されねばならない。アンリが再三再四正しく強調するように、主観性の原的自己顕現は、独自の類型の顕現である。それは世界の中で開示されることはなく、世界に属するどんなカテゴリーによっても把握されることはない。したがって、彼はこう論じる。ある類型の顕現こそが存在論的一元論の原理を固守し、顕現を地平、超越、脱自という術語によって考えるにすぎない類型の志向にとって隠され続けることになる[64]。主観性の顕現は、世界内的対象の可視性とはまったく異なるだけではなく、顕現しないという意味においてではなく、つねに反省的主題化から逃れる何かであり続けることになるという意味において、ある一定の捉え難さによっても性格づけられる。絶対的主観性は外面性の可視性において現出することはできないので、絶対的主観性は、あらゆるまなざしを逃れ、視から隠れ続けるので、曖昧かつ不可視と呼ばれ[65]、したがってアンリは彼の根底的結論に至る。すなわち、絶対的主観性の独自の顕現は不可視的開示と呼ぶことができる。「基礎は曖昧なものではなく、その〔光の〕なかで輝く事象の上でだけ知覚することができるにすぎない光でも、「超越的現象」としての事象そのものでもなく、自己自身に対する現前である内在的開示である。もっとも、そうした現前は「不可視的」であり続けるのだが」[66]。ひょっとするとアンリは不必要に逆説的な専門用語を用いていると批判されるかもしれないが、彼の論点はまったくもって明晰である。根本的不可視性は非顕現化の様態として解釈すべきではない。それは不可視であり、世界の光の下でそれ自体を開示しないが、無意識的ではなく、すべての現象性の否定でもなく、単純に原的かつ根本的種類の顕現なのである[67]。アンリの著作全体がまさしくこの種の顕現の研究にささげられているので、不可視的なものの現象学を展開する野心的な試みとして記述することができるかもしれない[68]。

こうした動向の中にこそ、アンリの立場とヘンリッヒの立場の間の重要な差異のうちの一つを位置づけることができる。絶対的主観性の自己所与についての探究と、顕現の可能性の条件についての探究はわれわれを現象学を超えて連れていきはせず、現象学を作用志向性と対象顕現についての探究と同定するある一定の狭い現象学についての構想を超えて連れていくのである[69]。ただ後者の種類の顕現だけを扱うかぎりで、機能する主観性に現象学的に取り組むことはできない。その代わりに、後退的推論で済まさねばならないし、そうでなければわれわれの理論を反省理論の批判を通して否定的に獲得された洞察に基づけねばならない。

事実、二つの完全に異なる類型の顕現が存在することが承認されるならば、状況は変化する。絶対的主観性はその捕え難さと主題化不可能性とによって性格づけられる。これは乗り越えられるべき欠損ではなく、むしろ機能する主観性の顕現の決定的特徴である。したがって、トゥーゲントハットには失礼かもしれないが、機能する主観性の不可避的匿名性と捕え難さは単純にアポリア的な出発点の露出として片づけることはできないし、われわれの現在の探究や分析の方法の不十分さの単なる兆候と捉えることもできないということが理解されるべきである。機能する主観性が何らかの実体的存在者であると想定し、こうしてそうした存在者を露呈することに失敗するから、その自己顕現についてのわれわれの分析が失敗であると主張するのは深刻な誤解なのである。(70)

第一一章　自己意識と他性——結論

本書の目的のうちの一つは、自己意識と他性の間の関係性に光を当てることであった。しかし、先に、私はいくつかの異なる類型の自己意識を区別し、分析してきたのに対して、他性概念はこれまでかなり非体系的に用いられてきた。いろいろな種類の他性が存在し、もしどの程度自己意識がそれによって影響されるあるいは条件づけられているのかを探究したいならば、どの種類の他性を指示しているのかを精確に特定することが必須である。

しかしながら、私の論述から明らかになったはずであるように、私は、三つの根本的に異なる類型の他性を区別することが可能であると考える。すなわち、(一) 非自己 (世界)、(二) 他者としての自己自身、(三) 他者の自己という形式での他性、である。しかし、他者の他性とは別の類型の他性が存在するという提案は、レヴィナスによって (主に『存在とは別の仕方であるいは存在の彼方へ』に先立つ著述において) 異議が申し立てられてきた。

レヴィナスによれば、私が生きている世界は、すべて私とは異なる対象に満たされた世界であり、それゆえ、それはすべてある一定の他性によって性格づけられる。私はこうした対象に異なる態度で、実践的態度と同様理論的態度で遭遇し、こうした対象を扱う。しかし、私がそれらを研究し、購入し、仕事で使うとき、異他的なものや異なるものを馴染んだものや同じものへと絶えず変貌させ、それによってそれらにそれらの異様さを失わせる。[1] 志向性は、私を異他的なものに関係づけるけれども、非相互的関係性である。それはけっして私を家から離れさせない。レヴィナスが論じるように、認識する主観は有名な賢者の石のように作用する。すなわち、それはそれが触れるあらゆるものを変えるのである。それは異他的なものを吸収し、その他性を無効にし、同じものへと変貌させる。[2]

レヴィナスによれば、世界と世界内的存在者の他性も自己のうちに内的に見出すことができる他性もすべて純粋に形式的な類型の他性である。それらはすべて主観によって思考し、同化し、吸収することができる差異であり、それゆえ、主観によって支配され、制御され、構成される全体性に固有かつその内部にある差異であり続ける。[3]

レヴィナスは、一方で、否定性と差異と、他方で、本当の他性との間の差異を強調しなければならないことを確かに明らかにする。伝統的形而上学（スピノザとヘーゲル）において、否定性は（自己）規定のために必須であるが、否定性は止揚することができ、それによって全体主義的体系に同化することができるのに対して、真の他性についてはこうは言えない。「もし他者を所有し、把握し、認識することができたならば、それは他者ではないだろう[4]」。他者が主観性に関係づけられた、相関している、依存するものとみなされるかぎりで、主観によって吸収することができるあるいは主観に統合することができる何かであるかぎりで、真の他性は扱われておらず、内的差異の戯れが扱われているにすぎない。[5]

レヴィナスによれば、西洋哲学は他性に対するこうした態度によって性格づけられてきた。西洋哲学は、打ち勝つことができないアレルギーによって、他者であり続ける他者に対する恐怖によって苦しめられており、したがって持続的に他性を同性に還元しようとしてきた[6]。だから、レヴィナスにとっても同様に、西洋哲学は存在論的一元論と批判されるだろう。換言すれば、差異は同一性に還元され、超越は内在に還元され、他者は同に還元されてきたのである。

レヴィナスにとって、真の、根底的他性は他者のうちにのみ見出すことができる。「絶対的他とは他者である[7]」。他者の他性はそれを私から区別する性質を所有することに存するのではない。この本性の区別は、他性を無効化するだろう種類の基礎にある類似性と比較可能性を含意するだろう[8]。だから、それは、レヴィナスが同と他の間の区別は単純に全体性の暫定的断裂ではないと強く主張するとき、あるいは、彼が、同と他がどんな仕方であれ絡み合っているということを否定するとき、何ら驚くことではないはずである[9]。

レヴィナスによれば、他者との真の遭遇は概念化やカテゴリー化することができない何かの体験である。それは、内面性に還元不可能である、全体的かつ絶対的な他性との関係である[10]。それは、単に主観によって吸収されるのではない何かとの遭遇、単純に触れられず、動かされず、変化しないままにされるのではない何かとの遭遇である。反対に、根底的他性との真の遭遇は、私の基礎そのものにおいて私を圧倒し揺さぶる遭遇である[11]。レヴィナスの独創性は、正義と不正義の問題をわれわれに他者への原本的、非還元主義的取り組みを提供すると捉えていることである。他者との真正の遭遇は、知覚的あるいは認知的ではなく、本性上倫理的である。他者が私を問い、私に対して倫理的要求をなす倫理的状況においてこそ、すなわち、私が他者に対する責任〔応答可能性〕を想定しなければならないときこそ、他者は非アレルギー性の仕方で現前的である[12]。他者との真の遭遇は、他者の主題化ではなく、他者に対する非無関心である。[13]

私は、他者の根底的他性を強調しようと望んでいるかぎりで、レヴィナスは正しいと考える。われわれが他者に直面する際に、われわれはまさに還元不可能な類型の他性に遭遇している。だから、私自身における他性と世界内的対象の他性とを他者の他性と明確に区別するべきであり、単純に一にして同じ他性の三つの異なる変奏が扱われているという提案に反論することが重要である。私は対象を露呈し規定することができるのに対して、他者は私の認識から逃れ、けっして私に対して真に現前的になることはない。他者はどんな対象とも違っているだけではなく、異的であり、はるかにずっと根底的種類の超越を所有しているのである。しかし、このことを承認することができ、世界の他性と自己における他性が真正の類型の他性であり、単に主観によって制御される内的差異の戯れではないとなお強く主張することができる。反対に、それらがまさに主観性の自己構成のために必須の類型の他性なのである。

序論で指摘したように、私のねらいは三重だった。私はフッサールの自己意識理論の体系的かつ包括的再構築を呈示することを望んだ。私は現象学におけるいくつかの中心的論題を議論し、明確化することを望んだ。そして、最後に、私は自己意識についての現行の哲学的議論にいっそう一般的な寄与をすることを望んだ。

私の探究の最初の部分は、一人称的自己言及が多様な形式の対象指示と異なることを基本的に論じ、対象を直知する仕方とは根底的に異なる仕方でわれわれ自身の主観性を直知する理由が示唆された。次に、私はこの示唆を、先反省的形式の自己意識を擁護する一連の論証を通して立証しようと試みた。主な論証は（一）反省理論に対する批判に存し、このモデルが説明しようとするものを説明することができないことを実証した。反省的自己意識はいっそう基本的種類の自己意識を前提し、そしてわれわれの体験は反省的に接近《アクセス》可能であるので、体験はすでに先反省的に自己意識的でなければならない。二つの付加的な論証が次のように論じることによってこの主張を裏づけた。（二）もしわれわれの体験がその一人称的所与によって本質的に性格づけられるならば、これは、反省に先立ってさえ、主観にとって体験をもつような何かが存在することを含意し、（三）通常の知覚に基づけられる種類のものであれ、指標的指示は、最小限かつ暗黙裡の形式の自己意識を伴う、と。

手短に言えば、自己意識は、ただわれわれの注意をわれわれの意識的生に向けるときに生じる何かであるだけではない。その最も基本的な形式において、それは、関係的、媒介的、概念的、対象化的過程の結果ではない。むしろそれはわれわれの意識の無媒介的、内的、遍在的特徴なのである。別様に言い表せば、自己意識についての分析は単に、どのようにして何とか自己自身に注意を払うのかについての、あるいはどのようにして自己自身、世界、他の主観の間を判別することができるのかについての排他的問題の分析ではない。それはむしろ意識的であることが何を意味するのかについての分析である。意識的であることは、どんなものであれある人が被っている体験を無媒介的かつ非推論的に意識していることであり、単純に超越的対象ではなく、自己自身の主観性を直知することができることを意識していることである。

この段階で、数多くの喫緊の問いが出現した。原的自己顕現についてのいっそう詳細な探究が要求されるだけではなく、自己意識についての説得的説明はそれ自体純粋に形式的かつ後退的様式では進めることはできないだろうとも論じられた。自己意識は主観性の特徴であるが、時間性、志向性、反射性、身体性も同様であり、こうした異なる局面の同時的考察が自己意識についての理解をかなり増大するだけではなく、自己意識を純粋な、独立の、自己充足的自己現前によって考えようとする試みに疑問を投げかけもするということが示唆された。

かなりの程度まで、第二部における私の分析は第一部の終わりに立てられた問いに対する答えを提供した。私はどの程度主観性を現象学的に記述することができるのか、どの程度主観性が理論的吟味を逃れるのかを議論してきた。私は意識の自我中心的本性について説明してきた。私は、先反省的自己意識の内的構造を記述してきた。私は、多様な異なる形式の反省を区別し、分析してきたし、時間的自己触発と身体的自己触発についての広範囲にわたる分析を通して、私は、どのようにして反省的自己意識において遭遇する自己分割、自己他化、自己異化が出現することができるのかを示そうと試みてきた。他者はわれわれ自身の外部性についての体験を前提する。私は自己意識と志向性の間の関係性を吟味してきたし、自己顕現と異他顕現の間の相互依存性に賛成の論を唱えてきた。これまで、私がはっきりと扱ってこなかった唯一の問いは、自己意識と無意識の間の関係性であるが、私は議論を附論に残しておくことに決めた。

私の目標のうちの一つは、以下の陥穽の両方を回避することであった。第一のものは、自己顕現と対象顕現の間の差異を頑なに無視し、自己意識を反省、内的知覚、内観という術語によって考える。第二のものは、自己顕現の独自の本性を承認するが、主観性を水平化し、具象化する還元主義から解放し、救い出そうと試みる際に、ある種のデカルト的二元論を復権させ、主観性を独立の、自律的、自己充足的実体とみなす。

先反省的自己意識をある種の周縁的対象意識と捉えることに固執するかぎり、反省モデルを免れない。先反省的自己意識は通常の二項的現出構造を共有しない。というのは、先反省的自己意識は、まったくもって特定の作用ではなく、遍在的自己顕現の次元であるからである。先反省的自己意識は、われわれの体験に本有的であり、その非主題的、隠在的、無媒介的、受動的本性によって性格づけられる。しかし、先反省的自己意識が関係的でも媒介されてもいないにもかかわらず、最初に考えられたかもしれないほどには、差異化されていないことはなく、単純でも、純粋でも、自己充足的でもない。

私は、先反省的自己意識を自己触発という術語によって考えることが適切であると論じてきた。なぜなら、それはその決定的特徴の全幅を捕えるだけではなく、究極的には、新しい洞察も同様に許すからである。フッサールが反省に関して論じたように、志向的能動性として、反省は、動機づけを、つまり、先行する自己触発を前提する。主観性は自己自身によって触発され、そしてこの触発に応答することを選ぶことができる。感性と感情の両方の領分を指し示すその内包によって[14]、自己触発について語ることは、無媒介的、直接的、非対象化的、非概念的自己直知、露出と根底的受動性によって性格づけられる自己直知に対面していることを示唆する。主観であることは、与えられた状態であり、起動され、規則づけられ、制御される何かではない。同時に、自己触発概念は、静態的自己同一性が扱われているのではなく、力動的弛みなさが扱われているということを示唆する。たとえ明らかに主観‐客観二分法に直面しているのではなくとも、ある一定の分節化や差異化が巻き込まれているのである。だから、先反省的自己意識を自己触発という術語によって考えることは身体的自己現出、時間性と反省の両方への必然的な結びつきを確立することを許すのである。

その本有的時間的分節化と差異化された基礎構造のおかげで、先反省的自己意識は純粋かつ単純な自己現前とみなすことはできない。原印象は現在化の独立の源泉ではなく、つねにすでに時間的密度を与えられており、つねにすでに予持的不在化と把持的不在化の地平が随伴している。この時間的脱自だけが時間的自己意識の、反省と想起の可能性を説明する。

純粋な自己顕現について語ることは改竄的抽象である。自己顕現はつねに印象的感性という形式において生起する。すなわち、自己顕現は、異他顕現から分離して生起することはないが、それ自体対象顕現の一形式であるがゆえでも、自己意識を得るために他性に直面する必要があるがゆえでも、当該の自己意識がどんな仕方であれ媒介されているがゆえでもなく、まさしく自己超越的主観性こそが自己意識的であるがゆえなのである。自己意識は超越的存在との接触を排除あるいは邪魔する自己への没入として理解することはできない。反対に、主観性は、主観性でないものに対して本質的に方向定位しており、開かれており、まさしくこの開放性、露出、傷つきやすさこそを主観性がそれ自身開示するのである。コギトによって露呈されるものは、閉じられた内在、純粋な内奥的自己現前ではなく、他性に対する開放性、永遠の自己超越運動である。

自己意識と他性の間の相互関係についてのさらに顕著な顕現は、異なる形式の反省に見出すことができる。なぜなら、それらはすべてある一定程度の自己異他化（*self-othering*）によって性格づけられるからである。そして再び、単純にこうした他化するあるいは異化する形式の自己意識の現実存在を承認することでは十分ではない。（自己意識は、反省的自己意識が内的差異と距離を超えて確立されるがゆえに――顕在的自我意識の直知にとって本質的である自己転移――そして、それが単に原本的体験を複写あるいは反復するだけではなく、その所与を変える（alter）がゆえに「他化（alterating）」と呼ばれる。自己意識は、他者に媒介される内世界的形式の反省的自己意識が存在するがゆえに、「異化（alienating）」と呼ばれる。）中心的課題のうちの一つは、どのようにしてわれわれの原的自己顕現がこうした変質を生じさせるのかをはっきり理解することであった。もし、それが事実、根底的自己合致によって性格づけられていたならば、そして、その単純で、硬く、閉じられた自己現前によって区別されてきたならば、どのようにしてそもそもわれわれに反省することを許し、ついには自己自身への内世界的パースペクティヴを採用することさえ許す、必然的な自己脱離と自己距離を得ることができたのかを認識することは非常に困難だっただろう。

どのようにして内世界的自己意識が可能になるのかを理解するために、身体的自己顕現についての分析が決定的な重要性をもつことが判明した。それは、われわれに、先反省的自己意識と反省的自己意識の間の関係についてのいっそうよい理解、志向性と自己意識の間の関係についてのいっそうよい理解、自己触発と異他触発の間の関係についてのいっそうよい理解、最後には、二重感覚と局所化の過程とについての分析を通して、どのようにしてわれわれがわれわれ自身の外面性を体験するのかについての、感情移入にとって決定的であり、それによって異化する自己統握の全幅にとって決定的である体験についてのいっそうよい理解に達することを可能にする。

私は、なぜ自己意識という論題が、現象学にとってけっして偶然的な関心ではなく、むしろ現象学にとって絶対的に決定的な重要性をもつのかを明らかにすることに成功したと望んでいる。現象学自体の選好した反省的方法論が説明されず不明瞭なままであり続けるだけでなく、自己意識についての十全的理解なしでは、作用志向性と対象顕現についてのその詳細な分析は、適格な基礎もまた欠いているだろう。すなわち、主観性の独自の所与についての究明なしでは、対象の現出について説得的に説明することは不可能だろうし、究極的には、現象学はそれ自身の適格な課題を、つまり、顕現の可能性の条件を認識することができないだろう。

同時に、私は、フッサールの自己意識理論の私の再構築がなおいっそう、多くの仕方で現象学におけるフッサール以後の中心的な議論を予料し、それに寄与した思想家としてのフッサールの徐々に高まりつつある再評価に寄与していると思う[15]。フッサールは、けっして彼の対象志向性の「発見」によって取り込まれなかったので、彼がけっして反省モデルを免れず、けっしてあえて意識の存在に関するいっそう根本的な問いを立てようとせず、けっして主観‐客観二分法に基づいた自己顕現モデルを扱うことをやめなかったなどということはないということが分かっただけではない[16]。いっそう綿密な吟味によって、フッサールもまた自分自身を他性、事実性、受動性の思想家として開示し、けっして彼は、デリダが時折主張するように、現前の形而上学にはまり込んだままであり、頑なに絶対的主観性をすべての類型の外面性と差異から純化された自己充足的内在という術語によって考え続けた思想家ではない[17]。この点で、アンリの評価は本当にいっそう端的である。なぜなら、彼は、フッサールを純粋現前の哲学を唱道してきたと非難することは紛れもなくばかげていると主張するからである。もちろん、アンリにとってこれは批判として意図されているが、私がすでに指摘してきたように、私は、フッサールはわれわれにデリダとアンリの両方の過剰を回避する理論を提示していると考える。彼は純粋現前の哲学を唱道していない。しかし、これは、自己顕現の独自の本性にかかわる問いが彼から逃れたからではなく、アンリとは反対に、彼がその本性を本有的に脱自的であると思っているからである。

究極的に、自己意識の問題は、時間性、自我中心性、他性、志向性、触発、注意を含めた並外れて数多くの他の争点と絡み合っている。明らかに、私はこうした争点のすべてを余すところなく論じてきたとも、第三章で立てた諸々の問いに対して明確な答えを提供したとも主張しない。しかし、私は、自己意識の問題ということになれば現象学から得られる実質的な洞察、第一章と第二章において吟味された諸々の理論が提示するものよりも、自己意識の本性についてのいっそう実質的かつ詳細な理解を許す洞察が存在することを示してきたと主張する。しかしながら、同時に、私は、現代の現象学は、ハイデルベルク学派の議論の中と同様に分析哲学の中にも見出される概念的明晰さと問題に定位した取り組みから利益を得ることができると考える。私は、私自身の寄与がいくらかつつましい仕方で、決定的な方法論的差異にもかかわらず、それぞれそれ自身の仕方で数多くの共通の問題と奮闘するこうした多様な哲学的伝統の間の対話を促進することができると望んでいる。

附論　自己意識と無意識

先の章において、以下のような定式が繰り返し思い浮かんだ。あらゆる志向的意識は必然的に自己意識的である。つまり、われわれの主観性は根本的自己顕現によって性格づけられる。もし私が何かを見、思い出し、知り、考え、希望し、感じ、意志するならば、私はそれ自体それについて意識している。しかし、こうした立言は無意識に関してわれわれをどこに向かわせるのか。すべての体験がそれ自体自己意識的であるのか、無意識的意識という概念は術語上矛盾なのか。あるいは、問いをいっそう直接的かつ論争的な仕方で言い表せばこうである。どのようにしてフロイトの無意識の「発見」を熟知している者が意識は本有的に自己意識的であると主張などできるだろうか。

フロイトも無意識もどちらも巨大な論題であるので、この時点で掘り下げた探究を始めることは問題外である。それにもかかわらず、いくつかの手短な評言が、すでに議論された争点のうちのいくつかを明確にするだけではなく、自己意識と無意識のそれぞれについての特定の（誤）解釈だけが、両立不可能な規定が扱われているという見解に至ることを示すためには十分であるだろう。

フロイト

正面衝突を回避する最も簡単な仕方は、フロイト自身が、ひょっとするとブレンターノの影響を通して、すべての意識的作用が自己**意識**的であるというテーゼを容認していたということを指摘することである。われわれは生起しているどんな意識的過程についても無媒介的かつ非推論的に**意識**している。まさしくわれわれがそれを**意識**しているからこそ、当該の心理的過程は意識的と呼ばれるのである。[1] だから、フロイトには以下の少しばかり驚くべき言明がある。

さて、われわれは、われわれの意識において現在的であり、われわれが知覚している表象を「意識的」と名づけ、これだけを「意識的」という表現の意味として妥当させる。[2]

この語［意識的（*bewußt*）］の意味を、それによって、その所有者がそれについて何も知らない意識をも呼ぶことができるというところまで広げる権利はない。哲学者たちが無意識的思想の現実存在を信じることに困難を見出すならば、私には無意識的意識の現実存在はなお駁撃可能であるように思える。[3]

それについて何も知られていない意識は、私にはやはり無意識的な心的なものよりもはるかにばかげたものであるように思える。[4]

無意識への彼の没頭すべてにとって、自己**意識**的意識はフロイトにとって中心的意義を持ち続けている。結局、彼が『無意識』において述べるように、それは彼の探究にとっての出発点なのである。[5] まさにいろいろな意識的現象を認識しようと望むときにこそ、それらの原因と唯一の説明としての無意識の現実存在を想定するように強いられるのである。[6] まさに意識において、意識に対して、無意識は（裂孔、断裂、強迫観念等々という形式において）開示され、[7] したがって、意識的であるという性質は道を照らしわれわれを心的生の暗闇を貫いて導くことができる一つの光であり続けるのである。[8]

フロイトは自己意識のもつ中心的意義を承認するけれども、彼がそれについて言わねばならなかったことがどれほどわずかであるかは顕著である。彼は、自己意識がさらなる反省が必要ではないような自己明証的かつ問題のない本性をもつと思っているという印象を受ける。「意識的と呼ばれるべきものについて論究する必要はない。それはあらゆる疑いを免れている[9]」。しかしながら、いっそう綿密な吟味はフロイトの無頓着な態度が自己意識についてのかなり素朴な理解を隠していることを露呈する。「われわれには、精神分析において、心的過程自体を無意識的と説明し、意識によるその知覚を感覚器官による外部世界の知覚と比較することとしか残されてない[10]」。だから、フロイトは反省理論の一変奏に同意している。心理的過程は、反省や内観の対象となったときに意識的になるのである。

この段階で、精神分析と自己意識についての現象学的理論の間の調停の可能性が呈示される。後者は、精神分析が改められるべき自己意識の問題のある概念を扱っているからだけではなく、無意識の概念と理解が意識についてのある人の理解と直知に寄生してもいるので、精神分析の研究結果と矛盾せず、むしろ補完する。フィンクによるかなりよく知られた評言として以下のものがある。「「意識的なもの」、意識というものをつねにすでに知っていると思っており、先に、それに対して無意識的なものについてのすべての学問がその主題をつねに境界づけねばならない概念を、まさに意識という概念を先行的主題にするという課題なしで済ます。しかし、意識というものを知らないので、原理的に「無意識的なもの」についての学問の端緒を原理的に逸する[11]」。

繰り返せば、無意識の現実存在は、後者〔自己意識理論〕が意識と自己**意識**の間の本有的な結びつきにたんにこだわるにすぎないかぎりで、自己**意識**理論にとって問題ではない。フロイトでさえ、心理的過程についての自己**意識**こそが心理的過程を意識的にすることを承認している。

残念ながら、小競り合いを回避するこうした仕方は、少しばかり安易に過ぎるかもしれない。無意識の現実存在は、先に擁護された自己顕現の本性にかかわる中心的テーゼに対してどんな危険ももたらさないけれども、しかしながら、自己**意識**の範囲と遍在性を問題にするかもしれない。精神分析は、意識と自己**意識**の間に本有的かつ本質的関係が存在すると思っているかもしれないけれども、心的なものと意識的なものの間の本有的かつ本質的関係を確実に否定し、主観性が自己顕現によって本質的に性格づけられることとどんな異他顕現も、世界へのどんな志向的関係も、必然的に自己**意識**的であるということもおそらく否定しようとする。フロイトは以下のように述べている。

医師は「意識は心理的なもののもつ不可欠の性格である」という確認で肩をすくめて引き下がることしかできず、およそ、哲学者たちの発言に対する尊敬がなお十分に強いならば、彼ら〔哲学者たち〕は同じ客観を論じているのではなく、同じ学問を営んでいるのではないと想定することしかできない。というのは、神経症患者の心の生の唯一の理解のある考察は、唯一の夢分析は、最も複雑かつ最も具体的な思考の出来事はやはり心理的出来事という名前を拒めず、人格の意識を呼び起こすことなしに生じることはないという揺るぎない確信が浮かんでくるに違いないからである[12]。

この時点で、恐れずに難問に立ち向かい、正確に無意識とは何かを問い尋ねることが必要である。その概念は、今はもう、無意識的体験、無意識的感じ、思考、知覚が現実存在することが当然と捉えられる程度にまで普段の言語に入り込んでいるけれども、特に明晰で十分に定義された概念が扱われていると主張することは誇張だろう。

サールに従えば、広く行き渡っておりかなり人口に膾炙した無意識についての構想――フロイト自身が時として同意する構想――が以下のイメージを通して例証されるだろう。心的状態と心理的過程とは海の中の魚のようなものである。どれほど深く魚が泳いでいようとも、魚はその形を保ち続ける。われわれが見ることができない底にいる魚は、水面に浮かび上がるときとまさしく同じ形をもっている。心的状態が底部にあるとき、無意識的である。それが表面に浮かび上がるとき、意識的になる。[13] 基本的に、すべての心理的過程は無意識的であり、それらを意識的にすることは鱸《すずき》を昼光の下に釣り上げるようなものである。だから、心が海と比べられるならば、私の意識的体験は、いかなる瞬間でも私がもっている心的状態の全体性の最小限の欠片をなしているにすぎない。すなわち、私（あるいは私の中の誰か）が多様な事象を知覚し、信じ、希望し、思い出し、想像し、意志するいかなる瞬間でも、私は単純にそれを**意識**していない。

この解釈によれば、無意識的心的状態は、志向性と自我中心性とを含めて、意識的心的状態がもつあらゆるものをもつ。つまり、それはただ意識的性質を欠いているにすぎない。それはまさしく無意識的であることを除いた意識的状態のようなものである。だから、意識は完全に感情や志向の外来的、非本質的特徴であると捉えられる。それはどんな有意義な仕方でも当該の状態の構成に寄与せず、単純に消失する。[14]

こうした具象化的解釈は、現象学者たちによって始終批判されてきた。だから、フロイトの無意識についての記述は、究極的に意識的なものと無意識的なものの両方のもつ真の意義を見落としている、数多くの誤導的比喩によって損なわれていると主張されてきた。単純に意識的「性質」を感じや志向から差し引き、それが感じや志向であり続けると期待することはできない。そして適格な意味における無意識はまったくもって自己意識を欠いている通常の志向的作用と同定することはできず、むしろ主観性におけるまったく異なる深層構造と同定することができる。[15]

現象学的批判は無意識概念そのものに対してではなく、それについての特殊な対象化的誤解釈に向けられているということを強調しておきたい。しかし、そうするとどのようにして無意識は現象学者たちによって考えられるのだろうか。

現象学と無意識

初めに、先反省的自己意識は志向的、定立的、対象化的、認識的作用ではないということは強調してもしすぎることはない。このことは、当該の自己意識には明白に根本的無視が随伴しているだろうということを含意する。[16] 私は、私の現在の体験について無意識的であることはできないけれども、体験の対象を選好して明白に無視するだろうし、もちろん、これは自然的態度である。私の日々の生活では、私は世界のなかの諸々の計画や対象に夢中になり、没頭する。だから、遍在的先反省的自己意識は明確には全体的自己認識と同一ではなく、その代わりにそのあとの反省と主題化を許す先認識に結びつけることができる。

われわれがそれについて知識をもたず、頑なに無視する主観性を無意識的主観性や先意識的主観性と呼ぶことがいっそう適切であると考えられるかもしれない。しかし、意識的に与えられたものを注意的かつ主題的に与えられたものと同等視すべきであるかどうか、したがって主観性が反省に先立って意識的であることを否定すべきかどうかは、単なる専門用語の論争以上のものである。もし意識的なものと主題的に知られるものを同定することを選択するならば、意識と顕現の両方についてのはるかに狭い構想を反映する専門用語を採用したのである。このことは、フッサールとアンリの両者によって頑強に指摘されてきた。しかし、後者はまた次のように書いている。「無意識という概念が現れれば、原本的領域に近づいているというしるしである。というのは、無意識は、精神分析されてきた背後世界の夜へとそれ〔基礎〕を投影することによってしか基礎の本質を知ることができない哲学によって、絶対的主観性に帰属させられる名前にすぎないからである」(17)。

この時点で、無意識は定義上顕現に捧げられる思考にとって接近《アクセス》不可能でなければならないという旨の、直接的反省を通して接近《アクセス》することができないどんなものも現象学にとって立ち入り禁止であるという旨のどんな論証も現象学についての表面的な構想に基づいていることを指摘することはほとんど必要ではない。現象学は、対象顕現と作用志向性についての探求を超えていくとすぐに、伝統的に無意識と呼ばれてきた領界に入る。

私はフッサールの思考のもつこの局面についての詳細な議論に踏み入ることはないが、例証として二、三の例を与えておくことにしたい。

過去の持続的影響という主題がフッサールの発生的現象学において特に前景にもたらされる。フッサールが指摘するように、われわれの統覚は、無から生じるのではない。それらは発生をもち、以前の体験によって形成される。沈殿という過程を通して、われわれの体験はその痕跡をわれわれに残し、それによって、その後の体験を導き、動機づけ、影響を与える統握と予期の認知的図式と多様な形態の形成に寄与する。「絶えず自我はその「歴史」という媒体に生きており、すべてのその以前の生動性は、沈み込んでしまっており、諸々の傾向、諸々の着想、以前の生動性の改変や類似化、そうした諸々の類似化から融合した新しい諸々の形成体に影響を及ぼしている」(18)。こうした影響はほとんど意識的と呼ぶことはできない。概念や習慣の形成そのものについてのどんな**意識**もない。だから、私の志向的生は不明瞭な地盤によって触発される。直接的我有化にとって接近《アクセス》不可能であり続ける認知的過程が扱われている(19)。ほとんどの基礎的習慣のうちの多くが生まれて最初の数年で確立されるので、とりわけそうである。そして、フッサールが進んで承認するように、幼児期早期は、踏み越えることができない闇を構成するのである。それは、一人称パースペクティヴから再我有化することはできない(20)。

いっそう一般的には、フッサールは、主観の志向的能動性は不明瞭かつ盲目的受動性に、欲動や連合に基づけられ、条件づけられており、直接的反省によって摑み取ることができない匿名的かつ非意志的本性をもつ構成的過程が存在すると考えている(21)。今一度、反省の至高性（と原理のなかの原理の妥当性）が問題となる。反省は第一次的意識様態ではないし、主観性の最深層を露わにすることはできない。しかし、反省の視に開かれていない構成的過程における深層次元が存在するということは承認されねばならないけれども、これは、それらが永遠に言語を絶したままであり続けるということを含意しない。それらを露呈することはできるが、直接的主題化によってではなく、解体と脱構築という間接的操作を通してなのである。精緻な「始源学的努力(22)」、しかしながら、その明らかな出発点を意識的であるものにもつ努力を通してのみ意識に接近可能《アクセス》である先触発的受動的綜合という微弱な過程が扱われている。だから、フッサールは無意識の謎は、生ける現在についての精緻な分析を通してのみ解決することができるとかなり明確に言うのであり、[23]『受動的綜合の分析』において宣言するように、受動性と触発性の問題についての彼の探究は「無意識的なものの現象学[24]」という表題をはっきりともつことができるだろう。

時折、フッサールは、現行注意を払っているすべてのものを含むかのように無意識について語るが、それは注意の単なる変化を通して主題化することができるだろう。例証としてフッサールは、哲学的反省の途中で、彼が突然タバコをどうしても吸いたいという衝動を感じる状況に言及する。その時、この衝動は無意識的触発と呼ばれる。[25]多かれ少なかれフロイトの先意識概念と合致している、こうした無意識概念は、フッサールによってけっして一貫して用いられてはいない。すでに指摘されてきたように、彼にとって、こうした特定の無意識概念が捕らえることを意図しているすべてのそうした現象を含むために十分に広い意識的なものという概念を用いることがはるかに普通である(し、いっそう適切であると私は考える)。

フッサールによれば、すべての触発は、一から〇という尺度でのそれらの強さによって等級づけることができるし、その場合零は絶対的無意識と等しい。[26]この等級づけは、忘却することと眠ることという問題ということになれば、とりわけ適している。把持的連続はますますいっそう複雑になるにつれて、最初の触発はますます弱くなる。それは、その差異化と示差的性質を失い、背景に退き、ぼんやりし、最後には「無意識の闇[27]」の中に消える。「すべての特殊触発は零段階において一つの切り離されていない全触発へと移行してしまう。つまり、すべての特殊意識は、われわれの過去一般の、一つの、絶えず眼前にある背景意識、生ける、運動する把持的過去をしまい込む、完全に分肢化されておらず、まったく判明ではない過去地平の意識へと移行してしまう」[28]。この時点で、把持されているものは無意識的になったのである[29]。しかしながら、なぜそれは無意識になってしまったと言われ、単純に現実存在するのをやめてしまったと言われないのだろうか。この段階でさえ、把持されたものは完全に消えてしまったわけではないからである。それは、眠っているが、想起作用によって再び目覚めることができる。「目覚めは、構成された意味が背景意識に、現に無意識といわれる生動的でない形式において含意されているから可能なのである」[30]。そして、フッサールにとって、この無意識的なものは単なる欠如や現象学的無ではなく、意識の限界様態あるいは根本的に変わった形式なのである[31]。

眠ることの問題ということになれば、フッサールは、われわれが眠りに落ちるときに生起する世界への関心の段階的減少は、われわれが自己自身を**意識**する仕方も触発し、それによって、自己触発と異他触発の間の相互依存性を同調させる。私はもはや「どんな触発も追求」しないとき、私はもはやますます弱くなる「世界の呼び声」に注意を払わないとき、私の意識に達するものがますます無差別化されるようになるとき、私はいつの間にか眠る。だから、差異化された統一によって触発された主観性だけが意識的であり続けることができるが、それに対してこの差異化が段階的に減少することはついに意識を眠りに落とすことになるだろう[32]。眠ることとは、際立ちを得るものが何も存在しないこと、判別は存在せず、完全な融合、差異なき同性が存在するということを意味する[33]。しかしながら、こうした完全な無差別化状態（夢なき眠りの状態）は、無ではなく、主観性の否定や停止でもなく、単に意識生動性（*Bewußtseinslebendigkeit*）の零限界にすぎない[34]。それは、志向的作用が起きることがない絶対的自我受動性の状態であり[35]、したがって、主題的自己**意識**の可能性を排除する状態である。フッサールの言ではこうである。

体験が際立った場合にだけ、ヒュレー的与件が、例えば「それ自体」用意されている、表象自体、空虚表象もまた用意されている場合にのみ、触発は生じることができ、触発は必然的に生じる。際立たされたものは、自我に関係づけられ、極としての自我は機能し、それ自体で現にある。その時にだけ反省は生じることができる。……明らかに、そうしたすべては最も内的な意識についての学説にとってもまた重要である。およそ多様な意識流が現に際立たされてあるならば、その自我もまた目覚めている、すなわち、それ〔自我〕はともに現に際立ちとして恒常的に機能しながら触発と能動の同一性の極として、それ自体であらかじめ与えられ、いつでも可能的な反省において与えられている。(36)

むしろ非常によく考えることができるのは、沈黙した空虚な生、いわば、なるほどこの必然的構造をもち、内的に受動的‐知覚的に現出したが、どんな際立ちもなしに、それゆえどんな自我把握もなしに、個別触発や作用のどんな遊動もなしにそうである生としての、夢なき、空虚な眠りであり、したがって、自我はいわば立ち現われをもたず、眠れる自我、エゴ・コギトにとっての単なる潜在態だった。生の変様によって生じる際立ちの可能性はつねに存立し、したがって、目覚める可能性が存立する。(37)

そして生が「単調な」現存在、例えば、つねに同じ形態であり、区別なしに進みゆく音であったならば、私は戻ることはできなかっただろう。そのことはそれどころか非常に重大である。もし生の「始原」、始原期間が際限のない単調性であったならば、突破されることのない忘却の期間だっただろう。(38)

だから、フッサールは時としてこう提案する。夢なき眠りは、事実、差異化されていない体験することの期間である、と。われわれは自己所与的意識流における断裂に直面せず、差異化された触発の欠如そのものが反省も想起も許さないので、夢なき眠りの期間はつねに回顧的に、まるで何も起きなかったかのような匿名的かつ空虚な隔たりとして現出するのである。(39)

自己光輝性と自己透明性

フッサールにとって、無意識的なものは、対象志向性と同じレヴェルには位置づけられない。それは、単に自己意識を欠いている通常の志向的作用ではない。それは、自己意識的体験の基礎を作り上げる不透明な受動性の次元である。まさに、意識的体験においてこそ、そして、その背後や外側やそれから独立にではなく、われわれはこうした貫通することができない要素を見出すのである。だから、遍在的自己意識に賛成の論を唱えることができるし、無意識的作用についての別個の現実存在を否定することも、曖昧で、ぼんやりとし続けており、認識に抵抗する主観的構成要素という意味において無意識的なものの現実存在をなお容認することもできる。すなわち、意識が無媒介的自己意識と自己光輝性とによって性格づけられるという主張と、意識は全体的自己透明性によって性格づけられるという主張の間を区別すべきである。容易に前者を容認することができ、後者を拒絶することができる、すなわち、遍在的自己意識の現実存在に賛成の論を唱え、なお自己認識を無限の課題であると捉えることができる。(40)

いっそう綿密な吟味によって、私は、以下の六つの主張の間を区別することが少なくとも必要であると考える。（一）われわれが注意を払うわれわれの心的生には進行中の多くのことが存在する。（二）われわれの自己認識は瞬間的でも不可謬でもなく、段階的露呈に関する問題である。（三）われわれの現在の体験は、もはや意識されていない、以前の体験の沈殿によって部分的に動機づけられ、影響を受けている。（四）われわれの現在の体験は反省的我有化と直接的認識に抵抗する局面と深層構造とを含む。（五）われわれの体験は、反省と一人称我有化にとって絶対的に接近《アクセス》不可能である神経生理学的過程によってある程度まで条件づけられる。（六）われわれは、意識していない、知覚、思考、感じ等々のような体験を目下している。

　私が見たように、主観性はその自己顕現によって本質的に性格づけられるという主張は、（一）―（五）のテーゼと調停することができる主張である。最後のテーゼだけが問題である。しかし、この最後のテーゼは本当に健全だろうか。無意識的志向や感じについて語ることは本当に意味をなすのだろうか。それについて**意識**することなしに何かを考え、感じ、望むことができるだろうか。

　こう想像してみよう。ピーターがマリーに「ポールが山登りは健康を増進すると思っている」と言う。ピーターは、たとえポールが現在別のことを考えていようとも、たとえ彼がぐっすり眠っていようとも、この信念と（「スイカはフットボールをしない」あるいは「3＋3＝6」のような）無数のほかの信念をポールに帰すことによって正当化されるかもしれない。しかし、ピーターがこうした「無意識的」信念をポールに帰す理由は、まるで時として表面に浮かんでくるに過ぎない海の中の魚のように、本当に信念が現勢的にポールの無意識の中に現実存在するということなのか。あるいは、ポールの心が文字通り無数の無意識的信念でごった返しているはずである、すなわち、ポールは絶え間なく（寝ても覚めても）「山登りは健康を増進する」「スイカはフットボールをしない」「3＋3＝6」等々をそれについて意識することなしに考えているはずであると想定することはかなりばかげてはいないか。

確かに、主観には目の当たりにするより以上のもの、単一の反省によって把握することができるより以上のものが存在する。われわれの心的生はただ現勢的体験からのみなっているのではなく、長続きしている習慣、関心、性格特色、確信からもなっている。サルトルが指摘するように、誰かを憎むことと知覚することとは二つのまったく異なる事柄である。誰かを知覚することは現勢的体験であり、明らかに知覚は体験と同じだけしか続かない。つまり、それらは一にして同じものである。だから、もし私が二つの別個の場合に同じ人格を知覚するならば、私は二つの異なる知覚を扱っているのである。しかしながら、私がある一定の人格によって不快な目にあわされるならば、私は反省的にこう言うだろう。「私はこの人が嫌いである」。そうすることによって、私は単に特定の体験を分節化するだけではなく、人格に対するいっそう恒久的な態度を表現している。知覚とは反対に、私の憎悪はその具体的顕現を超越する。その存在とその現出とは合致しない。それは、私がまったく異なる事柄に没頭するときにだけ私の人格性の部分であり続けることができないが、数多くの異なる場合に同一的に同じものとして顕現することができる。もし、ある期間、私がその人に定期的に遭遇し、強い嫌悪、反感、嫌悪等々を感じるならば、それは同じ憎悪の異なる現出だろう。だから、憎悪は、超越的統一として、数多くの現勢的体験を互いに組織し関係づける母胎として現出する。[41] ポールの山登りへの情熱は類似の様式で記述されるかもしれない。一定の条件が得られる場合に意識的体験において顕現することができるある一定の潜示的素質が扱われているのであり、ポールがそれについて意識するかどうかにかかわらず持続する情熱のもつ現勢的に生起する感じが扱われているのではない。手短に言えば、私は、無意識的なものを具象化する解釈を容認するよりも、われわれの習慣、関心、確信等々についての素質的説明を与えることがいっそう説得力があると考える。そして、クラヴォンが正しく指摘するように、あらゆる心的素質は、自己意識との本質的な関係を保持している。それらは、ときとして私の現勢的自己意識的体験において顕現するがゆえにのみ私の心的素質なのである。(42)

私は無意識的なものの現実存在を否定しようと試みているのではなく、単純にそれについてのある特殊な具象化的解釈を批判しようと試みているということを繰り返しておきたい。特に、無意識的なものを表面のレヴェルに位置づける試み、無意識的である完全に成熟した志向的作用（知覚、願望、信念）や（痛みや幸福のような）感じが存在すると強く主張しようとする試みこそ私は問題があると思う。無意識的なものについての強いテーゼを選好してしばしば呈示される一つの論証は、ある一定の心的状態にあることができ、それを認識することができないだけでなく、真摯に否定することができるならば、その状態は無意識的に違いないというものである。しかし、この論証が本当に妥当であるかはけっして明証的ではない。例えば、ひとは、明白に恋に落ちるあるいはふさぎ込むだろうが、それを否定するかもしれない。（一）反省に先立つ落ち込みは志向的対象ではない。それはわれわれの意識的体験を遍在させる様態として先反省的に与えられ、われわれが遭遇するあらゆるものを色づける。初期の段階で、これはむしろ破壊的に起きるかもしれないし、われわれが落ち込みを扱っているのかいないのかを決定することは難しいだろう。なぜなら、われわれは、ただストレスを感じていたり、疲れているだけであると考えるからである。しかし、このことは、落ち込みがどんな重大な意味においても無意識的であると言うことではない。（二）ピーターがメアリーに行為する仕方から、ピーターはメアリーに恋していると、われわれは言うかもしれない。ピーターはこのことを意識していないかもしれない。ピーターは、彼がメアリーについて感じている仕方は実際愛であるということを知らない。彼はメアリーに対する自分の行為への本当の動機を認識していない。しかし、これは、ピーターがメアリーに対してもつ意識的かつ曖昧な感じとは別に、彼が彼女に対する別個の曖昧ではないが無意識の愛をもっていると言うことではない。(43) ピーターの体験は意識的であるが、それらの本当の意味は彼に対してはしばしば隠されており、他者には可視的であるかもしれない。(44) おそらくピーターにおける「無意識的」愛をパズルの絵に比することができるだろう。隠れたノームはいつでもわれわれのすぐ目の前のそこにいた（けっして絵の背後にではなく）が、今初めてわれわれは彼を発見したのである。そして、われわれが彼を発見した今こそ、絵はよりいっそう意味をなす。以前つながりがなかったピースが突然統合される部分として見られる。(45) （三） サルトルによるよく知られた例を用いるなら、痛みでさえ、例証として役に立つだろう。私が本を読み終えようと試みて遅くまで座っていると想定してみよう。私はその日の大部分読書してきて、私の眼は痛む。どのようにしてこの痛みは原本的に顕現するのか。まだ反省の主題的対象としてではなく、私が世界を知覚する仕方に影響を与えることによってである。私は落ち着きがなくなり、イライラして、焦点を合わせたり、集中するのに苦労するかもしれない。頁上の語は揺れたり震えたりするかもしれない。たとえ痛みは、心理的対象としてまだ統握されなくとも、不在でも無意識的でもない。痛みはまだ主題化されていないが、痛みながら見ることとして、世界との私の志向的相互作用に影響を与え色づける遍在的触発的雰囲気として与えられる。(46) あるいは、以下の例を考察してみよう。私はレストランで座って、食事と活気のある会話を楽しんでいる。はじめ私は痛みに悩まされていたが、私はほかの事柄に夢中になってしまい、もはや痛みに注意を払っていない。会話が中断した間に、私はふたたび痛みに気づき、以前と同じ痛みであると言いたくなりさえする。このことは、痛みは、私がそれを意識していない間も続いており、したがって痛みは無意識的に現実存在するということができるということを含意するのか。ちょうど、私が友人と会話しているときに、私の身体を先反省的に**意識**することをやめないように、痛みは、会話が私の注意を痛みから紛らわしたというだけで、必ずしも現実存在するのをやめるわけではない。つまり、痛みは単純に、生きられる志向性の一部分となるにすぎない。サルトルは次のように書いている。「だが、身体的全体性に従属する構造としての身体性の基底に消え去るかぎりで、私はそれ〔痛み〕を実存する。それ〔痛み〕は不在でも無意識的でもない。単純に、それ〔痛み〕はそれ自身に対する措定的意識からの距離なしのこの現実存在の部分をなすのである」[47]。これまで、痛みは先反省的にのみ与えられてきたが、もちろんこれは変わることがある。私は私の会話を休止することができるし、私の注意を痛みに合わせることができる。この場合、サルトルが論じるように、私は生きられる痛みを超えて、痛みを超越的心理的対象として措定する。痛みのさまざまな孤立した疼きは、一にして同じ苦しみの顕現として統握される。心理的対象として、この苦しみは、全般的統一としての一連の痛みを通して開示される[48]。しかし、いろいろな形式の痛みの顕現はまだ汲み尽されてはいない。私は具体的な痛みを一つの苦しみの顕現として統握するだけではないだろう。私は苦しみを他者から獲得した概念を通して分類し、性格づけることもできる。すなわち、それは緑内障の事例である。この段階で痛みは他者にとって接近可能《アクセス》になった。他者はそれを記述し疾病として診断することができる。そして私がそれを類似した様式で考えるとき、私は私の痛みに対して対象化し、異化する三人称パースペクティヴを採用する[49]。

　サルトルの分析は、われわれに異なるレヴェルの記述を混合しないように注意するので、啓発的である。私が目の痛みに対する薬を用いるとき、何が起きるのか。薬は痛みを消すのか、あるいは、単純にそれについての私の**意識**を取り除くだけなのか。痛みは無意識的に現実存在することができるというテーゼを選好して呈示される通常の論証は、意識的なものについてのあまりにも狭い概念——注意的に与えられるものだけが意識的である——か、感覚としての痛みと疾病としての痛みの間の混同に基づいているかのどちらかである。

痛みが痛みを伴うこと、したがって、感じられない、無意識的な痛みについて語ることが意味をなさないことを考えると、類似した論証が他の類型の体験にも用いることができるかどうかが問い尋ねられるかもしれない。[50] 無意識的なコーヒーの味わいについて語ることは意味をなすのか。マイルス・ディヴィスを無意識的に聞くことや観賞することは〔どうか〕。チョコレートへの無意識的な欲求。もし無意識的体験がその名に値するはずならば、単に対象的、物理的過程ではないならば、それはたぶん主観的でなければならない。結局、われわれは、石、テーブル、血管の中の血を無意識的とは呼ばない。しかし、どこでこの主観性は顕現することができるのか。思うに、体験の特定の一人称的所与においてである。しかし、どのようにして無意識的体験がそうした特徴を所有するのかを想像することは難しい。無意識的体験は、定義上一人称的所与なしにある。つまり、主観にとって無意識的体験をもつようなことは何もない。しかし、体験の特異な主観的所与を体験から抽象し、なお体験を保持することはできるのか、あるいは、体験することの存在論はむしろ一人称存在論ではないのか。[51] 主観にとって体験をもつような何かが必然的に存在することが体験の決定的特徴であるならば、ちょうど無意識的体験について語ることが無意味であるのと同じように、無意識的意識について語ることも無意味であることになる。そして、関連する論証を用いるならば、もし指標的構成要素を伴うあらゆる指示が自己言及と自己現前化を前提するならば、すなわち、もしわれわれ自身の主観的パースペクティヴを暗黙裡に意識していることによってのみわれわれが指標的に指示することができるならば、無意識的知覚や個物への無意識的な同定的指示のどちらについて語ることもほとんど意味をなさないことになる。

いっそう根底的かつ曖昧な方略は、体験、意味、志向性の間の本有的結合に賛成の論を唱え、意識的体験なしには世界のうちに意味が存在せず、それゆえ、志向性は存在しないという主張に賛成の論を唱えることだろう。最近ストローソンは次のように述べている。

> 意味はつねに、何かに対して何かを意味する何かに関する問題である。この意味において、何ものも、体験なしの世界では何も意味しない。可能的な意味は存在せず、それゆえ可能的な志向、それゆえ可能的な志向性も、体験なき惑星上には存在しない。……いかなるものも存在しない。意味論的評価可能性、真、偽は存在しない。こうした特性のどれも体験が始まるまではどんなものによっても所有されない。意味は、それゆえ志向性は意識的契機のうちにのみ現実存在するという明晰かつ根本的な意味が存在する。[52]

したがって、ストローソンは体験が真正のついて性（aboutness）の必要条件であると主張し、彼は、眠っている人格が信念、選好等々を所有していると言われるかもしれない意味と、CDが、CDプレーヤーによってかけられていないときに音楽を含んでいると言われるかもしれない意味との間に類比が存在するということを示唆する。単に物理的システムとして考察されるならば、それらのどちらも本有的には他のものよりもむしろあるものについてでもなく、それらのどちらもどんな本有的（音楽的あるいは心的）内容ももたない。厳密に語れば「ルイスが夢と体験とがない眠りの中にいるときに、本有的心的内容をもつ脳の状態、あるいはルイスの状態が存在すると言うのが真でないのは、ケースの中にある時に本有的音楽的内容をもつCDの状態が存在すると言うことが真でないのと同じである[53]」。

もちろん、これは、われわれの体験の中に因果的役割を演じるさまざまな無意識的状態と過程が存在するかもしれないということを排除するのではなく、そうした無意識的過程について語ることはそれ自体無意識的体験について語ることではない(54)。無意識的なものを客観的生起として記述したい誘惑にかられ、それを神経生理学的過程と同定しさえする者がいる(55)。後者の場合、反省と一人称我有化にとって永遠に接近《アクセス》不可能であり続ける何かが明確に扱われているのだろう。もはや私の無意識について明示的な意味で語ることは意味をなさないだろう。主観的かつ人格的なあらゆるものから純化された、客観的、物理的、自然的過程が扱われているのだろう。しかし、明らかに、無意識的なものについてのこうした特定の解釈は、主観性の本有的自己顕現についての理論を脅威にさらすことはない。

解離の諸形式——夢遊病と催眠

第二章において、私は手短に『心の唯物論』におけるアームストロングの立場に言及した。アームストロングによれば、知覚や感じのような心的状態は、必ずしも自己意識的ではない。与えられた心的状態が意識的（すなわち、自己意識的）であるかどうかは、さらなる心的状態がそれに向けられているかどうかに依存する。だから、アームストロングは、内観を内的な心の眼になぞらえ、心的状態は、内観の対象であるかぎりで、意識的であると書いている。ちょうど知覚されていない物理的環境のもつ多くの特徴が存在するように、意識されていない多くの心的状態が、つまり、現行で内観されていないすべてのものが存在する(56)。私は、自己意識についてのこうした構想に反対するさらなる論証を提供することが必要であるとは考えないが、彼の議論の中で、アームストロングは、夢遊病や催眠のような数多くの心理学的現象に言及している。そして、私はこう考えている。特に、〔知覚、信念、志向のような〕表面的現象がその一人称的所与によって性格づけられるという主張に対する例外を構成しているように思えるので、こうした興味をそそる現象をいっそう綿密に見ておくことには価値がある、と。(57)

夢遊病という出来事は、普通は、数秒間から数分間続くが、三〇分やそれ以上続くこともある。夢遊病の実例は、ちょっとの間立ち上がり、その後ベッドに戻ったり、部分的に服を着たり、トイレに行ったりというものだろう。しかし、睡眠中に起き上がり、服を着て、ほとんど一マイルほど離れた川に降りてき、服を脱ぎ、ひと泳ぎして、服を着て、自分の部屋に歩いて帰り、服を脱いで、床に就くという習慣を形成し、夜の間に起こったことについてどんな**意識**もなしに朝になってようやく目覚める大学生の事例のようないっそうまれな事例もまた同様に知られている。

夢遊病者が彼の夜行性の活動をしようとすることを妨げるために、いくつかの矯正策が試みられてきた。あるものは冷たい水の入ったポットをベッドのそばに置いておき、別のものはその人格をベッドの柱に結びつけたが、夢遊病者はしばしばポットを回避することや紐をほどくことさえ「学ぶ」ので、それらはすべて普通失敗する。

夢遊病者の状態をどのように記述すべきか。夢遊病は夢による行為であると以前は想定されていたけれども、夢遊病者は目覚めたときにどんな夢も思い起こすことができないので、もはやそうは言えないと捉えられている。ある意味で、彼の振る舞いは、覚醒という基準を満たしている。彼の眼は開いており、立ち、歩くこと、障害を避けること、よく知っている周囲では自分の道を見つけ出すことができる。彼は、短く返答することで、質問に正確に答えることさえできる。他方で、彼の顔の表情は硬く、自動性と硬直性によって性格づけられる習慣的行為を遂行し、だから、彼はロボットや忘我状態にある者のような外見を呈する。そして、最も重要なことには、夢遊病者は彼がしていることについてまったく意識していないように見える。彼は自分の行為のなにも思い出すことができないだけではなく、彼が遂行している時には彼の行為についてのどんな意識も欠いているように思えもする。だから、私がその出来事の間に夢遊病者を起こすならば、彼は一般に非常に混乱することになり、彼がどこにいるかあるいは彼がしていたことを知ることはない(58)。

夢遊病者は、一般に、知性と意識の両方を要求するように思える行為を遂行することができるが、彼らはこうした行為について意識をもたない。アームストロングはこう提案する。夢遊病はわれわれに、自己意識なしの心的能動性がある事例を呈示する、と。夢遊病者は、彼が行っている行為を遂行するために彼の周囲を知覚しなければならないが、彼の知覚は無意識的である(59)。この解釈を立証するために、アームストロングはまた、突然「目を覚まし」、運転したことについてのどんな意識もなしに何マイルも運転してきたことを認識する長距離運転手の例にも言及する(60)。運転手は明らかに道を知覚していなければならなかったし、さもなければ、トラックは仕舞には溝にはまってしまっただろうが、彼はこうした知覚についての想起をもたないので、それらは無意識的に生起していたにちがいない。しかしながら、この例は、いくつもの代替の説明が存在するので、それほど印象的ではない。習慣的行為は、私たちの側のどんな注意的付随も要しないことによってまさに性格づけられる。これらはある一定の自動性によって性格づけられ、トラック運転手が上の空であることは、自己意識的意識におけるどんな現勢的隔たりよりもむしろ、要求される注意の欠如をまさに反映しているだろう。注意は意識を定義しないが、われわれの想起力に影響するかもしれない。そして、こうしたことが失敗したとしても、回顧においてはまるで何事もなかったようになるだろう(三二六頁参照)。

言うまでもなく、中心的問いは、アームストロングの解釈が唯一の可能的かつもっともらしい解釈であるのかどうかである。夢遊病が単なる一連の自動的反射ではないと想定することは理に適っている。しかし、無意識的志向性の例に本当に直面しているのだろうか。われわれは、起きたときにしばしばそれを思い起こすことができるから、通常夢を見ることを自己意識的体験であると捉えている。しかし、まさにこの能力こそが、夢遊病に直面するときに欠けているのである。そして、もし体験を想起することができないならば、それが生起するときに、それらが自己意識的だったということについてどんな種類の証明があるのか。これまではなにもない。もちろん、これは、深刻な記憶喪失のために、単にそれらを忘れてしまったかもしれないので、体験が無意識的であるということを証明しない。しかし、これまでこの仮説は立証されず、単に要請的であるにすぎない。

何らかの光を問題に当てようと試みるために、ちょっとした脱線がこの時点でふさわしい。フランス語では、催眠術は、人為的夢遊病として知られる。そして、催眠術にかけられた主観の状態は、事実、夢遊病者のそれに似ていることがある。もし催眠状態が十分に深いならば、自発的記憶喪失が随伴するかもしれないし、主観は、通常の意識に立ち返ったとき、過ぎ去ったことについて意識をもたないだろう。[61] しかしながら、ちょうど催眠の間に催眠術にかけられた者に、どのような場合に主観がそのようにすることになるか、後からあらゆることを思い出すことができるよう指導するように、催眠術師には、人工的に主観にそうした忘却を引き起こすことをもまた可能である。[62] 最後には、後続の催眠期間に記憶喪失を取り除き、主観に以前の期間に生じたあらゆることを思い起こさせることもまた可能である。さて、とりわけ顕著であるのは、同じことが夢遊病者にも真であることである。もし個体が後で催眠術をかけられるならば、彼は夢遊病という出来事の間に生起したあらゆることを思い起こすだろう。こうした手続きは、夢遊病の間に犯罪を犯した人々の場合に用いられてきた。彼らは犯罪について**意識**していなかったが、催眠下で自分の犯罪的行為を思い起こすことができた[63]。

事実、夢遊病の間にあった体験を思い起こすことは可能であるから、こうした体験は無意識的ではありえなかった——原本的に自己**意識**的であるものだけが、その後でその人自身の過去の体験として思い出すことができる——し、したがって、夢遊病という現象は知覚と自己**意識**の間の本有的関係を立言するテーゼの論駁を構成することに失敗する。しかしながら、これは、それが非常に逆説的な現象ではないということを言っているのではないし、それは、事実、自己**意識**に関するテーゼに対してではなく、意識流の統一に関するテーゼに対して、困難を引き起こすだろう。

『心理学原理』において、ジェームズは、ジャネとビネによってなされた研究についての報告をしながら、催眠についての長大かつ非常に興味深い説明を与えている。両者はもともと、意識が、共現実存在するが、互いに無視する部分に分かれるかもしれないと論じた。いくつかの例を与えることにしよう。ヒステリーに苦しむ人格に共通の症状は無感覚症である。視覚、聴覚、嗅覚、味覚、触覚がはたらかなくなるかもしれない。しかし、ジャネとビネは、そうした類型の感覚麻痺の事例では、第一次的あるいは通常の意識から切り離された、第二次的意識という形式での「無感覚的」部分に感性が残り続けていることを示した。主観が「無感覚的」領域を刺されたり焼かれれても、もちろん彼はそれを感じないだろう。しかし、もしそのあとで催眠術にかけられたならば、彼はしばしば痛みについて不平を述べるだろう。だから、痛みは感じられていたのだが、通常の主観によってではなく、催眠下で呼び起こすことができるだろう第二次的自己によってである。後者は、体験をもつだろうし、あるいは、体験についての通常の主観が**意識**することなしにさえ行為するだろう。ある時、ジャネは、医者によって尋問された、アルコール譫妄にある人に諸々の暗示をささやき、したがって、彼を歩かせ、座らせ、跪かせ、床にうつぶせに寝かせさえしたが、その間彼は、自分のベッドのそばに立っているという信念を固く持ち続けていた。(64)

最近、こうした研究の仕方は、催眠についてのいわゆる新解離理論の最高の代表者、ヒルガードによって継続されてきた。ヒルガードによれば、数々の実験が、催眠はわれわれに共意識という現象、すなわち、二つの別個で、解離しているが、並列の意識的体験を呈示することができる。一方について、通常の催眠術にかけられた主観は意識するが、他方について、彼は無意識であり、(65)特殊な技術を用いることによってのみ、返答が、ヒルガードが隠れた観察者と呼んでいる、この第二次意識から引き出されるだろう。

彼［E・A・カプラン］は、深く催眠術をかけられた主観に、彼の左腕は無痛感かつ無感覚であり、右手は自動的に筆記するだろうという暗示を与えた。つまり、主観は彼が何を書いているのかについて意識しないだろう。実験者が左の（無痛感の）腕を何回も細長い針で刺した時、もう一方の手はこう書いた。「痛い、ちくしょう、俺を傷つけやがったな」。数分経った後、その主観は、何が起きたかを忘れ、カプランにいつ彼が実験を始めたのかを尋ねた。(66)

催眠状態を解離という術語によって解釈するならば、それによって、解離は、意識的体験のいろいろな区域の間の記憶喪失的障壁や縦裂を生み出し維持する過程として定義されるが、(67)催眠は明らかにわれわれをどんな絶対的意味においても無意識的体験に直面させせない。催眠術をかけられた主観は、家庭用アンモニアの匂いを嗅ぐことはできないだろうし、自分の前にある三つのカラーボックスのうちの二つしか見ることができないだろうし、ある一定の語を聞くことはできなくなるだろうが、それを意識することなしに、自動的に筆記するような行為を遂行しさえするだろう。それにもかかわらず、こうした振る舞いの特徴、われわれが直面したものは、無意識的体験の例としてではなく、すなわち、自己意識を欠く体験としてではなく、むしろ特定の種類の催眠に誘発された分離のせいで接近《アクセス》不可能にされた通常の自己意識的体験として最もよく記述される。[68]だから、さまざまな対象と行為は、「隠れた観察者」からの返答から明らかなように、なお意識的に体験されるが、われわれがもつのは、記憶喪失のような障壁の背後に一瞬隠された体験なのである。ジェームズは以下のように述べている。

> それゆえ、機械的な意味における「機械的動作」には、そうした行為は負っていない。すなわち、自己はそれらを統括しており、切り離されており、制限され、埋もれているが、なお十全的に意識的な、自己である。[69]
>
> どれほど誠実であろうとも、何も感じなかったというある人格の証言を、何の感じもそこにはなかったという積極的証拠とけっして捉えてはならない。それは、その体験について、われわれが調べている第一の登場人物が自然に説明を与えることができる「第二の登場人物」の意識の部分としてそこにあったのだろう。[70]

だから、議論すべき争点に立ち戻れば、アームストロングの解釈はけっしてただ一つ可能なものではない。催眠も夢遊病もわれわれを無意識的知覚に直面させるのではなく、むしろ、自己**意識**的主観性が二つの部分、正常な意識流と異常な意識流とに分かれる状況に直面しているように思う。それ自体、これは非常に困惑させるが、私はその現象を説明することができるふりはしない。しかしながら、強調されるべきなのは、分離や二重化は絶対的ではないということである。催眠や治療を通して、記憶喪失の障壁が解かれることがあり、二つの体験流が統合されることがあり、その結果、正常な主観は両方についての**意識**を獲得するのである。(71)

訳者あとがき

本書は、Dan Zahavi, *Self-Awareness and Alterity: A Phenomenological Investigation*. Evanston: Northwestern University Press, 1999 の全訳である。原書は、英語圏の現象学関連の叢書として定評のある、ノースウェスタン大学現象学と実存論的哲学研究（Northwestern University Studies in Phenomenology and Existential Philosophy）の一冊として公刊された。公刊後すぐ、直近三年間に出版された現象学関連の単著のなかで最も優れた研究書に与えられるエドワード・グッドウィン・バラード現象学賞を二〇〇〇年に受賞している。さらに、ハート（James G. Hart）による書評（二〇〇一年）では、新しい世代による現象学研究のなかの最も重要な著作の一つであると評価されている。

著者ダン・ザハヴィは、一九六七年コペンハーゲン生まれ、コペンハーゲン大学に学び、その後ルーヴァン・カトリック大学において一九九四年にベルネットを指導教授として最優秀（Summa cum Laude）の評価で博士号を取得、一九九九年には、本書によってコペンハーゲン大学で教授資格を得ている。二〇〇二年にコペンハーゲン大学教授となり、同大学主観性研究センターを設立するとともに所長に就任している。それ以来つねに研究の最前線にあり先進的で活発な研究によって主観性研究を力強く牽引する現象学者の一人である。公刊された単著には、本書のほかに『志向性と構成』（一九九二年）、『フッサールと超越論的相互主観性』（一九九六年）、『フッサールの現象学』（二〇〇三年）、『主観性と自己性』（二〇〇五年）、『初学者のための現象学』（二〇〇七年）、『自己と他者』（二〇一四年）がある。そのほかの共著、編著、研究論文などは、膨大な数にのぼるため、いっそう詳細な経歴や最新の研究業績と併せて主観性研究センターのホームページ（http://cfs.ku.dk/）をご参照いただきたい。

さて、本書は、題名が示すとおり、自己意識と他性を中心としてさまざまな哲学的論題を徹底的に論究した哲学書である。自己意識をめぐる哲学的問題についての、一方では、異なる哲学的伝統との横断的な研究、すなわち、分析哲学やドイツ現代哲学（とりわけ、ハイデルベルク学派の自己意識の反省理論）と現象学との対話、他方では、釈義的古典研究、すなわち、現象学的伝統（フッサール、サルトル、メルロ゠ポンティ、レヴィナス、アンリ、デリダ）の精緻な読解が行われている。さらには、経験科学の知見に対する現象学的分析の成果と方法の照合もまた積極的に行われている。

具体的には、志向性、空間性、身体、時間、触発、相互主観性といった現象学における主要な論題についての徹底的分析が、自己意識についての分析との密接な連関のもとで本書の全体にわたって行われている。とりわけ注目に値するのは、先反省的自己意識についての徹底した分析である。この先反省的自己意識についての現象学的分析こそが本書の論証を根底で支えている。しかし、注意しておかなければならないことは、先反省的自己意識は、何らかの極めて例外的で特殊な事象などではなく、通常のあらゆる体験の具える本有的かつ遍在的自己顕現の次元であるということである。現象学的取り組みによって、いわばその自明性のゆえにこそ匿名にとどまるこの次元が露わにされるのである。したがって、先反省的自己意識は、哲学によって概念上の必要性から捏造される類のものではなく、かえって反省を動機づける、体験の遍在的自己顕現の次元に他ならないのである。この点は、ザハヴィの自己意識論の基礎をなしているがゆえに、極めて重要である。

現象学、とりわけフッサール現象学における先反省的自己意識という論点を現象学研究において主題化したことは、本書の最大の功績のひとつである。これによって、現象学研究そのものの基本的構図は大きく塗り替えられることになり、現代さまざまな分野で展開されている自己や主観性をめぐる問題への現象学からの哲学的寄与可能性が説得的に示されることになった。自己意識論への現象学の寄与可能性を無視して主観性を論じることは、現象学のみならず、主観性という論題を扱う哲学一般にとって困難になったとさえいえるだろう。

現象学者による自己意識論は、著者も認めるとおり、サルトルにまとまった論述が見出されるにすぎず、フッサール現象学が自己意識論として論じられることはまれであり、フッサール現象学と自己意識というのは一見すると奇異な印象を与える組み合わせであった（第四章参照）。私の知るかぎりでは、本書以前に、フッサールの現象学を明確に自己意識論として論じたのは、本書の引用文献としても挙げられている一九八九年のケルン（Iso Kern）による論文「フッサールにおける自己意識と自我」をほぼ唯一の例外として挙げることができるだけである。むしろフッサールの現象学の主観性理論は、ハイデルベルク学派などによって、真正の自己意識論を欠く、欠陥のある主観性理論であり、自己意識の反省理論の典型として批判的に言及されてきたにすぎない。

しかし、ザハヴィは、ハイデルベルク学派の自己意識論がなお形式的なものにとどまっていると指摘する。そしてむしろ現象学的自己意識論、とりわけフッサールの自己意識論にこそハイデルベルク学派が問い残したいっそう具体的で実質的な自己意識論を可能にする豊かな鉱脈があることを明るみに出す。その際に、ザハヴィは、現象学的伝統のもつ哲学的資源に訴えることになる。一見不在であるように見えるフッサールの自己意識論は、主に未公刊の草稿のなかで主題的に展開され、なおかつ先に挙げた志向性、空間性、身体、時間、触発、相互主観性の本性と深く関連している。それゆえに、それらを踏査し、精錬し、結晶化することではじめて、十全な現象学的自己意識論が獲得されることになる。

本書において、ザハヴィは、まず顕現の可能性の条件の開示こそが現象学の明確な課題であるということをアンリと共有する。顕現の可能性の条件、すなわち、超越論的主観性の開示こそが現象学の課題である、と。その上で、ザハヴィは、現象学的伝統にこの問いに対する徹底した取り組み、対象の現出とは異なる主観の現出についての分析、すなわち、対象顕現とは異なる自己顕現についての分析としての自己意識論が存在することを顕わにしようとする。そうしてサルトルが導入した先反省的自己意識と反省的自己意識の区別をフッサールの分析のなかに見出す。さらに、現象学的時間論の分析を通して、フッサールの時間論を、デリダとアンリという両極端の二つの過剰、すなわち、印象なき把持による差異と印象的無媒介的自己顕現とを回避する自己意識論として呈示する。また、フッサールとメルロ＝ポンティの身体性の分析を踏まえて、身体化した自己意識のなかの他性から相互主観性の成立可能性を明らかにする。そうして、反省と感情移入の類比、さらには主観の主観性の捉え難さと他者の他者性の捉え難さとの類似性を軸に、レヴィナスの指摘する他者の現前不可能性を、現象学的分析の欠陥としてではなく、他性のもつ本有的性格であることを明らかにする。

このように本書での著者の基本的主張とそれに対する論証は明解である。しかし、こうした明解さと説得力のある論証を可能にしている背景には、現象学をはじめとする膨大にして難解なテクストの注意深い読解があることは言うまでもない。現代において現象学に取り組むこととは、一方で事象そのものへの取り組みと、他方で現象学的思索の結晶である古典的テクストとの真剣な取り組みとの両方が必要なのである。本書でもやはり、現象学の孕む哲学的資源と哲学的問題への寄与可能性が、先に挙げた現象学的思想家のテクストの徹底的に緻密な読解を通して明らかにされている。こうした意味で著者自身が序において主張する通り、実り多い解釈が可能になるためには、体系的関心によって導かれている必要があり、テクストの注意深い読解を通して得られた洞察こそが体系的関心に対して得るところの多い恩恵をもたらすことができるのである。そして、こうした体系的関心とテクスト解釈の最良の円環の事例の一つを本書は提供していると言うことができるだろう。

本書は、ザハヴィ自身のその後の展開にとっても重要な位置を占めている。ザハヴィは、本書の公刊後コペンハーゲン大学主観性研究センター所長に就任し、それ以来、狭い意味での現象学研究という枠組みにとらわれることなく、現象学、心の哲学、認知科学の間の境界面に位置づけられるいっそう体系的な研究を進めている。そこで扱われている論題には、現象的意識、自己意識、自己性、共感、社会的認知、社会的感情、集合的志向性などが含まれる。こうした問題に取り組む際に、先反省的自己意識や一人称パースペクティヴなどのような本書で強く打ち出された論点が哲学的論拠となっている。本書以降、他の哲学的伝統や哲学以外の認知科学や精神医学との境界越境的な交流を通した批判的対話を通して、そうした分析や概念はさらに精錬され続け、いっそう豊饒化されている。しかし、本書で到達したザハヴィ自身の哲学的洞察は、極めて堅牢なものであり、体系的な研究を進めていくなかでも今日に至るまで根本的な変更はほとんど認められない。現象学の研究史を顧みても、これほど広範かつ徹底的に現象学的伝統のもつ哲学的可能性を顕わにした研究は、極めて稀であり、その後の研究の動向に与えた影響の甚大さに鑑みても、本書はザハヴィの哲学的主著と呼ぶことがゆるされるだろう。

翻訳の方針について、少し述べておくことにしたい。できるかぎり慎重に、内容に忠実で正確な訳文にすることを目標とし、なおかつ日本語として読みやすいものとなるように努めたつもりである。しかし、訳者の理解不足や不注意による誤解や誤訳がなお存在するかもしれない。読者の方々の貴重なご指摘を請う次第である。原文では、引用箇所については、ドイツ語やフランス語が原書である場合にも、英訳があるものは、基本的に英語で引用がなされているが、訳出にあたっては、すべて原書の当該箇所にあたり原語から直接訳出を行った。そのため原文そのものと若干の差異が生じている場合がある。また、原文の誤植や引用箇所の誤りについては、著者に確認し、同意の上で適宜修正を行ったが、煩瑣を恐れて逐一明示することはしなかった。原文のイタリックの箇所については、書名の場合には『 』を用い、強調の場合には、慣例に従って、傍点によって強調している。［ ］は、著者による補足、〔 〕は、訳者による補足である。

ついで、いくつかの訳語についても説明しておくことにしたい。aware/awareness と conscious/consciousness については、両方とも「意識する」「意識」として訳出した。ただし、前者については、太字（**「意識」**）を用いることで原語の差異を示している。というのは、こと本書において、著者は、明確に、両者を区別して用いている、すなわち、self-awareness を self-consciousness よりもいっそう基本的な形式の自己意識であるという点に留意して用いているからである。また、self-awareness に「自己意識」以外の訳語（「自己覚知」や「自己気づき」）を当てることによって、日本語の流れを損ない、そもそも伝統的な「自己意識」の問題についての現代の議論に対する現象学の潜在的な寄与可能性を明るみに出すという本書全体の目的との整合性を失ってしまうことを危惧したことが、こうした例外的な仕方で原語の差異を示した理由である。もっとも、この両者の区別は、最終的には、二〇一四年の『自己と他者』に至って両者を同義的に用いることが、註（第一章註3）で著者によって明言されることによって、最終的には放棄されることになる。しかし、そのことはむしろ awareness と consciousness の両概念の著しい親近性を示すものにほかならず、両者を同じく「意識」と訳すべきであることの根拠でもある。ただし、引用箇所については、著者による用法と必ずしも一致しないことと本来の脈絡から切り離されていることに鑑みて、太字による強調は行わなかった。

本書では、awareness や consciousness の区別のような非常に微細ではあるが、重要な区別が、論じられている事象の性格上、他の術語についてもやはり要求される。adumbration と profile は、両者とも「射映」と訳し、後者については、射映《プロフィール》とルビを振った。著者によれば、射映は、ヒュレーと現出と並んで、ノエシス的にもノエマ的にも解釈することができる（第七章参照）。特に、ヒュレーの解釈に関して、この論点は重要な意味をもつ。射映に関しては、adumbration はノエシス的な射映であり、profile はノエマ的な射映《プロフィール》を示している。

experience という基本的な術語についても考慮が必要となった。experience は、「経験」と訳すのが一般的である。しかし、他方で、その形容詞であるexperientialを語幹の繋がりから「経験的」とし、empiricalもまた「経験的」と訳出するならば、一見して両者の区別が見えなくなってしまう。序でも注意が促されている通り、本書での自己意識の取り組みは、心理学や神経科学をはじめとする経験的（empirical）研究による自己意識論とは、根底的に異なる。あくまで自己意識の経験的研究ではなく、自己意識という現象の体験的（experiential）次元の解明こそが本書の課題なのである。そして、こうした体験的次元の探究こそが、現象学にほかならない。そうした点を明確にするためにexperienceには「体験」、experientialには「体験的」という訳語を採用した。しかし、その結果として、フッサール自身の用いる体験（Erlebnis）と経験（Erfahrung）の区別とは必ずしも重ならないことになった。本書で用いられているexperienceは、フッサールの術語の体験と経験の両者の要素を含みもつからである。

安易な単純化は危険であるが、現象学的取り組みが「一人称的」取り組みであるとすれば、経験的学問による取り組みは「三人称的」取り組みであるとさしあたり区別することができるだろう。もちろん、一方に他方を解消あるいは還元することができるほど両者の関係は単純なものではないし、かといってまた単純な排他的関係でもない。とはいえ、両者に安易な交換を退ける根底的差異があることは、本書の主題のひとつでもある。いずれにせよ、確認しておかなければならないことは、experienceは、少なくとも経験的学問による取り組みによって汲み尽くされるものはではないということである。したがって、experienceという一つの事象が、いわば、現象学的取り組みに対しては一人称的「体験」として、経験科学的取り組みに対しては三人称的「経験」として現れることになるのであり、両者の、単純に置き換え可能ではないが、無関係でもないという差異と関係性の解明こそが重要なのである。

著者がその後本格的に取り組むことになる現象学と経験的学問との交錯領域での研究とその際に生じる相互参照は、著者の解釈によれば、両者に決定的な変貌を促し、実り豊かな交流を可能にするものである。著者自身のそうした取り組みは、『主観性と自己性』、『自己と他者』、ギャラガー(Shaun Gallagher)との共著『現象学的な心』において積極的に展開されている。さらには、この現象学と経験的学問との交錯については、現象学の自然化というさらに大きな論題へとつながることになる。その詳細に説き及ぶことは、訳者あとがきの範囲を大きく超えることになるだろう。しかし、発達心理学や精神医学の成果への言及に認められるように、そうした方向へとつながる萌芽をすでに明確に本書は懐胎している。さしあたりそのことを指摘しておくことができるだろう。

本書の翻訳は、同志社大学在外研究員制度によって可能になった二〇一六年四月から一年間にわたるコペンハーゲン大学主観性研究センターでの客員研究員としての滞在期間に行われた。本書は、先述の通り、最重要文献の一つであり、現象学研究において文字通り画期的な研究書であることは言うを待たないが、私自身にとってもまた個人的に思い入れの深いものである。大学院に入ってからフッサール現象学に取り組み始めた頃に、当時着任されたばかりの林克樹先生(同志社大学)から、近年の現象学関連の研究書のなかでは出色のものであるからぜひとも、と本書を読むように勧めていただいたことがザハヴィの著作とのはじめての出会いであった。現象学の反省理論に取り組み、現代の哲学的議論にどのように現象学が寄与することができるのかを考えていた私にとって、本書の与えた印象は鮮烈なものだった。それ以来、著者の他の著作の翻訳にもかかわり、さらには、著者が所長を務める主観性研究センターを在外研究先とすることとなった。今回翻訳にあたって、本書を読み直し、その緻密な論証と説得力のある主張、現象学の古典的テクストの鮮やかな読解、打ち出している展望の清新さに改めて驚嘆しつつ、著者本人と直接対話しながら翻訳を進めることができたのは、私にとって胸躍る体験だった。

ここで、ほかならぬ本書の著者であり、本書の翻訳を最後まで暖かく支えてくださったダン・ザハヴィ先生に心から感謝申し上げたい。先生は、在外研究の受け入れ先として訳者を快く迎え、研究に集中することができる理想的な環境を整えてくださった。そして、主観性研究センターの運営、数々のワークショップの企画、世界各地での講演、論文や著作の執筆などご自身の研究で多忙を極める中、訳者の求めに応じて、幾度となく直接面談する機会を設けてくださった。翻訳作業が私自身の研究に差し障るのではないかとご配慮いただいたが、むしろ本書で取り上げられる論点をめぐる先生との対話こそが主観性研究センターでの滞在をいっそう実り豊かなものにしてくれた。

法政大学出版局編集部の郷間雅俊氏には、本書の翻訳企画を採用していただき、日本語の資料の参照が難しい環境にある訳者のために資料を迅速に手配していただき、さらには配慮の行き届いた編集作業によって本書を公刊にまで導いていただいた。最後に、しかし最小にではなくお礼申し上げる。

二〇一七年三月　コペンハーゲン

中村　拓也

人名索引

（　）に括られた数字は註のページ数を示す

ア 行

アームストロング　Armstrong, D. M.　33, 40, 334, 336–37, 340, (6), (13), (62)
アリストテレス　Aritotle　(36)
アンスコム　Anscombe, G. E. M.　8, 26–27, (2)–(4)
アンリ　Henry, M.　6, 84, 86–87, 138–42, 154–55, 173–81, 211, 213, 241, 299–302, 313, 321, (13)–(14), (23)–(26), (28)–(31), (37), (41), (54)–(55), (58)
イーグル　Eagle, M.　(62)
インヘルダー　Inhelder, B.　(51)
ヴァルデンフェルス Waldenfels, B.　(54)
ウィトゲンシュタイン　Wittgenstein, L.　26, (2), (4), (48)
ウィルクス　Wilkes, K. V.　(42)
エアー　Ayer, A. J.　(42)
エヴァンス　Evans, G.　(3), (28), (42)
エー　Ey, H.　(52)
エテヴノン　Étévenon, P.　(62)

カ 行

カスタネダ　Castañeda, H.-N.　8, 21–22, 50–52, 70, 79, 103, 198, 225, 248, (1)–(3), (7)–(8), (11), (15), (46)
ガッシェ　Gasché, R.　(37), (55)
カッティング　Cutting, J.　(44)
カブ-スティーヴンス　Cobb-Stevens, R.　9, (15)
カベスタン　Cabestan, Ph.　(24)
カント　Kant, I.　3, 34, 85, 141, 174, 192, (6), (18), (30), (33)
キールストローム　Kihlstrom, J. F.　(62)
ギブソン　Gibson, J. J.　148, 150, 161, (24)–(27), (32)–(33)
木村敏　Kirmura, B.　(44)
キャピタン　Kapitan, T.　(8)
ギャラガー　Gallagher, S.　(25)–(27)
ギャラップ　Gallup, G. G.　278
キューン　Kühn, R.　(31), (52)
グールヴィッチ　Gurwitsch, A.　6, 100, 102, (15)
クラーマー　Cramer, K.　8, 35, 57, 118–19, (9)
クライトマン　Kleitman, N.　(62)
クラヴォン　Klawonn, E.　28, 128, 280, 329, (4)–(5), (21), (30)–(31), (37)–(38), (41), (50), (52)–(53), (60)–(61)
グラハム　Graham, G.　242, (44)
グルーエ-セーレンセン　Grue-Sørensen, K.　(6), (37), (57)
クレスゲス　Claesges, U.　264, (29), (32), (34)–(35), (50)

ケルン　Kern, I.　233–34, 237, (10), (22), (43), (54), (58)
コール　Cole, J.　159, 161, (26)–(27)
ゴールドマン　Goldman, A. I.　(7)
コスタ　Costa, V.　(22)

サ 行

サース　Sass, L.　242, (44)
サール Searle, J.　319, (7), (58), (61)
サックス　Sacks, O.　159–61, (27)
ザハヴィ　Zahavi, D.　(2), (8), (28), (33), (41), (43), (47)–(49), (52), (54), (57), (60)
サルトル　Sartre, J.-P.　6, 51–52, 87–90, 147, 162, 164, 173, 179, 200–08, 211, 213, 218–23, 236, 253–57, 260–63, 267, 283–84, 287, 328, 330–31, (6), (13), (15), (21), (24), (27)–(28), (34)–(39), (46)–(49), (52), (60)–(61)
ジェームズ　James, W.　128, 338, 340, (7), (15), (41)
シェーラー　Scheler, M.　(40)–(41), (47), (50)
ジャネ　Janet, P.　338
ジャクソン　Jackson, F.　(7)
ジャニコー　Janicaud, D.　56
シャンカラ　Samkara　(1)
シュース　Schües, Ch.　(32)
シューメーカー　Shoemaker, S.　8, 18, 240, (2)–(4), (6)–(7), (10)
シュトラウス　Straus, E.　iii, 196, (27), (34)–(35), (51)
シュトラッサー　Strasser, S.　(55)–(56)
シュマーレンバッハ　Schmalenbach, H.　(10), (42)
シュミッツ Schmitz, H.　(6)
ジョーンズ　Jones, J. R.　(6)
シルダー　Schilder, P.　242, (44)
スキャロン　Scanlon, J. D.　(39)
スターン　Stern, D. N.　268, 274, 277, 279–81, (26)–(27), (50)–(52)
スティーヴンス　Stephens, G. L.　242, (44)
ストローソン　Strawson, G.　333, (7), (61)
ストローソン　Strawson, P. F.　(4), (8), (26), (42)
スピッツ　Spitz, R. A.　275, (51)
スピノザ　Spinoza, B.　305
スミス　Smith, D. W.　48, (5), (7)–(8), (11), (52), (61)
ゼーボーム　Seebohm, T.　(33), (37)
セール　Seel, G.　(37)
セバー　Sebbah, F.-D.　(23)
ソコロフスキ　Sokolowski, R.　114, (18)–(19), (32), (37), (52), (57)
ソルダティ　Soldati, G.　(12)

タ 行

チザム　Chisholm, R. M.　50, (3), (7)
チャルマーズ　Chalmers, D. J.　61
テイラー　Taylor, Ch.　(1), (47)
デカルト　Descartes, R.　3, 15, 26–27, 76, 88–89, 180, 220, 253, 286, 309, (52)
デプラ　Depraz, N.　9, (19), (32), (43), (49), (57)
デュヴァル　Duval, R.　(16)
デリダ　Derrida, J.　6, 131–33, 135–36, 138–39, 141–42, 173, 208–12, 214, 287, 313, (22), (29), (35), (37), (49), (52), (54)–(57)
トイニッセン　Theunissen, M.　252, (47)

トゥーゲントハット　Tugenthat, E.
75–80, 89, 92, 302, (6), (12), (18)
ドラモンド　Drummond, J. J.　(25)
ドリューエ　Drüe, H.　(58)

ナ 行

ナイサー　Neisser, U.　274, (27), (51)
ナツラス　Natsoulas, T.　(44), (58)
ナトルプ　Natorp, P.　(6)
ヌーナン　Noonan, H.　(1)
ネーゲル　Nagel, T.　5, (1), (4), (7), (11)
ノージック　Nozick, R.　24

ハ 行

ハート　Hart, J. G.　9, 50, (7)–(8), (19)–(20), (33), (37), (43), (45), (47), (49), (57), (59)–(60)
ハーバート　Herbart, J. H.　(6)
ハーバマス　Habermas, J.　(48)
パーフィット　Parfit, D.　(4)–(5), (42)
ハイデガー　Heidegger, M.　85, 140, 147, 180, 197, (18), (22), (31), (34), (49), (55), (57)–(58)
ハイン　Hein, A.　162, (27)
パイン　Pine, F.　(51)
バターワース　Butterworth, G.　(51)
バルバラス　Barbaras, R.　(34), (37)
ピアジェ　Piaget, J.　(51)
ビネ　Binet, A.　338
ヒューム　Hume, D.　27–28, (4)
ヒルガード　Hilgard, E. R.　339, (62)–(63)
ビンスヴァンガー　Binswanger, L. (59)
ファーシング　Farthing, U. W.　(62)
ファン・グリック　Van Gulick, R.　(7)
フィヒテ　Fichte, J. G.　35, 47, 68, (5)–(7), (10)–(11), (53)
フィンク　Fink, E.　6, 101, 289, 293, 317, (15), (22), (38), (43)–(44), (52), (54)
フッサール　Husserl, E.　6–7, 9–10, 83–85, 87, 89–99, 102–07, 110–12, 114–22, 124–25, 128–33, 136–39, 141–42, 145–46, 147–54, 156, 163–68, 170, 173, 182–95, 198–200, 211, 214, 218, 223–24, 226–27, 229–39, 245–47, 249–51, 253, 256–58, 263–64, 282, 285–88, 290–91, 293–98, 307, 310, 313, 321–24, 326, (5), (8), (13)–(16), (18)–(20), (22)–(26), (28), (31)–(33), (35)–(36), (38), (40)–(46), (48)–(50)–(51), (53)–(54), (57)–(58), (60)
ブノワ　Benoist, J.　(34), (49)
プフェンダー　Pfänder, A.　232, (43)
フラナガン　Flanagan, O.　61, (7), (60), (62)
ブラフ　Brough, J. B.　114, 227, 295, (16), (18)–(19), (21), (33), (37), (42), (54)
フランク　Franck, D.　(35)
フランク　Frank, M.　8, 35, 42, 65–69, 77, 89–90, 92, 229, (1), (6)–(7), (10)–(13), (18), (22), (24), (32), (37), (42), (48), (57), (60)–(61)
ブランケンブルク　Blankenburg, W. (44)
ブラント　Brand, B.　124, 213, (14), (21), (33), (35), (37)
フリース　Fries, J. F.　(6)
プルッファー　Prufer, T.　115, (18)–(19), (57)
ブルックス-ガン　Brooks-Gunn, J. 278, (51)–(52)

ブレンターノ　Brentano, F.　53–58, 90, 93, 98, 105, 118–19, 316, (6), (8)–(9), (58), (61)
フロイト　Freud, S.　315–20, 323, (58), (62)
ブロード　Braude, S. E.　(63)
ベアス　Beahrs, J. O.　(62)
ベイトソン　Bateson, G.　188, (32)
ベェーム　Boehm, R.　(54)
ヘーゲル　Hegel, G. W. F.　305, (58)
ベーンケ　Behnke, E. A.　(25)
ヘックマン　Heckmann, H.-D.　(11)
ペヤード　Paillard, J.　(27)
ペリー　Perry, J.　24–25, (4), (24)
ペリシエ　Pélicier, Y.　(62)
ベルイマン　Bergman, A.　(51)
ベルクソン　Bergson, H.　(20)
ヘルト　Held, K.　9, 162, 214, 297, (17), (22), (27), (38), (54), (57)
ベルネット　Bernet, R.　9–10, 98, 235, (14)–(15), (22)–(23), (29), (34), (43)–(44), (49), (58)
ヘンリッヒ　Henrich, D.　8, 35, 42, 46, 58–60, 63, 65, 67–69, 73, 76–77, 89, 92, 176, 181, 289, 302, (1), (6)–(7), (10)–(13), (18), (41), (48), (52)
ホーレンシュタイン　Holenstein, E. (31)–(32), (43)
ポタースト　Pothast, U.　8, 35, 57, 64, 226, 289
ボニ　Beaunis, H.　(62)
ボベリ　Borbély, A.　(62)

マ 行

マーラー　Mahler, M. S.　(51)
マールバッハ　Marbach, E.　223–24, 233, 237
マッギン　MaGinn, C.　45, (2)–(3)
マリオン　Marion, J.-L.　(30), (55)
マルコム　Malcolm, N.　88, (4), (13), (62)
ミード　Mead, G. H.　272, (48)
ミカルスキー　Michalski, K.　124, (21)
ミシャーラ　Mishara, A.　188, (32), (58)
ムーア　Moore, M. K.　268–69, (50)–(51)
ムーア　Moore, M.　(62)
メルツォフ　Melzoff, A. N.　268, (50)–(51)
メルロ-ポンティ　Merleau-Ponty, M. iii, 6, 74, 140, 147, 159, 180, 200, 222, 264–71, 296, (1), (12), (17)–(19), (21)–(22), (24), (26)–(28), (34), (36), (38)–(40), (50)–(54), (60)
モア　Mohr, G.　(12)
モハンティ　Mohanty, J. N.　(1), (37)
モンタヴォン　Montavont, A.　10, (41), (43), (59)

ヤ 行

ヤスパース　Jaspers, K.　(44)
山形頼洋　Yamagata, Y.　9, 140, (23), (34), (37), (52)

ラ 行

ライカン　Lycan, W. G.　(6)
ライル　Ryle, G.　(8)–(9)
ラントグレーベ　Landgrebe, L.　199, (33)
リー　Lee, N.　(35)
リクール　Ricœur, P.　2, 6, 195, 245, (1), (33)–(34), (45), (51), (58), (60)
リシール　Richir, M.　(35)

ワ 行

引用文献

Anscombe, G. E. M. 1981. *Metaphysics and the Philosophy of Mind*. Oxford: Blackwell.

Aristotle. 1984. *The Complete Works of Aristotle*. 2 vols. Ed. J. Barnes. Princeton, N.J.: Princeton University Press.

Armstrong, D. M. 1981. *The Nature of Mind*. Brighton: Harvester.

——. 1993. *A Materialist Theory of the Mind*. London: Routledge.（鈴木登訳『心の唯物論』勁草書房，1996 年）

Armstrong, D. M., and N. Malcolm. 1984. *Consciousness and Causality: A Debate on the Nature of Mind*. Oxford: Blackwell.（黒崎宏訳『意識と因果性——心の本性をめぐる論争』産業図書，1986 年）

Ayer, A. J. 1956/1990. *The Problem of Knowledge*. New York: Penguin Books.（神野慧一郎訳『知識の哲学』白水社，1981 年）

Barbaras, R. 1991. "Le sens de l'auto-affection chez Michel Henry et Merleau-Ponty." *Epokhè* 2: 91–111.

Bateson, G. 1972. *Steps to an Ecology of Mind*. New York: Ballantine Books.

Beahrs, J. O. 1982. *Unity and Multiplicity: Multilevel Consciousness of Self in Hypnosis, Psychiatric Disorder and Mental Health*. New York: Brunner/Mazel.

Beaunis, H. 1887. *Le somnambulisme provoqué*. Paris.

Behnke, E. A. 1984. "World without Opposite — Flesh of the World." Paper presented at the meeting of the Merleau-Ponty Circle, Montréal.

Benoist, J. 1994. *Autour de Husserl*. Paris: Vrin.

Bergson, H. 1927/1993. *Essai sur les données immédiates de la conscience*. Paris: PUF.（中村文郎訳『時間と自由』岩波文庫，2001 年）

——. 1971. *Time and Free Will: An Essay on the Immediate Data of Consciousness*. Trans. F. L. Pogson. London: Georg Allen and Unwin.

Bernet, R. 1983. "Die ungegenwärtige Gegenwart. Anwesenheit und Abwesenheit in Husserls Analyse des Zeitbewußtseins." *Phänomenologische Forschungen* 14: 16–57.

——. 1985. "Einleitung." In *Texte zur Phänomenologie des inneren Zeitbewußtseins, 1893–1917*, by E. Husserl, xi–lxvii. Hamburg: Felix Meiner.
——. 1994. *La vie du sujet*. Paris: PUF.
——. 1996a. "The Unconscious between Representation and Drive: Freud, Husserl, and Schopenhauer." In *The Truthful and the Good*, ed. J. J. Drummond and J. G. Hart, 81–95. Dordrecht, Boston, London: Kluwer.
——. 1996b. "L'analyse husserlienne de l'imagination comme fondement du concept freudien d'inconscient." *Alter* 4: 43–67.
Binswanger, L. 1953. *Grundformen und Erkenntnis menschlichen Daseins*. Zurich: Max Niehans.
Blankenburg, W. 1979. "Phänomenologische Epoché und Psychopathologie." In *Alfred Schütz und die Idee des Alltags in den Sozialwissenschaften*, ed. W. Sprondel and R. Grathoff, 125–39. Stuttgart: Enke.
Boehm, R. 1969. "Zur Phänomenologie der Gemeinschaft, Edmund Husserls Grundgedanken." In *Phänomenologie, Rechtsphilosophie, Jurisprudenz*, ed. Thomas Würtenberger, 1–26. Frankfurt am Main: Klostermann.
Borbély, A. 1986. *Secrets of Sleep*. New York: Basic Books.
Brand, G. 1955. *Welt, Ich und Zeit*. The Hague: Martinus Nijhoff.（新田義弘・小池稔訳『世界・自我・時間——フッサール未公開草稿による研究』国文社, 1982年）
Braude, S. E. 1991. *First Person Plural*. London: Routledge.
Brentano, F. 1874/1973. *Psychologie vom empirischen Standpunkt*. Vol. 1. Hamburg: Felix Meiner.
——. 1928/1985. *Kategorienlehre*. Hamburg: Felix Meiner.
——. 1973. *Psychology from an Empirical Standpoint*. Trans. A. C. Rancurello, D. B. Terrell, and L. L. McAlister. London: Routledge and Kegan Paul.
Brough, J. B. 1972. "The Emergence of an Absolute Consciousness in Husserl's Early Writings on Time-Consciousness." *Man and World* 5: 298–326.
——. 1975. "Husserl on Memory." Monist 59: 40–62.
——. 1987. "Temporality and the Presence of Language: Reflections on Husserl's Phenomenology of Time-Consciousness." In *Phenomenology of Temporality: Time and Language*, ed. A. Schuwer, 1–31. Pittsburgh: Duquesne University.
——. 1991. "Introduction." In E. Husserl, *On the Phenomenology of the Consciousness of Internal Time, 1893–1917*, xi–lvii. Dordrecht: Kluwer Academic Publishers.

——. 1993. "Husserl and the Deconstruction of Time." *Review of Metaphysics* 46: 503–36.

Butterworth, G. 1995. "An Ecological Perspective on the Origins of Self." In *The Body and the Self*, ed. J. L. Bermúdez, A. Marcel, and N. Eilan, 87–105. Cambridge, Mass.: MIT Press.

Cabestan, Ph. 1996. "La constitution du corps selon l'ordre de ses apparitions." *Epokhè* 6: 279–98.

Castañeda, H.-N. 1966. "He, a Study in the Logic of Self-Consciousness." *Ratio* 8: 130–57.

——. 1967. "The Logic of Self-Knowledge." *Nous* 1: 9–2.

——. 1968. "On the Phenomeno-Logic of the I." *Proceedings of the Sixteenth International Congress of Philosophy* 3: 260–66.

——. 1970. "On Knowing (or Believing) That One Knows (or Believes) ." *Synthese* 21: 187–203.

——. 1979. "Philosophical Method and Direct Awareness of the Self." *Grazer Philosophische Studien* 7, no. 8: 1–58.

——. 1987a. "The Self and the I-Guises, Empirical and Transcendental." In *Theorie der Subjektivität*, eds. K. Cramer et al., 105–40. Frankfurt am Main: Suhrkamp.

——. 1987b. "Self-Consciousness, Demonstrative Reference, and the Self-Ascription View of Believing." In *Philosophical Perspectives*. Vol. 1, *Metaphysics*, ed. James E. Tomberlin, 405–54. Atascadero, Calif.: Ridgeview.

——. 1989a. "Self-Consciousness, I-Structures and Physiology " In *Philosophy and Psychopathology*, ed. M. Spitzer and B. A. Maher, 118–45. Berlin: Springer Verlag.

——. 1989b. "The Reflexivity of Self-Consciousness: Sameness/Identity, Data for Artificial Intelligence." *Philosophical Topics* 17, no. 1: 27–58.

Chalmers, D. J. 1996. *The Conscious Mind: In Search of a Fundamental Theory*. New York: Oxford University Press.（林一訳『意識する心――脳と精神の根本理論を求めて』白揚社，2001 年）

Chisholm, R. M. 1981. *The First Person*. Brighton: Harvester.

Claesges, U. 1964. *Edmund Husserls Theorie der Raumkonstitution*. The Hague: Martinus Nijhoff.

Cobb-Stevens, R. 1998. "James and Husserl: Time-Consciousness and the Intentionality of Presence and Absence." In *Self-Awareness, Temporality, and Alterity*, ed. D. Zahavi, 41–57. Dordrecht: Kluwer Academic Publishers.

Cole, J. 1991/1995. *Pride and a Daily Marathon*. Cambridge, Mass.: MIT Press.
Cole, J., and J. Paillard. 1995. "living without Touch and Peripheral Information about Body Position and Movement: Studies with Deafferented Subjects." In *The Body and the Self*, ed. J. L. Bermúdez, A. Marcel, and N. Eilan, 245–66. Cambridge, Mass.: MIT Press.
Costa, V. 1994. "Derrida og Husserl-Problemet om Ursyntesen." In *Subjektivitet og Livsverden i Husserls Fænomenologi*, ed. D. Zahavi, 75–88. Aarhus: Modtryk.
Cramer, K. 1974. "'Erlebnis' Thesen zu Hegels Theorie des Selbstbewußtseins mit Rücksicht auf die Aporien eines Grundbegriffs nachhegelscher Philosophie." In *Stuttgarter Hegel-Tage* 1970, ed. H.-G. Gadamer, 537–603. Bonn: Hegel-Studien, Beiheft 11.
Cutting, J. 1997. *Principles of Psychopathology: Two Worlds — Two Minds — Two Hemispheres*. Oxford: Oxford University Press.
Depraz, N. 1995. Transcendance et incarnation. Paris: Vrin.
——. 1998. "Can I Anticipate Myself? Self-Affection and Temporality." In *Self-Awareness, Temporality, and Alterity*, ed. D. Zahavi, 85–99. Dordrecht: Kluwer Academic Publishers.
Depraz, N., and Zahavi, D. eds. 1998. *Alterity and Facticity: New Perspectives on Husserl*. Dordrecht: Kluwer Academic Publishers.
Derrida, J. 1967a. *La voix et le phénomène*. Paris: PUF.（林好雄訳『声と現象』ちくま学芸文庫，2005 年）
——. 1967b. *L'écriture et la différence*. Paris: Éditions du Seuil.（合田正人・谷口博史訳『エクリチュールと差異』法政大学出版局，2013 年）
——. 1967c. *De la grammatologie*. Paris: Les Éditions de Minuit.（足立和浩訳『根源の彼方に：グラマトロジーについて』上・下，現代思潮社，1972 年）
——. 1972a. *Marges de la philosophie*. Paris: Les Éditions de Minuit.（高橋允昭・藤本一勇訳『哲学の余白』上・下，法政大学出版局，2007–8 年）
——. 1972b. *La dissémination*. Paris: Éditions du Seuil.（藤本一勇・立花史・郷原佳以訳『散種』法政大学出版局，2013 年）
——. 1973. *Speech and Phenomena and Other Essays on Husserl's Theory of Signs*. Trans. D. B. Allison. Evanston, Ill.: Northwestern University Press.
——. 1976. *Of Grammatology*. Trans. G. C. Spivak. Baltimore: Johns Hopkins University Press.
——. 1989. *An Introduction to Edmund Husserls 'Origin of Geometry.'* lincoln: University of Nebraska Press.

——. 1990. *Le problème de la genèse dans la philosophie de Husserl*. Paris: PUF. （合田正人・荒金直人訳『フッサール哲学における発生の問題』みすず書房，2007年）

Drummond, J. J. 1979–80. "On Seeing *a* Material Thing *in* Space: The Role of Kinaesthesis in Visual Perception." *Philosophy and Phenomenological Research* 40: 19–32.

Drüe, H. 1963. *Edmund Husserls System der Phänomenologischen Psychologie*. Berlin: de Gruyter.

Duval, R. 1990. *Temps et vigilance*. Paris: Vrin.

Eagle, M. 1988. "Psychoanalysis and the Personal." In *Mind, Psychoanalysis, and Science*, ed. P. Clark and C. Wright, 91–111. Oxford: Blackwell.

Étévenon, P. 1987. *Du rêve a l'éveil*. Paris: Albin Michel.

Evans, G. 1982. *The Varieties of Reference*. Oxford: Clarendon Press.

Ey, Henry. 1973. *Consciousness: A Phenomenological Study of Being Conscious and Becoming Conscious*. Bloomington: Indiana University Press. （大橋博司訳『意識』1-2，みすず書房，1969–71年）

Farthing, U. W. 1992. *The Psychology of Consciousness*. Englewood Cliffs, N.J.: Prentice-Hall.

Fichte, J. G. 1797/1920. *Erste und Zweite Einleitung in die Wissenschaflslehre*. Leipzig: Felix Meiner. （鈴木琢真・千田義光・藤澤賢一郎訳『イェーナ時代後期の知識学』フィヒテ全集第7巻，晢書房，1999年）

——. 1994. *Introductions to the Wissenschaftslehre and Other Writings (1797–1800)*. Trans. D. Breazeale. Indianapolis: Hackett.

Fink, E. 1957. "Operative Begriffe in Husserls Phänomenologie." *Zeitschrift für philosophische Forschung* 11: 321–37. （新田義弘訳「フッサールの現象学における操作的概念」，新田義弘・小川侃編『現象学の根本問題』晃洋書房，1978年）

——. 1966. *Studien zur Phänomenologie 1930–1939*. The Hague: Martinus Nijhoff. （新田義弘・小池稔訳『フッサールの現象学』以文社，1982年）

——. 1987. *Existenz und Coexistenz*. Würzburg: Königshausen and Neumann.

——. 1992. *Natur, Freiheit, Welt*. Würzburg: Königshausen and Neumann.

Flanagan, O. 1992. *Consciousness Reconsidered*. Cambridge, Mass.: MIT Press.

——. 1997. "Prospects for a Unified Theory of Consciousness or, What Dreams Are Made Of." In *The Nature of Consciousness*, ed. N. Block, O. Flanagan, and G. Güzeldere, 97–109. Cambridge, Mass.: MIT Press.

Franck, D. 1984. "La chair et le problème de la constitution temporelle." In *Phé-*

noménologie et métaphysique, ed. J.-F. Courtine, 125–56. Paris: PUF.
Frank, M. 1984. *Was ist Neostrukturalismus?* Frankfurt am Main: Suhrkamp.
——. 1986. *Die Unhintergehbarkeit von Individualität*. Frankfurt am Main: Suhrkamp.
——. 1989. *Das Sagbare und das Unsagbare*. Frankfurt am Main: Suhrkamp.
——. 1990. *Zeitbewußtsein*. Pfullingen: Neske.
——. 1991a. *Selbstbewußtsein und Selbsterkenntnis*. Stuttgart: Reclam.
Frank, M., ed. 1991b. *Selbstbewußtseinstheorien von Fichte bis Sartre*. Frankfurt am Main: Suhrkamp.
Freud, S. 1940. *Gesammelte Werke*. Vol. 13, *Jenseits des Lustprinzips: Massenpsychologie und Ich-Analyse — Das Ich und das Es*. Frankfurt am Main: S. Fischer.（須藤訓任訳「快原則の彼岸」，藤野寛訳「集団心理学と自我分析」『フロイト全集』17，岩波書店，2006 年，道籏泰三訳「自我とエス」『フロイト全集』18，岩波書店，2007 年）
——. 1941. *Gesammelte Werke*. Vol. 17, *Schriflen aus dem Nachlass*. Frankfurt am Main: S. Fischer.
——. 1942. *Gesammelte Werke*. Vols. 2–3, *Die Traumdeutung: Uber den Traum*. Frankfurt am Main: S. Fischer.（新宮一茂訳「夢解釈 I」「夢解釈 II」『フロイト全集』4–5，岩波書店，2007–2011 年）
——. 1944a. *Gesammelte Werke*. Vol. 11, *Vorlesungen zur Einführung in die Psychoanalyse*. Frankfurt am Main: S. Fischer.（新宮一茂ほか訳「精神分析入門講義」『フロイト全集』15，岩波書店，2012 年）
——. 1944b. *Gesammelte Werke*. Vol. 15, *Neue Folge der Vorlesungen zur Einführung in die Psychoanalyse*. Frankfurt am Main: S. Fischer.（道籏泰三訳「続・精神分析入門講義」『フロイト全集』21，岩波書店，2011 年）
——. 1945. *Gesammelte Werke*. Vol. 8, *Werke aus den Jahren 1909–1913*. Frankfurt am Main: S. Fischer.（『フロイト全集』9–13，岩波書店，2007–2010 年）
——. 1946. *Gesammelte Werke*. Vol. 10, *Werke aus den Jahren 1913–1917*. Frankfurt am Main: S. Fischer.（『フロイト全集』13–14, 16，岩波書店，2010 年）
——. 1953. *The Standard Edition of the Complete Psychological Works of Sigmund Freud*. Vol. 5, *The Interpretation of Dreams (Second Part) and on Dreams*. Trans. J. Strachey. London: Hogarth Press.
——, 1957. *The Standard Edition of the Complete Psychological Works of Sigmund Freud*. Vol. 14, *On the History of the Psycho-Analytic Movement: Papers on Metapsychology and Other Works*. Trans. J. Strachey. London: Hogarth Press.
——. 1958. *The Standard Edition of the Complete Psychological Works of Sigmund*

Freud. Vol. 12, *The Case of Schreber: Papers on Technique and Other Works*. Trans. J. Strachey. London: Hogarth Press.

——. 1961. *The Standard Edition of the Complete Psychological Works of Sigmund Freud*. Vol. 19, *The Ego and the Id and Other Works*. Trans. J. Strachey. London: Hogarth Press.

——. 1964. *The Standard Edition of the Complete Psychological Works of Sigmund Freud*. Vol. 22, *New Introductory Lectures on Psycho-Analysis and Other Works*. Trans. J. Strachey. London: Hogarth Press.

Gallagher, S. 1986. "Body Schema and Body Image: A Conceptual Clarification." *Journal of Mind and Behavior* 7: 541–54.

Gallagher, S., and J. Cole. 1995. "Body Image and Body Schema in a Deafferented Subject." *Journal of Mind and Behavior* 16, no. 4: 369–89.

Gallup, G. G. 1977. "Self-Recognition in Primates." *American Psychologist* 32: 329–38.

Gasché, R. 1986. *The Tain of the Mirror*. Cambridge, Mass.: Harvard University Press.

Gibson, J. J. 1966. *The Senses Considered as Perceptual Systems*. London: George Allen and Unwin LTD.（佐々木正人・古山宣洋・三嶋博之監訳『生態学的知覚システム――感性をとらえなおす』東京大学出版会，2011 年）

——. 1979/1986. *The Ecological Approach to Visual Perception*. Hillsdale, N.J.: Lawrence Erlbaum Associates.（古崎敬ほか訳『生態学的視覚論――ヒトの知覚世界を探る』サイエンス社，1985 年）

——. 1982. *Reasons for Realism: Selected Essays of James J. Gibson*. Ed. E. Reed and R. Jones. Hillsdale, N.J.: Lawrence Erlbaum Associates.（境敦史・河野哲也訳『直接知覚論の根拠――ギブソン心理学論集』勁草書房，2004 年）

Goldman, A. I. 1997. "Consciousness, Folk Psychology, and Cognitive Science." In *The Nature of Consciousness*, ed. N. Block, O. Flanagan, and G. Güzeldere, 111–25. Cambridge, Mass.: MIT Press.

Graham, G., and G. L. Stephens. 1994. "Mind and Mine." In *Philosophical Psychopathology*, ed. G. Graham and G. L. Stephens, 91–110. Cambridge, Mass.: MIT Press.

Grue-Sørensen, K. 1950. *Studier over Refleksitivitet*. Copenhagen: J. H. Schultz.

Gurwitsch, A. 1966. *Studies in Phenomenology and Psychology*. Evanston, Ill.: Northwestern University Press.

——. 1974. *Das Bewußtseinsfeld*. Berlin: de Gruyter.

——. 1985. *Marginal Consciousness*. Athens: Ohio University Press.

Habermas, J. 1988. *Theorie des kommunikativen Handelns*. Vols. 1–2. Frankfurt am Main: Suhrkamp.（河上倫逸ほか訳『コミュニケーション的行為の理論』上・中・下，未來社，1985–7 年）
——. 1989. *Nachmetaphysisches Denken*. Frankfurt am Main: Suhrkamp.（藤澤賢一郎・忽那敬三訳『ポスト形而上学の思想』未來社，1990 年）
——. 1991. *Der philosophische Diskurs der Moderne*. Frankfurt am Main: Suhrkamp.（三島憲一訳『近代の哲学的ディスクルス』I・II，岩波書店，1990 年）
Hart, J. G. 1989. "Constitution and Reference in Husserl's Phenomenology of Phenomenology." *Husserl Studies* 6: 43–72.
——. 1992. *The Person and the Common Life*. Dordrecht: Kluwer Academic Publishers.
——. 1993. "Phenomenological Time: Its Religious Significance." In *Religion and Time*, ed. J. N. Mohanty and A. N. Balslev, 18–45. Leiden: Brill.
——. 1996a. "Agent Intellect and Primal Sensibility." In *Issues in Husserl's Ideas*, ed. T. Nenon and L. Embree, vol. 2, 107–34. Dordrecht: Kluwer Academic Publishers.
——. 1996b. "Being and Mind." In *The Truthful and the Good*, ed. J. J. Drummond and J. G. Hart, 1–16. Dordrecht: Kluwer Academic Publishers.
——. 1998. "Intentionality, Phenomenality, and light." In *Self-Awareness, Temporality, and Alterity*, ed. D. Zahavi, 59–83. Dordrecht: Kluwer Academic Publishers.
Heckman, H.-D. 1991. "Wer（oder was）bin ich? Zur Deutung des Intentionalen Selbsbezuges aus der Perspektive der ersten Person Singularis." In *Dimensionen des Selbst: Selbstbewusstsein, Reflexivität und die Bedingungen von Kommunikation*, ed. B. Kienzle and H. Pape, 85–136. Frankfurt am Main: Suhrkamp.
Hegel, G. W. F. 1977. *Hegel's Phenomenology of Spirit*. Trans. A. V. Miller. Oxford: Clarendon Press.
——. 1988. *Phänomenologie des Geistes*. Hamburg: Felix Meiner.（金子武蔵訳『精神の現象学』上・下，岩波書店，2002 年）
Heidegger, M. 1979. *Gesamtausgabe*. Vol. 20, *Prolegomena zur Geschichte des Zeitbegriffs*. Frankfurt am Main: Vittorio Klostermann.（常俊宗三郎・嶺秀樹訳，ハイデッガー全集第 20 巻：『時間概念の歴史への序説』創文社，1988 年）
——. 1986a. *Sein und Zeit*. Tübingen: Max Niemeyer.（高田珠樹訳『存在と時間』作品社，2013 年）
——. 1986b. *Gesamtausgabe*. Vol. 15, *Seminare (1951–1973)*. Frankfurt am Main:

Vittorio Klostermann.
——. 1990. *Kant and the Problem of Metaphysics*. Trans. R. Taft. Bloomington: Indiana University Press.
——. 1991. *Gesamtausgabe*. Vol. 3, *Kant und das Problem der Metaphysik*. Frankfurt am Main: Vittorio Klostermann.（門脇卓爾，ハルトムート・ブフナー訳，ハイデッガー全集第3巻：『カントと形而上学の問題』，創文社，2003年）
——. 1996. *Being and Time*. Trans. J. Stambaugh. Albany, N.Y: SUNY Press.
Held, K. 1966. *Lebendige Gegenwart*. The Hague: Martinus Nijhoff.（新田義弘・小川侃・谷徹・斎藤慶典訳『生き生きした現在——時間と自己の現象学』北斗出版，1997年）
——. 1981. "Phanomenologie der Zeit nach Husserl." *Perspektiven der Philosophie* 7: 185–221.（小川侃・梅原賢一郎訳「フッサール以後の（フッサールに拠る）時間の現象学」『理想』No. 571，2–34頁，1980年）
Held, R., and A. Hein. 1963. "Movement-Produced Stimulation in the Development of Visually Guided Behavior." *Journal of Comparative and Physiological Psychology* 56, no. 5: 872–76.
Henrich, D. 1966. "Fichtes ursprüngliche Einsicht." In *Subjektivität und Metaphysik. Festschrift für Wolfgang Cramer,* ed. D. Henrich and H. Wagner, 188–232. Frankfurt am Main: Klostermann.（座小田豊・小松恵一訳『フィヒテの根源的洞察』法政大学出版局，1986年）
——. 1970. "Selbstbewußtsein, kritische Einleitung in eine Theorie." In *Hermeneutik und Dialektik*, ed. R. Bubner, K. Cramer, and R. Wiehl, 257–84. Tübingen: Mohr.
——. 1971. "Self-Consciousness: A Critical Introduction to a Theory." *Man and World* 4: 3–28.
——. 1982a. *Fluchtlinien*. Frankfurt am Main: Suhrkamp.（藤沢賢一郎訳『現代哲学の遠近法——思考の消尽線を求めて』岩波書店，1987年）
——. 1982b. *Selbstverhältnisse*. Stuttgart: Reclam.
——. 1989. "Noch einmal in Zirkeln. Eine Kritik von Ernst Tugendhats semantischer Erklärung von Selbstbewußtsein." *Mensch und Moderne. Beiträge zur philosophischen Anthropologie und Gesellschaftskritik*, ed. C. Bellut and U. Müller-Schöll, 93–132. Würzburg: Königshausen and Neumann.
Henry, M. 1963. *L'essence de la manifestation*. Paris: PUF.（北村晋・阿部文彦訳『現出の本質』上・下，法政大学出版局，2005年）
——. 1965. *Philosophie et phénoménologie du corps*. Paris: PUF.（中敬夫訳『身体の哲学と現象学——ビラン存在論についての試論』法政大学出版局，2000

年）
——. 1966. "Le concept d'âme a-t-il un sens?" *Revue philosophique de Louvain* 64: 5–33.
——. 1969. "Does the Concept 'Soul' Mean Anything? " *Philosophy Today* 13, no. 2: 94–114.
——. 1973. *The Essence of Manifestation*. Trans. G. Etzkorn. The Hague: Martinus Nijhoff.
——. 1975. *Philosophy and Phenomenology of the Body*. Trans. G. Etzkorn. The Hague: Martinus Nijhoff.
——. 1985. *Généalogie de la psychanalyse*. Paris: PUF.（山形頼洋ほか訳『精神分析の系譜——失われた始源』法政大学出版局，1993年）
——. 1989. "Philosophie et subjectivité." In *Encyclopédie Philosophique Universelle*, Bd. 1. *L'univers philosophique*, ed. A. Jacob, 46–56. Paris: PUF.
——. 1990. *Phénoménologie matérielle*. Paris: PUF.（中敬夫・野村直正・吉永和加訳『実質的現象学』法政大学出版局，2000年）
——. 1994. "Phénoménologie de la naissance." *Alter* 2: 295–312.
——. 1996. *C'est moi la vérité*. Paris: Seuil.
Hilgard, E. R. 1986. *Divided Consciousness: Multiple Controls in Human Thought and Action*. New York: John Wiley and Sons.（児玉憲典訳『分割された意識——〈隠れた観察者〉と新解離説』金剛出版，2013年）
Holenstein, E. 1971. "Passive Genesis: Eine Begriffsanalytische Studie." *Tijdschrift voor Filosofie* 33: 112–53.
——. 1972. *Phänomenologie der Assoziation: Zu Struktur und Funktion eines Grundprinzips der passiven Genesis bei E. Husserl*. The Hague: Martinus Nijhoff.
Hume, D. 1888. *A Treatise of Human Nature*. Oxford: Clarendon Press.（木曽好能ほか訳『人間本性論』1–3，法政大学出版局，1995–2012年）
Husserl, E. 1952. *Husserliana*. Vol. 4, *Ideen zu einer reinen Phänomenologie und Phänomenologischen Philosophie II.* The Hague: Martinus Nijhoff.（立松弘孝ほか訳『イデーンⅡ』1–2，みすず書房，2001–9年）
——. 1956. *Husserliana*. Vol. 7, *Erste Philosophie I (1923–24).* The Hague: Martinus Nijhoff.
——. 1959. *Husserliana*. Vol. 8, *Erste Philosophie II (1923–24).* The Hague: Martinus Nijhoff.
——. 1960. *Cartesian Meditations*. Trans. D. Cairns. The Hague: Martinus Nijhoff.

——. 1962. *Husserliana*. Vol. 6, *Die Krisis der europäischen Wissenschaften und die transzendentale Phänomenologie*. The Hague: Martinus Nijhoff.（細谷恒夫・木田元訳『ヨーロッパ諸学の危機と超越論的現象学』中公文庫，1995 年）
——. 1962. *Husserliana*. Vol. 9, *Phänomenologische Psychologie*. The Hague: Martinus Nijhoff.（谷徹訳『ブリタニカ草稿』ちくま学芸文庫，2004 年）
——. 1966. *Husserliana*. Vol. 11, *Analysen zur passiven Synthesis*. The Hague: Martinus Nijhoff.（山口一郎・田村京子訳『受動的綜合の分析』国文社，1997 年）
——. 1966. *Husserliana*. Vol. 10, *Zur Phänomenologie des inneren Zeitbewußtseins (1893–1917).* The Hague: Martinus Nijhoff.（谷徹訳『内的時間意識の現象学』ちくま学芸文庫，2016 年）
——. 1969. *Formal and Transcendental Logik*. Trans. D. Cairns. The Hague: Martinus Nijhoff.
——. 1970. *The Crisis of European Sciences and Transcendental Phenomenology.* Trans. D. Carr. Evanston, Ill.: Northwestern University Press.
——. 1971. *Husserliana*. Vol. 5, *Ideen zu einer reinen Phänomenologie und Phänomenologischen Philosophie III.* The Hague: Martinus Niihoff.（渡邊二郎・千田義光訳『イデーンⅢ』みすず書房，2010 年）
——. 1973. *Husserliana*. Vol. 1, *Cartesianische Meditationen und Pariser Vorträge*. The Hague: Martinus Nijhoff.（浜渦辰二訳『デカルト的省察』岩波文庫，2001 年）
——. 1973. *Husserliana*. Vol. 16, *Ding und Raum.* The Hague: Martinus Nijhoff.
——. 1973. *Experience and Judgment*. Trans. J. S. Churchill and K. Ameriks. London: Routledge and Kegan Paul.
——. 1973. *Husserliana*. Vol. 13, *Zur Phänomenologie der Intersubjektivität I.* The Hague: Martinus Nijhoff.（浜渦辰二・山口一郎監訳『間主観性の現象学』I–III，ちくま学芸文庫，2012–5 年）
——. 1973. *Husserliana* Vol. 14, *Zur Phänomenologie der Intersubjektivität II.* The Hague: Martinus Nijhoff.（浜渦辰二・山口一郎監訳『間主観性の現象学』I–III，ちくま学芸文庫，2012–5 年）
——. 1973. *Husserliana*. Vol. 15, *Zur Phänomenol0gie der Intersubjektivität III.* The Hague: Martinus Nijhoff.（浜渦辰二・山口一郎監訳『間主観性の現象学』I–III，ちくま学芸文庫，2012–5 年）
——. 1974. *Husserliana*. Vol. 17, *Formale und transzendentale Logik*. The Hague: Martinus Niihoff.（立松弘孝訳『形式論理学と超越論的論理学』みすず書房，2015 年）

——. 1976. *Husserliana*. Vol. 3/1–2, *Ideen zu einer reinen Phänomenologie und Phänomenologischen Philosophie I*. The Hague: Martinus Nijhoff.（渡邊二郎訳『イデーンⅠ』みすず書房，1979–84 年）
——. 1977. *Phenomenological Psychology*. Trans. J. Scanlon. The Hague: Martinus Nijhoff.
——. 1980. *Husserliana*. Vol. 23, *Phantasie, Bildbewußtsein, Erinnerung.* Dordrecht: Kluwer Academic Publishers.
——. 1980. *Phenomenology and the Foundations of the Sciences — Third Book of Ideas Pertaining to a Pure Phenomenology and to a Phenomenological Philosophy*. Trans. T. E. Klein and W. E. Pohl. The Hague: Martinus Nijhoff Publishers.
——. 1984. *Husserliana* Vol. 19/1–2, *Logische Untersuchungen II.* The Hague: Martinus Nijhoff.（立松弘孝ほか訳『論理学研究』2・3・4，みすず書房，1970–1976 年）
——. 1984. *Husserliana*. Vol. 24, *Einleitung in die Logik und Erkenntnistheorie*. The Hague: Martinus Nijhoff.
——. 1985. *Erfahrung und Urteil*. Hamburg: Felix Meiner.（長谷川宏訳『経験と判断』河出書房新社，1975 年）
——. 1989. *Ideas Pertaining to a Pure Phenomenology and to a Phenomenological.* Philosophy-Second Book. Trans. R. Rojcewicz and A. Schuwer. Dordrecht: Kluwer Academic Publishers.
——. 1991. *On the Phenomenology of the Consciousness of Internal Time (1893–1917)*. Trans. J. B. Brough. Dordrecht: Kluwer Academic Publishers.
——. 1993. *Husserliana*. Vol. 29, *Die Krisis der europäischen Wissenschaften und die transzendentale Phänomenologie: Ergänzungsband*. Dordrecht: Kluwer Academic Publishers.
——. 1997. *Thing and Space: Lectures of 1907*. Trans. R. Rojcewicz. Dordrecht: Kluwer Academic Publishers.
——. テクストは，フッサールの未公刊草稿の以下の箇所を含んでいる。ベルギー、ルーヴァンのフッサール文庫にある草稿。

A V 5（1933）
A V 4b
A V 5a
A V 5 7a
A V 5 8a

A VI（1930）
A VI 14a
A VI 45a

B I 14 (1932)
B I 14 138a
B I 14 138b

B III 9 (1931–34)
B III 9 8a
B III 9 14a
B III 9 14b
B III 9 18a
B III 9 23a
B III 9 79a
B III 9 79b
B III 9 105b

C 2 (1931–32)
C 2 3a
C 2 8a
C 2 10a
C 2 11a

C 3 (1930–31)
C 3 4a
C 3 8a
C 3 8b
C 3 26a
C 3 32a
C 3 41b
C 3 42a
C 3 62a
C 3 69a
C 3 76a

C 5 (1930)
C 5 6a
C 5 7a

C 6 (1930)
C 6 4b
C 6 5a

C 7 (1932)
C 7 6b
C 7 8a
C 7 14a
C 7 14b
C 7 25a

C 8 (1929)
C 8 5a
C 8 5b

C 10 (1931)
C 10 2a

C 12 (1931)
C 12 3b

C 10 2b
C 10 3a
C 10 3b
C 10 5a
C 10 7a
C 10 9b
C 10 10a
C 10 13a
C 10 15a
C 10 15b
C 10 16a
C 10 17a

C 15（1931）
C 15 3b

C 16（1931-33）
C 16 7b
C 16 10a
C 16 28a
C 16 30b
C 16 33b
C 16 42a
C 16 46b
C 16 49a
C 16 49b
C 16 59a
C 16 68a
C 16 68b
C 16 69b
C 16 78a
C 16 81b
C 16 82a

C 17（1930-32）
C 17 15b
C 17 63a
C 17 63b
C 17 84b

D 10（1932）
D 10 11a
D 10 IV 11
D 10 IV 15

C 17 88b

D 12 (1931)
D 12 III 14
D 12 III 15
D 12 III 24
D 12 III 37a

D 13 (1921)
D 13 I 4a

E III 2 (1921)
E III 2 5a
E III 2 12b
E III 2 22a
E III 2 22b
E III 2 23a
E III 2 24b

E III 3 (1933-34)
E III 3 3a

E III 9 (1931-33)
E III 9 16a

L I 1 (1917-18)
L I 1 3a

L I 2 (1917)
L I 2 16a

L I 12 (1917)
L I 12 3b

L I 13 (1918)
L I 13 3a

L I 15 (1917)
L I 15 2b
L I 15 3a
L I 15 4a
L I 15 17a
L I 15 22a
L I 15 22b
L I 15 35a
L I 15 35b
L I 15 36a
L I 15 36b
L I 15 37b

L I 16 (1917)

L I 17 (1917-18)

L I 16 12a	L I 17 9a
	L I 17 9b
L I 19（1917–18）	L I 20（1917–18）
L I 19 3a	L I 20 4a
L I 19 3b	L I 20 4b
L I 19 10a	
L I 21（1917）	M III 3 II I（1900–14）
L I 21 5b	M III 3 II I 29–30
L I 21 34b	M III 3 II I 95

Jackson, F. 1982. "Epiphenomenal Qualia." *Philosophical Quarterly* 32: 127–36.

James, W. 1890/1918. *The Principles of Psychology*. 2 vols. London: Macmillan.

Janicaud, D. 1991. *Le tournant théologique de la phénoménologie française*. Combas: Éditions de l'éclat.（北村晋・阿部文彦・本郷均訳『現代フランス現象学——その神学的転回』文化書房博文社，1994 年）

Jaspers, K. 1965. *Allgemeine Psychopathologie*. Berlin: Springer Verlag.（西丸四方訳『精神病理学原論』みすず書房，1971 年）

Jones, R. 1956. "Self-Knowledge." *Aristotelian Society Supplementary Volumes* 30: 120–42.

Kant, I. 1923. *Werke VIII*. Ed. E. Cassirer. Berlin: Bruno Cassirer.

——. 1971. *Kritik der reinen Vernunft*. Frankfurt am Main: Felix Meiner.（原佑訳『純粋理性批判』上・中・下，平凡社ライブラリー，2005 年）

——. 1983. *What Real Progress Has Metaphysics Made in Germany since the Time of Leibniz and Wolf?* Trans. T. Humphrey. New York: Abaris Books.

Kapitan, T. 1997. "The Ubiquity of Self-Awareness." *Grazer Philosophische Studien*. Forthcoming.

Kern, I. 1975. *Idee und Methode der Philosophie*. Berlin: de Gruyter.

——. 1989. "Selbstbewußtsein und Ich bei Husserl." In *Husserl-Symposion Mainz 1988*, 51–63. Stuttgart: Akademie der Wissenschaften und der Literatur.

Kienzle, B., and H. Pape. 1991. *Dimensionen des Selbst: Selbstbewußtsein, Reflexivität und die Bedingungen von Kommunikation*. Frankfurt am Main: Suhrkamp.

Kihlstrom, J. F. 1984. "Conscious, Subconscious, Unconscious: A Cognitive Perspective." In *The Unconscious Reconsidered*, ed. K. S. Bowers and D. Mei-

chenbaum. New York: John Wiley and Sons.
Kimura, B. 1997. "Cogito et Je." *L'Évolution Psychiatrique* 62, no. 2: 335–48.
Klawonn, F. 1990. "On Personal Identity: Defence of a Form of Non-Reductionism." *Danish Yearbook of Philosophy* 25: 41–59.
——. 1991. *Jeg'ets Ontologi*. Odense: Odense Universitetsforlag.
——. 1994. "Kritisk Undersøgelse af Kritikken." In *Kritisk Belysning af Jeg'ets Ontologi*, ed. D. Favrholdt, 129–89. Odense: Odense Universitetsforlag.
Kleitman, N. 1939. *Sleep and Wakefulness*. Chicago: University of Chicago Press.
Kühn, R. 1994. *Studien zum Lebens- und Phänomenbegriff.* Cuxhaven: Junghans-Verlag.
Laing, R. D. 1960/1990. *The Divided Self.* Harmondsworth: Penguin Books.（天野衛訳『引き裂かれた自己――狂気の現象学』ちくま学芸文庫，2017 年）
Landgrebe, L. 1963. *Der Weg der Phänomenologie*. Gütersloh: Gerd Mohn.（山崎庸佑・甲斐博見・高橋正和訳『現象学の道』木鐸社，1980 年）
——. 1982. *Faktizität und Individuation*. Hamburg: Felix Meiner.
Larrabee, M. J. 1994. "Inside Time-Consciousness: Diagramming the Flux." *Husserl Studies* 10: 181–210.
Lee, N. 1998. "Edmund Husserl's Phenomenology of Mood." In *Alterity and Facticity: New Perspectives on Husserl*, ed. N. Depraz and D. Zahavi. Dordrecht: Kluwer Academic Publishers.
Lévinas, E. 1949/1988. *En découvrant l'existance avec Husserl et Heidegger* Paris: Vrin.（佐藤真理人ほか訳『実存の発見――フッサールとハイデガーと共に』法政大学出版局，1996 年）
——. 1961/1990. *Totalité et Infini*. Dordrecht: Kluwer Academic Publishers.（熊野純彦訳『全体性と無限』上・下，岩波文庫，2005–6 年）
——. 1972. *Humanisme de l'autre homme*. Paris: Fata Morgana.（小林康夫訳『他者のユマニスム』書肆風の薔薇，1990 年）
——. 1974. *Autrement qu'être ou au-dela de l'essence*. The Hague: Martinus Nijhoff.（合田正人訳『存在の彼方へ』講談社学術文庫，1999 年）
——. 1979a. *Totality and Infinity*. Trans. A. Lingis. The Hague: Martinus Nijhoff.
——. 1979b. *Le temps et l'autre*. Paris: Fata Morgana.（原田佳彦訳『時間と他者』，法政大学出版局，2012 年）
——. 1982/1992. *De Dieu qui vient à l'idée*. Paris: Vrin.（内田樹訳『観念に到来する神について』国文社，1998 年）
——. 1987. *Time and the Other*. Trans. R. A. Cohen. Pittsburgh: Duquesne University Press.

——. 1911a. *Entre nous: Essais sur le penser-à-l'autre*. Paris: Grasset.（合田正人・谷口博史訳『われわれのあいだで』法政大学出版局，2015 年）

——. 1991b. *Cahier de l'Herne*. Ed. C. Chalier and M. Abensour. L'Herne.

Lewis, D. 1979. "Attributions 'De dicto' and 'De Se.' " *The Philosophical Review* 88: 513–43.

——. 1980. "Mad Pains and Martian Pains." In *Readings in Philosophy of Psychology*, ed. N. Block, vol. 1, 216–22. Cambridge, Mass.: Methuen.

Lewis, M., and J. Brooks-Gunn. 1979. *Social Cognition and the Acquisition of Self.* New York: Plenum Press.

Linschoten, J. 1961. *Auf dem Wege zu einer Phänomenologischen Psychologie*. Berlin: de Gruyter.

——. 1987. "On Falling Asleep." In *Phenomenological Psychology: The Dutch School*, ed. J. J. Kockelmans, 79–117. Dordrecht: Kluwer Academic Publishers.

Locke, J. 1975. *An Essay concerning Human Understanding*. Ed. P. H. Nidditch. Oxford: Clarendon Press.（大槻春彦訳『人間知性論』1–4，岩波文庫，1972–1977 年）

Lycan, W. G. "Consciousness as Internal Monitoring." In *The Nature of Consciousness*, ed. N. Block, O. Flanagan, and G. Güzeldere, 754–71. Cambridge, Mass.: MIT Press, 1997.

McGinn, C. 1983. *The Subjective View.* Oxford: Clarendon Press.

——. 1997. "Consciousness and Content." In *The Nature of Consciousness*, ed. N. Block, O. Flanagan, and G. Güzeldere, 295–307. Cambridge, Mass.: MIT Press.

Mahler, M. S., F. Pine, and A. Bergman. 1975. *The Psychological Birth of the Human Infant*. New York: Basic Books.

Malcolm, N. 1988. "Subjectivity." *Philosophy* 63: 147–60.

Marbach, E. 1974. *Das Problem des Ich in der Phänomenologie Husserls*. The Hague: Martinus Nijhoff.

Marion, J.-L. 1989. *Reduction et donation: Recherches sur Husserl, Heidegger et la phénoménologie*. Paris: PUF.（芦田宏直ほか訳『存在と贈与——フッサール・ハイデガー現象学論攷』行路社，1994 年）

——. 1996. "The Saturated Phenomenon." *Philosophy Today* 40, no. 1: 103–24.

Mead, G. H. 1962. *Mind, Self and Society. From the Standpoint of a Social Behaviorist*. Chicago: University of Chicago Press.（河村望訳『精神・自我・社会』人間の科学社，1995 年）

Meltzoff, A. N., and M. K. Moore. 1995. "Infants' Understanding of People and Things: From Body Imitation to Folk Psychology." In *The Body and the Self*, ed. J. L. Bermúdez, A. Marcel, and N. Eilan, 43–69. Cambridge, Mass.: MIT Press.

Merleau-Ponty, M. 1945. *Phénoménologie de la perception*. Paris: Éditions Gallimard.（中島盛夫訳『知覚の現象学』法政大学出版局，2015 年）

——. 1947. "Le primat de la perception et ses conséquences philosophiques." *Bulletin de la Société Francaise de Philosophie* 41: 119–53.（菊川忠夫訳『メルロ－ポンティは語る——知覚の優位性とその哲学的帰結』御茶の水書房，1981 年）

——. 1960a. *Signes*. Paris: Éditions Gallimard.（竹内芳郎監訳『シーニュ』1・2，みすず書房，1969–70 年）

——. 1960b. *Les relations avec autrui chez l'enfant*. Paris: Centre de Documentation Universitaire.（木田元・滝浦静雄訳『幼児の対人関係』メルロ－ポンティコレクション 3，みすず書房，2001 年）

——. 1962. *Phenomenology of Perception*. Trans. C. Smith. London: Routledge and Kegan Paul.

——. 1964. *Le visible et l'invisible*. Paris: Tel Gallimard.（中島盛夫監訳『見えるものと見えざるもの』法政大学出版局，2014 年）

——. 1966. *Sens et non-sens*. Paris: Les Éditions Nagel.（滝浦静雄ほか訳『意味と無意味』みすず書房，1983 年）

——. 1969. *La prose du monde*. Paris: Tel Gallimard.（滝浦静雄・木田元訳『世界の散文』みすず書房，1979 年）

——. 1988. *Merleau-Ponty à la Sorbonne*. Paris: Cynara.（木田元・鯵坂峻訳『意識と言語の獲得』ソルボンヌ講義 1，みすず書房，1993 年）

Michalski, K. 1997. *Logic and Time: An Essay on Husserl's Theory of Meaning*. Dordrecht: Kluwer Academic Publishers.

Mishara, A. 1990. "Husserl and Freud: Time, Memory and the Unconscious." *Husserl Studies* 7: 29–58.

Mohanty, J. N. 1972. *The Concept of Intentionality*. St. Louis: Green.

Mohr, G. 1988. "Vom Ich zur Person. Die Identität des Subjekts bei Peter F. Strawson." In *Die Frage nach dem Subjekt*, ed. M. Frank, G. Raulet, and W. van Reijen, 29–84. Frankfurt am Main: Suhrkamp.

Montavont, A. 1993. "Passivité et non-donation." *Alter* 1: 131–48.

——. 1994. "Le phénomène de l'affection dans les *Analysen zur passiven Synthesis*（1918–1926）de Husserl." *Alter* 2: 119–40.

——. 1999. *De la passivité dans la phénoménologie de Husserl*. Paris: PUF.

Moore, M. 1988. "Mind, Brain and Unconscious." In *Mind, Psychoanalysis, and Science*, ed. P. Clark and C. Wright, 141–66. Oxford: Blackwell.

Nagel, T. 1965. "Physicalism." *The Philosophical Review* 74: 339–56.

——. 1974. "What Is It like to Be a Bat?" *The Philosophical Review* 83: 435–50.（永井均訳「コウモリであるとはどのようなことか」,『コウモリであるとはどのようなことか』勁草書房, 1989年）

——. 1986. *The View from Nowhere*. Oxford: Oxford University Press.（中村昇ほか訳『どこでもないところからの眺め』春秋社, 2009年）

Natorp, P. 1912. *Allgemeine Psychologie*. Tübingen: Mohr.

Natsoulas, T. 1989. "Freud and Consciousness: III. The Importance of Tertiary Consciousness." *Psychoanalysis and Contemporary Thought* 12: 97–123.

——. 1991–92. " 'I Am Not the Subject of This Thought': Understanding a Unique Relation of Special Ownership with the Help of David Woodruf Smith: Part 1." *Imagination, Cognition and Personality* 11: 279–302.

——. 1991–92. " 'I Am Not the Subject of This Thought': Understanding a Unique Relation of Special Ownership with the Help of David Woodruf Smith: Part 2." *Imagination, Cognition and Personality* 11: 331–52.

Neisser, U. 1988. "Five Kinds of Self-Knowledge." *Philosophical Psychology* 1, no. 1: 35–59.

Noonan, H. 1991. *Personal Identity*. London: Routledge.

Nozick, R. 1981. *Philosophical Explanations*. Oxford: Clarendon Press.（坂本百大ほか訳『考えることを考える』上・下, 青土社, 1997年）

Parfit, D. 1987. *Reasons and Persons*. Oxford: Clarendon Press.（森村進訳『理由と人格——非人格性の倫理へ』勁草書房, 1998年）

Pélicier, Y. ed. 1985. *Somnambules et Parasomniaques*. Paris: Economica.

Perry, J. 1979. "The Problem of the Essential Indexical." *Nous* 13: 3–21.

——. 1993. *The Problem of Essential Indexicals and Other Essays*. Oxford: Oxford University Press.

Pfänder, A. 1904. *Einführung in die Psychologie*. Leipzig: Verlag von Johann Ambrosius Barth.

Piaget, J., and B. Inhelder. 1969. *The Psychology of the Child*. New York: Basic Books.

Pothast, U. 1971. *Über einige Fragen der Selbstbeziehung*. Frankfurt am Main: Vittorio Klostermann.

Prufer, T. 1988. "Heidegger, Early and Late, and Aquinas." In *Edmund Husserl*

and the Phenomenological Tradition: Essays in Phenomenology, ed. R. Sokolowski, 197–215. Washington, D.C.: Catholic University of America Press.

Richir, M. 1989. “Synthèse passive et temporalisation/spatialisation.” In *Husserl* ed. E. Escoubas and M. Richir, 9–41. Grenoble: Millon.

Rickert, H. 1915. *Der Gegenstand der Erkenntnis*. Tübingen: Mohr.

Ricœur, P. 1950/1988. *Philosophie de la volonté I. Le volontaire et l'involontaire*. Paris: Aubier.（滝浦静雄ほか訳『意志的なものと非意志的なもの』I–III, 紀伊國屋書店，1993–1995 年）

——. 1966. *Freedom and Nature: The Voluntary and the Involuntary*. Trans. E. V. Kohák. Evanston, Ill.: Northwestern University Press.

——. 1990. *Soi-même comme un autre*. Paris: Éditions du Seuil.（久米博訳『他者のような自己自身』法政大学出版局，1996 年）

Rohr-Dietschi, U. 1974. *Zur Genese des Selbstbewußtseins*. Berlin: de Gruyter.

Rosenberg, J. 1981. “Apperception and Sartre's Pre-Reflective Cogito.” *American Philosophical Quarterly* 18: 255–60.

Rosenberg, M. 1987. “Depersonalisation: The Loss of Personal Identity.” In *Self and Identity*, ed. T. Honess and K. Yardley, 193–206. London: Routledge and Kegan Paul.

Rosenthal, D. M. 1993. “Higher-Order Thoughts and the Appendage Theory of Consciousness.” *Philosophical Psychology* 6: 155–66.

——. 1997. “A Theory of Consciousness.” In *The Nature of Consciousness*, ed. N. Block, O. Flanagan, and G. Güzeldere, 729–53. Cambridge, Mass.: MIT Press.

Ryle, G. 1949. *The Concept of Mind*. London: Hutchinson.（坂本百大・井上治子・服部裕幸訳『心の概念』みすず書房，1987 年）

Sacks, O. 1990. *The Man Who Mistook His Wife for a Hat*. New York: Harper Perennial.（高見幸郎・金沢泰子訳『妻を帽子とまちがえた男』ハヤカワ・ノンフィクション文庫，2009 年）

Sartre, J.-P. 1936/1988. *La transcendance de l'ego*. Paris: Vrin.（竹内芳郎訳『自我の超越・情動論素描』人文書院，2000 年）

——. 1943/1976. *L'Être et le néant*. Paris: Tel Gallimard.（松浪信三郎訳『存在と無』I–III，ちくま学芸文庫，2007 年）

——. 1948. “Conscience de soi et connaissance de soi.” *Bulletin de la Société Française de Philosophie* 42: 49–91.

——. 1956. *Being and Nothingness*. Trans. H. E. Barnes. New York: Philosophi-

cal library.
——. 1957. *The Transcendence of the Ego*. Trans. F. Williams and R. Kirkpatrick. New York: Noonday Press.
——. 1967. "Consciousness of Self and Knowledge of Self." In *Readings in Existential Phenomenology*, ed. N. Lawrence and D. O'Connor, 113–42. Englewood Cliffs, N.J.: Prentice-Hall.
——. 14 May 1971. "Un entretien avec Jean-Paul Sartre." In *Le Monde*, with M. Contat and M. Rybalka.
Sass, L. A. 1994. *The Paradoxes of Delusion*. London: Cornell University Press.
Scanlon, J. D. 1971. "Consciousness, the Streetcar and the Ego: Pro Husserl, Contra Sartre." *Philosophical Forum* 2: 332–54.
Scheler, M. 1916/1927. *Der Formalismus in der Ethik und die materiale Wertethik*. Halle: Max Niemeyer.（吉沢伝三郎訳『倫理学における形式主義と実質的価値倫理学』上・中・下，白水社，2002 年）
——. 1922/1973. *Wesen und Formen der Sympathie*. Bern and München: Francke Verlag.（青木茂・小林茂訳『同情の本質と諸形式』白水社，2002 年）
——. 1954. *The Nature of Sympathy*. Trans. P. Heath. London: Routledge and Kegan Paul.
Schilder, P. 1951. *Psychoanalysis, Man, and Society*. Ed. Lauretta Bender. New York: Norton.
Schmalenbach, H. 1991. "Das Sein des Bewußtseins." In *Selbstbewußtseinstheorien von Fichte bis Sartre*, ed. M. Frank, 296–366. Frankfurt am Main: Suhrkamp.
Schmitz, H. 1982. "Zwei Subjektbegriffe. Bemerkungen zu dem Buch von Ernst Tugendhat: Selbstbewußtsein und Selbstbestimmung." *Philosophischesjahrbuch* 89: 131–42.
——. 1991. "Leibliche und personale Konkurrenz im Selbstbewusstsein." In *Dimensionen des Selbst: Selbstbewusstsein, Reflexivität und die Bedingungen von Kommunikation*, ed. B. Kienzle and H. Pape, 152–68. Frankfurt am Main: Suhrkamp.
Schües, C. 1998. "Conflicting Apprehensions and the Question of Sensations." In *Altertty and Facticity: New Perspectives on Husserl*, ed. N. Depraz and D. Zahavi. Dordrecht: Kluwer Academic Publishers.
Searle, J. R. 1992. *The Rediscovery of the Mind*. Cambridge, Mass.: MIT Press.（宮原勇訳『ディスカバー・マインド！――哲学の挑戦』筑摩書房，2000 年）
Sebbah, F.-D. 1994. "Aux limites de l'intentionnalité: M. Henry et E. Lévinas

lecteurs des *Leçons sur la conscience intime du temps*." *Alter* 2: 245–59.
Seebohm, T. 1962. *Die Bedingungen der Möglichkeit der Tranzendental-Philosophie*. Bonn: Bouvier.（桑野耕三・佐藤真理人訳『フッサールの先験哲学——カントを超えて』八千代出版，1979年）
Seel, G. 1995. *La dialectique de Sartre*. Lausanne: Editions L'Age d'Homme.
Shoemaker, S. 1963. *Self-Knowledge and Self-Identity*. Ithaca, N.Y.: Cornell University Press.（菅豊彦・浜渦辰二訳『自己知と自己同一性』勁草書房，1989年）
——. 1968. "Self-Reference and Self-Awareness." *The Journal of Philosophy* 65: 556–79.
——. 1996. *The First-Person Perspective and Other Essays*. Cambridge: Cambridge University Press.
Shoemaker, S., and R. Swinburne. 1984. *Personal Identity*. Oxford: Blackwell.（寺中平治訳『人格の同一性』産業図書，1986年）
Smith, D. W. 1983. "Is This a Dagger I See before Me ? " *Synthese* 54: 95–114.
——. 1989. *The Circle of Acquaintance*. Dordrecht: Kluwer Academic Publishers.
Sokolowski, R. 1970. *The Formation of Husserl's Concept of Constitution*. The Hague: Martinus Nijhoff.
——. 1974. *Husserlian Meditations*. Evanston, Ill.: Northwestern University Press.
——. 1976. "Ontological Possibilities in Phenomenology: The Dyad and the One." *Review of Metaphysics* 29: 691–701.
——. 1978. *Presence and Absence*. Bloomington: Indiana University Press.
Soldati, G. 1988. "Selbstbewußtsein und unmittelbares Wissen bei Tugendhat." In *Die Frage nach dem Subjekt*, ed. M. Frank, G. Raulet, and W. van Reijen, 85–100. Frankfurt am Main: Suhrkamp.
Spitz, R. A. 1983. *Dialogues from Infancy: Selected papers*. Ed. R. N. Emde. New York: International Universities Press.
Stern, D. N. 1983. "The Early Development of Schemas of Self, Other and 'Self with Other.' " In *Reflections on Self Psychology*, ed. J. D. Lichtenberg and S. Kaplan, 49–84. Hillsdale, N.J.: Analytical Press.
——. 1985. *The Interpersonal World of the Infant*. New York: Basic Books.（小此木啓吾・丸田俊彦監訳『乳児の対人世界』理論篇・臨床篇，岩崎学術出版社，1989–91年）
Strasser, S. 1978. *Jenseits von Sein und Zeit*. The Hague: Martinus Niihoff.
Straus, E. 1956. *Vom Sinn der Sinne*. Berlin: Springer-Verlag.

——. 1958. "Aesthesiology and Hallucinations." In *Existence: A New Dimension in Psychiatry and Psychology*, ed. R. May et al., 139–69. New York: Basic Books.

——. 1966. *Phenomenological Psychology: Selected Papers*. London: Tavistock Publications.

Strawson, G. 1994. *Mental Reality*. Cambridge, Mass.: MIT Press.

Strawson, P. F. 1959. *Individuals*. London: Methuen.（中村秀吉訳『個体と主語』みすず書房，1978 年）

——. 1966. *The Bounds of Sense*. London: Methuen.（熊谷直男・鈴木恒夫・横田栄一訳『意味の限界——「純粋理性批判」論考』勁草書房，1987 年）

Taylor, C. 1989. *Sources of the Self.* Cambridge, Mass.: Harvard University Press.（下川潔・桜井徹・田中智彦訳『自我の源泉——近代的アイデンティティの形成』名古屋大学出版会，2010 年）

Theunissen, M. 1977. *Der Andere*. Berlin: de Gruyter.

——. 1984. *The Other.* Trans. C. Macann. Cambridge, Mass.: MIT Press.

Tugendhat, E. 1979. *Selbstbewußtsein und Selbstbestimmung*. Frankfurt am Main: Suhrkamp.

——. 1986. *Self-Consciousness and Self-Determination*. Trans. P. Stern. Cambridge, Mass.: MIT Press.

Van Gulick, R. 1997. "Understanding the Phenomenal Mind: Are We All just Armadillos?" In *The Nature of Consciousness*, ed. N. Block, O. Flanagan, and G. Güzeldere, 559–66. Cambridge, Mass.: MIT Press.

Waldenfels, B. 1989. "Erfahrung des Fremden in Husserls Phanomenologie." *Phänomenologische Forschungen* 22: 39–62.

Wider, K. 1989. "Through the Looking Glass: Sartre on Knowledge and the Prereflective Cogito." *Man and World* 22: 329–43.

——. 1993a. "The Failure of Self-Consciousness in Sartre's 'Being and Nothingness.'" *Dialogue* 32, no. 4: 737–56.

——. 1993b. "Sartre and the Long Distance Truck Driver: The Reflexivity of Consciousness." *Journal of the British Society for Phenomenology* 24, no. 3: 232–49.

Wilkes, K. V. 1988. *Real People: Personal Identity without Thought Experiments*. Oxford: Clarendon Press.

Wittgenstein, L. 1958. *The Blue and Brown Books*. New York: Harper and Row.（大森荘蔵・杖下隆英訳『青色本・茶色本』ウィトゲンシュタイン全集 6，大修館書店，1975 年）

Yamagata, Y. 1991. "Une autre lecture de *L'essence de la manifestation*: Immanence, présent vivant et altérité." *Études philosophiques* 2: 173–91.（「『顕現の本質』のもうひとつの読解——内在，生ける現在，他性」『感情の幸福と傷つきやすさ』萌書房，2014 年）

Zahavi, D. 1992. *Intentionalität und Konstitution. Eine Einführung in Husserls Logische Untersuchungen*. Copenhagen: Museum Tusculanum Press.

——. 1994a. "The Self-Pluralisation of the Primal life: A Problem in Fink's Husserl-Interpretation." *Recherches Husserliennes* 2: 3–18.

——. 1995. "Intentionalitet og Fænomen hos Aristoteles, Thomas Aquinas og Brentano." *Filosofiske Studier* 15: 211–30.

——. 1996. *Husserl und die transzendentale Intersubjektivität. Eine Antwort auf die sprachpragmatische Kritik*. Dordrecht: Kluwer Academic Publishers.

——. 1997a. *Husserls Fænomenologi*. Copenhagen: Gyldendal.

——. 1997b. "Sleep, Self-Awareness and Dissociation." *Alter* 5.

Zahavi, D., ed. 1994b. *Subjektivitet og Livsverden i Husserls Fænomenologi*. Aarhus: Modtryk.

——. 1998a. *Self-Awareness, Temporality, and Alterity*. Dordrecht: Kluwer Academic Publishers.

Zahavi, D., and N. Depraz, eds. 1998b. *Alterity and Facticity: New Perspectives on Husserl*. Dordrecht: Kluwer Academic Publishers.

註

序

(1) Ricœur 1950, 59 (1966, 60–61). モハンティが示しているように，志向性と自己意識の間の両立可能性をまさに否定するインドの思想のうちに諸々の立場を見出すことが可能である。だから，シャンカラは，意識，本質的に自己開示的かつ自己充足的であることは，自己自身と異なる何かへの志向的関係を受け入れることができないと考えたが，それに対して，ニヤーヤ派は正反対の立場をとった。すなわち，本質において自己自身と異なるものへと向かっているので，意識は同時に自己自身に専念することはできないのである（Mohanty 1972, 37, 165–167)。

(2) こうした見通しは現象学にとって異他的ではない。例えば，1949年から1952年までソルボンヌで幼児心理学を教えたメルロ－ポンティは，幼児の自己意識についての理解は，自己，世界，他者の間の関連を理解しようとするならば，最重要であるというテーゼを唱道した。

(3) Nagel 1974, 437.

(4) こうした（他の）さまざまな類型の自己意識についての議論に関してはTugendhat 1979, 27–33を見よ。

(5) テイラーがそうした見解を最近唱道している（Taylor 1989, 49–50)。Cf. Ricœur 1990, 18.

(6) 人格的同一性のいわゆる「脳基準」を考察する場合に，その差異はとりわけ著しい。これによれば，ちょうどt_2でのP_2がt_1でのP_1と同じ脳を持つ場合と同じように，t_2での人格P_2はt_1でのP_1と同じ人格であることになる（Cf. Noonan 1991, 5)。しかし，この見解の擁護者でさえ，所与の人格の，彼自身の連続化された実存の一人称的体験的明証は彼が自分自身の脳の同一性に関してもつかもしれない何らかの知識によって媒介されたり，そこから推論されたりしていないということを認めなければならないだろう。

(7) Cf. Henrich 1966, 231; 1970, 261; 1982a 131; Frank 1984, 300; 1986, 44–45, 50; 1991b, 530, 536, 557, 562; Cramer 1974, 584, 590, 592; Castañeda 1979, 10; 1989a, 137.

(8) 心と言語の分析哲学から取り上げられる論証のかなり厳選した使用は，私がそもそも最初から機先を制しておきたいある一定の批判を引き起こすかもしれない。私が，やはりまた山積しているあらゆる種類のいっそう懐疑的かつ還元主義的（自然主義的）論証と対決することよりもむしろ私自身の基本的立場を支持し，解明し，改善する論証だけを考慮に入れてきたという異論があるかもしれない。このことにはある一定の真理があるし，もちろんそうした対決に価値があり実り豊かでありうるだろうということを否定はしない。しかしながら，そうした対決に取り組むことは，私が追求しているのとは別の企図を始めることになろう。私は，自己意識の現実存在を擁護することにとりわけ関心があるのではなく，自己意識のいっそう明確な組成の解明に到達することに関心がある。私の関心を引く問題は現行の現象学において非常によく論争される問題であり（cf. the essay in Zahavi 1998a），私は，この議論に寄与しようという試みそのものが何らかの顕在的正当化を必要とするとは考えていない。さらには，私はまさにこう思っている。自己意識の現実存在と意義との両方を支持する十分な論証が単純に論点先取を犯したという告発を避けるために以下において与えられることになる，と。

第一章

(1) したがって，指標的分析の目的そのものが一人称パースペクティヴを三人称パースペクティヴに還元することであるのだから，「私」の指標的分析を通して自己意識の理解に達しようというどんな試みも還元主義的であると読解することは幾分驚くべきことである。
(2) Castañeda 1966, 144.
(3) Anscombe 1981, 33.
(4) Anscombe 1981, 27.
(5) Shoemaker 1968, 559; Anscombe 1981, 28; Castañeda 1968, 261.
(6) Wittgenstein 1958, 66–67.
(7) こうもまた主張されてきた。私が痛みを感じ，かつ，傷んでいることについて誤ることは不可能であるが，この種の修正不可能性こそがさしあたり重要なのである，と。
(8) Shoemaker 1968, 557; 1984, 103. マッギンが指摘するように，「私はカナリアを見ている」という立言が主語の誤同定を含意する状況を想像することは，事実，可能である（1983, 51）。たとえば，もしジルとジャックがビデオを見ており，二人ともジャックがビデオに出ていると誤って信じてい

るならば，ジルは，ある時に，ジャックにこう問い尋ねるかもしれない。「今何をしているんだい」と。そして，ビデオを指示しながら，ジャックはこう答えるかもしれない。「カナリアを見ているんだ」と。だから，〔ジャックは〕彼自身をカナリアを見ている人物と誤同定している。しかしながら，明らかであるはずであるように，こうした派生してきた反例はいずれにせよ，誤同定の誤謬が正真正銘の自己意識の事例では排除されるというシューメーカーの論証の妥当性には影響を与えない。

(9) シューメーカーとは対照的に，マッギンは，修正できない同定について語ることによってそれを矛盾とはとらえておらず，したがってこう論じる。同定の基準となる形式と基準とならない形式の間を区別し，何かが同定されることを完全に否定するよりも後者の間で「私」の主観用法をカテゴリー分類するほうがよい。ある種の対象の単なる記述や分類，つまり，特定の対象の同定より以上のものが指示には存在すると思い，同時に，「私」の主観用法が事実まったく指示しないと主張することを避けようと望むならば，類似した結論には辿り着くかもしれない。

(10) Schoemaker 1984, 102.

(11) Schoemaker 1968, 561.

(12) Schoemaker 1968, 562–63.

(13) Schoemaker 1984, 105.

(14) Schoemaker 1968, 567.

(15) Castañeda 1989a, 127

(16) 注意すべきなのは，自分自身についての同定する三人称記述を所有しているだけの人格は，彼自身が当該の人格であるということを認識しそこなうにちがいないと私は主張しているわけではないということである。私は，彼にそうした結論を引き出すように強いるものは何もないだろうということをただ言っているにすぎない。

(17) Evans 1982, 255–56; Castañeda 1967, 12.

(18) Castañeda 1967, 12

(19) Castañeda 1966, 131.

(20) Castañeda 1966, 138; 1987b, 414. Ch. Chisholm 1981, 18–19.

(21) Castañeda 1966, 138–39.

(22) 直示的指示が間接的に（鏡を介して）行われているので，この例に難色を示す人たちに対して，カスタネダは，同じ結果を生み出すいっそうすばらしい思考実験を構築した（cf. Castañeda 1966, 141–42)。

(23) Anscombe 1981, 32. この問題は，一人称的術語による定義が定式化されるならば避けることができるだろう。すなわち，「「私」は私が私自身を語

るために用いる語である」が，この定義は明らかに循環的である（Pothast 1971, 24)。

(24) Norzik 1981, 72–73.

(25) Perry 1979, 3.

(26) Perry 1979, 12.

(27) Cf. Nagel 1965, 355; Lewis 1979, 520–1.

(28) Anscombe 1981, 32–33. 似たような結論はMalcolm 1988, 160に見出すことができる。

(29) Wittgenstein 1958, 67.

(30) Shoemaker 1968, 555.

(31) Cf. Anscombe 1981, 31–32.

(32) McGinn 1983, 54.

(33) Strawson 1959, 95.

(34) Hume 1888, 252.

(35) 与えられる一つの例は以下のものである。「夢のなかで，私は，私自身の身体の外側の観点から私自身を見ているように思うことがある。私はこの観点に向かって走っている私自身を見ているように思うかもしれない。私はまさに私自身がこの方向に走っているのを見ているように思うから，この方向が私自身に向かうことはありえない。私は私自身が見ている者の観点に向けて走っているのを見ているように思えると言うかもしれない」(Parfit 1987, 221)。この場合では，私の夢-知覚は，体験の主観としての私自身への指示を含んでおらず，ただ体験の対象としての私自身への指示を含むにすぎないだろう。しかしながら，クラヴォンが指摘したように，パーフィットは「私」と「私自身」という語を二つのまったく異なる事物を指示するために用いているので，この例には問題がある。

> 「私はこの観点に向けて走っている私自身を見ているように思えるかもしれない」という文，あるいは，「まさに私自身がこの方向に走っているのを私は見ているように思える」という文を例にとることにしよう。ここでは（「私は……を見ているように思える」における）「私」という語の用法は，見ている者の一人称パースペクティヴと結びついているが，それに対して「私自身」は，見ている者の視覚的領野のなかに現前している身体——あるいは誰か——を指示するために用いられている。そして，パーフィットが「見ている者の観点に向かって走っている」について語るとき，こうした脈絡で重要なのは，確かにどんな見ている者の観点でもない。彼が語っていることは——その夢を見ている人格の観点か

ら見られた——私自身である見ている者の観点である。一人称パースペクティヴと結びついた「私」や「私自身」という語の用法は——私が理解するかぎりでは——根本的用法であるが，それに対して私の身体を外側から「私自身」として見られたものとして指示する可能性は，私が普通，連合している身体と同一化する私の傾向によって創造された二次的用法である。もし私の身体がいっそう恒久的に「外的対象」になったならば，私はそれについて「私自身」という語を使い続けはしないだろう。そして，もしこの身体もまたそれ自身の主観的体験領野をもったならば——したがって，それは単なる身体ではなく，誰かなのだが——私はこの個体を私自身とはみなさないだろう。それはほかの誰かだろう（Klawonn 1990, 47）。

(36)　Parfit 1987, 517. Cf. 1987, 252.

(37)　Klawonn 1991, 28–29.

(38)　Klawonn 1991, 5, 141–42; James 1890 I, 226–27; Smith 1989, 93. 事実，スミスは現前呈示の様態と様相の間の区別を用いている（1989, 16–17）が，これはフッサールの区別に極めて関連しているけれども，私は言語学的に適切であると思わないし，それゆえに，一人称的現前呈示様相よりもむしろ一人称的現前呈示様態について語り続けることにしたい。

第二章

(1)　「私」の対象用法は，三人称明証を使用するけれども，単なる自己言及からなお区別されねばならない。なぜなら「私」のどんな正確な使用も，使用者自身が指示されている人格である，すなわち，「私」の対象用法でさえ明示的種類の自己言及であると使用者が思っているということを含意しているからである。

(2)　フィヒテを引用しておこう。

机や壁を考えていた時，君は実際，理解ある読者として，君の思考において活動を意識しているので，君はこの思考において思考するものであった。しかし，思考されるものは，君にとって君自身ではなく，君とは区別されるべきものであった。手短に言えば，こうした種類のすべての概念においては，君が君の意識においてたぶん見出すことになるように，思考するものと思考されるものは別々のものであるはずである。しかし，君が君を考えるとき，君は君にとって思考するものであるだけで

はなく，同時に思考されるものでもある。つまり，そのとき思考するものと思考されるものは一つであるはずである。つまり，思考する際に君の行為は君自身へと，思考する者へと遡行するはずである（Fichte 1797, 522)。

（3） Locke 1975, 107, 127.

（4） Armstrong 1993, 323–26.（無意識的心的活動と区別して）意識的心的活動は内的モニタリングの結果であるという主張のさらなる例についてはLycan 1997を参照。

（5） Kant 1923, 248–49（1983, 73).

（6） Natorp 1912, 30; Kant 1971, A402.

（7） Shoemaker 1968, 563–64; Frank 1991b, 445; Henrich 1966, 197.

（8）「ハイデルベルク学派」という用語を最初に使用したのはトゥーゲントハットである（Tugenthat 1979, 10, 53)。Cf. Frank 1986, 35. 誰が最初に反省理論が直面する困難を指摘したのかについての苦々しい議論を目の当たりにするとき（cf. Schmitz 1982, 132)，ドイツの批判の多くをデンマークの哲学者，K. グルーエ－セーレンセンが1950年の著作でフィヒテ，ハーバート，フリース，ブレンターノ，ナトルプ，リッカート，レームケなどについて議論した際に先んじて論じていたことに注意しておくことは興味深い。

（9） こうした思考の連鎖はリッカートによって（逆説的な）絶頂にもたらされる。リッカートはこう論じる。同一性原理の違反を含意するだろうから，自我は同時に意識の主観でありかつ客観であることはできない，と。したがって，もし自己意識が可能であるべきならば，自己分割が自我のなかで生じなければならず，したがって，認識的関係を自我の異なる部分の間で確立することができる（cf. Rickert 1915, 42)。

（10） 二つの間に差異が存在するかどうかは第二部で議論されることになる。

（11） Cramer 1974, 563.

（12） これは基本的にはシューメーカーが出したのと同じ論証である。Henrich 1970, 268; 1982b, 64; Frank 1991b, 498, 529; Schmitz 1991, 152も見よ。

（13） Cf. Jones 1956, 131.

（14） Frank 1984, 303; 1991b, 440; Pothast 1971, 38.

（15） Henrich 1970, 265. サルトルが反省について以下のように書いている。「それ〔反省〕は回収の原本的動機づけとしてそれが回収したいものについての先反省的理解を含意している」（Sartre 1943, 195)。

（16） Rosenthal 1993, 157.

（17） Rosenthal 1993, 165; 1997, 735–37, 743, 745.

(18) Rosenthal 1993, 160.

(19) Rosenthal 1993, 750; cf. Rosenthal 1997, 741.

(20) Cf. Frank 1991a.

(21) Nagel 1986, 15–16; Jackson 1982; James 1890 I, 478.

(22) Nagel 1974, 436; Searle 1992, 131–132.

(23) Smith 1989, 82, 95; Flanagan 1992, 61–68; Goldman 1997, 122; Van Gulick 1997, 559; Strawson 1994, 12, 194.

(24) ジェームズは（ロッツェを引用しながら）次のように書いている。「踏みつけられた虫でさえ……自分自身の苦しむ自己を残り続ける宇宙全体と対照している。もっとも，虫は自分自身についても宇宙がどのようであるのかについても明晰な構想をもたないけれども」(James 1890 I, 289)。

(25) 折に触れて，こう論じられてきた。第二次感覚性質が，ある程度，主観-依存的あるいは心-依存的であるかぎりで，色，味，匂いをもつ対象を知覚するときに，事実それ自身を体験している，と。しかし，これは明らかな誤謬であると私は考える。たとえ，存在論的に語れば，第二次感覚性質が主観的だったとしても，現象学的に語れば，主観的ではなく，まさに後者のパースペクティヴだけがこの脈絡では重要なのである。

(26) 附論において，私はそうした体験について語ることが究極的に意味をなすのかどうかを，すなわち，そうした無意識的な過程を体験と呼ぶことが適切であるかどうかを議論するつもりである。

(27) McGinn 1997, 298.

(28) Henrich 1970, 260 (1971, 6). Cf. Hart 1998.

(29) Fichte 1797, 526 (1994, 111–12).

(30) Shoemaker 1968, 567; Chisholm 1981, 36–37; Tugendhat 1979, 77–78. 自己意識のもつこうした認知的重要さは，すべての直示的に用いられる代名詞に対する「私」の認識論的優位性について語るカスタネダによってもまた強調されている。指示詞を用いて対象について考えたことで，もしそれを再考すべきであるならば，その志向を再構造化することが必要である。弾の入った銃を見て「これは危険だ」とかつて考えたことによって，あとでもし私が単純に「これは危険だった」あるいは「弾の入った銃は危険だった」と考えているならば，私は同じ対象を指示しようとしていない。第一の事例では，もともと指示されていた対象はもはや現前的ではないだろうし，したがって，もはや「これ」という手段によっては接近《アクセス》可能ではないことになる。第二の例では，こう尋ねることができるかもしれない。「弾の入っているどの銃のことだい」と。すなわち，記述は，言及された性質をもつ多くの対象があるがゆえに一義的に指示することができないかもし

れない。指示を確かにするためには，「そのとき私が見た弾の入っている銃は危険だった」と考える必要がある。カスタネダはこう強調する。思考者は，言い換えという物理的あるいは心理的作用を遂行しなければならないと主張しているのではない，と。彼が打ち出したい論点は，論理学的論点であり，「私」の隠在的用法を含んでいるにすぎないだろう。

(31) Kapitan 1997.

(32) McGinn 1983, 100

(33) Smith 1983,

(34) Strawson 1959, 21. Cf. 1959, 15–30, 119.

(35) Cf. Kapitan 1997.

(36) Castañeda 1987b, 440–441.

(37) Hart 1998. 註 30 も見よ。

(38) Castañeda 1989a, 120, 136.

(39) Castañeda 1989b, 30; Castañeda 1989a, 121, 132.

(40) Castañeda 1989a, 137.

(41) Castañeda 1989a, 132.

(42) フッサールの志向性理論についての簡勁な分析とブレンターノの立場を現象学的と捉えるのに反対する論証とについては，例えば，Zahavi 1992 or 1995 を見よ。

(43) Brentano 1874, 142–43.

(44) Brentano 1874, 171. したがって，反省理論に反対するさらなる論証が呈示される。もし，自分の原的志向作用を知覚する場合に，自己意識が本当に高階の志向的作用であるならば，そして，もし，第一次的志向作用が志向的対象についてのその意識によって性格づけられるならば，自己意識の構造は次のようであるだろう。すなわち（花咲く木の知覚）の知覚だろう。しかしながら，このことは，自己意識が志向的対象についての二重の意識を伴うということを含意するだろうが，これは実相ではない。しかしながら，すぐに分かることになるように，関係した批判をブレンターノ自身の提案に向けることができる。

(45) Brentano 1874, 171. この類型の論法はライルにも見出すことができる。彼は以下のように書いている。

> たとえどんな心的状態や過程にも固有であると思われている自己密接化が別個の注意作用を要するもの，あるいは，別個の認知的働きを構成するものとして記述されなくとも，なお私が推論の過程で意識しているものは，言わば，推論することがそれについての統握であるものとは異な

る。私の意識は推論の過程をもつが，私の推論する働きは，ひょっとすると，幾何学的な前提からの幾何学的な結論をもつかもしれない。私の推論の動詞的表現は「これが等辺三角形であるので，それゆえ，それぞれの角度は60度である」かもしれないが，私がそれについて意識しているものの動詞的表現は，「ここで私はかくかくのことをしかじかのことから演繹している」かもしれない。しかし，もしそうであるとしても，学説に従えば，推論していることを意識していることを，私が意識していないのかどうかを，すなわち，「ここで私ははかくかくをしかじかから演繹しているという事実に目星をつけていると言える立場にあるのどうかを問い尋ねることには意味があるように思えるだろう。そしてそのとき，目星をつける場所は存在しないだろう。つまり，どんな心的状態も何であれ過程へと埋め込む意識のもつ無数の玉ねぎの皮が存在する必要があるだろう。もし，この結論が拒否されるならば，心的過程のなかのいくつかの要素は意識することができる事象ではない，つまり，心的過程の想定される最も外部の自己密接化を構成している要素は意識することができる事象ではないということを認めなければならないだろう。そして，そのとき「意識的」を，もはや「心的」の定義の一部として保持することはできないだろう（Ryle 1949, 162–63)。

(46) Brentano 1874, 199.

(47) Brentano 1874, 179–80.

(48) この説明は，ブレンターノが，知覚，判断，感情の間の区別を自己意識に適用し始め，究極的には作用自体についての三重の意識があると主張し始めるときに，幾分いっそう面倒になる。「したがって，あらゆる心理的作用は，最も単純な心理的作用でさえ，考察することができる四つの側面をもつ。それ〔心理的作用〕は，例えば，音が感覚される作用のような，それ〔作用〕の第一次客観の表象として考察することができ，聞くはたらきとして考察することができる。しかし，それ〔作用〕はそれ〔作用〕自身の表象として，それ自身の認識として，それ自身の感情として考察することもできる」(Brentano 1874, 218–19)。しかしながら，彼の理論のもつこうした局面は，われわれには直接関連がない。

(49) Brentano 1874, 41, 181; Brentano 1928, 15, 20.

(50) Brentano 1874, 182–83.

(51) Cf. Pothast 1971, 75, and Cramer 1974, 581. さらに言えば，クラーマーはこう主張する。自己意識を理解しようとする後の現象学的試みは，同じ問題に悩まされ続けている，と（Cramer 1974, 583–84, 592–93)。Henrich

1970, 261も見よ。

(52) 類似した問題はフィヒテにも見出される。フィヒテは，少なくとも初期著作では，自己意識ということになれば，主観-客観モデルを完全に放棄することができないように思える。

> 主観的なものと客観的なものとが無媒介的に合一されている意識……このような意識が存在する。われわれ自身の思考するはたらきの意識がこうした意識である。——そうして，君は君の思考するはたらきを無媒介的に意識している。しかし，いかにして君はこのことを表象するのか。明らかに以下のようにして以外にはない。すなわち，君の外側の何かに（思考するはたらきの客観に）向かう君の内的活動が，同時に自己自身のなかへと，そして自己自身へと向かう。……したがって，自己意識は無媒介的である。つまり，そこにおいては，主観的なものと客観的なものとは不可分に合一されており，絶対的に一つなのである（Fichte 1797, 527–28)。

> 自我は，今までほぼ一貫して考察されてきたように，単なる主観として考察すべきではなく，前出の意味での主観-客観として考察されるべきである（Fichte 1797, 529)。

(53) Henrich 1970, 267–68.

(54) Henrich 1970, 274.

(55) Henrich 1982a, 152. Cf. Schmalenbach 1929, 318, 324.

(56) Henrich 1970, 275, 277, 280, 284.

(57) Frank 1986, 34, 61; 1991a, 71, 405; 1191b, 597; Pothast 1971, 76–78; Henrich 1970, 266, 273; 1982a, 142. 現実に，フランクは，自己意識が「自己現前」であることをはっきりと否定している。なぜなら，彼はこの表現を，反省モデルに完全に負っているある種の自己現前呈示を指示していると捉えるからである（Frank 1989, 488; 1991a 24)。しかしながら，完全に非関係的な自己直知よりも純粋な無媒介的自己現前を表すいっそう完全な候補を見出すことは困難である。非関係的自己直知は，自己自身に近いので，あらゆる種類の媒介が排除される。

(58) Frank 1991b, 438. Cf. Frank 1991a, 7, 161.

(59) Kern 1989, 51–53.

(60) Cf. Shoemaker 1968, 563–64.

(61) Henrich 1970, 276.

(62) Frank 1991a, 252; Cramer 1974, 573.
(63) Pothast 1971, 64.
(64) Pothast 1971, 76, 81.
(65) Henrich 1970, 276, 279.
(66) Henrich 1970, 280; 1982a, 145–46. Cf. Frank 1991a, 16–17; 1990, 113. こうした反省は，未公刊の草稿のなかでヘンリッヒによって展開されている。フランクがそれを要約している。Frank 1991b, 590–99.
(67) Frank 1986, 53.
(68) Frank 1986 53.
(69) Frank 1990, 73.
(70) Frank 1990, 10, 83; 1991b, 589, 591.
(71) Frank 1991b, 591.
(72) Frank 1991b, 595.
(73) Henrich 1982a, 150. Cf. 1982a, 152, 157; 1982b, 102.
(74) Henrich 1982a 150, Cf. 1982a, 155, 162–63.
(75) Henrich 1966, 220. だから，ヘンリッヒがフィヒテの自己意識理論は超えられないとみなすのは偶然ではない。
(76) Frank 1991b, 599; 1990, 125, 135. CF. Cramer 1974, 591.

第三章

(1) Cf. Henrich 1970.
(2) Castañeda 1970, 191.
(3) フランクは同じような結論に達するけれども，彼はどんな解決も彼自身提供しない（Frank 1986, 55; 1991a, 26–27; 1991b, 574, 587–88)。
(4) Henrich 1970, 279.
(5) Pothast 1971, 66.
(6) スミスが論じるように，無媒介的認識的自己意識に含まれる自己言及は形式的であるので，この自己のさらなる本性は未規定的なままにされる。そのためにそれは，同様に身体化され，社会的等々であるかもしれない（Smith 1989, 106; cf. Nagel 1986, 42)。
(7) Heckmann 1991, 72; Nagel 1986, 33, 56; Frank 1991a, 405.
(8) 『消尽線』のなかで，ヘンリッヒは事実，主観としての自己自身についての意識と人格としての自己自身についての意識の間を区別している。

自己意識をもつ存在者は，しかし，この意識の構造から二重の関係にお

いて理解されねばならない，すなわち，多くのもののうちの一なるものとして，そして，すべてのものに対する一なるものとして理解されねばならない。自己意識的人間は他の自己意識的人間のなかの一人の自己意識的人間であるかぎりで，「人格」である。彼は，自己を他の自己意識的人間すべてから区別することを知っているし，また，他の自己意識的人間と同じように共通の世界に属していること――彼は人格としては生物であり，他の世界の事物のなかで一つの場所を占めているということ――も知っている。しかし，他の観点では，あらゆる自己意識的存在者は根本的かつ，その自己意識的存在者が知っているすべてのものから区別されている。自己意識的存在者は全体としての世界に広がっており，そのなかで考えられるあるいはその中にあるどんなものも，それが自己自身について知るかぎりで，それである一なる者との同じ相関関係のなかで見出す。世界は自己意識的存在者にとって，およそ考え見出すことができるものの総体である。この意味で，あらゆる人間は人格であるだけでなく同様に「主観」でもある（Henrich 1982a, 20–21; cf. 1982a, 137–38, 154）。

ヘンリッヒはこの二元性を承認するけれども，それは彼に第一義的自己直知という性格づけを再考察させたり，仕上げさせたりはしない。

(9)　Henrich 1982a, 149.

(10)　Merleau-Ponty 1945, 417.

(11)　Cf. Frank 1991b, 585; Henrich 1982a, 144.

(12)　Mohr 1988, 72–73.

(13)　Tugendhat 1979, 21（1986, 12–13）.

(14)　Tugendhat 1979, 22.

(15)　Tugendhat 1979, 10–11, 45, 50–51, 54, 57, 66–67.

(16)　Tugendhat 1979, 55–61, 68–70, 83; Mohr 1988, 71–75. トゥーゲントハットが，ヘンリッヒを情報提供的自己同定によって自己意識を考えていると非難することは，幾分奇妙な印象しか与えない。

(17)　さまざまな説得的批判がすでに与えられている。Cf. Henrich 1989; Soldati 1988; Frank 1986, 70–92; 1991a, 415–46.

(18)　Tugendhat 1979, 87–90.

(19)　Tugendhat 1979, 73.

(20)　Tugendhat 1979, 21, 26.

第四章

(1) ハイデルベルク学派がフッサールの自己意識理論を軽蔑的に取り扱う際に事実上無視している議論。

(2) Henry 1963, 14, 32, 64, 67; 1966, 5. Cf. *Hua* 16, 141–42.

(3) Henry 1963, 36, 50.

(4) Henry 1963, 44, 279, 329, 352; 1966, 22–23.

(5) Henry 1963, 47, 52.

(6) Henry 1963, 183, 186.

(7) Sartre 1943, 18, 20, 28; 1948, 62.

(8) Cf. Armstrong and Malcolm 1984, 194.

(9) Sartre 1948, 64–65; 1943, 20–21. アームストロングは幾分異なる見解を抱いている。「意識は単純にさらなる心的状態，原本的な意的状態に「向けられた」状態である」(1993, 94)。だから，心的状態と心的状態についてのわれわれの意識の間に本来具わる結合は存在せず，したがって，痛みを感じることのような心的状態は，意識的であることなしに存在するかもしれない。すなわち，無意識的痛みは可能である (1993, 107, 312)。私はアームストロングの立場と痛みという論題に附論での無意識についての私の議論のなかで手短に立ち戻るつもりである。

(10) Sartre 1943, 20 (1956, liv).

(11) Sartre 1943, 19.

(12) Sartre 1943, 19–20 (1956, liii). 初期サルトルが非反省的あるいは無反省的自己意識について語るのに対して，彼は後にだんだんと「先反省的自己意識」という術語を選好する。

(13) Cf. Henrich 1966, 231; Tugendhat 1979, 52–53; 特に Frank 1984, 300; 1986, 43–45, 1990, 53–57; 1991b, 530–31, 536.

(14) Cf. Frank 1991b, 532; 1990, 53–57.

(15) *Hua* 19, 382.

(16) Frank 1990, 52–53.

(17) Cf. Sartre 1948, 88.

(18) *Hua* 15, 78; 8, 57.

(19) *Hua* 3, 162, 168, 251, 349; 10, 291; 9, 29.

(20) *Hua* 14, 45.

(21) *Hua* 10, 291.

(22) *Hua* 10, 126–27.

(23) *Hua* 3, 550; 10, 119.

(24) *Hua* 8, 88; 9, 306–7.

(25) *Hua* 8, 88; 9, 306–7,

(26) *Hua* 8, 471; 10, 126.

(27) Cf. Bernet 1983, 42.

(28) Cf. *Hua* 11, 320.

(29) 『イデーンII』において，フッサールは，「内在的知覚」と「内的意識」の間を区別している（*Hua* 4, 118）。彼は「内在的知覚」を反省と同一視しており，彼が主張する「内的意識」は，反省に先立つ非主題的種類の自己意識である。

(30) *Hua* 4, 248.

(31) *Hua* 15, 492–93.

(32) Henry 1965, 76, 153.

(33) *Hua* 14, 316; 8, 89; 6, 458.

(34) *Hua* 8, 90.

(35) *Hua* 14, 431; cf. 14, 29,; 29, 183–84; Ms. C 2 3a.

(36) *Hua* 3, 95, 162–64.

(37) *Hua* 10, 119

(38) Cf. Brand 1955, 68–69; Landgrebe 1963, 197.

(39) *Hua* 8, 89.

(40) *Hua* 11, 367; 8, 85, 93–94, 131; 9, 205; 13, 85–86, 164.

(41) *Hua* 7, 264.

(42) *Hua* 8, 88–89; 10, 118.

(43) *Hua* 3, 77, 95; 4, 118; 8, 411; 11, 292.

(44) Bernet 1994, 320.

(45) Cf. Ms. L I 15 37b.

(46) *Hua* 16, 49–50.

(47) *Hua* 6, 161.

(48) *Hua* 16, 55.

(49) *Hua* 9, 183.

(50) Cf. *Erfahrung und Urteil*, §§8, 22, 33; *Hua* 11, 8; 9, 433; 6, 165. 明らかに地平を空間時間的周囲に同定すべきでないし，限定すべきではない。一本のチョークはその美学的，実践的，科学的局面をも指示するかもしれない（cf. Ms. A VII 2 9a)。強調されるべきなのは，「地平」が意識領野のなかの構成要素を記述するために用いられる概念であり，x と y の間に付随するかもしれない客観的関係性を記述するために用いられる概念ではないから，地平や背景の一部であるあらゆるものは意識的であるということである。

(51) Gurwitsch 1974, 258–59, 274–78.
(52) Gurwitsch 1966 267–68.
(53) Fink 1966, 51; cf. Sartre 1943, 382–83.
(54) Gurwitsch 1985, 4; cf. 1974, 339–40.
(55) *Hua* 24, 252.
(56) この効果についての無数の言明を見出すことができる。たとえば *Hua* 1, 81; 4, 318; 8, 189, 412, 450; 13, 252, 462; 14, 151, 292, 353, 380; Ms. C 16 81b を見よ。この見解はフィンクによる以下の箇所にもこだましている。

> われわれはけっして，完全な自己忘却に生き，さしあたり一度「外」に向かって，突如可能的なまなざしのまったく新たな方向を見出し，そうして自分自身を発見するのではない。人間のすべての表象するはたらき，認識するはたらき，意欲するはたらき，すべての目覚めた意識一般はつねにすでにそれ自身で自我の一定の開かれた存在である。つまり，それは自己を熟知しており，既知であり，自己自身との共知に生きている。すべての対象的知はつねに同時に自我の自己自身の知でもある。そして，これは単に心理的事実ではなく，むしろ意識の本質構造である。しかし，孤立した対象意識はけっして存在しない。「対象」は，何かがあるところから際立ってきて，自我に対置される場合にのみ存在することができる。すなわち，対象意識は必然的に構造的に世界意識と自我意識に結びつけられている（Fink 1992, 115–16）。

(57) *Hua* 17, 279–80
(58) Cf. Bernet 1994, 318–25.
(59) Castañeda 1987a, 133.

第五章

(1) *Hua* 10, 276, 334.
(2) *Hua* 10, 10–19.
(3) ジェームズに関係する説明がある（cf. James 1890 I, 609–10)。フッサールの時間の哲学とジェームズの時間の哲学の比較については Cobb-Stevens 1998 を見よ。
(4) 知覚のもつ精確な幅はわれわれの関心に依存する。もし（短い）旋律を聞いているならば，その時間的延長において旋律全体を知覚しているというかもしれない。もし単一の音符に焦点を当てるならば，知覚される音符は，

新しい音符が後続するとすぐに過去になる（*Hua* 10, 38）。

(5) Ms. L I 15 37b. だから，フッサールはこう主張する。われわれはすぐ後に生起することをつねに，非主題的に予料する，と。この予料がわれわれの体験の具体的な部分であるということは，マネキンであると捉えていた形姿が突然動いて話した場合，あるいは，開けたドアが石の壁でふさがれていた場合，驚くだろうという事実から理解することができる。われわれの驚きは，予料を背景にしてのみ生起することができるし，われわれは驚くことができるので，つねに予料の地平をもっている（*Hua* 11, 7）。

(6) *Hua* 9, 202.

(7) *Hua* 10, 372; Ms. C2 11a.

(8) Ms. C 3 8a.

(9) ブラフが頑強に指摘してきたように，対象の所与の時間的位相や様態を対象の具体的部分と混合しないこともまた重要である。対象は今現出するかもしれないが，対象は今と同一ではない（Brough 1993, 512–16; 1991, xxvii）。

(10) *Hua* 11, 324–25; 13, 162.

(11) *Hua* 10, 41, 118, 333. デュヴァルはこう論じている。事実，忘却と想起のあいだの弁証法においてのみ過去は構成されるが，それに対して把持はわれわれに持続の意識を与えるにすぎない，と（Duval 1990, 62, 67）。いっそう根底的な提案はレヴィナスに見出すことができる。レヴィナスは時間の形式を脱自的時間よりもいっそう原本的かついっそう時間的に露わにすることが可能であると論じ，時間性が頑なに志向性の形式として捉えられているかぎりで，フッサールの分析は時間のもつ真の通時的性格を見逃していると主張する。未来は私にとってついには現在になるだろうものであると捉えられる。未来は，予持され，予料され，期待されるものである。同じような仕方で，過去は把持によって把持されるものと，すなわち，私にとって現在であったものとみなされる。しかし，それによって，時間の真の過ぎ去りも同様に見逃される（Lévinas 1991b, 77; 1982, 161, 169, 238）。レヴィナスによれば，真の時間は消散するのであり，主観によって現在に取り集めることはできない。時間の時間性は受動的かつ回復不能であり，志向性の正反対なのである（Lévinas 1974, 90）。通時的過去は記憶によって回復することや再現前化することはできず，記憶されない。それはけっして現在であったことがない。そして真の未来は認識することができないがわれわれを不意に圧倒するものである（Lévinas 1974, 30, 66; 1979, 64）。通時的時間はわれわれに偶然ではないものの顕現を現前呈示する。偶然ではないものは単なる欠如ではなく，絶対的に異なる何かとの関係である。だから，真の通時的時間は絶対的他者，体験や認識によって同化することが

できず，吸収することもできない他者への関係である。したがって，レヴィナスは時間を主観と他者の間の関係として性格づける（Lévinas 1979, 9–10, 13, 17）。過去と未来の両方への関係と現在における過去と未来の所与は，他者との遭遇のおかげなのである。他者との遭遇こそが私の自己合致を破砕し，全体化の過程を止めるのである。意識の時間的連続性は他者の顔にさらされるときにはいつでも圧倒される。他者との遭遇こそが時間意識を条件づける（Lévinas 1961, 314）。この圧倒的な出会いこそが時間の起源であり，したがって，分離された主観における真の時間について語ることは意味をなさない（Lévinas 1979, 64, 68–69）。私が他者に遭遇するとき，私自身の行いを通してかつて知ることができただろうどんな具体的な罪からも独立した過去に対する責任や，私の行いの，未来の志向されず予期されないどんな帰結に対しても責任を想定する。これが真の時間のもつ倫理的有意味性である。私は，他者に対する私の責任のゆえに過去と未来をもつ。だから，レヴィナスは真の通時的時間を責任と献身の問題であると理解する（Lévinas 1991b, 45; 1991a, 186, 192–93）。レヴィナスは倫理が新しい時間的次元を開くと主張する点では正しいかもしれないけれども，彼が倫理的時間が真に根本的な時間形式，脱自的時間を条件づける時間形式であると主張するとき，私は彼に従うことができない。他者との遭遇こそが主観性の自己合致を破砕すると主張することは，疑わしい想定を，つまり，主観性は自己合致によって原本的に性格づけられているということを前提するようにも思える（307 頁を見よ）。

（12） *Hua* 10, 182.

（13） *Hua* 10, 81, 100.

（14） これは Ms. L I 15 22b に見出される図表――なぜメルロ゠ポンティが『知覚の現象学』のなかで，線であるよりもむしろ時間が志向性の網全体であると書くことができたかを偶然にも認識可能にする図表――の少し修正された変奏である（1945, 477）。

（15） Cf. Held 1966, 48.

（16） *Hua* 11, 233, 293; 4, 102; *Erfahrung und Urteil*, 205.

（17） *Hua* 10, 80.

（18） *Hua* 10, 22; cf. Ms. L I 13, 3a.

（19） *Hua* 10, 333.

（20） *Hua* 10, 73, 76, 358; Ms. C 17 63b.

（21） Ms. C 2 8a; Ms. C 7 14b; Ms. L I 17 9a.

（22） *Hua* 3, 182.

（23） Ms. L I 12 3b.

(24) Cf. Brough 1972, 308–9; Sokolowski 1974, 156–57.

(25) *Hua* 11, 292.

(26) *Erfahrung und Urteil*, 304 (1973, 204); cf. *Hua* 4, 102.

(27) *Hua* 11, 293.

(28) Sokolowski 1974 154, 156–57. Brough 1972, 318. こう強調しておきたい。私は明らかにソコロフスキもブラフもフッサールにおける先反省的自己意識概念を見逃してしまった，すなわち，フランク，トゥーゲントハット，ヘンリッヒと同じ誤りを犯してしまったと非難しているのではない，と。ある一定程度，しかし，ただある一定程度まで，私の解釈とブラフとソコロフスキの間の差異は，単純に異なる強勢と専門用語の問題にすぎないかもしれない。

(29) Brough 1972, 304, 316.

(30) Prufer 1988, 201.

(31) *Hua* 4, 118–19; 10, 83, 89–90, 119, 126–27; 23, 321. Cf. Ms. L I 15 35a–36b.

(32) *Hua* 17, 279–80; 4, 118.

(33) 自己触発についてのフッサールの現象学的分析は，ハイデガーとメルロ－ポンティのいっそうよく知られた分析によってしばしば日影に置かれてきた。ハイデガーのカント読解によって，時間の本質は純粋自己触発であると捉えられる（Heidegger 1991, 194）。しかしながら，自己触発について語ることは何かがそれ自体を触発する過程についてだけではなく――時間意識がすでに現実存在する自己によって生じるという意味においてではなく，その過程において，その過程を通してこそ自己性と主観性が確立されるという意味において――自己を巻き込む過程について語ることなのである。「純粋自己触発として，それ〔時間〕は，自己が自己意識のようなものでありうるまでに，根源的に有限な自己を形成する」（Heidegger 1991, 190; cf. 1991, 189）。だから，純粋自己触発として，時間は主観性の本質であることが判明する。こうした考え方は，メルロ－ポンティによって継続される。メルロ－ポンティはこう主張する。時間の分析こそが，われわれに主観性の具体的な構造への接近《アクセス》をゆるし，われわれに主観の自己触発の本性を理解することを可能にする，と（Merleau-Ponty 1945, 469）。究極的に，自己時間化と自己触発は一にして同じことである。「現在の未来へ向けての爆発あるいは裂開は自己の自己に対する関係の原型である」（Merleau-Ponty 1945, 487）。時間性は「自己による自己の触発」である。触発するものは未来への渇望と経過としての時間であり，触発されるものは展開された一連の現前としての時間である（Merleau-Ponty 1945, 487; cf. Heidegger 1991, 194）。

しかし，この段階で，興味をそそる曖昧さが露わにされている。まず，メルロ-ポンティは，時間の渇望はある現在から別の現在への移行に他ならないので，触発することと触発されることとが一つであると述べる。しかし，その一頁後で，彼は自己触発を「二元性」として性格づけるのである（Merleau-Ponty 1945, 487–889; cf. Depraz 1998）。だから，私が後で取り上げることになる，自己触発の正確な本性に関する一つの問いが残されている。それは厳格な統一なのか，あるいはむしろ二項的構造を示すのか。

（34） Ms. C 10 3b, 5a, 7a, 9b–10a; Ms. C 16 82a. Cf. Ms. C 16 78a; Ms. A V 5 8a; Ms. C 5 6a; *Hua* 15, 78.

（35） Sokolowski 1974, 166; Hart 1998.

（36） Brough 1972, 319.

（37） *Hua* 10, 80–81.

（38） *Hua* 10, 80–81, 379.

（39） *Hua* 10, 333.

（40） *Hua* 10, 83（1991, 88）.

（41） Cf. Cramer 1974.

（42） Cramer 1974, 587.

（43） Brough 1991, liii; Prufer 1988, 201.

（44） こうした解釈の間接的な確認を，フッサールが還元された音感覚の本性を議論する『イデーンII』の以下の箇所に見出すことができる。

> うってつけの例として鳴り響いているヴァイオリンの音を取り上げることにしよう。それは，実在的なヴァイオリンの音として，したがって，空間的-実在的出来事として統握されていることがある。ヴァイオリンの音は，私がそれから離れようが，それに近づこうが，それが鳴り響いている隣室が開け放たれたままであろうが，閉じられていようが，同じヴァイオリンの音である。質料的実在性の捨象の下でも，私はなお，特定の方向定位において現出し，ある空間位置から出発し，空間を貫いている等々の全体的空間ファントムを保持し続けることができる。最終的に，空間的統握さえも遂行の外に措定されることがあり，したがって，空間的に鳴り響く音の代わりに，その音が単なる「感覚与件」として捉えられることさえある。近づいたり離れたりする際に変わらない音として外で空間のなかで意識されていたものの代わりに，音という感覚与件に目が向けられることによって連続的に変化するものが現出するのである（*Hua* 4, 22）。

私は，論点は明らかであると思う。フッサールは，音という感覚与件について語るとき，感覚されるものについて語っているのであり，感覚するものについて語っているのではない（Cf. *Hua* 10, 333–34）。

（45） しかしながら，注意されるべきなのは，（錯覚される対象や想像される対象もまた性格づける）作用超越は対象性と同一ではないということ，対象-同一化は対象性の十分条件ではなく単に必要条件にすぎないということである。フッサールに従えば，対象が私の現勢的体験を超越する志向的統一として体験されるとすぐに，原初的超越や主観的超越について語ることができる（*Hua* 14, 344）。しかし，それは，私の可能的体験との相関関係においてなお理解されるかぎりで，どんな根底的意味における客観性も所持しておらず，私がいろいろな作用において志向することができる統一にすぎない。真に超越的な対象を知覚することは，単に私によって知覚可能なだけではなく，他者によってもまた知覚可能な対象を知覚することなのである（*Hua* 14, 8, 442; 1, 80, 136; 6, 370–71; 8, 180, 186–87）。

（46） *Hua* 11, 16; 10, 275.

（47） *Hua* 11, 327; *Erfahrung und Urteil*, 64, 75.

（48） *Hua* 11, 10, 110–11, 125, 128; 1, 96, 155; 17, 291.

（49） *Hua 4,* 19; 24, 280; cf. Hart 1996a.

（50） *Hua 10,* 84; 11, 210.

（51） Ms. C 5 7a.

（52） そうした解釈を支持すると読むことができる別の箇所に関してはMs. L I 21 34bを参照。

（53） *Hua* 11, 209.

（54） *Hua* 10, 82, 118, 333, 371, 376; Ms. B III 9 14a–b.

（55） James 1890, I, 239. ベルクソンを引用するとこうである。「内的自我，感じ，夢中になる自我，熟慮し，決断する自我は，その状態と変様を内的に貫通する力であり，空間のなかでそれらを展開するために互いを分離しようとするとすぐに，深甚な変化を被る」（Bergson 1927, 93）。「それ自身で考察されると，深遠な意識状態は，量とはまったく関係ない。それら〔意識状態〕は純粋な質である。それら〔意識状態〕は，それらが一であるか多であるかどうかを言うことができないような仕方で，それらをすぐに歪曲することなしにこうした観点から吟味することができないような仕方で混ざり合っている。それら〔意識状態〕がそのように創造する持続は，その契機が数的多数性によって構成されない持続である。互いに侵食すると言うことによってこうした契機を性格づけることは，なおそれらを区別することだろう」（Bergson 1927, 102）。

(56) Michalski 1997, 120.

(57) Ms. L I 15 2b.

(58) この解釈を支持するかもしれないさらなる箇所については *Hua* 4, 104; 10, 36, 51, 112; Ms. C 10 17a; Ms L I 19 3a–b, 10a を見よ。

(59) Brand 1955, 78.

(60) *Hua* 10, 75–75; cf. *Hua* 29, 194; Ms L I 15 2b.

(61) *Hua* 10, 333–34; cf. *Hua* 10, 371–72; Ms. C 17 63a; L I 21 5b.

(62) *Hua* 10, 112, 285, 293; 14, 29. 明らかに，われわれの作用もまた，客観的時間のなかで現出するためには構成することができるが，この自己対象化は，相互主観的に媒介されているので，さらにいっそう基づけられた種類のものである。以下を参照せよ。「感情移入を通した統一的時間と統一的-客観的世界の構成」(*Hua* 15, 331–36)。

(63) Ms. L I 2 16a.

(64) Ms. A V 5 4b–5a.

(65) *Hua* 10, 129.

(66) Ms. C 13 3b.

(67) Ms. C 16 59a.

(68) Cf. Ms. C 16 49a.

(69) *Hua* 10, 116.

(70) *Hua* 10, 116, 290.

(71) *Hua* 10, 228–29; cf. Sartre 1943, 197.

(72) *Hua* 23 326; cf. 14, 46; Ms. L I 1 3a.

(73) James 1890 I, 630.

(74) Klawonn 1994, 143; Brough 1972, 316.

(75) Klawonn 1991, 77; cf. 1991, 128.

(76) *Hua* 10, 127.

(77) Ms. C 3 26a.

(78) *Hua* 16, 65; cf. 10, 74, 113.

(79) Ms. C 3 4a.「流れること (*das Strömen*)」と「流れ (*der Strom*)」の間のさらなる区別については Ms. B III 9 8a; Ms. C 15 3b; Ms. C 17 63b を参照。メルロ-ポンティが描いているように，川の比喩の正当化は，時間が流れることではなく，それが自己自身と一つであるということである (Merleau-Ponty 1945, 482)。

(80) Merleau-Ponty, 1945, 483.

(81) *Hua* 10, 75, 333, 375–76.

(82) *Hua* 10, 112.

(83) Cf. Kern, 1975, 40–41; Bernet 1994, 197; Merleau-Ponty 1945, 483; Heidegger 1991, 192.

(84) *Hua* 10, 376, 78, 112, 371; 11, 392; 15, 28; Ms. C 2 11a; Ms. C 7 14a. Cf. Held 1966, 116–17; Larrabee 1994, 196.

(85) フィンクは「脱現在化」を用いて把持と予持について語っている（Fink 1966, 22)。

(86) Derrida 1972a, 187; 1967a 9.

(87) Derrida 1972a, 37, 61, 207.

(88) Derrida 1967a, 68, 70.

(89) Derrida 1967a, 71; cf. Costa 1994.

(90) Derrida 1967b, 178, 244, 302.

(91) Derrida 1990, 1209, 123, 127.

(92) Derrida 1967a 72.

(93) Derrida 1990, 127–28, 168, 240.

(94) Derrida 1990, 166; 1967a, 5.『声と現象』のなかで，デリダもまたこの主張を支持する少し異なる論証を呈示している。デリダはこう論じる。主観性の自己現前は理念的形式の現前であり（1967a, 5, 60)，理念性が言語的に構成されているので，自己意識は言語から孤立させることはできない。「自己意識は，その現前を保存し，繰り返すことができる対象との関係でのみ現出することができるのであり，けっして言語の可能性と完全に異他的ではない，あるいは，言語の可能性に先行しない」(1967a, 14)。そして，この場合には，非現前や差異（記号，媒介，表意的指示）が自己意識の核心に導入される（1967a, 15)。私はこうした考え方に従うのは難しいと思う。時間性と相互主観性の可能性と理解にとっての含意をもつ自己意識における非現前の存在が喜んで容認されるかもしれないけれども（1967a, 40)，自己意識はある種の理念性であり，時間性に含まれている非現前と複合性は，直説的，表意的性格をもつというデリダの主張は基づけられていないように思える(1967a, 67)。確かに非表意的種類の複合性もまた存在することができる。

(95) Cf. Bernet 1994, 216, 235, 283.

(96) Lévinas 1949 162; 1974, 51.

(97) Derrida 1967a, 73.

(98) Derrida 1990, 126–27.

(99) Cf. Bernet 1994, 287–88; Bernet 1983, 50, 52.

(100) Frank 1984, 307, 314, 321–22, 335.

(101) Cf. *Hua* 10, 83. ベルネットが指摘したように，原印象と把持の間の関係についてのフッサールの記述はけっして明確ではない。それは現前の形而

上学の確認と克服との両方を含んでいる（Bernet 1983, 18）。一方で，把持は原印象の派生的変様として解釈される。しかし，他方で，フッサールは，把持的地平と予持的地平を伴わないどんな意識も可能ではなく，把持なしのどんな今も可能ではなく（*Hua* 11, 337–38），原印象は，把持されるときだけ原印象であるとも述べている（Ms. L I 15 4a; cf. Ms. L I 16 12a; Ms. L I 15 22a; *Hua* 11, 315）。フッサールはこうした問題と明らかに格闘していたし，時としていくつかの極めて問題のある説明を選好していることは否定しがたい（もしかすると回避しがたくもある）。いくつかのさらなる例に言及したい。『イデーンII』において，フッサールは把持を客観化的内在的知覚として性格づけた（*Hua* 4, 14）。『内的時間意識の現象学についての講義』において，彼は縦の志向性を合致統一として明示している（*Hua* 10, 81）。そして，L I 15 22a 草稿において，彼は縦の志向性はその間接的本性によって性格づけられると主張した。

（102） *Hua* 10, 119.

（103） *Hua* 10, 119.

（104） *Hua* 10, 110–11, 119; 11, 337.

（105） *Hua* 10, 117.

（106） *Hua* 11, 138.

（107） Henry 1989, 50.

（108） Henry 1990, 33–34.

（109） Cf. *Hua* 10, 89, 110–11, 119; 11, 337; 13, 25.

（110） Henry 1990, 32.

（111） Henry 1990, 49–50.

（112） Henry 1990, 107.

（113） Henry 1990, 130.

（114） Henry 1963, 576, 349.

（115） Henry 1963, 858.

（116） Henry 1965, 139.

（117） Yamagata 1991, 183.

（118） Henry 1990, 54.

（119） Henry 1990, 54.

（120） Cf. Sebbah 1994, 252.

（121） Henry 1994, 303–4, 310; 1996, 201–2.

（122） Henry 1994, 311.

（123） アンリが『実質的現象学』において『内的時間意識の現象学についての講義』をわれわれの世紀の最も美しい哲学的著作であると記述しているこ

とは偶然ではない（Henry 1990, 31）。

（124） Cf. *Hua* 10, 111.

（125） 第七章において，私は不一致の本当の原因を構成している争点，つまり，自己顕現と異他顕現の間の関係性に関するフッサールとアンリの相反する見解に立ち戻るつもりである。

（126） *Hua* 11, 317, 378; Ms. C 3 8b, 76a.

（127） Frank 1990, 62–63.

第六章

（1） *Hua* 13, 253.

（2） *Hua* 3, 116; 4, 33; 13, 239.

（3） Cf. Perry 1993, 205.

（4） *Hua* 11, 298; 4, 159; 9, 392.

（5） *Hua* 14, 540; 6, 220; 4, 56; 5, 124. 私の知覚的対象の地平的現出（と現在の射映《プロフィール》と不在の射映《プロフィール》の間に含意される差異化）が，私が中心的な「ここ」に状況づけられていることと相関しているということは真である（*Hua* 4, 158）。そして，対象は，どんな知覚する主観にとっても「ここ」と「そこ」に同時に状況づけられることは原理上不可能であるがゆえに，地平的にしか与えられないというのもまた真である。しかしながら，こうした考察は，対象の地平的所与は単に観察者の有限性を顕現させるという結論を保証しはしない――そして，フッサールは地平的構造のどんな人間学的解釈も拒絶したことで知られている（cf. Sartre 1943, 354）。究極的には，対象の存在論的構造（その超越と世界性）こそが，「ここ」に状況づけられた主観に対してのみ与えられるということを必要とするのである。フッサールが『イデーンＩ』で宣言するように，神でさえ射映を通して対象を知覚しなければならないだろう（*Hua* 3, 351）。

（6） Sartre 1943, 365–66. Cf. Merleau-Ponty 1945, 97; 1964, 177. 身体についてのサルトルの分析をめぐる啓発的な議論に関してはCabestan 1996を参照。

（7） Sartre 1943, 374.

（8） Gibson 1979, 53, 205.

（9） *Hua* 11, 299.

（10） *Hua* 11, 14–15; Ms. D 13 I 4a

（11） *Hua* 6, 108–109.

（12） 「再感覚」「筋感覚」「前庭感覚」「固有知覚」「キネステーゼ」のようなさ

まざまな術語についての議論についてはGibson 1982, 164–70を参照。

(13) *Hua* 16, 161.

(14) *Hua* 16, 155.

(15) *Hua* 11, 15.

(16) *Hua* 11, 15.

(17) *Hua* 9, 390; cf. 6, 164; 13, 386.

(18) *Hua* 16, 159, 187–89; 11, 14–15; 4, 58, 66, 6; 109. こうした相関関係についてのフッサールの記述は，ある一定の動揺によって印づけられている。なぜなら，彼はキネステーゼとヒュレー的感覚の間の相関関係とキネステーゼと知覚的現出の間の相関関係について代替可能であるかのように語っているからである。ヒュレーのノエマ的解釈をいっそう明確に許すから，私は後者の語り方を採用した（186–87頁参照）。

(19) *Hua* 16, 176.

(20) 究極的に，空間構成についてのフッサールの分析は詳細において豊かであるが，極度に専門的である。これまで，私は，主観‐相対的ファントム空間の構成に属するいくつかの要素だけを説明し，客観的空間の構成には触れてこなかった。フッサールの理論におけるいくつかの付加的局面についての簡明的確な議論についてはDrummond 1979–80を見よ。

(21) *Hua* 4, 144; 11, 13.

(22) Henry 195, 79.

(23) Cf. Behnke 1984.

(24) 自動的行為は，主題的対象‐意識と同一視する容認不可能な狭い意識についての構想を扱う場合にのみ無意識的だろう。「身体イメージと身体図式——概念的明確化」という論文において，ギャラガーは，生ける，機能する身体は，沈黙した，無意識的，先反省的仕方で働くと論じている。しかし，この遂行を無意識的と呼ぶ彼の主な理由は「それが私の意識に対して現前する志向的対象ではない」ということと「その働きをなすために，意識の対象になる必要がない」ことである（Gallagher 1986, 548–51）。数多くの論文において，ギャラガーは（運動と姿勢の維持を可能にする起動的能力，能力，習慣の非主題的かつ先意識的体系である）身体図式と（その人自身の身体についての主題的かつ志向的意識である）身体イメージの間の決定的な差異を強調しており，数多くのこれまでの著者たちをその二つを混淆し，混同していると責めている。しかしながら，身体図式という彼自身の概念はそれ自体曖昧さを含んでいるように思える。それは，意識的注意の外側で生起する運動の無意識的制御と同調，すなわち，ある種の先反省的身体意識と，完全に意識の外側で生じる無意識的，あるいはむしろ非意識的，

生理学的過程の両方を包含している（cf. Gallagher and Cole 1995, 371, 377)。私はそれらを身体図式という概念の下で結合するよりもむしろ，二つを区別するほうがよかっただろうと考える。

(25)　Henry 1965, 128; Merleau-Ponty 1945, 168.

(26)　Henry 1965, 80.

(27)　Merleau-Ponty 1945, 97.

(28)　*Hua* 16, 158.

(29)　*Hua* 14, 447; cf. *Hua* 4, 58, 152; Merleau-Ponty 1945, 160.

(30)　しかしながら，対象の動き，観察者の移動運動，頭の運動，目の運動によって引き起こされる情報の光学的情報における差異を低く見積もるべきではない。ギブソンは次のように書いている。「一面での新しい詳細の獲得と他面での古い詳細の喪失を伴う，全体的パターンの純粋な転位は，目の運動を特定し，この方法は，普通，そうしたものとして登録される」(1982, 168)。対象の動きは，たいていは視覚的領野における部分的な変化を引き起こすにすぎないのに対して（背景は安定したままである），観察者の運動は，普通，領野全体を変える（cf. Gibson 1982, 180–93)。

(31)　こう論じられてきた。もし対象を再同定できないならば，超越的対象，すなわち，現在の所与を超越している対象や私によって体験されることなしに持続することができる対象を考えることは不可能である，と。しかし，もし不在の対象という概念の意味を理解することができないならば，再同定される一つの対象の事例を，二つの異なる機会に知覚される二つの性質的に同一の対象の事例と区別することはほとんど可能ではない。しかしながら，不在の対象について語ることは，空間における位置の変化を通して現前的になることができるだろうし，客観的空間という概念を必要とするような事物を考えるために，対象について語ることである（cf. Strawson 1959, 36–37)。しかしながら，客観的空間について語ることは，空間における諸々の所在地を判別し，再同定する能力を前提しており，フッサールによれば，この能力はキネステーゼに根差している。空間における二つの所在地は，私自身の位置に対する点で別様に状況づけられることによって区別することができる（*Hua* 16, 275–76; 11, 14–15)。

(32)　*Hua* 16, 176. Cf. Stern 1985, 80. 最近の幼児研究が幼児の運動には意志決定感覚と固有受容感覚が随伴していることと，こうした構成要素のおかげで幼児は，それ自身の自己産出した行為を他者の行為と運動から区別することを可能にする自己行為者性の体験をもつと示唆していることに，ついでに言及しておきたい。スターンは，外科的分離の直前の四か月の結合体双生児についてなされた実験に基づいて報告している。双生児は器官を共

有しておらず，別の神経系をもっていたが，互いに向かい合うという仕方で結合していた。双生児は，しばしば互いの指をしゃぶっていたし，スターンは，自分自身の指や双生児の指をおしゃぶりするときに，指を彼女の口から引っ張り出すことで，双生児それぞれの抵抗を比較した。アリスが自分自身の指をしゃぶっているとき，彼女の腕は引っ張り出されることに対する抵抗を示したが，それに対して彼女の頭は，腕をひっこめた後でも前に曲がらなかった。アリスがベティの指をしゃぶっていたとき，そしてベティの腕が優しく引き離されたときには，アリス自身の腕にもベティの腕にも抵抗はまったくなかったが，アリスの頭は前に曲がった。だから，アリス自身の腕が引っ張り出されたとき，アリスは腕を彼女の口に曲げ戻すことでおしゃぶりを続けようと試みた。ベティの腕が取り去られたとき，アリスは彼女の頭で腕を追うことによっておしゃぶりを続けようと試みた。だから，アリスは誰の指が誰に属しているかについて，そして体のどの部分を彼女が意志決定で支配しているかまったく混乱していないように思える。何回か，ベティがアリスの指をしゃぶっている間に，アリスはベティの指をふとしゃぶろうとした。同じ実験が実行され，同じ結果だった。双生児はそれぞれ指をしゃぶっていることとしゃぶられた指をもっていることとの体験をもっていたけれども，まだ自己と他者を区別する困難をもたなかったし，スターンは，双生児がこの区別をすることができた諸々の理由のうちの一つは意志決定と固有受容的フィードバックの体験のおかげであることを示唆している（Stern 1985, 78–79)。

(33) Merleau-Ponty 1945, 161.

(34) Straus 1966, 44.

(35) Merleau-Ponty 1945, 444.

(36) Merleau-Ponty 1945, 114.

(37) Merleau-Ponty 1945, 116; cf. 1945, 168.

(38) Cf. Gallagher 1986.

(39) Sacks 1970, 43–54; Cole 1991; Cole and Paillard 1995.

(40) Sacks 1970, 45, 51.

(41) Gibson 1979, 118. Cf. Gibson 1979, 115, 126; 1966, 36–37, 200–1.

(42) Neisser 1988, 37–38.

(43) Cole 1991, 127–28.

(44) Sacks 1970, 46.

(45) Cole 1991, 123, 149.

(46) Held and Hein 1963.

(47) Sartre 1943, 372.

(48) Sartre 1943, 378; Merleau-Ponty 1945, 162, 164, 173.
(49) *Hua* 4, 158–59; 15, 265; Merleau-Ponty 1945, 162, 164, 173.
(50) *Hua* 13, 240.
(51) Sartre 1943, 350.
(52) Sartre 1943, 398; cf. Merleau-Ponty 1945, 403.
(53) Sartre 1943, 355, 370–71, 376.
(54) Sartre 1943, 388.
(55) *Hua* 14, 57; cf. 457; 15, 326; 9, 392.
(56) *Hua* 14, 62.
(57) *Hua* 1, 130; 5, 128; 15, 546. フッサールの志向のこの局面についてのさらなる議論についてはZahavi 1996を見よ。
(58) *Hua* 4, 56, 155; 5, 118, 296; Ms. D 12 III 37a; Ms. D 12 III 15.『身体の哲学と現象学』において，アンリはキネステーゼ的感受性という概念を批判し，構成されたレヴェルを真に原本的な身体的主観性に混合しないことが決定的であると主張する（1965, 124–25）。しかし，私の見るかぎりでは，アンリ自身こそがキネステーゼ的な体験することの原本的統一とそれに続く局所化の間を区別しそこなっている。
(59) *Hua* 4, 146; Ms. D 12 III 24.
(60) *Hua* 6, 164; 15, 268.
(61) *Hua* 15, 279.
(62) この二つの類型の運動の間の，あるいはいっそう正確には，同じ運動のこうした二つの異なる統握の間の差異の暫定的な例証として，見られたものとしての身振りの体験と感じられたものとしての身振りの体験を比較することができる。手の対象化の際の視覚的体験が空間を身振りと独立に現実存在する何かとして現前呈示するのに対して，キネステーゼはわれわれに身振りの体験から独立に空間の体験を提供しない。空間は正確には手の可動領野として体験される。
(63) *Hua* 15, 279; 4, 151, 56.『指示の多様』において，エヴァンスはいくつかの関連する問題と格闘しており，われわれ自身を客観的空間のなかに位置づけるわれわれの能力，すなわち，われわれ自身を諸々の対象のなかの一つの対象と考えるわれわれの能力と，われわれのキネステーゼを空間における運動として解釈するわれわれの能力との間の関係に手短に言及している（Evans 1982, 163）。
(64) *Hua* 15, 302; 13, 273; 5, 12, 118–19, 123; 4, 146–47.
(65) *Hua* 4, 14–50.
(66) *Hua* 13, 115.

(67) クレスゲスは次のように指摘している。

> キネステーゼ的意識において可能であり，必然的にキネステーゼ的意識に帰属しているような感覚は，われわれがすでに見てきたように，それ自体感覚と感覚感として二重化されており，身体意識の契機に帰属しており，それと不可分である。ところでしかし，身体意識はそれ自体ノエシス－ノエマ的二重構造である。そこから明らかになるのは，感覚はもはやノエシス－ノエマの二者択一のどちらかの側に組み入れることはできない。むしろ次のように言うことができる。感覚は感覚（徴表感覚）としてはノエマ的側面に，しかし，感覚感としては（キネステーゼ的）意識のノエシス的側面に措定することができる，と（Claesges 1964, 134–35）。

(68) *Hua* 4, 145. いくつかの関係する観察については Henry 1965, 170 を見よ。
(69) *Hua* 15, 302; 14, 282.
(70) *Hua* 9, 197; 14, 414, 462; 4, 145.
(71) *Hua* 14, 540; 9, 391.
(72) *Hua* 14, 337.
(73) *Hua* 4, 145.
(74) *Hua* 14, 75; Ms. D 12 III 14.
(75) *Hua* 14, 75; 13, 263.
(76) *Hua* 15, 298.
(77) *Hua* 4, 159.
(78) *Hua* 14, 77.
(79) Henry 1965, 171–72.
(80) *Hua* 4, 151–52; 16, 162.
(81) Cf. *Hua* 14, 4; 14, 328–29.
(82) *Hua* 1, 128, cf. 15, 302.
(83) Derrida 1967a, 88; Bernet 1994, 173.

第七章

(1) Henry 1963, 288–92, 301. 構成される対象の現出と構成する主観性の自己顕現の間の根底的差異を強調するために，アンリは通常自己現出や自己構成について語ることを回避する。その代わりに，彼は「自己触発」「自己顕

現」それどころか「啓示」のような数多くの異なる術語を用いる（cf. Henry 1965, 98）。後者の術語〔啓示〕は，「飽和した現象」という論文において，自己充足的，無条件的，非地平的類型の顕現を啓示として記述することができると論じるマリオンによってその後用いられている（Marion 1996, 120）。

（2） Henry 1966, 12.『純粋理性批判』において，カントはこう論じる。あらゆる経験的認識は直観を前提し，あらゆる直観は触発を前提する，と。したがって，もし私が経験的自己認識を得ることができるならば，われわれ自身に対して受動的関係にいなければならないし，内的に触発されなければならないが，カントは内的感覚について語り，われわれの心的状態がこの内的感覚に与えられるときにわれわれはわれわれ自身を触発すると主張する。しかしながら，この自己触発は新しい感覚的事柄を提供する問いであるよりむしろ時間のなかでわれわれの心的状態を秩序づけるあるいは位置づけるという問いである。だから，カントは，自己触発を通して得られた自己認識がわれわれにどのようにしてわれわれが自己自身のうちにあるのかについての認識を提供することを否定することができる。それは，われわれに，われわれが自己自身に対して時間のなかでどのように現出するのかについての認識を与えるにすぎない（Kant 1971, B 68–69, B 153–56）。

（3） Henry 1990, 166; 1966, 33; 1963, 858.

（4） Henry 1963, 578, 580, 590.

（5） Henry 1990, 22.

（6） Henry 1963, 858–59.

（7） Henry 1963, 299–300, 422, 585; 1994, 305. レヴィナスが指摘するように，私の個体性は私自身の選択や行いの事柄ではない。それは，自由な自己反省，自己顕現，自己触発の産物ではない。それは，不相応かつ不当な特権として与えられる何かである。

（8） Henry 1963, 854.

（9） Henry 1963, 363.

（10） Henry 1963, 86–87, 95–96, 138, 143, 262.

（11） Henry 1990, 72. アンリの立場と『自我の存在論』におけるクラヴォンのいくつかの主張の間にいくつかの著しい類似がある。しかし，いくつかだけに言及しておけば，クラヴォンは，自我次元の一人称的自律について語る。自我次元は自己自身においてかつ自己自身を通して与えられる。つまり，それはこの意味において自己充足的であり，したがって何かほかのものに相対的でもなく依存もしない（1991, 79, 154）。その自己所与は自己自身の単純な本性の光の下で理解されねばならず，どんな種類の二元性や関係か

らも自由である（1991, 117-18）。同じように，クラヴォンはまた，原的現前の領野はどんな時間的衰退からも自由であると論じる。

(12) Henry 1963, 351; cf. 352, 377, 419.

(13) Henry 1963, 58, 396; 1990, 111.

(14) Kühn 1994, 46.

(15) Henry 1990, 7.

(16) Henry 1963, 584, 598-99, 613.

(17) Henry 1963, 576; cf. Heidegger 1991, 189-90.

(18) Henry 1963, 279-80.

(19) Henry 1963, 195, 259, 319, 323, 328.

(20) Henry 1963, 173; cf. 1963, 168-69.

(21) Henry 1965, 259; cf. 1965, 99.

(22) Henry 1965, 162. 自我は存在者的存在者とみなすことができないので，自我と非自我の間の差異は，存在者的差異ではなく，存在論的差異である（Henry 1965, 51, 163）。まさにこの理由のためにこそ，志向性と自己意識（超越と内在）は，排他的選言であるよりむしろ両立可能なのである。「まさに原本的身体についての自己知が主題的知ではないがゆえに，「自己」と身体の自己性がこの知の終端ではなく条件であるがゆえに，後者はそれ自身の内部で閉じられないのであり，自己についての知ではなく，超越的存在一般についての知なのである」（Henry 1965, 129）。

(23) Henry 1965, 127.

(24) Henry 1990, 54; 1994, 311.

(25) *Hua* 4, 213, 337; Ms. E III 2 12b.

(26) *Hua* 14, 44.

(27) *Hua* 11, 84 64; *Erfahrung und Urteil*, 81-83; Holenstein 1971, 196.

(28) *Hua* 11, 162.

(29) *Hua* 4, 217.

(30) *Hua* 6, 111; 15, 120, 78.

(31) Ms. C 10 13a.

(32) *Hua* 14, 275. だから，フッサールは，意識に見出される特定の形式の反省にも注意を促す（*Hua* 8, 105）。

(33) *Hua* 14, 14.

(34) *Hua* 13, 170; cf. 14, 51; 13, 92.

(35) *Hua* 14, 244.

(36) *Hua* 11, 150; 4, 214; 11, 168; Ms. E III 3 3a; Ms. E III 2 22b.

(37) Ms. C 3 41b-42a.

(38) *Hua* 4, 336. しかしながら，フッサールもまた指摘するように，すべての志向的能動性は触発を要求するけれども，それが感覚的触発である必要はない。それは，いわゆる「第二次的感性」からの，すなわち，沈殿の過程を通して得られた，習慣，傾向，連合等々の複合体全体からの触発でもあるかもしれない（*Hua* 4, 337)。

(39) *Hua* 15, 385; cf. 11, 164.

(40) Ms. E III 2 22a; cf. Ms. C 6 4b.

(41) *Hua* 14, 379. フッサールが，ヒュレーを（すべての構成によって前提される質料としてよりもむしろ）構成された統一であると語ることができる理由は，その術語が，感覚作用から世界自体にまで範囲を広げつつ，われわれに解釈のための質料を提供するかもしれないものはどんなものでも含むまで時として拡張されたからである。こうした脈絡でこそフッサールは，ちょうど原触発とその後に続く形式の触発の間をも差異化するのと同じように，原ヒュレーとその後に続く形式のヒュレーの間を差異化するのである（Ms. C 3 62a; Ms. C 6 4b–5a: Ms. C 16 46b)。

(42) Cf. *Hua* 3, 192.

(43) Sokolowski 1974, 91; cf. *Hua* 5, 10–11; 16, 148.

(44) *Hua* 19, 362; 10, 127, 333–34.

(45) Ms. C 3 62a.

(46) Cf. Holenstein 1972, 86–117; Frank 1984, 138; Depraz 1995, 255; Sokolowski 1970, 210–11.

(47) *Hua* 11, 149–51; *Erfahrung und Urteil*, 80; Ms. B III 9 18a.

(48) Ms. D 10 IV 11; cf. *Hua* 11, 138.

(49) Mishara 1990, 38–39; cf. Schües 1998.

(50) Ms. C 16, 42a.

(51) Bateson 1972, 453.

(52) *Hua* 15, 54–55.

(53) だから，フッサールは，純粋に受動的な感覚の世界について語ることは抽象であると書くことができる。それらは能動的なキネステーゼとの相関関係においてしか理解することができない（*Hua* 11, 185)。Cf. Claesges 1964, 71, 123, 131, 134–45; Landgrebe 1963, 120.

(54) Ms. C 3 41b.

(55) *Hua* 14, 379; 4, 130; 15, 287; 23, 266. フッサールが現出のノエマ的解釈を選好している箇所については *Hua* 13, 117, 377, 412–13; 14, 250; 4, 168, 201. *Erfahrung und Urteil*, 88 を見よ。私は，フッサールの成熟した見解と「感受性の有用な次元」という論文においてギブソンが展開した感覚理論と

の間にいくつかの著しい類似性を見出す（Gibson 1982, 350–72 を見よ）。

（56） Ms E III 2 22b.

（57） *Hua* 15, 128, 375; 13, 406, 459; 14, 51–52, 337; 4, 356; Ms. E III 2 5a; Ms. E III 2 23a.

（58） *Hua* 13, 427; 11, 386. 受動性と他性の間の結合に関する反省については Ricœur 1990, 368 を見よ。

（59） しかしながら，フッサールがヒュレーについての彼の記述においてとりわけ明晰で首尾一貫していると主張することは誇張だろう。しかし，単一の例を与えておけば，フッサールはヒュレーが生にその本質的相関者として属していると書いている（*Hua* 14, 46）。6 頁後の，同じ年（1921）の或るテクストにおいて，彼は，ヒュレーは「自我的なものと実的に一つであるものとして与えられる」（*Hua* 14, 52）と書いている。

（60） Ms. C 10 15b（強調引用者）; cf. Ms. E III 2 24b.

（61） Ms. C 10 16a.

（62） *Hua* 15, 131, 287; Ms. C 2 3a.

（63） Ms. C 7 6b.

（64） 現勢的には，この説明はなおあまりに抽象的である。なぜなら，第三の構成的原理を見逃しているからである。フッサールにとって，究極的には，構成は，主観性，相互主観性，世界という三項構造において繰り広げられる（cf. Zahavi 1996）。

（65） Cf. Brand 1955, 28; Hart 1992, 12. 主観性は自己と他性の両方を伴うから，なぜ超越論的現象学が観念論と実在論という対立を超えていると時として性格づけられてきたのかが理解できるようになる（cf. Seebohm 1962, 153）。

（66） *Hua* 11, 118, 128; 1, 28; *Erfahrung und Urteil*, 76; Ms. L I 15 3a.

（67） *Hua* 10, 107; cf. *Erfahrung und Urteil*, 191; Lévinas 1949, 154.

（68） *Hua* 11, 138; Ms. A V 5 7a; Ms. L I 17 9b; Ms. C 3 42a.

（69） *Hua* 10, 83.

（70） Cf. Brough 1972, 321–22.

（71） *Hua* 10, 118.

（72） Kant 1971, B xl-xli, B 275–76.

（73） *Hua* 5, 128; 15, 287. ラントグレーベは以下のように書いている。

> 周知のように，動因となる運動を支配する能力は，小さな子どもが最初期にならうものである。子どもはそれによって二重の方向において経験をする，自己自身と自分の身体的機能とについての経験と，それと不可分にますます拡張する，その周囲にある世界についての経験とである。

あらゆる新しく習得した運動は同時に経験可能なものの地平を拡張する。われわれがわれわれの世界について獲得するあらゆる新しい経験は，同時に，われわれの能力におけるわれわれ自身についての新しい経験なのである（Landgrebe 1982, 67）。

（74） Benoist 1994, 57, 61; Bernet 1994, 321; Ricœur 1990, 380.
（75） *Hua* 4, 147.
（76） *Hua* 13, 386; 16, 178; 15, 300.
（77） *Hua* 5, 10.
（78） *Hua* 14, 75.
（79） Ms. D 10, 11a. クレスゲスの言ではこうである。「ファントムを所与性へともたらす，触覚的範囲のなかでのあらゆる感覚することは，同時に感覚する身体もまたともに所与性へともたらす。なぜなら，それによってファントムが与えられる一与件は局面与件として身体に帰属しているからである。したがって，触覚的範囲において，あらゆる感覚するはたらきは「自己自身を感じるはたらき」であり，それによって，感覚は感覚感という性格を受け取るのである。したがって，身体と外部世界の等根源的所与性が明らかになる」（Claesges 1964, 112）。
（80） Lévinas 1949, 162; 1974, 30, 85, 92, 120–21; 1991b, 41. もし触発が欲望によって解釈されるならば，他性への渇望としてもまた記述することができる。Cf. Yamagata 1991, 189; Barbaras 1991, 108.
（81） *Hua* 10, 100.
（82） Barbaras 1991, 97–98, 104. しかしながら，バルバラスは，それらの同一性と判別不可能性とをそれらの不可分離性から推論するときに行き過ぎてしまっており，そうしてこう付け加える。自己触発の自己は，単にそれ自身の上での世界の折り目にすぎず（Barbaras 1991, 107），ありとあらゆる自己意識の単一性と還元不可能な一人称パースペクティヴとを見逃す示唆にすぎない，と。
（83） Ms. B III 9 105b.
（84） Ms. C 10 2b.
（85） Ms. C 16 68a.
（86） Ricœur 1950, 363.
（87） Merleau-Ponty 1945, 344, 431–32, 467, 485, 487, 492; 1966, 164–65.
（88） Straus 1958, 148.
（89） 第一〇章と附論を参照。
（90） Heidegger 1986a, 137; cf. Sartre 1943, 387.

(91) フッサールは以下のように述べている。「われわれが穏やかな気分でいるならば，われわれのまなざしが向かうあれやこれやは，好ましく，バラ色で，快く見える」(Ms. M III 3 II I 95; cf. Ms. M III 3 II I 29–30; Ms. C 16 30b, 33b)。いっそう一般的には，フッサールはこう主張する。ヒュレーによって行使される触発は，感情的本性をもつ，と。「あらゆるヒュレー的なものには，自我に対して現存在するものとして，自我に感情において，すなわち，自我にとって生ける現在においてあるというその根源的な仕方で，触れるものが属している。感じつつ規定されていると感じることは，ヒュレーの側からは触発を意味するものに他ならない」(Ms. E III 9 16a)。「だが，感情は，あるいは，ヒュレー的与件ないし感性的客観が能動的自我を動機づける（触発する）ものとして，それ〔自我〕を「引き寄せる」あるいは「突き離す」」ことである。引き寄せることにはそれに向かうことが対応するあるいはあり，突き離すことにはそれから逃れることが対応するあるいはある」(Ms. C 16 28a; cf. Ms. B III 9 79a–b; Lee 1998; Landgrebe 1963, 118, 121)。

(92) *Hua* 15, 324, 293; 13, 292; 4, 153; Ms. D 10 IV 15, Cf. Landgrebe 1963, 116–17.

(93) Derrida 1972a, 14, 65; 1967a, 96. デリダはさらにこう論じる。彼が自己差異化の過程とみなした，現出の究極的条件は，その二重の本性によって性格づけられる，と。一方で，分離，区別，裂開によって，他方で，迂回と遅延によって。前者の類型の同時的，共現実存在する差異が空間化として理解することができるのに対して，後者の類型の共時的差異は時間化として分類することができる（Derrida 1972a, 8, 19)。時間化と空間化の間のこうした絡み合いにおいてこそ現前は構成される。だから，顕現の条件は単純かつ差異化されないのではなく，最小限の分割によって，その二項的構造によって性格づけられる。

(94) Landgrebe 1963, 120; cf. Landgrebe 1982, 81; *Hua* 6, 255; Straus 1956, 241–43, 254–55, 372; Claesges 1964, 100, 123, 131, 143; Brand 1955, 47; Rohr-Dietschi 1974, 87; Richir 1989.

(95) *Hua* 15, 131, 287.

(96) Franck 1984, 141.

(97) *Hua* 5, 11.

(98) *Hua* 4, 153.

(99) Sartre 1936, 23–24; 1943, 17, 19, 28.

(100) Sartre 1943, 212; 1936, 23–24.

(101) もちろん，これが，サルトルはフッサールのヒュレー概念に非常に強く

反対する理由である（Sartre 1943, 26, 363）。しかしながら，サルトルの批判がフッサールの正確な解釈に基づいているかどうかは別の問題である（186–87 頁を見よ）。

（102） Sartre 1943, 18, 20, 23; 1948, 63. 幾分驚くべきことには，この定式は，サルトルの理論と『霊魂論』におけるアリストテレスの立場との間のある一定の親和性を露呈する。この親和性は，サルトルが『自我の超越』において意識は無であり（なぜなら，対象はそのうちに含まれないからである）すべてである（なぜなら，それはあらゆるものについての意識でありえるからである）と書くときに，さらにいっそう顕著になる。Cf. Sartre 1936, 74; Aristotle 1984, 424a17, 429a18, 429b30.

（103） Sartre 1943, 28.

（104） Sartre 1943, 162. もしサルトルがこの点で正しいならば，それは，あらゆる志向的意識は自己意識を含意しなければならないというテーゼを支持する付加的な論証を構成する。さもなければ，それは，対象とそれ自体の間の差異を意識することはできないだろうし，したがって，対-象（ob ject）として対象を意識することはできないだろう（cf. Sartre 1943, 214）。

（105） Sartre 1943, 27, 214–15.

（106） Sartre 1943, 179; cf. 1943, 213, 258; 1936, 28.

（107） Sartre 1943, 161.

（108） Sartre 1943, 178.

（109） Rosenberg 1981, 257.

（110） Sartre 1943, 28–29. こうした結合においてこそ，サルトルは心から独立の実在の現実存在を支持する存在論的証明を提供したと主張する。言うまでもなく，この「証明」は幾分疑わしい。なぜなら，異なることと独立であることとは二つの異なる争点であるからである。

（111） Sartre 1943, 115.

（112） Sartre 1943, 115–16.

（113） Sartre 1948, 69; cf. 1948 68; 1943, 112, 115–16.

（114） Sartre 1948, 50.

（115） Sartre 1943, 33.

（116） Sartre 1943, 115–16; 1948, 66, 69; cf. Merleau-Ponty 1964, 246.

（117） Sartre 1943 114, 117; 1948, 67. 先反省的レヴェルでは，意識は二項的な反射-反射するもの（reflet-refletant）によって性格づけられ，反省的レヴェルでは，反省する-反省される（reflexif-reflechif）の二元論によって性格づけられる。

（118） Sartre 1943, 116, 141, 144, 175–77, 182, 197, 245; 1948, 76. 彼の時間の

強調にもかかわらず，そして，先反省的自己意識の構造を時間性の起源であると捉えているにもかかわらず，サルトルは構造自体が非時間的であると考える（cf. Seel 1995, 141–42）。

（119） Cf. Wider 1989 and 1993a; Klawonn 1991, 116; Frank 1990, 83.

（120） Sartre 1936, 28–29; 1943, 143, 176–77, 191–92; 1948, 78.

（121） Wider 1993a, 741.

（122） Sartre 1943, 106.

（123） 胃の痛みのようなこうした内世界的媒介を必要としない身体自体のなかに諸々の類型の自己触発が現実存在するかどうかについては，デリダはこれらを，普遍的有意味さをもたない経験的奇形として分類する（1967a, 88)。

（124） Derrida 1967c, 33; 1967a, 77, 93.

（125） Derrida 1967a, 89, 92.

（126） Derrida 1967c 235.

（127） Derrida 1967a, 73, 76; 1972b, 299, 336.

（128） Derrida 1972b, 219, 259, 264.

（129） Derrida 1967a, 92; 1967c, 221, 237.

（130） Derrida 1967c, 235; cf. Gasché 1986, 194, 232–33.

（131） Derrida, 1967c, 237.

（132） Derrida 1972b, 259, 299–300, 303.

（133） Cf. Barbaras 1991, 107.

（134） Yamagata 1991, 179.

（135） *Hua* 15, 349.

（136） Sokolowski 1976, 699; Brough 1973, 526.

（137） Lévinas 1949, 223.

（138） Brand 1955, 74; cf. Seebohm 1962, 126–27; Hart 1989, 58.

（139） Sartre 1948, 63.

（140） Cf. *Hua* 10, 115.

（141） Henry 1965, 76.

（142） Sartre 1943, 113, 194.

（143） Derrida 1967a, 76.

（144） Ms. C 3 69a.

（145） *Hua* 15, 543–44. 時として反省（*reflection*）と反射性（*reflexivity*）の間の専門用語上の区別に遭遇する。この区別は，グルーエ・セーレンセンに見出される（Grue-Sørensen 1950, 133, 138）が，しかし，反射性を意識の先反省的透明性として定義し，それを，高階の志向的作用である反省から区別するモハンティにもまた見出される（Mohanty 1972, 159, 164, 168)。

クラヴォンは，「反射性」という術語は，原的自己所与が自己関係あるいは自己差異化として理解できるということを示唆するので，回避されるべきであると論じている（Klawonn 1991, 114）。

（146） Held 1981, 192.

（147） Held 1966, 169; cf. 65, 170, 172. フィンクに，産出することよりも反省は単に先反省的主観性に内在する複数性を開陳し分節するにすぎないという主張が見いだされる。

> もしその命題がただ正しく統握されるならば，自己意識はつねにすでに反省しつつある。それがまた意味するのはこうである。すなわち，さしあたり，端的で，単純な自我があるのではない——そして後から相互に突出する反省段階の形成において，いっそう多くの，一致させられかつ一つになった諸々の自我があるのではない。つまり，自我はむしろ根源的にすでに細分化されているのだが，やはり一つなのである。自我は，多様を単純に自らのうちに見出すのではなく，およそ「存在する」かぎりで，つねに産出する，それ自身複合的一性（Einsheit）である。自我の存在はまさにその多様化と一性にある（Fink 1992, 128）。

第八章

（1） Sartre 1936, 21–23; cf. Merleau-Ponty 1945, 466, 481. フッサールの『内的時間意識の現象学』を参照しながら，サルトルは，縦の志向性が把持の連鎖を統合していることについでに言及するが，彼はこのことについて詳述しない。

（2） Sartre 1936, 23; cf. 1936, 25, 37, 74.

（3） Sartre 1936, 31–32, 37. 通常の反省と想起における反省の間のフッサールの区別を用いながら，サルトルはこう指摘する。過去の出来事を思い出すとき，われわれは非措定的な様式で，先述の出来事についての以前の体験もまた思い出す。この体験は反省によって主題化することができるが，それに先立って，すなわち，過去の出来事に焦点を当てるかぎりで，体験は非措定的先反省的様式において共に与えられており，したがって，それはわれわれに先反省的意識の本性への洞察，例えば，それが没自我であるという洞察を与える（Sartre 1936, 30–31）。

（4） Sartre 1936, 65; cf. 1936, 37.

（5） Sartre 1936, 35, 43–44, 54–55; 1943, 142.

（6） Sartre 1936, 69.

(7) Sartre 1936, 78.
(8) Sartre 1936, 58, 70.
(9) Cf. *Hua* 14, 419.
(10) Merleau-Ponty 1945, 249, 277.
(11) 言うまでもなく，自我についての主題的体験の不在と自我の不在についての主題的体験の間にもまた差異がある。先反省的レヴェルでは，体験が私のものであるという顕在的意識は存在しないかもしれないが，体験が私のものではないという意識（先反省的ですらないが）は確実に存在しない。しかしながら，こうした論証はなお通常の知覚のレヴェルに制限されている。こうした自我中心的特徴を欠く，いっそう深いあるいは異常な（精神病的）類型の意識が存在するかどうかはすぐに議論されることになる。
(12) スキャロンは想起についてのサルトルの説明に対する批判のなかで次のように述べている。

> 私が「私は列車からの風景を昨日見た」という言明によって反省的記憶において想起するものを表現するならば，私は「私」によって単に，風景を昨日見た何らかの不特定の個人を指示しているのではない。私がそうしていたならば，「誰かが列車からの風景を昨日見た」と言うべきである。そして，私はその言明を立証するために反省的記憶を求めないだろう。「私」によって，私は確定的個体を，列車からの風景を昨日見て，かつ，今反省的に私がそうしたことを想起している同じ個体を指示している。換言すれば，「私」は，反省された体験にのみならず，反省的作用にも属するものとして措定されるのである（Scanlon 1971, 339）。

(13) Sartre 1948, 63; cf. 1943, 114, 142–43, 284; 1936, 19 78–79.
(14) Marbach 1974, 77, 90.
(15) メルロ－ポンティの相互主観性理論において繰り返し出てくる問題は，彼がこの原理に危うく背きそうになるということである。彼はこう書いている。われわれの知覚作用は先人称的構造をもち，知覚作用は根本的匿名性によって性格づけられる，と。だから，ありとあらゆる知覚は普遍性という雰囲気のなかで起き，「ひと（das man）」（1945, 249, 277）の様態で生じる。メルロ－ポンティは，われわれの知覚の核での脱人称化について語りさえし（1945, 159），他者は，私でも知覚をする者でもなく，われわれのうちに生きる匿名的可視性であるので，他者の問題は存在しないと主張する（1964, 187）。メルロ－ポンティは，発達心理学についての彼の研究のなかで類似した結論に達する。というのは，彼が述べるように，相互主観性の

問題は大人にとっての問題にすぎないからである。生命の始まりでは，自己意識についても他者についての体験についても語ることはできない。共有された，匿名的生というこの段階では，差異化は存在しない（1945; 407; 1960b, 32–33）。しかしながら，時として，メルロ－ポンティは，このモデルが，相互主観性の問題を解決するよりもむしろ，あらゆる複数性を無効にすることによって解消する恐れがあることを認識しているように思える（cf. 1945, 408–9; 1947, 125; 1988 42–44）。

（16） *Hua* 16, 40.

（17） Marbach 1974, 100．フッサールが二重の反省によって異他的体験を主題化することが可能であることを発見した時に，決定的突破が生起したのである。ちょうど想起する際の私が私の現在の想起する自我と私の過去の知覚する自我を主題化することができるように（96頁を見よ），感情移入が私に私自身を感情移入する自我として反省し，他者を感情移入される自我として反省することを許すのである。だから，まさに私自身だけではなく，他者もまた，反省を通して現象学的記述にとって接近《アクセス》可能にすることができるのである（*Hua* 13, 456）。

（18）『同情の本質と諸形式』において，シェーラーはこう論じている。われわれの感情についての分析は，諸々の主観の複数性の現実存在を裏付ける，と。もし愛や同情を吟味するならば，自己自身を超えた誰かを真に把握することが扱われている。本当の志向的に超越することは顕現的であり，それゆえ，同情についてのわれわれの体験は，シェーラーによれば，独我論に対する直接的異論としての役にたつ（1922, 57, 69, 81）。いくつかの種類の感情が諸々の主観の複数性を示唆するかぎり，シェーラーは意識の超個体的統一の現実存在に賛成の論を唱えるあらゆる理論を批判する。現象学的観点から，われわれは，その構造が諸々の主観の間の実際の差異の消去と両立不可能である志向を扱っているのである（1922, 75）。

したがって，ショーペンハウアーとハルトマンが教えるように，人格の本質統一を共感は指し示すのではなく，まさに（またその〔人格〕の実在的な現存在の異種性の究極的根拠としての）純粋な本質異種性は真正の共感を前提しさえする。――二つの人格だけが共通に参与し，いわばそこで癒合してしまった，およそ超個体的精神あるいは普遍意識の内容としての――感情の現存在は，共感ではなかっただろう。そして，もし独我論的錯覚を破棄する際に「他者」の「他者」としての等価的実在の把握を把握することが――見てきたように――まさに真正の共感の能作であるならば，同時に，それ〔共感〕が，エゴも他も実在的に現実存在

せず，それら〔エゴと他者〕がその機能だろう第三のものだけが実在的に現実存在するという昏い認識ではあることはない（Scheler 1922, 76）。

（19） *Hua* 9, 416. ジェームズを引用しておこう。

自己自身の思考以外のどんな思考も他の人格の意識のなかにある意識は直接的に視界にはけっして入らない。絶対的絶縁，還元不可能な複数主義が法なのである。原基的心理的事実は思考やこの思考やあの思考ではなく，私の思考であるかのように思えるし，あらゆる思考は所有されている。共時性や空間における近接性や性質や内容の類似性は，異なる人格的心に属しているというこの障害によって切断されている思考をうまく融合することはできない。そうした思考の間の切れ目は本性上最も絶対的な切れ目である（James 1890 I, 226）

（20） *Hua* I, 139; cf. 15, 12. この超越的他者という概念は，フッサールにとって卓絶した重要性をもつ。私がほかのところで示してきたように，フッサールは，究極的に，客観的妥当性についての私の体験は異他的主観性の超越（と接近《アクセス》不可能性）についての私の体験によって可能になると主張する。フッサールが第一の真の他性としてかつすべての種類の真の超越の源泉として指定するこの超越こそが，世界に客観的妥当性を付与するのである。「ここにただひとり本来的にそう名づけられるべき超越があり，それ以外になお超越と呼ばれるすべては，客観的世界のように，異他的主観性の超越に起因するのである」（*Hua* 8, 495; cf. 17, 248; 14, 277; 15, 560; 1, 137, 173; Zahavi 1996）。

（21） クラヴォンはこのことを指摘した最初の人ではないけれども，彼はそれに対する見事なまでに徹底的で顕在的な擁護をなお行っている（cf. Klawonn 1999）。

（22） *Hua* 8, 175; 13, 307, 443, 28, 56.

（23） *Hua* 9, 415.

（24） *Hua* 14, 429.

（25） *Erfahrung und Urteil* 193; *Hua* 13, 184; 4, 252, 350; 14, 151; Ms. C 3 32a. フッサールの生概念についての深い探究についてはMontavont 1999を見よ。

（26） Cf. Henry 1963, 580–81; 1965, 53; 1989, 55.

（27） Henrich 1970, 276.

（28） Henry 1966, 31.

（29） Klawonn 1991, 5, 136.

(30) Cf. Strawson 1966, 164.

(31) Brough 1975, 42.

(32) *Hua* 14, 275. だから，フッサールもまた良心に見出される特殊な種類の反省に注意を促している（*Hua* 8 105）。

(33) Cf. *Hua* 10, 34.

(34) 最近こう主張されてきている。一定の進歩した脳移植のもつ未来の可能性を考えて，たとえ一人称的様態で現前呈示されても，必ずしもその人自身の体験の記憶ではない，真実の記憶を原理上もつかもしれない，と。この場合には，まったく合理的にこう言われるかもしれない。「私は，あの曲を聞いていることをまさに生き生きと思い出しているように思えるが，それを聞いているのが私だったのか私の兄弟であったのかは知らない」（Parfit 1987, 221）。しかしながら，この例は，思い出すことという概念そのものを犯しているように見える。たとえこうした疑似記憶のような何かが可能であったとしても，通常の記憶特有の不可謬性についてのわれわれの想定の土台を掘り崩さないだろうし，われわれに非人称的体験のようなものを提供しないだろう。エヴァンスが指摘してきたように，主観にとって，例えば，燃えている木についての明らかな記憶をもつことは，主観にとって主観に木が燃えたように思えること，すなわち，主観にとって主観に彼自身が燃えている木を見たように思えることである（Evans 1982, 246–48）。最後に，パーフィットの主張は，記憶を，脳移植を通して移すことを可能にする仕方で記憶が脳に埋め込まれているという，極めて疑わしい想定を前提しているように思える。ウィルクスが次のように述べている。「こうした取り組み全体で本当に間違っていることは，記憶（と信念，思考等々）を，まるで鞄のなかの大理石であるかのように扱っているということである。すなわち，脳から一つをまさに「取り出す」ことができるのであり，記憶は別々で，分離可能なのである」（Wilkes 1988, 40）。この類型の思考実験に異論を唱えるさらなる論証についてはWilkes 1988, 1–48を見よ。

(35) Cf. Ayer 1956, 136–37.

(36) 無意識的知覚について語ることが可能であると想定して，もしそうした知覚が後になって突如として意識にもたらされたならば，過去として現出しないだろうし，その対象としても現出しないだろう。

(37) Frank 1986, 90; Cf. Frank 1986, 51; Schmalenbach 1929, 316.

(38) *Hua* 4, 310; 9, 315.

(39) *Hua* 4, 107; 3, 179.

(40) *Hua* 17, 362–63; cf. 4, 105.

(41) *Hua* 23, 200.

(42)　*Hua* 3, 211–15; 4, 97–98.
(43)　*Hua* 3, 73; 14, 156; 4, 103; 15, 305.
(44)　*Hua* 3, 189.
(45)　*Hua* 4, 108.
(46)　Cf. Hart 1992, 68–69.
(47)　*Hua* 4, 105; 13, 248.
(48)　Pfänder 1904, 352–58.
(49)　Marbach 1974, 163, 172.
(50)　Kern 1989, 57.
(51)　*Hua* 13, 248; 9, 207; 4, 277.
(52)　*Hua* 4, 98; 9, 207; 4, 277.
(53)　*Hua* 3, 123–24, 179; 4, 99–100; 14 43; 13, 246.
(54)　Kern 1989, 60–62; 1975, 66.
(55)　だから，フッサールが指摘するように，例えば，もし私が田舎を想像するならば，私の想像は想像された主観（私自身の空想変様）も同様に伴わねばならない。なぜなら，田舎がパースペクティヴ的射映において与えられる主観が存在しなければならないからである（*Hua* 8, 131, 116）。想像において，主観性は自己自身であるよりも他者でありえるし，それによって相互主観性を予料することができる（*Hua* 15, 335）。この特定の異他化についての分析に関しては Depraz 1995, 259–68 を見よ。
(56)　*Hua* 13, 318; 9, 208; 11, 309; cf. Fink 1992, 114, 117.
(57)　*Hua* 11, 309–10.
(58)　Kern 1975, 58, 62, 65.
(59)　Bernet 1994, 303–4.
(60)　Cf. Marbach 1974, 117–119; Bernet 1985, xliv.
(61)　Kern 1975, 65–66.
(62)　*Hua* 9, 208.
(63)　Ms. C 16 10a.
(64)　*Hua* 11, 235, 323, 72; 1, 125; Ms. C 17 63a–b.
(65)　*Hua* 15 598.
(66)　Ms. C 16 7b; Ms. C 16 69b.
(67)　*Hua* 15, 350; Ms. C 16 68b; C 10 2a; C 10 15a–b.
(68)　Cf. Zahavi 1994a.
(69)　*Hua* 15, 339.
(70)　Ms. C 10 16a; *Hua* 17, 293; *Erfahrung und Urteil* 122.
(71)　Holenstein 1971, 140–41; Montavont 1993, 135. 私はこうした争点のうち

のいくつかに附論での無意識についての私の議論のなかで立ち返ることになる。

(72) Sass 1994, 22; Jaspers 1961, 101–3.

(73) Natsoulas 1991–92.

(74) Cf. Kimura 1997, 342.

(75) 統合失調症者の主張をあまり文字通りに解釈せず，むしろ比喩的に解釈することもまた極めて重大だろう。誰かがわれわれに彼〔その誰か〕が死んだと告げるとき，われわれに生物学的真理よりもむしろ実存論的真理を伝えようとしていると想定するほうがより見込みがあるだろう（Laing 1960, 37, 149; cf. Sass 1994, 30）。

(76) ひょっとすると，この説明もまた，多重人格障害についての理解ということになれば，価値があるかもしれない。多重人格障害（MPD）に共通の現象のうちの一つは片務健忘障壁として知られる類型の非対称的意識である。人格性Aは人格性Bの思考と行為を意識しているが，BはAの現実存在を意識してもいない。しかし，AがBの思考に直接的に接近《アクセス》できるならば，なぜAはこうした思考を他の人格の思考として体験しないのか。

(77) Graham and Stephens 1994, 100.

(78) Rosenberg 1987; Schilder 1951, 40.

(79) Quoted from Cutting 1997, 296.

(80) Sass 1994, 12, 38, 91, 95; cf. Laing 1960, 74.

(81) Laing 1960, 69, 72, 112, 137–38, 140.

(82) Laing 1960, 74, 82, 168.

(83) Laing 1960, 109.

(84) ブランケンブルクは統合失調症を自然的明証の喪失として記述している（cf. Blankenburg 1979）。この定式化は，統合失調症と現象学的態度の間のある一定の類似性を正しく喚起する——フィンクがかつて主張したように，エポケーはある種の方法的統合失調症である（Fink 1957, 329）。同じ調子で，フッサール自身が，現象学的態度は自己分裂を含むということを承認している。われわれは，その機能することそのものを精査するために，自己自身を自然的に世界内的対象に向かう自我から解放する（*Hua* 8, 422, 427）。究極的には，単に超越論的自我を内世界的自我から区別するだけではなくて，現象学する自我を主題化された現象学的自我から区別することが必要である。還元を遂行する自我を還元のために超越論的と認識される自我から差異化しなければならない（*Hua* 8, 440）。この論題についてのいくつかのさらなる反省については Bernet 1994, 9–18 を見よ。

第九章

(1) ひょっとすると，第三の形式の自我中心的自己意識，すなわち，同一性の超越的原理としての自我についての意識は，すべての種類の自己意識と同様に，相互主観的にのみ進展するような高度な認知的能作であると論じることができるかもしれない。しかし，単にある一定のレヴェルの認知的複合性と相互主観性との間の一般的な依存性に賛成の論を唱えているにすぎない主張を，反省的自己意識のもつ特定の，本有的相互主観的本性にかかわる主張から区別しなければならない。しかしながら，ハートの場合，後者に遭遇する。なぜなら，彼は自我極の構成を他者に依存すると捉えるからである（Hart 1992, 166)。ただ他者との遭遇を通してこそ，主観が他者に対する他者になる他者の「創出する恩恵的現前」を通してこそ，主観は，自己転移作用を生じさせることができるようになり，だから，自我論的自己意識と同様反省的自己意識も両方獲得するに至る（Hart 1992, 198, 202, 207)。しかしながら，たとえこう言えたとしても，私はそれを支持できるフッサール解釈として容認するのは幾分気乗りがしない。反対に，それには，フッサール解釈に対する明確なレヴィナス的論調がある。

(2) Ricœur 1950, 55. Cf. Ricœur 1990, 380.『存在とは別の仕方であるいは存在の彼方へ』のなかで，レヴィナスは以下の問いを立てている。何が主観の代置不可能かつ置換不可能な個体性を構成するのか。言うまでもなく，主観は，エッフェル塔のように，独自なのではない。主観は，他の誰ももっていない性質や特色を所有することによって独自なのではない。それは，時間と空間内でのその特有の位置のために独自の個体であるのでもない。しかし，私の独自の主観性は私自身の選択やなすことの事柄でもない。レヴィナスにとって，独自の主観であることは，究極的には，他者によって取り組まれていることである（1974, 26, 91)。他者は私の責任〔応答可能性〕に反駁不可能な訴えをなし，そして私の同一性と独自性は，私が，誰も私に対して想定することができない，この責任〔応答可能性〕を逃れることができないという事実に由来する（Lévinas 1991a, 186; 1991b, 64; 1974, 29, 141, 215–17)。別様に言い表せば，他者の責めこそが私を単独化する。倫理的関係においてこそ，私は私の真の個体性を受け取るのである。なぜなら，その責任〔応答可能性〕こそが私を置換不可能かつ代置不可能にするからである。だから，主観性は，厳密に語れば，責任〔応答可能性〕への服-従であり（Lévinas 1974, 183)，私の自己性が他者に依存しているかぎりで，自己充足性によってではなく，むしろ根本的自己欠乏性あるいは欠如によって性格づけられる（Lévinas 1974, 176; cf. Ricœur 1990, 30)。レヴィナスは，

確かに諸々の重要な争点を指し示している。諸々の対象に責任を問うことはできない。これは主観性のもつ捉え難い特徴である。しかし，私は，彼が責任〔応答可能性〕もまた主観性の決定的特徴であると強く主張しているように思えるとき，彼に従うのは難しいと思う。

(3) *Hua* 8, 71; 5, 146; 4, 174–75.

(4) *Hua* 4, 249, 105; 1, 62. 事柄を面倒にするのだが，フッサールもまた超越論的人格概念を扱っている。これは，フッサールが自我極はけっして空虚で静態的な極ではないことを強調する『デカルト的省察』(第三二節) にとりわけ明らかである。超越論的人格は，発展する構造であり，歴史をもち，自己自身の以前の体験によって影響を受け，規定される。われわれの作用は沈殿物を残しており，こうした仕方で超越論的自我は持続的習慣，信念，不変の様式，人格的性格を獲得する (*Hua* 1, 100–101; 9, 210–12; 4, 214)。同じ理由で，フッサールは人格的自我が反省の所産であると主張する点でサルトルに従わない (*Hua* 4, 251)。人格的自我は，反対に，沈殿物の所産なのである。

(5) *Hua* 14, 204; 4, 252.

(6) *Hua* 4, 104.

(7) *Hua* 4, 142–43, 175.

(8) *Hua* 4, 183–84. 原本的に，われわれは，空間における対象としてお互いに相互作用するのではなく，共主観として互いに相互作用する (*Hua* 4, 183, 194)。原本的に，われわれの主観性は，われわれに対して身体の因果的に条件づけられた付録として与えられるのではない (*Hua* 4, 190)。原本的に，われわれの身体は徹底して心をもたされている (*Hua* 4, 240)。あるいは『相互主観性の現象学』第二巻ではこう定式化されている。「生ける身体はその絶え間なく機能することにおいておのれを絶え間なく外化する内面性である」(*Hua* 14, 491)。

(9) Castañeda 1989b, 46.

(10) *Hua* 13, 443.

(11) *Hua* 4, 159; 14, 77.

(12) *Hua* 13, 252; 14, 110, 485.

(13) *Hua* 4, 200.

(14) *Hua* 8, 136–37.

(15) *Hua* 13, 243–44; cf. 15, 635.

(16) *Hua* 14, 170–71.

(17) *Hua* 6, 256; 14, 78, 418. 1912 年の草稿において，フッサールはこの主張を特定し，独我論的主観は原理上それ自身で人格主義的自己統握を形成す

ることができるかもしれないけれども，動機と機会とを欠いているだろうと立言する。

(18) *Hua* 14, 175; 6, 315; 4, 204–5; 15, 177; 15, 603; cf. Hart 1992, 71; Taylor 1989, 34–36.

(19) *Hua* 4, 242, 250.

(20) *Hua* 13 342, 462; 4, 90, 111, 200; 15, 19, 589, 634; 14, 418.

(21) *Hua* 5, 112.

(22) *Hua* 14, 62–63.

(23) *Hua* 14, 63; 4, 90, 138, 161, 167.

(24) *Hua* 14, 86; cf. *Hua* 14, 85; 15, 289; 4, 90.

(25) Theunissen 1977, 84.

(26) Sartre 1943, 260, 267, 289. やはりまたわれわれの感情についての志向的分析が他者への指示を開示することになると主張したシェーラーの著述に比較可能な立場が見いだされる。しかしながら，サルトルとシェーラーの間の決定的差異は，後者がアプリオリな「心の論理学」が現実存在すると論じ，罪，責任〔応答可能性〕，愛のようなわれわれの一定の体験が，他者とのあらゆる具体的遭遇に先立ちかつ独立にさえ他者を指示すると論じるのに対して（Scheler, 1922, 71–72, 225; 1916, 59, 557），サルトルは，相互主観性という争点となれば，どんなアプリオリ主義も断固として拒絶するということである。当該の感情（罪，愛，恥等々）は，他者との具体的遭遇を通してのみ可能である。こうした体験についての十全な分析が，私を等しくアプリオリな他者に関係させる私の存在におけるアプリオリな構造を開示することはない。それはあれこれの具体的超越的他者の現前を開示することになる（Sartre 1943, 297）。しかしながら，私がすでにほかのところで示しているように，相互主観性についてのサルトル自身の説明があらゆる種類のアプリオリ主義を回避することができているかどうかは疑わしい。サルトルの相互主観性理論についてのいっそう詳細な吟味と評価についてはZahavi 1996 112–20を見よ。

(27) Sartre 1943, 329.

(28) Sartre 1943, 302, 317.

(29) Sartre 1943, 266.

(30) Sartre 1943, 307.

(31) Sartre 1943, 287, 314, 334, 582.

(32) Sartre 1943, 581.

(33) Sartre 1943, 309, 313, 317, 481.

(34) Sartre 1943, 404, 422–23.

(35) Sartre 1943, 313, 317; cf. *Hua* 4, 168, 177–78, 181, 202.

(36) 私が第三章で指摘したように，この争点は，ハイデルベルク学派によって完全に無視されるかあまりに性急に片づけられてしまうかのどちらかであった。一例として，自己意識を相互主観性に依存すると捉えるどんな理論も自己意識の反省理論と同じ種類の批判に対して脆弱であると主張するフランクに言及することができる（Frank 1986, 65; cf. Henrich 1970, 281）。フランクの評言は，ミードとウィトゲンシュタインに影響されたハーバマスの立場ということになれば，ふさわしいかもしれないけれども，これは確かに主観性と相互主観性を関係づけるただ一つの仕方ではない。いっそう広範な議論についてはZahavi, 1996を見よ。

(37) なおある類型の自己意識に，「私」の用法を通して典型的に分節化される明示的かつ本有的自己言及が扱われており，単純に，以前に議論された，私が街で最も背の高い人について考えている場合に，その人格は偶然私であるというような，ある類型の外的自己言及が扱われているのではないということが強調されねばならない。しかしながら，離人症においては，巻き込まれる自己異化は根底的であるので，自己言及の明示的本性は失われるだろう。

(38) *Hua* 14, 85; 15:289; 4, 90.

(39) *Hua* 4, 345.

(40) *Hua* 9, 210.

(41) *Hua* 4, 265. フッサールは，自我論的構造を動物に帰属させるつもりがあるのに対して，動物が人格でもあるかどうかについては曖昧である。彼はそれを否定したり肯定したりする（cf. *Hua* 15, 177; 3, 73; 1, 101）。

(42) *Hua* 13, 6; 13, 247. 究極的に，人格性だけが相互主観的に構成される。フッサールは，超越論的主観性は超越論的相互主観性の成員として現実存在し，その超越論的-構成的に機能することにおける自我は，相互主観性の内部においてのみそれであるとも論じる（*Hua* 6, 175; cf. Ms. C 17 88b）。だから，フッサールの繰り返し現れる論点のうちの一つは，超越論的還元を十分に根底的に実行することは，主観性にだけ至るのではなく，相互主観性にも至るということである（9, 344）。ちょうど彼が根底的自己反省は，絶対的相互主観性の発見に必然的に至り，そのまったき普遍性における超越論的主観性はまさしく相互主観性であると主張するのと同じである（8, 480; 6, 275, 472）。「具体的にまったき超越論的主観性は，内側から，純粋に超越論的に一つになった，かつ，そのようにしてのみ具体的な，開かれた自我共同体のすべてである。超越論的相互主観性は，すべての客観的なもの，客観的に実在的な存在者のすべてであるが，あらゆる客観的理想世

界もまた，その意味とその妥当とを汲んでいる絶対的存在地盤，ひとり自主独立の存在地盤である」(9, 344)。露呈する行為者，還元の遂行者は，現象学する自我であるが，それに対して露呈された構成する主観性は超越論的相互主観性であることが判明する（15, 73–75)。広範な説明についてはZahavi 1996を見よ。

（43） *Hua* 6, 188; 15, 589–560.

（44） Ms. B I 14 138a.

（45） Ms. B I 14 138b; cf. *Hua* 14, 212.

（46） *Hua* 17, 243–44; 14 307; 29, 165.

（47） Ms. C 17 15b; *Hua* 14, 212.

（48） *Hua* 15, 351.

（49） *Hua* 13, 420.

（50） *Hua* 14, 20–23, 196; 4, 299–300.

（51） *Hua* 4, 111–12; 9, 214; cf. Hart 1992, 52–54. しかし，フッサールはなおこう強く主張するだろう。私が被るだろう私の人格性における変化がどれほど決定的でも，私の人格性がどれほど裂開しようとも，なお同一的自我という枠組みの内部で生起する破れと裂開であるだろう，と（*Hua* 15, 254)。

（52） *Hua* 4, 288; cf. 4, 326, 242, 251; 15, 137.

（53） *Hua* 4, 242; 8, 72.

（54） *Hua* 9, 294.

（55） サルトルの批判は主に『存在と時間』におけるハイデガーの立場に対して向けられている（cf. Heidegger 1986a, 114, 120)。ハイデガーの相互主観性理論についてのいっそう詳細な説明についてはZahavi 1996, 102–11を見よ。

（56） Sartre 1943, 293–95, 412.

（57） Sartre 1943, 385–86, 408–9.

（58） Sartre 1943, 395.

（59） Sartre 1943, 351, 408.

（60） Sartre 1943, 351; cf. *Hua* 4, 148; 13, 283.

（61） Sartre 1943, 351.

（62） Cf. *Hua* 1, 144; 3, 325; 8, 175; 6, 189; 13, 188; 15, 447, 641, 416.

（63） *Hua* 6, 189; cf. 15, 642, 634.

（64） 類似した関連する観察についてはDerrida 1967a, 40; 1967b, 195; Bernet 1994, 303–4; Depraz 1995, 239–59; Benoist 1994, 28–40を参照。ハートは把持と予持を「弱い形式の感情移入」として性格づけさえする（Hart 1992, 225)。

(65) Claesges 1964, 110.

(66) *Hua* 15, 652; cf. Merleau-Ponty 1964, 176, 194.

(67) *Hua* 8, 62; 15, 300; 14, 457, 462; 9, 197; 13, 263.

(68) *Hua* 4, 297.

(69) Merleau-Ponty 1945, 427–28.

(70) Merleau-Ponty 1945, 405; cf. 1945, 402.

(71) Merleau-Ponty 1945, 400–401, 405, 511.『自我の存在論』において，クラヴォンはこう主張する。他者の体験にとっての超越論的先行条件としての役割を果たす，自動的に機能する感情移入的同一化のような何かが存在する，と（Klawonn 1991, 77）。クラヴォンは，この点で正しいかもしれないが，彼の考察はほとんど，自己意識と相互主観性の間の関係についての十分に徹底的分析とみなすことはできない。フッサールは，シェーラーの感情移入理論についてかつてこう評言していた。「この観点において，シェーラーの感情移入理論は現実的に現象学的理論の逆である。彼が……たとえ非常に未規定的で一般的であれ，生来の「表象」を前提し，すべての展開に，この未規定的一般性をいっそう詳細に規定する機能を認めることは，端的な生得性という根本的誤りである」（*Hua* 14, 335）。明らかに，その課題は，主観に異他的主観性を認知することを可能にする主観の自己直知におけるそれは何であるのかを明確化することであるはずである。

(72) Merleau-Ponty 1945, 406; 1960a, 213, 215, 221; 1960b, 35; 1964, 74, 278; 1969, 186, 188.

(73) Merleau-Ponty 1945, 408; 1964, 114–15, 298.

(74) Merleau-Ponty 1945, 415.

(75) Merleau-Ponty 1945, 165, 404–5; 1960a, 213, 221.

(76) Melzoff and Moore 1995. しかしながら，行程表は劇的に変化した。メルロ－ポンティは15か月の子どもに言及しており，ワロンに従って，子どもは外的対象を知覚する神経学的能力を髄鞘形成過程が生後3か月から6か月の間に生起した後まで欠いていると思っていた（Merleau-Ponty 1988, 313）。

(77) Stern 1985, 51.

(78) 子どもにおける非様相的知覚の一連の例についてはStern 1985, 47–53を見よ。メルロ－ポンティは以下のように指摘することができた。身体についての視覚的体験と触覚的体験の間の結合は，徐々に作り上げられるのではない。私は「触知与件」を「見ること」の言語に翻訳しないし，逆もまた真である。対応についての無媒介的意識がある。原本的には，諸々の感覚の分割に先立つ体験の基本的層が存在する（1945, 175–77, 262, 265）。シェ

トラウスは次のように述べている。「諸々の様相が数多くあることは感覚的経験が一つであることによって支配される」(Straus 1958, 155)。

(79) Melzoff and Moore 1995, 53–54.

(80) Merleau-Ponty 1945, 399.

(81) Ricœur 1950, 407, 412, 415; Merleau-Ponty 1945, 249; Husserl Ms. A VI 14a, Ms A VI 45a.

(82) Merleau-Ponty 1945, 515; cf. 1945, 403–4, 413, 427, 467; 1960a, 140; 1969, 192.

(83) Merleau-Ponty 1945, 408–12, 418, 514.

(84) 第八章, 註 15 を参照。

(85) Merleau-Ponty 1945, 415, 495, 515.

(86) Mead 1962, 164, 172.

(87) Mead 1962, 138.

(88) Mead 1962, 164, 169.

(89) Mead 1962, 163.

(90) Mead 1962, 171–72.

(91) Cf. Harbermas 1991, 401–2; 1988 II, 93, 95, 138; 1989, 33–34.

(92) Piaget and Inhelder 1969, 22.

(93) Mahler, Pine, and Bergman 1975, 44; cf. Spitz 1983, 217, 249.

(94) Neisser 1988, 40; Stern 1983, 51; 1985, 10; Butterworth 1995, 90. 1970 年代に幼児研究で起こっていた革命についての記述については, Stern 1985 を見よ。スターンもまた, 用いられた具体的研究方略, とりわけ, いわゆる対化比較選好パラダイムと習慣化／脱習慣化パラダイムを説明している。

(95) Stern 1985, 6, 11, 69.

(96) Stern 1985, 63, 72; Spitz 1983, 98–124.

(97) Stern 1985, 21.

(98) Spitz 1983, 19.

(99) Stern 1985, 193, 197–98.

(100) Spitz 1983, 19, 43.

(101) Stern 1985, 124.

(102) Stern 1985, 128.

(103) Stern 1985, 129–31.

(104) Stern 1985, 132.

(105) Stern 1985, 105, 118.

(106) Lewis and Brooks-Grunn 1979, 33–46; Stern 1985, 165.

（107） Cf. *Hua* 14, 509; Ey 1973, 271.
（108） Lewis and Brooks-Gunn 1979, 220.
（109） Stern 1985, 6–7, 71.
（110） Stern 1983, 56–62.
（111） Stern 1985, 7, 65, 67.
（112） Stern 1983, 65.
（113） Stern 1985, 71.
（114） Klawonn 1991, 45.

第一〇章

（1） Kühn 1994, 214.
（2） Yamagata 1991, 174–45.
（3） Sartre 1943, 194, 199, 201.
（4） Sartre 1943, 195.
（5） Sartre 1943, 197; 1936, 48.
（6） Sartre 1943, 1943, 190, 203.
（7） 彼はこのことをまったく顕在的に認めさえする（cf. Sartre 1971）。
（8） *Hua* 7, 262; 1, 72.
（9） *Hua* 17, 290; 8, 71; 7, 269; 6, 255, 264.
（10） *Hua* 3, 136; 8, 427; 6, 265.
（11） *Hua* 8, 77.
（12） *Hua* 8, 79; 3, 107.
（13） *Hua* 3, 136; 8, 427; 6, 265.
（14） 還元へのデカルト的道と存在論的道の間の差異をめぐる議論に関しては, Zahavi 1997a, 56–67 を見よ。
（15） *Hua* 3, 165, 168, 175.
（16） Derrida 1967c, 55.
（17） *Hua* 3, 174–75.
（18） *Hua* 3, 174; Merleau-Ponty 1945, 412.
（19） Cf. Smith 1989, 77.
（20） *Hua* 3, 78; Sokolowski 1974, 187.
（21） Henrich 1982a, 152.
（22） Pothast 1971, 108
（23） Fink 1992, 116–17, 128.
（24） *Hua* 1, 72.

(25) *Hua* 10, 129.

(26) *Hua* 10, 128; 11, 205, 236; 24, 244.

(27) Linschoten 1961, 96–97.

(28) Merleau-Ponty 1945, 207; Klawonn 1991, 100–101.

(29) *Hua* 1, 77. 究極的には，意識の探究が対面している問題は，生世界についての探究と記述が対面している問題とは異なるものではないだろう。どちらの場合も，われわれは記述と記述されるものの間の関係性にかかわる問いに対面している。そして，どちらの場合も，われわれは精確な概念的固定を逃れる領域を扱っている。しかし，体験の数学を展開することは不可能であること，われわれが体験を形態学的概念によって記述するように強いられていることは欠損ではない。こうした概念は，手許の課題にとって不可欠であり，それゆえ適格なものなのである。

(30) もし反省が他の諸々の類型の注意的意識との厳格な類比において説明されるべきだったならば，反省を動機づけたものは，とりわけ際立っていなければならなかっただろうし，私の関心を掻き立てることができたならば，ある仕方で目立っていなければならなかっただろう（*Hua* 17, 279; Ms. C 16 49a–b）。しかし，そうした際立ったものは本当に，主題化されないままである作用のすべてと比較されたとき，その後で反省される知覚に見出すことができるのだろうか。フッサールはこうした問題ということになればむしろ沈黙しているし，あるテクストにおいて，彼は，現在の作用は，まさに現在であることによって，過去の作用すべてとの比較において目立っていると指摘する（Ms. C 10 7a）。これはなぜ反省が何よりもまずなお現実存在している体験についての反省であるのかを説明するかもしれないけれども，しかしながら，それは，なぜわれわれが一定の作用について反省し，他の作用について反省しないのかを説明しない。しかし，ひょっとするとさらなる説明を求めることは誤りなのかもしれない。フッサールは時折，ほとんどフィヒテ的な調子で，（哲学的）反省をわれわれの基本的自由の表現として記述しているし（*Hua* 8, 19; 3, 62; 4, 213 を見よ），このパースペクティヴにおいて，反省作用にとっての十分な理由を求める試みは見当違いのように見える。レヴィナスはこう論じている。他者との遭遇こそが，反省という不自然な運動を条件づけ，可能にする，と。反省は自然的自発性の中止である。反省は私の思考をそれ自身から別離させ，それ自身をまるでそれ自身にとって他者であったかのように接合する。しかし，この運動は無から生じることはない。それは外部からの衝撃を必要とする。この衝撃は，私の独断のまどろみを私に問わせることによって妨害し，中断させる他者からやってくる。だから，他者との非認知的，倫理的遭遇こそが穏やかな

原初性の中にいる主観を邪魔し，反省と還元の両方を可能にするのである（Lévinas 1991b, 61; 1982, 224; 1991a, 103）。

（31） *Hua* 19, 425; cf. 3. 76.

（32） *Hua* 3, 78.

（33） *Hua* 3, 166.

（34） Kern 1975, 21–22.

（35） Cf. *Hua* 4, 248.

（36） Cf. *Hua* 4, 102; 3, 166.

（37） *Hua* 10, 116, 161.

（38） Fink 1987, 62, cf. *Hua* 8, 93; 4, 253. よくフッサールもまた「自己自身との共同存在」としての想起について語る（Ms. C 7 8a; cf. Ms. C 7 25a; *Hua* 14, 359; 15, 519, 398）。

（39） Fink 1987, 55–57, 62; cf. *Hua* 4, 212.

（40） しかしながら，私が第八章において指摘したように，これは，反省とこうした病理学的現象との間に興味深いあるいは深遠な結合がないということを含意しない。

（41） Cf. Lévinas 1991a, 102; 1982, 47, 50. まさに同じ理由のために，それは自己意識の本性についてのアンリの理解にとっての問題を構成する。

（42） *Hua* 9, 478.

（43） *Hua* 14, 29.

（44） *Hua* 8, 412; 15, 484.

（45） Brough 1987, 23.

（46） *Hua* 10, 75, 371; Ms. C 3 4a; Ms. C 7 14a.

（47） Ms. L I 20 4a–b.

（48） *Hua* 24, 244–45.

（49） *Hua* 14, 29; Ms. C 16, 59a; Ms. C 10, 5a; Ms. C 2 10a.

（50） Merleau-Ponty 1945, 399; cf. 1945, 76, 397, 460

（51） Held 1966, 95, 103.

（52） Cf. Zahavi 1996.

（53） Cf. Derrida 1967b, 181.

（54） *Hua* 1, 139.

（55） *Hua* 1, 144; 15, 631.

（56） Lévinas 1979, 89.

（57） Cf. Waldenfels 1989; Boehm 1969; Zahavi 1996.

（58） *Hua* 15, 484; Ms. C 17 84b; Merleau-Ponty 1945, 404, 413; Held 1966, 152–53, 160.

(59) Lévinas 1961, 61.
(60) Lévinas 1979, 9, 53, 78; 1949, 194, 206, 214; 1961, 209; 1982, 183.
(61) Lévinas 1961, 72; cf. 1949, 229.
(62) Lévinas 1974, 158.
(63) Henry 1990, 151–52.
(64) Henry 1963, 477.
(65) Henry 1963, 480–82, 490; 1990, 125, 164.
(66) Henry 1963, 53; cf. 1963, 549.
(67) Henry 1963, 53, 57, 550, 555.
(68) この表題は,「さしあたりそしてたいてい」視から隠れ続けているもの,つまり,存在を分析する必要性に関する『存在と時間』におけるハイデガーの評言を連想させる。まさに自己自身を無媒介的に開示しない現象が存在するがゆえにこそ,現象学が必要とされるのである(Heidegger 1986a, 35; cf. Marion 1989, 90–97, Marion 1996)。ずっと後で,1973年の会議で,ハイデガーは「輝き出でざるものの現象学」についてはっきりと語った(Heidegger 1986b, 399)。アンリが根底的不可視性という術語によって顕現の条件について語り始めるときに――確かに山積している根本的相違のすべてにもかかわらず――彼の理論とデリダの理論の間のいくつかの顕著な類似点を見逃すこともまた難しくなる。デリダによれば,顕現の究極的条件は直観的に把握可能ではない。それは反省の対象になることはできず,それ自身を視に対して提示しないが,永遠に夜間の光源であり続ける(1972b, 297; 1989, 137)。この究極的条件はそれ自体現前的ではない。しかし,これは,それが単に不在や隠れているということを伴わない。不在は現前の変様,つまり,不在,あるいは,遅れた現前であり,われわれを現前の形而上学を超えて連れてはいかない(Derrida 1972a, 24–25, 37, 77, 206; 1967a, 98)。しかし,もし現前の条件が現前でも不在でもなく,可視的であることでも隠されていることでもないならば,ほかのどんな可能性が存在するのか。現前の条件は直に現前することあるいは現象学的まなざしに対して現前呈示されることを拒む。それは,退去するのであり,デリダ的かつレヴィナス的術語を用いれば,それは痕跡を残す(Derrida 1972a, 24; Gasché 1986, 149–50)。「痕跡」はそれ自身を視に提示することなしに可視性を条件づけるものの存在様態を指定するのに用いられる術語である。それは準現在化されることはなく,目覚めたまま空虚を残す(Lévinas 1949, 200; Strasser 1978, 206)。伝統的形而上学的思考において,痕跡は派生したものと捉えられてきた。痕跡はそれ自体を超えた点で理解される。それは現前した何かを指示することによって痕跡である。だから,痕跡は,

現前した存在の現実存在や運動が時間的に遅れた印として理解される（Lévinas 1949, 200; 1972, 66; Strasser 1978, 206)。しかし，デリダとレヴィナスは痕跡（あるいは原痕跡）について語るとき，伝統的にその痕跡と捉えられてきた現前よりもいっそう根本的かついっそう原本的である非現象的痕跡について語っている。痕跡も現前もその二つの差異も，自己と他者の間のすべての差異の起源かつ条件である，基礎構造的差延によって構成され，条件づけられる。この差延こそが自己現前を許すのであり，把持的な襞こそが，自己に自己自身に対して現前的になることを許すのである。伝統的カテゴリー――痕跡と現前――の両方は，けっしてそれ自体現前的ではない，原本的痕跡の抹消である。それらは差延の抑圧と隠蔽の結果である（Derrida 1967b, 303; 1967c, 236; 1972a, 25, 76–77)。デリダが指摘するように，原本と派生という区別全体を回避することができたならば，もっとよかっただろう。なぜなら，区別は，差延を隠蔽し，一貫して非現前を純粋な外面性として，単純な付加として排除しようとする試みであった枠組みに属するからである。しかし，究極的には，形而上学的概念をすっかり回避することは不可能である。他のどんな言語も利用可能ではないので，形而上学的概念を用いることなしに形而上学を批判することは不可能である（Derrida 1967b, 412; 1967c, 25, 38, 92, 237; 1972a, 73, 78)。

(69) 『フランス現象学の神学的転回』という本において，最近ジャニコーは「不可視的なものの現象学」という概念そのものを批判した。彼が書いているように，そうした術語で語ることはばかげてはいないか，曖昧で不可視なものを好んで可視的なものを放棄する思考を現象学的と呼ぶことは誤導的ではないのか。それに応じて，私は二つの異なる問いを区別すべきであると考える。第一の問いは，可視的なものから不可視的なものへの動向が現象学的に動機づけられているのかどうかである。いわば，可視的なものについての分析の中にいっそう根本的次元についての探究を要する何かが存在するのか。第二の問いはこの不可視的なものについての探究そのものを現象学そのものによって引き受けることができるのかどうか，あるいは，むしろ形而上学的思考や神学的思考にさえゆだねられるべきであるのかどうかである。第一の問いに関しては，実践的には，主要な現象学的思想家のすべてが，もし顕現の可能性の条件に関する現象学的問いそのものに答えるべきならば，作用志向性と対象顕現についての単なる分析を超越することが必要だろうということをついには認識したということが強調されるべきである。だから，私はその動向が現象学に動機づけられていることを否定する何らかの理由が存在するとは考えない。そしてまたしても不可視的なものについて語ることは永遠に隠れ続けているものについて語ること

ではないということを強調することにしたい。つまり，それは，けっして顕現しないものについて語ることではなく，単純に可視的なものとは根底的に異なる仕方で顕現する何かについて語ることにすぎない。第二の問いについては，確実に現象学がそれ自体踏査することも答えることもできない顕現の本性にかかわる諸々の局面が存在するということだろう。しかし，これを認めることは，現象学を「表層現象学」と同等視する「現象学」の狭い定義（時としてレヴィナスにおいてもデリダにおいても遭遇する狭い構想（Lévinas 1949, 199; 1979, 87; Derrida 1967c, 99）を容認することではない。自己意識についての私の分析が示したように，と私は望んでいるのだが，現象学は，事実，まったくもって，可視的なもの以外の諸々の形式の顕現を探究することができるのである。

（70） Held 1966, 77, 160.

第一一章

（1） Lévinas 1961, 113, 121, 135.
（2） Lévinas 1991b, 36, 50, 52; 1982, 212, 239; 1961, 26, 129.
（3） Lévinas 1961, 26–28.
（4） Lévinas 1979, 83.
（5） Lévinas 1949, 172, 174, 187.
（6） Lévinas 1949, 188.
（7） Lévinas 1949, 28.
（8） Lévinas 1961, 211.
（9） Lévinas 1961, 104–5.
（10） Lévinas 1961, 233.
（11） Lévinas 1949, 190, 142, 193.
（12） Lévinas 1961, 33, 89, 215, 231; 1991b, 57–58.
（13） Lévinas 1982, 243.
（14） 自己意識はある種の感じとして理解すべきであることを提案するグルーエ－セーレンセンを参照。Grue-Sørensen, 1950, 70–71.
（15） Cf. Zahavi 1996. 以下に所収の論文を参照せよ。Zahavi 1994b and Depraz and Zahavi 1998.
（16） Cf. Heidegger 1979, 149; Frank 1990, 54, 56. フッサールの内的時間意識の分析とハイデガーの存在についての分析の間の類似点についての議論については Sokolowski 1978; Prufer 1988; and Hart 1996b を見よ。
（17） Derrida 1967a, 9; 1972a, 36–37, 187, 207.

附 論

(1) Cf. Natsoulas 1989.
(2) Freud 1945, 431.
(3) Freud 1945, 434.
(4) Freud 1940, 243.
(5) Freud 1946, 271.
(6) Freud 1946, 264–65; cf. Brentano 1874, 147.
(7) Cf. *Hua* 6, 192.
(8) Freud 1941, 147.
(9) Freud 1944b, 76–77.
(10) Freud 1946, 270; cf. 1946, 272.
(11) *Hua* 6, 474.
(12) Freud 1942, 616–17; cf. Freud 1946, 265.
(13) Searle 1992, 152.
(14) Cf. Freud 1944a, 304; 1946, 267.
(15) Ricœur 1950, 362, 367; Bernet 1996a, 46; Bernet 1996b. ケルンによれば, フロイト自身彼の最も明快な時期には無意識的表象, 作用, 触発という概念を拒絶し, 無意識を欲動, エネルギー, 衝動に制限している (Kern 1975, 266–72)。
(16) ヘーゲルを引用しておこう。「よく知られていることは, よく知られているからといって, 認識されてはいない」(Hegel 1988, 25)。そしてハイデガーはこうである。「存在者的に最も近いものと最もよく知られているものは, 存在論的に最も遠いものであり, 最も認識されていないものであり, その存在論的意義という点で絶えず見逃されるものである」(Heidegger 1986a, 43)。
(17) Henry 1965, 140.
(18) *Hua* 4, 338; cf. 1, 101; 14, 36; Ricœur 1950, 368.
(19) Cf. Drüe 1963, 302.
(20) *Hua* 13, 295.
(21) *Hua* 9, 514; 4, 276–77.
(22) Mishara 1990, 35; cf. *Hua* 11, 125.
(23) *Hua* 11, 165.
(24) *Hua* 11, 154. フッサールの精神分析へのまれな言及のいくつかについては *Hua* 4, 222; 6, 240 を見よ。
(25) *Hua* 4, 38; cf. 4, 100; 11, 416.

(26) Ms. C 10 2b–3a.
(27) *Hua* 11, 169–70; Ms. L I 15, 17a.
(28) *Hua* 11, 171.
(29) *Hua* 11, 420.
(30) *Hua* 11, 179.
(31) *Hua* 24, 251; 17, 318–319.
(32) *Hua* 9, 486; 11, 149, 160; Ms. C 8 5a–b. Cf. Binswanger 1953, 474–75; Montavont 1994.
(33) Hart 1993, 39.
(34) *Hua* 11, 167; 14, 156. われわれの眠りが邪魔されるからであれ，たまたま朝のいつもの時間であったからであれ，結局，われわれは目覚めることができる。多くの人々は来る日も来る日も同じ時間に起きることができ，眠る前にそうすることに決めたならば，いつもと違う時間でさえ起きることができるということは，人々が寝ているときの時間の経過を記録する能力をもっていることを示唆しているように思えるので，啓発的である。私の場合，普通，早く起きなければならない場合，目覚まし時計が鳴りだす2, 3分前に起きることがある。そして，特定の時間に起きることが重要である場合，目覚まし時計がまだ動いているかをチェックするために，私はほとんどつねに夜の間に何度か起きる。だから，眠りと可感性はそれぞれを完全に排除しないように思える。このことのよく知られた例は，かなりの騒音の中でも眠ることができるが，自分の子どもが泣き始めるとすぐに目覚めることになる両親によって呈示されている。おそらく，われわれは事実夢なき眠りの間に連続的に体験をしているが，ちょうど起きている時間の間習慣的な音を感じないだろうように，単純に注意を向けることを怠っているにすぎない体験をしている。リンスホーテンを引用するとこうである。

> このことは，われわれがけっしてすっかり眠ってはいないということを意味する。しかし，そのときおそらく「完全な眠り」は単なる理論的構築であり，限界理念である。私が眠っている際に，私の起源にある私（I-in-my-origin）は，ほとんど植物のような現実存在様態に戻ってしまっており，その時，なお，最後の，極端にぼんやりした核心は，再びちょっとしたきっかけで引き続き関心の生ける中心へと展開する用意があるままである。私が眠っている際に，私は消えてはいない。つまり，私は眠っており，そうしている際に，引き続き私の原本性を示す用意がある。眠りは，私が，匿名的に，ただ単に生きている状態であるが，私が連続的に私自身として起きる準備がある状態である。……眠っている間

> に，私は数多くの邪魔を重要でないものとして「扱う」。つまり，それら〔邪魔〕は，私がなお「どこかで」匿名的な仕方で起きているので，私にぼんやりと達している。しかし，私はそれらに無関心であり，そのことは，私が新たに眠りに落ちるということを意味するのである（Linschoten 1987, 110; cf. Flanagan 1997, 103）。

起きるというわれわれの能力は，意識の何らかの核の持続を要求するように思える。だから，繰り返すが，眠りはわれわれに体験する主観性の全体的中止ではなくむしろ根本的に変わった意識状態を呈示するように見える。

(35) Ms. C 10 16a.

(36) *Hua* 14, 53–54.

(37) *Hua* 11, 380.

(38) *Hua* 11, 424.

(39) クラヴォンはこう論じる。主観性が眠り，その自己所与がそれによって妨害されるという主張そのものが，そのまま客観的時間のうちでなされた，外的三人称記述に基づいており，正当化されない，と。一人称パースペクティヴからは，自己顕現というときにだけ関連するパースペクティヴからは，事実睡眠も妨害も存在せず，一つの不断の現前領野が存在するのである（Klawonn 1991, 139–40; cf. James 1890 I, 238）。私は，主観性は人格が眠ろうとするあるいはさもなければ「無意識的」であるときにはいつでも妨害されるという見解を彼が拒絶することにのみ同意できるけれども，クラヴォンの提案は多様な意識様態に対してあまりに無神経であると考える。結局，私が起きるとき，私は普通眠っていたことを意識している。それは，太陽が昇ったから，あるいは，私が生気を感じるから私が推論する何かであるだけではない。そして，夢なき眠りの期間は感じられた隔たり，空虚な時間として私に与えられるにすぎないだろうけれども，なお私の時間として，私の生の一部分として体験される（cf. Linschoten 1961, 103）。私は，フッサールの提案はこのことを説明できると考える。眠りと自己意識の間の関係性についてのさらなる議論についてはLinschoten 1987; Hart 1993; and Zahavi 1997b を見よ。

(40) Ricœur 1950, 354–55.

(41) サルトルによれば，まさにその超越的性格のゆえに，われわれはその本性について間違うことができる。

(42) Klawonn 1991, 89–92.

(43) Tugendhat 1979, 142; Merleau-Ponty 1945, 436.

(44) フランクは以下のように書いている。

もし私が恋に落ちたならば，私は疑いなく何らかの仕方で気分づけられる。しかし，「恋に落ちたこと」が私の状態を表す正しい分類術語であるということを私は完全に知らないことがある。それどころか私には，私と一緒にいて私を観察するすべての人が，私自身が知らないのに対して，私に起こったことを知っているということさえ起こることがある。しかし，もし私が私を意識化することの隔たりから，私の状態の彼らの解釈に与するならば，私は，彼らが意のままにすることができず，唯一決定しない明証からそれをなすのである。したがって，どのようにしての知（*Wissen, wie*）とであることの知（*Wissen, daß*）の間の意識の連続性が調停されねばならず，後者は前者のなかにその認識根拠をもたねばならない（Frank 1991a, 246）。

(45) 以下の古典的な反省を参照せよ。James 1890 I, 162–76; and Brentano 1874, 143–70.

(46) Sartre 1943, 380–81.

(47) Sartre 1943, 383.

(48) Sartre 1943, 385–86.

(49) Sartre 1943, 405–7.

(50) ルイスを引用すれば「痛みは感じである。確かにそれには論争の余地はない。痛みをもつことと痛みを感じることは一にして同じことである。ある状態にとって痛んであることとある状態にとって痛みを伴う感じがすることとは同様に一にして同じことである。ある状態にとって痛むことであることについての理論は，不可避的にその状態にあるのはどのようなことであるのかについての，その状態がどのように感じているのかについての，その状態のもつ現象的性格についての理論である」(Lewis 1980, 222)。

(51) Cf. Searle 1992, 172; Smith 1989, 95; Chalmers 1996, 4; Strawson 1994, 71.

(52) Strawson 1994, 208–9.

(53) Strawson 1994, 167. Cf. 1994, 171, 211.

(54) クラヴォンは，せいぜいそれらは類精神（*psychoid*）として分類されるだろうと示唆する（cf. Klawonn 1991, 16, 105）。最近，フラナガンは，「体験的感受性」と「情報的感受性」の間の区別を導入した。誰かがある一定の差異に対して体験的に非感受的であるが，情報的に感受的であるかもしれない。われわれが何かに対して単に情報的に感覚的であるとき，われわれはそれについて意識していない，すなわち，純粋な感受性，あるいはもっと

よい表現を用いれば，純粋情報的積み込みと処理は無意識的である。それは，現象的意識なしの，クオリアなしの処理である（Flanagan 1992, 55–56, 147）。主観性は体験的感受性にかかわり，後者だけが，われわれに対象に現象的に接近《アクセス》させる。無意識的情報的処理という概念を扱うことが適切であるだろうけれども，私は，情報的感受性がわれわれに体験的感受性と同じ情報の非現象的変奏を提供すると想定しないように注意すべきであると考える。

（55） Cf. Eagle 1988, 101–2; Moore 1988, 144.

（56） Armstrong 1993, 94, 323–26. Armstrong and Malcolm 1984, 120. 内観的意識を知覚と比較することができるので，アームストロングは，内観の対象，すなわち，われわれの一階の心的状態，われわれの心の内部の行為が，こうした状態についての内観的意識をいわば生み出すと言うことが中立的だろうと提案する（1981, 62）。しかし，われわれの内観的意識は心的状態でもあり，それ自体高階の内観の対象になることができるものでもあるので，無限の因果連鎖を開始するという明らかな危険が存在する。

（57） Cf. Wider 1993b.

（58） Kleitman 1939, 282–83, 289; Farthing 1992, 246–47; Étévenon 1987, 202; Borbély 1986, 96–97; Pélicier 1985, 16, 19.

（59） Armstrong and Malcolm 1984, 180.

（60） Armstrong 1993, 93.

（61） Hilgard 1977, 158; Kihlstrom 1984, 180.

（62） Beaunis 1887, 118; James 1890 I, 201.

（63） Pélicier 1985, 20.

（64） James 1890 I 208.

（65） Hilgard 1977, 185, 236.

（66） Hilgard 1977, 201.

（67） Beahrs 1982, 61; Hilgard 1977, 18. 対照的に，フロイトはこう主張した。解離はわれわれに意識現象を現前呈示せず，互換的に意識的である二つの心理的複合体に直面させる，と（cf. Freud 1945, 434–35）。

（68） Beahrs 1982, 183–84. この解離は随意的にもまた生起することがある。もし集中的に特定の論題に集中するならば，周囲のものを忘れてしまうだろう。すなわち，選択的注意を通して，痛みを含めた，そのほかのあらゆることを周縁に強制的に押しやることができる。それは単にぼんやりとした乱れとして持続するだろう。

（69） James 1890 I, 209.

（70） James 1890 I, 211. しかしながら，ヒルガードが指摘するように「隠れた

観察者」や「第二次登場人物」は催眠にかけられた人格の通常の意識にとって接近《アクセス》不可能になった認知的過程を表すための比喩である。それは，それ自身の生をもつ第二次的人格性——意識的人格の影に伏在するある種のホムンクルス——が存在するということを意味しない（Hilgard 1977, 188）。解離した過程を別個の行為者に帰属させるよりもむしろ，それらは単一の行為者のサブシステムに帰属させられるべきである。

（71） Hilgard 1977, 190. 催眠術が解離や縦裂を含むように思えるかぎりで，催眠状態と多重人格障害に苦しむ患者において観察される，はるかにいっそう根本的な分裂との間に顕著な類似性に注意がしばしばひきつけられてきたことにはほとんど不思議はない。示唆されてきたのは，繰り返されるトラウマ的体験にさらされてきた子どもたちがある形式の自己催眠や解離を痛ましい体験から距離をとるために用いたかもしれないということである。こうした障害において遭遇する真に困惑させる現象のうちのいくつかについての呈示はあまりにも遠くに至るだろうが，導入のためには Braude 1991 を見よ。

《叢書・ウニベルシタス　1058》
自己意識と他性
現象学的探究

2017年5月22日　初版第1刷発行

ダン・ザハヴィ
中村拓也 訳
発行所　一般財団法人　法政大学出版局
〒102-0071 東京都千代田区富士見 2-17-1
電話 03(5214)5540 振替 00160-6-95814
組版: HUP　印刷: 平文社　製本: 誠製本
© 2017
Printed in Japan

ISBN978-4-588-01058-3

著　者

ダン・ザハヴィ（Dan Zahavi）

1967年デンマーク，コペンハーゲン生まれ。1994年ルーヴァン・カトリック大学で博士号を取得，1999年コペンハーゲン大学で教授資格を取得，2002年よりコペンハーゲン大学教授および同大学主観性研究センター所長を務める。2000年に本書によりエドワード・グッドウィン・バラード現象学賞を受賞。コペンハーゲン大学主観性研究センターを拠点に研究の最前線に立ち続ける現代を代表する現象学者の一人。本書の他に『フッサールの現象学』『初学者のための現象学』（以上，晃洋書房），ギャラガーとの共著『現象学的な心』（勁草書房）が邦訳されている。

訳　者

中村拓也（なかむら・たくや）

1976年生まれ。同志社大学大学院文学研究科哲学および哲学史専攻博士課程（後期課程）満期退学。博士（哲学）。現在，同志社大学文学部准教授。専門は哲学（現象学）。訳書にザハヴィ『フッサールの現象学』（共訳），同『初学者のための現象学』，アルワイス『フッサールとハイデガー ――世界を取り戻す闘い』（共訳），リー『本能の現象学』（以上，いずれも晃洋書房）がある。

叢書・ウニベルシタスより
（表示価格は税別です）

988 安全の原理
W. ソフスキー／佐藤公紀，S. マスロー訳 2800円

989 散種
J. デリダ／藤本一勇・立花史・郷原佳以訳 5800円

990 ルーマニアの変容
シオラン／金井裕訳 3800円

991 ヘーゲルの実践哲学　人倫としての理性的行為者性
R. B. ピピン／星野勉監訳，大橋・大藪・小井沼訳 5200円

992 倫理学と対話　道徳的判断をめぐるカントと討議倫理学
A. ヴェルマー／加藤泰史監訳 3600円

993 哲学の犯罪計画　ヘーゲル『精神現象学』を読む
J.-C. マルタン／信友建志訳 3600円

994 文学的自叙伝　文学者としての我が人生と意見の伝記的素描
S. T. コウルリッジ／東京コウルリッジ研究会訳 9000円

995 道徳から応用倫理へ　公正の探求 2
P. リクール／久米博・越門勝彦訳 3500円

996 限界の試練　デリダ、アンリ、レヴィナスと現象学
F.-D. セバー／合田正人訳 4700円

997 導きとしてのユダヤ哲学
H. パトナム／佐藤貴史訳 2500円

998 複数的人間　行為のさまざまな原動力
B. ライール／鈴木智之訳 4600円

999 解放された観客
J. ランシエール／梶田裕訳 2600円

1000 エクリチュールと差異〈新訳〉
J. デリダ／合田正人・谷口博史訳 5600円

1001 なぜ哲学するのか？
J.-F. リオタール／松葉祥一訳 2000円

叢書・ウニベルシタスより

(表示価格は税別です)

1002 自然美学
M. ゼール/加藤泰史・平山敬二監訳 5000円

1003 翻訳の時代 ベンヤミン『翻訳者の使命』註解
A. ベルマン/岸正樹訳 3500円

1004 世界リスク社会
B. ベック/山本啓訳 3600円

1005 ティリッヒとフランクフルト学派
深井智朗監修 3500円

1006 加入礼・儀式・秘密結社
M. エリアーデ/前野佳彦訳 4800円

1007 悪についての試論
J. ナベール/杉村靖彦訳 3200円

1008 規則の力 ウィトゲンシュタインと必然性の発明
J. ブーヴレス/中川大・村上友一訳 3000円

1009 中世の戦争と修道院文化の形成
C. A. スミス/井本晌二・山下陽子訳 5000円

1010 承認をめぐる闘争〈増補版〉
A. ホネット/山本啓・直江清隆訳 3600円

1011 グローバルな複雑性
J. アーリ/吉原直樹監訳, 伊藤嘉高・板倉有紀訳 3400円

1012 ゴヤ 啓蒙の光の影で
T. トドロフ/小野潮訳 3800円

1013 無神論の歴史 上・下
G. ミノワ/石川光一訳 13000円

1014 観光のまなざし
J. アーリ, J. ラースン/加太宏邦訳 4600円

1015 創造と狂気 精神病理学的判断の歴史
F. グロ/澤田直・黒川学訳 3600円

——— 叢書・ウニベルシタスより ———
（表示価格は税別です）

1016 世界内政のニュース
U. ベック／川端健嗣，S. メルテンス訳 2800円

1017 生そのものの政治学
N. ローズ／檜垣立哉監訳，小倉拓也・佐古仁志・山崎吾郎訳 5200円

1018 自然主義と宗教の間　哲学論集
J. ハーバーマス／庄司・日暮・池田・福山訳 4800円

1019 われわれが生きている現実　技術・芸術・修辞学
H. ブルーメンベルク／村井則夫訳 2900円

1020 現代革命の新たな考察
E. ラクラウ／山本圭訳 4200円

1021 知恵と女性性
L. ビバール／堅田研一訳 6200円

1022 イメージとしての女性
S. ボーヴェンシェン／渡邉洋子・田邊玲子訳 4800円

1023 思想のグローバル・ヒストリー
D. アーミテイジ／平田・山田・細川・岡本訳 4600円

1024 人間の尊厳と人格の自律　生命科学と民主主義的価値
M. クヴァンテ／加藤泰史監訳 3600円

1025 見えないこと　相互主体性理論の諸段階について
A. ホネット／宮本真也・日暮雅夫・水上英徳訳 2800円

1026 市民の共同体　国民という近代的概念について
D. シュナペール／中嶋洋平訳 3500円

1027 目に見えるものの署名　ジェイムソン映画論
F. ジェイムソン／椎名美智・武田ちあき・末廣幹訳 5500円

1028 無神論
A. コジェーヴ／今村真介訳 3600円

1029 都市と人間
L. シュトラウス／石崎・飯島・小高・近藤・佐々木訳 4400円

叢書・ウニベルシタスより
（表示価格は税別です）

1030　世界戦争
M. セール／秋枝茂夫訳　2800円

1031　中欧の詩学　歴史の困難
J. クロウトヴォル／石川達夫訳　3000円

1032　フランスという坩堝　一九世紀から二〇世紀の移民史
G. ノワリエル／大中一彌・川﨑亜紀子・太田悠介訳　4800円

1033　技術の道徳化　事物の道徳性を理解し設計する
P.-P. フェルベーク／鈴木 俊洋訳　3200円

1034　他者のための一者　レヴィナスと意義
D. フランク／米虫正巳・服部敬弘訳　4800円

1035　ライプニッツのデカルト批判　下
Y. ベラヴァル／岡部英男・伊豆藏好美訳　4000円

1036　熱のない人間　治癒せざるものの治療のために
C. マラン／鈴木智之訳　3800円

1037　哲学的急進主義の成立 I　ベンサムの青年期
E. アレヴィ／永井義雄訳　7600円

1038　哲学的急進主義の成立 II　最大幸福主義理論の進展
E. アレヴィ／永井義雄訳　6800円

1039　哲学的急進主義の成立 III　哲学的急進主義
E. アレヴィ／永井義雄訳　9000円

1040　核の脅威　原子力時代についての徹底的考察
G. アンダース／青木隆嘉訳　3400円

1041　基本の色彩語　普遍性と進化について
B. バーリン，P. ケイ／日髙杏子訳　3500円

1042　社会の宗教
N. ルーマン／土方透・森川剛光・渡曾知子・畠中茉莉子訳　5800円

1043　セリーナへの手紙　スピノザ駁論
J. トーランド／三井礼子訳　4600円

―――― 叢書・ウニベルシタスより ――――
(表示価格は税別です)

1044 真理と正当化　哲学論文集
J. ハーバーマス／三島憲一・大竹弘二・木前利秋・鈴木直訳 4800円

1045 実在論を立て直す
H. ドレイファス，C. テイラー／村田純一監訳 3400円

1046 批評的差異　読むことの現代的修辞に関する試論集
B. ジョンソン／土田知則訳 3400円

1047 インティマシーあるいはインテグリティー
T. カスリス／衣笠正晃訳，高田康成解説 3400円

1048 翻訳そして／あるいはパフォーマティヴ
J. デリダ，豊崎光一／豊崎光一訳，守中高明監修 2000円

1049 犯罪・捜査・メディア　19世紀フランスの治安と文化
D. カリファ／梅澤礼訳 4000円

1050 カンギレムと経験の統一性
X. ロート／田中祐理子訳 4200円

1051 メディアの歴史　ビッグバンからインターネットまで
J. ヘーリッシュ／川島建太郎・津﨑正行・林志津江訳 4800円

1052 二人称的観点の倫理学　道徳・尊敬・責任
S. ダーウォル／寺田俊郎・会澤久仁子訳 4600円

1053 シンボルの理論
N. エリアス／大平章訳 4200円

1054 歴史学の最前線
小田中直樹編訳 3700円

1055 我々みんなが科学の専門家なのか？
H. コリンズ／鈴木俊洋訳 2800円

1056 私たちのなかの私　承認論研究
A. ホネット／日暮・三崎・出口・庄司・宮本訳 4200円

1057 美学講義
G. W. F. ヘーゲル／寄川条路監訳 4600円